JN441248

기업의 해외이전과 본국귀환의 위협효과

Offshoring, Reshoring and Threat Effects

기업의 해외이전과 본국귀환의 위협효과

Offshoring, Reshoring and Threat Effects

권철우, 황욱 지음

경북대학교출판부

지은이

권철우
현(現) 경북대학교 경제통상학부 교수

황욱
현(現) 경북대학교 경제통상학부 교수

경북대학교 학술총서 24

기업의 해외이전과 본국귀환의 위협효과

찍은 날 2026년 1월 21일 | **펴낸 날** 2026년 2월 6일
지은이 권철우, 황욱 | **펴낸이** 허영우 | **펴낸 곳** 경북대학교출판부
출판등록 1973년 10월 10일 ㉣97호 | **주소** 대구광역시 북구 대학로 80
전화 053-950-3830 | **팩스** 053-953-4692 | **E-mail** press@knu.ac.kr
Homepage knupress.com
ISBN 978-89-7180-667-8 93320

정가는 뒤표지에 있습니다.
잘못 만들어진 책은 바꾸어 드립니다.

이 저서는 <2025년 경북대학교 학술총서 집필 및 출간지원사업>의 재원으로 출간되었습니다.

머리말

21세기 들어 세계경제의 무대는 급격히 변동하고 있다. 특히 2018년 이후 전개된 미중 무역분쟁과 지정학적 긴장 고조는 글로벌 공급망의 안정성에 대한 근본적인 의문을 제기했다.

국제무역의 풍경은 이제 더 이상 비용과 효율의 등식만으로는 설명되지 않는다. 탈냉전 시대에 견고하게 자리 잡았던 글로벌 무역 질서는 팬데믹과 함께 그 기반이 흔들리기 시작한다. 이후 우크라이나-러시아 전쟁과 같은 군사적 충돌이 격화되고, 중동과 남중국해에서 지정학적 긴장이 고조되면서, 국가 간의 신뢰와 협력은 빠르게 퇴색하고 있다. 이러한 충격은 국제 질서를 근본적으로 흔들고, 기존의 국제무역 체제를 디커플링과 탈세계화의 방향으로 이끌고 있다. 특히, 트럼프 2기 미국 행정부의 출범은 자국 우선주의 정책과 보호무역 기조를 강화하며, 불안정해진 세계무역 질서에 예측 불가능성을 더하고 있다. 이러한 새로운 정치 환경 속에서, '디커플링(decoupling)'과 '리쇼어링(reshoring)'은 더 이상 단기적 정책 유행어가 아니라, 기업 전략과 국가 정책을 동시에 재편하는 핵심 키워드로 부상했다. 이러한 변화는 단순한 생산지 이전을 넘어, 다국적기업이 보유한 '이동성'이라는 협상 자원을 통해 노동시장, 조세 정책, 환경규제 등 국가

정책 전반에 걸쳐 새로운 힘의 균형을 형성하고 있다.

이 책은 바로 이러한 기업 이동성(mobility)이 창출하는 위협효과(threat effects)를 국제무역 질서 속에서 심층적으로 조망한다. 지난 수십 년간 오프쇼어링(offshoring)은 글로벌 공급망(Global Value Chain)의 비약적 확장을 이끌었으나, 그와 동시에 노동자의 협상력 약화와 임금 불평등 심화, 그리고 정부 정책 왜곡이라는 부작용을 동반했다. 더 나아가, 최근 리쇼어링 정책은 본국귀환 자체뿐만 아니라, 귀환 '가능성'만으로도 정부의 재정·규제 정책을 움직이는 새로운 전략 변수로 자리 잡고 있다. 다시 말하면 이 책이 특히 주목하는 개념은 바로 이 '위협효과'다. 기업은 실제로 이동함으로써만 협상력을 얻는 것이 아니라 이동 '가능성' 자체가 협상 그 자체가 된다. 공장 폐쇄 혹은 생산 분산의 신호는 노동시장과 지역사회, 조세와 환경규제, 보조금과 조달 조건을 둘러싼 협상 테이블에 즉각적인 비대칭을 만든다. 그 비대칭은 때로 실제 이동으로 이어지지 않아도 정책 변수를 움직인다. 우리는 이 점이 종종 과소평가되어 왔다고 본다. 기존 연구가 '이동의 결과'에 집중했다면, 이 책은 '신호로서의 이동 가능성'이 정책과 제도를 사전적으로 어떻게 변형하는지를 계량적으로 식별하려 한다. 동일한 기업이라도 정치적 시간과 지역적 맥락에 따라 위협의 신뢰성(credibility)이 달라지고, 그에 따라 협상 탄력도도 달라진다. 위협은 선언일 뿐이라는 시각과, 위협이야말로 제도와 정책을 바꾸는 실질적 변수가 된다는 시각 사이에서, 이 책은 후자의 손을 들며 그 메커니즘과 한계를 동시에 제시한다. 무엇보다, 이 책은 이러한 연구 격차를 메우고자 기획되었다. 우리는 지난 10여 년간 논문을 통해 관련 연구를 축적해 왔다. 이번에 연구자, 대학원생, 그리고 정책 입안자 등 다양한 독자층의 눈높이에 맞추어 보다 친절하고 자세한 해설을 덧붙여 단행본의 형태로 재구성함으로써 기업의 해외이전과 본국귀환을 둘러싼 '위협효과'의 메커니즘과 귀결을 학문적으로 엄밀하면서도 종합적으로 제시하고자 한다. 논문 한 편이 보여 줄 수 있는 범위를 넘어, 여러 편의 결과를 한 지평 속에 놓고 개념과 데이터, 식별 전략과 정책 설계를 유기적으로 연결하려는 것이다. 이 책은 글로벌 무역 질서가 재편되는 현시점에서, 기업의 해외이전과 본국귀환을 둘러싼 전략적 행위와 그 파급효과를 종합적으로 분석한다. 이를 통해, 정책 입안자는 급변하는 국제 환경 속에서 보다 정교한 대응 전략을 모색할 수 있고, 연구자와 학생들은 이동성과 협상력이라는 렌즈를 통해 국제경제와 노동·산업 정책을 새롭게 이해할 수 있을 것이다.

이 책이 다루는 질문은 오늘의 것이지만, 내일의 독해를 염두에 두었다. 다음 시기에 새로운 국면이 오더라도, 위협과 설계, 선택과 책임이라는 네 개의 키워드는 유효할 것이다. 그리고 그 키워드를 이해하려는 독자의 손에, 이 책이 새로운 시각으로 세계의 움직임을 읽어 낼 수 있는 시금석이 되기를 바란다.

권철우, 황욱

차례

서론

1. 세계화 그리고 오프쇼어링과 리쇼어링

기업 활동의 세계화로 인한 기업의 해외생산, 즉 오프쇼어링(offshoring)을 통한 글로벌 공급망(Global Value Chain, GVC) 확대는 지난 수십 년 동안 국제경제에서 나타난 주목할 만한 현상이며, 이러한 현상이 노동시장에 미치는 경제적 영향은 자연스럽게 국제경제학과 노동경제학의 주요 연구 주제가 되었다.

지난 수십 년간 세계경제는 기업 활동의 세계화로 인한 생산 네트워크의 급속한 확대로 특징지어진다. 특히 기업들이 비용 절감과 시장 확대를 위해 생산공정을 해외로 이전하는 오프쇼어링(offshoring) 전략을 활발히 활용하면서, 글로벌 공급망의 규모가 비약적으로 성장하였다. 실제로 1990년대 이후 국제무역의 폭발적 증가를 견인한 GVC는 현재 전 세계 무역의 거의 절반을 차지할 만큼 그 영향력이 커졌다. 이러한 국제분업화의 심화는 선진국과 신흥국 모두에 경제적 통합을 촉진하여, 개발도상국의 빠른 성장과 함께 선진국과의 소득 격차 축소에 기여했다. 그러나 2008년 글로벌 금융 위기 이후 무역 증가세가 둔화되고 보호무역 기조가 나타나면서, 한때 가파르게 확대되던 GVC의 통합 추세도 주춤하는 양상을 보이고 있다. 그럼에도 불구하고, 여전히 다수의 다국적기업들은 생산비용 절감과 현지

시장 접근 편의를 위해 해외 생산거점을 운영하고 있으며, 오프쇼어링은 21세기 제조업과 무역 구조의 핵심 요소로 남아 있다.

이러한 기업들의 해외생산 확대는 각국 노동시장에 다양한 영향을 미쳐 왔다. 오프쇼어링이 본격화된 1980년대 이후 미국과 영국 등 일부 선진국에서는 숙련 프리미엄(skilled wage premium)—저숙련노동자 대비 숙련노동자의 임금 비율—이 크게 상승하여 임금 불평등이 심화되었다. 예컨대 1980~1990년대 미국과 영국에서는 저숙련노동자의 실질임금 정체 혹은 하락과 함께 고숙련노동자의 임금이 상대적으로 크게 오르며 숙련 프리미엄이 확대된 반면, 같은 시기 일부 유럽 대륙국가들에서는 오히려 임금격차가 축소되거나 정체되기도 했다.

이러한 상반된 추이는 임금 불평등의 원인을 둘러싸고 노동경제학적 요인과 국제경제학적 요인을 강조하는 두 가지 시각을 불러왔다. 첫 번째는 각 국가의 노동시장 제도와 기술 변화 등 국내적 요인이 임금 구조에 영향을 미쳤다는 관점이고, 두 번째는 무역과 투자 확대 같은 글로벌화가 각국의 숙련 프리미엄 변화의 주요한 원인이라는 관점이다. 국제경제학적 시각에서 특히 주목한 두 가지 요인은 무역 확대와 기술 변화의 상호작용 그리고 기업들의 해외생산 증가이다. 많은 연구들은 무역 자유화와 수요 구조 변화에 따른 기술편향적 기술진보(skill-biased technological change)가 숙련노동 수요를 늘려 임금격차를 벌렸다고 설명하는 한편, 1990년대 이후 다국적기업들의 해외직접투자와 해외 아웃소싱으로 대표되는 오프쇼어링이 본국에서 상대적 노동수요를 변화시켜 비슷한 효과를 낳았다고 분석한다. 구체적으로, 기업들은 노동집약적(특히 저숙련 노동집약적) 공정을 해외로 이전하고 본국에는 자본·기술집약적 공정을 남겨 두는 경향이 있기 때문에, 본국 내 숙련노동에 대한 상대수요가 증가하여 숙련 프리미엄이 상승한다는 것이다. 이는 마치 기술진보가 고숙련자에 유리하게 진행된 것과 같은 결과를 낳기 때문에, 오프쇼어링에 의한 임금격차 확대를 '간접적인 기술진보 효과'로 해석하기도 한다.

다수의 선행연구들은 글로벌화와 기업의 해외이전(offshoring)이 숙련노동에 대한 상대적 수요 변화를 통해 임금 구조를 변화시킨다고 일관되게 보고해 왔다. Feenstra & Hanson(1996a, 1996b, 1999)은 미국 제조업 데이터를 활용해 해외 부품 및 서비스 조달의 확대가 숙련노동 수요를 증가시키고, 결과적으로 임금 불평등을 심화시킨다는 상대수요 경로(relative demand channel)를 실증적으로 입증하였다. Slaughter(2000), Crinò(2009) 등도 유사한 결과를 제시하며, 다국적 기업의 해외직접투자가 선진국 노동시장 내 숙련노동자에 대한 수요를 상대적으로 증가시켜 임금격차를 확대하는 데 중요한 역할을 했다고 강조한다. 또한 Autor, Dorn & Hanson(2013)은 중국산 수입품의 급증이 미국 내 저숙련노동자의 고용 축소와 임금 하락을 초래하여 지역별 임금 불평등을 심화시킨 사실을 밝힘으로써, 무역경쟁이 임금격차 변화에 미치는 영향에 대한 구체적 사례를 제공하였다.

그러나 이러한 상대수요 경로에 대한 강조가 대단히 중요한 성과를 거두었음에도 불구하고, 임금격차 변화에는 이 외에도 다양한 경로와 메커니즘이 작동할 수 있다는 점을 인지하는 것이 중요하다. 예컨대, Berman, Bound & Griliches(1994)는 산업 내 기술진보와 무역자유화가 함께 임금격차에 영향을 미치며, 단순히 숙련노동 수요 변화만으로는 임금 구조의 모든 변동을 설명하기 어렵다고 지적하였다. Card & DiNardo(2002) 역시 임금 불평등의 동인을 분석하면서, 기술편향적 기술진보 외에 교육 공급 변화와 노동시장 제도 변화 등 여러 요인이 복합적으로 작용함을 강조하였다. 더불어, Katz & Autor(1999)는 무역과 기술 변화가 임금격차에 미치는 상대적 기여도를 구분하는 데 한계가 있으며, 실제로는 두 요인이 상호 보완적으로 작용하는 경우가 많다고 주장한다.

이 책에서 특히 주목하는 점은, 이처럼 실제로 해외이전이 일어나서 임금 구조를 변화시키는 경로뿐 아니라, 기업이 해외이전을 '할 수 있다'는 '가능성' 자체만으로도 노동시장에 중요한 영향을 미칠 수 있는 또 하나의 경로가 존재한다는 사실이다. 이를 우리는 기업의 해외이전 위협(threat of offshoring)이 임금협상에 미치는 '위협효과(threat effect)'라고 정의하였는데, 이는 전통적인 상대수요 경로와는 본질적으로 구별되는 협상적 메커니즘이다. 즉, 기업이 해외로 생산을 이전하지 않더라도, 노동자와 임금협상 시에 이 가능성을 전략적으로 이용하여 임금 수준을 낮추고, 협상력을 우위에 둘 수 있다는 것이다. Freeman(1995)은 이미 1990년대 중반부터 "당신의 임금은 북경에서 결정된다"는 표현으로 이 같은 위협효과를 사회적으로 제기하였으며, Rodrik(1997, 1999)도 노동자 협상력 약화의 주요 원인으로 다국적기업의 글로벌 이동성을 강조하였다. Zhao(1995), Naylor & Santoni(2003), Choi(2001) 등은 임금협상과 해외직접투자를 결합한 협상이론 모델을 통해 위협효과를 이론적으로 정식화했다.

이 책에서는 이 '숨겨진 협상 채널'을 상세히 분석하고, 위협효과가 실제 노동시장과 정부 정책에 미치는 파급효과를 규명하는 데 초점을 맞춘다.

아래에서는 이 리쇼어링(reshoring)을 포함한 최근의 흐름과 함께, 위협효과 개념이 대두된 배경을 살펴본다.

2. 세계화와 리쇼어링

오프쇼어링으로 촉발된 생산 세계화의 흐름은 2010년대 후반부터 새로운 변화를 맞이하고 있다. 기업들이 한때 이전했던 생산시설을 다시 본국으로 귀환시키는 움직임, 즉 리쇼어링이 주목받기 시작한 것이다.

리쇼어링 현상의 배경에는 여러 가지 요인이 복합적으로 작용하고 있다. 첫째, 신흥국의 임금 상승과 생산비 증가로 인해 해외생산의 비용 절감 이점이 예전만큼 크지 않게 되었고, 자동화 기술 발전으로 본국생산의 경쟁력이 상대적으로 높아진 측면이 있다. 둘째, 미중 무역갈등과 같은 정치적 불확실성, 그리고 COVID-19 팬데믹 기간 중 글로벌 공급망 교란을 겪으면서, 핵심 산업의 공급망을 자국 또는 우방국으로 재편하여 공급망 회복탄력성(resilience)을 강화하려는 정책적 요구가 커졌다. 특히 미국과 유럽 등은 의료 제품, 반도체 등 전략 물자의 해외 의존도를 줄이고 경제안보를 확보하기 위해 자국 내 제조업 기반을 재강화하려는 노력을 기울이고 있다. 여러 선진국 정부들은 리쇼어링을 촉진하기 위한 적극적 지원책을 시행 중이다.

대표적인 사례로 미국은 2017년 법인세 인하 등 기업 유턴을 유인하는 세제 조치를 도입했고, 2022년 반도체법(CHIPS Act)을 통해 반도체 제조시설의 미국 내 건립에 보조금을 지급하는 등 제조업 리쇼어링을 적극 장려하고 있다. 이러한 정책적 지원에 힘입어 실제 리쇼어링 사례도 점차 늘어나는 추세다. 미중 무역분쟁과 팬데믹을 거치며 미국 기업들의 공급망 재배치 움직임이 활발해져, 2020년 미국에서 발표된 신규 리쇼어링과 해외기업의 대미 투자를 통한 일자리 창출 규모는 전년 대비 증가하여 약 16만 개의 신규 일자리가 본국에 창출되었다.[1] 미국의 Reshoring Initiative 보고서에 따르면 2010년 이후 발표된 누적 리쇼어링 및 역외기업 투자 유치 일자리가 100만 개를 넘어섰으며, 특히 2020년에는 리쇼어링 발표가 해외직접투자를 처음으로 앞질러 미국 제조업 고용 증가에 중요한 역할을 한 것으로 집계되었다. 일본 또한 2020년 COVID-19 사태 직후 해외 생산시설의 본국귀환 지원 예산을 배정하여 자국기업들이 중국 등 해외에 있던 생산라인을 일본 본토나 동남아로 이전하는 것을 장려하고 있다. 리쇼어링 현상이 확산되면서, 글로벌 생산입지의 의사결정 구조에도 새로운 모습이 나타나고 있다.

과거에는 주로 기업이 일방적으로 생산비용과 시장 조건을 고려해 해외진출 여부를 결정했다면, 이제는 각국 정부도 유턴 기업 유치 경쟁에 적극적으로 뛰어들고 있다. 이는 기업의 해외이전뿐 아니라 본국귀환의 가능성 또한 협상에서 활용될 수 있음을 의미한다. 가령,

1 자세한 내용은 'Reshoring Initiative(2021), 2020 Data Report: Two Milestones'를 참조하라.

한 기업이 해외 공장을 철수하고 본국으로 귀환할 의사가 있음을 내비친다면, 해당 공장을 유치한 현지국 정부는 이를 막기 위해 추가 인센티브를 제시할 수밖에 없다. 반대로 본국 정부는 자국기업의 귀환을 촉진하기 위해 세제 혜택이나 보조금을 제안할 수 있다. 이러한 다중협상 구조 속에서, 기업은 현지국 vs. 본국 양측 정부로부터 최대한 유리한 조건을 이끌어 내기 위해 위협 전략을 구사할 유인이 발생한다. 즉, 기업의 생산입지 선택을 둘러싸고 현지국 정부와 본국 정부 간에도 일종의 순차적 협상 게임이 전개될 수 있다.

이 책에서는 리쇼어링을 포함한 이러한 정부 정책 간 경쟁이 기업의 입지 결정과 사회후생에 어떤 영향을 미치는지도 분석할 예정이다. 요약하면, 리쇼어링은 과거 오프쇼어링 일변도의 세계화 흐름에 변화가 생겼음을 보여 주는 중요한 조짐이다. 이는 본래 해외이전 위협효과 논의가 기업-노동자 관계나 기업-현지 정부 관계에서 주로 다뤄졌던 데 반해, 이제는 기업-본국 정부 관계에서도 새로운 전략적 상호작용이 등장했음을 시사한다. 다음 절에서는 먼저 기존에 연구된 기업의 이동성과 노동시장 간의 위협효과 관련 내용을 살펴보고, 이어서 정부 정책 측면의 위협효과로 논의를 확장한다.

3. 기업의 이동성과 위협효과: 노동시장

기업의 해외이전이 노동시장에 미치는 영향에 대해서는 오래전부터 풍부한 연구와 논쟁이 이어져 왔다. 전통적으로 경제학자들은 오프쇼어링이 본국 노동자들의 임금 수준과 고용에 미치는 효과를 주로 분석해 왔다. 그러나 그 결론은 연구에 따라 상당히 상반되었다. 한편에서는 기업의 해외진출이 생산성 향상과 기술 이전 효과를 통해 장기적으로 본국과 해외 모두의 평균임금을 높일 수 있다고 주장한다. 이러한 입장은 다국적기업이 비다국적기업보다 높은 생산성을 보유하며(Helpman 외, 2004) 해외직접투자로 인한 기술 파급 효과가 현지 노동자의 생산성을 끌어올린다는 근거를 제시한다. 예를 들어, Aitken et al.(1996), Lipsey & Sjöholm(2004) 등의 실증연구들은 개발도상국에서 외국인직접투자를 받은 기업의 노동자가 그렇지 않은 경우보다 더 높은 임금을 받는 경향을 확인하였고, 이것이 FDI의 생산성 제고 효과와 연관됨을 보였다. 또한 글로벌 공급망 하에서 선진국 기업이 노동풍부국에 노동집약적 공정을 이전하면 현지에서 노동수요 증가로 임금이 상승할 수 있다는 증거들도 있다. 실제로 오프쇼어링이 본국 임금에 긍정적 영향을 준 사례도 보고되는데, 크로아티아 기업 자료를 분석한 Brown et al.(2004)은 해외직접투자가 모기업의 생산성 증대와 임금 상승으로 이어진다고 밝혔다.

반면, 비판적 시각에서는 오프쇼어링이 국내외 노동자 모두의 임금을 억압함으로써 기업의 이익을 극대화하려는 착취적 동기(sweatshop motivation)가 있다고 본다. 이 관점에 따르면, 다국적기업은 개발도상국 현지에서 노동시장의 지배력을 이용해 현지 노동자를 저임금으로 장시간 노동시키고, 때로는 아동 노동이나 열악한 작업환경을 방치함으로써 비용을 절감하려 한다는 것이다. 또한 기업의 국가 간 이동성 자체가 임금협상에서의 협상 카드로 작용하여, 본국 노동자들마저 "임금인상 요구 시 공장을 해외로 옮겨 버리겠다"는 기업의 압박에 임금양보를 강요당할 수 있다는 주장도 제기되었다. 이러한 시각은 주로 국제 노동운동가나 시민단체들에 의해 확산되었으며, 일부 경제학자들도 이론적으로 그 가능성을 모색하였다. 다만, Brown et al.(2004)과 McMillan(2010) 등의 연구는 이러한 노동 착취 가설이 일반적인 현상은 아니며, 기업의 해외이전 결정에서 차지하는 비중이 작을 것이라고 반론한다.

비판적 시각에서 제기한 "글로벌 기업의 노동 착취" 논쟁은 주로 해외 생산국의 노동 조건 악화에 초점을 맞추고 있지만, 유사한 아이디어를 본국 노동시장에도 적용할 수 있다. 즉, 기업 입장에서 해외에 생산설비를 이전할 옵션 자체가 본국 노동자와의 임금협상에서 유리한 협상 도구로 활용될 수 있다는 것이다. 실제로 "임금협상에 합의하지 않으면 공장을 해외로 옮기겠다"는 식의 묵시적 또는 명시적 위협은 오래전부터 전형적인 사용자 측 전략으로 알려져 왔다. 미국에서는 1980~1990년대 노조 조직화 국면에서 공장 폐쇄(이전) 위협이 널리 사용되었는데, 1980년대 후반 약 29%에서 보고되던 위협 비율이, 1993~1995년에는 51%로 상승했고, 제조업 등 이동성이 높은 산업에서는 62%(1990년대 중반)와 70% 이상(1990년대 후반)으로 보고되었다. 특히 멕시코 등 해외에 생산거점을 둘 수 있는 모빌리티가 높은 산업에서는 이러한 위협 비율이 68%에 달해, 건설·교육 등 비교적 이동이 어려운 산업의 위협 비율(36%)과 큰 차이를 보였다.[2]

---

2 자세한 내용은 Bronfenbrenner(2000)를 참조하라.

기업들이 이처럼 해외이전 가능성을 신뢰성 있게 시사할 수 있을 때, 노동자들은 고용 불안을 느껴 임금인상 요구를 자제하거나 협상에서 양보를 하게 된다. 그 결과 실제로 해외로 이전하지 않고도 낮은 임금으로 생산을 지속할 수 있게 되는데, 이러한 효과를 위협효과(threat effect)라고 부른다. 다시 말해, 기업의 해외이전이라는 외부옵션이 존재함으로써 기업의 협상력(bargaining power)이 증대되고, 노조나 노동자가 양보임금(concessionary wage)을 수용하도록 만드는 효과인 것이다. 이 같은 해외이전 위협효과의 존재는 노동계와 정책 입안자들 사이에서도 일찍이 인식되어 왔다. Freeman(1995)은 "당신의 임금은 북경에서 결정되는가?"라는 질문을 던지며 저임금 국가와 경쟁해야 하는 미국 노동자의 임금 억제 현상을 지적했고, Rodrik(1997) 역시 노동자들의 교섭력이 글로벌 자본 이동성에 의해 약화되는 현상을 경고한 바 있다.

경제학계에서도 Mezzetti & Dinopoulos(1991), Zhao(1995, 1998, 2001), Naylor & Santoni(2003), Rodrik(1999), Choi(2001) 등 여러 연구자들이 이 주제를 다양한 각도에서 분석하였다. 예컨대 Zhao(1995)는 노조가 존재하는 이중 독점시장에서 기업의 해외직접투자 위협이 임금과 고용에 미치는 영향을 모형화하여, 해외직접투자가 기업의 협상 위협점(threat point)을 높여 노조의 협상력을 떨어뜨린다는 점을 보였다. Naylor & Santoni(2003)는 기업들이 상호 호혜적(쌍방향) 해외직접투자를 택할 때 노조의 힘이 약해지면 균형적으로 FDI 수준이 낮아질 수 있음을 보여 주었다. 한편 Bronfenbrenner(2000, 2001)는 미국의 실제 기업 사례들을 조사하여, 공장 폐쇄 위협이 노조 조직화 활동을 억제하는 데 매우 효과적으로 작용함을 실증적으로 보였다. 그의 연구에 따르면 사용자들은 글로벌 경제를 배경으로 노동자들에게 "해외로 공장을 옮길 수 있다"는 위협을 널리 퍼뜨리고 있었고, 그 결과 노조 설립 투표에서 패배하는 노조가 속출하여 민간 부문 노조 조직률 하락의 한 원인이 되었다. 이처럼 해외이전 위협효과에 대한 광범위한 인식은 이미 존재했지만, 이를 이론적으로 정식화하고 양적 효과를 분석한 연구는 제한적이었다.

노동시장에서 위협효과의 존재를 직접 검증한 초기 실증연구로는 Choi(2001)를 들 수 있다. Choi는 미국 제조업 자료로 노조 임금 프리미엄 방정식을 추정하여, 해외직접투자 유출이 노조 임금 프리미엄을 유의하게 감소시킨다는 결과를 보고하였다. 이는 곧 FDI를 통한 오프쇼어링 위협이 노조가 확보하는 임금 상승분을 깎아내릴 수 있음을 시사한다는 점에서 중요한 증거이다. 다만 그의 분석은 산업 단위의 평균임금 자료로 수행되었기 때문에 기업 수준의 협상 위협을 식별하는 데 한계가 있다는 지적을 받았다. 또한 FDI 변수와 임금 프리미엄 간 상관관계가 위협효과의 직접적 증거라기보다는 간접 정황증거에 가깝다는 점에서 해석상의 주의가 필요했다.

최근에는 보다 정교한 접근을 통해 위협효과의 존재를 명확히 입증한 연구들이 등장하고 있다. Jeon & Kwon(2018)은 한국의 제조업 기업 자료를 활용하여 실제 해외이전이 발생하지 않은 상황에서 해외이전 가능성만으로도 국내 임금협상 결과가 달라질 수 있음을 보였다. 또한 권철우·황욱(2018)과 Jeon & Kwon(2021)은 이러한 임금효과가 숙련·저숙련노동 간 임금격차에도 영향을 미쳐, 기업의 해외이전 가능성이 높아질수록 숙련 프리미엄이 확대될 수 있음을 이론적으로 보여 주었다. 이는 앞서 언급한 상대수요 효과와 별개로, 위협효과만으로도 숙련 프리미엄이 상승할 수 있음을 의미한다. 실제 Canals(2008)의 연구는 영국에서 1990년대 오프쇼어링이 거의 진행되지 않은 기간에도 숙련 프리미엄이 상승한 점을 지적하며, 실제 오프쇼어링이 없어도 위협만으로 임금격차가 벌어질 수 있다고 주장하였다. 이처럼 협상이론을 도입한 위협효과 분석은 임금 결정에 있어 '보이지 않는 채널'의 중요성을 환기시켰다.

이 책의 제2장에서는 기업과 노동자 간 임금협상에 초점을 맞추어, 다국적기업이 지닌 해외이전 가능성이 임금 결정에 어떠한 영향을 미치는지 순차게임이론의 틀 속에서 정밀하게 분석한다. 순차게임은 협상 과정에서 한쪽이 먼저 행동을 취하고 상대방이 그에 반응하는 동적 상호작용을 포착하는데, 이 책에서는 기업이 먼저 임금협상 과정에서 생산기지를 해외로 이전할 수 있다는 위협을 가하고, 노동자는 이러한 위협을 고려하여 협상임금을 결정하는 구조를 설정하였다. 이 과정에서 가장 중요한 점은 기업이 가진 해외이전 옵션, 즉 임금협상이 결렬될 경우 해외이전이 실제로 실행될 수 있다는 가능성이 기업의 협상력을 어떻게 강화하는지에 있다. 본 모형은 이러한 해외이전 옵션을 협상에서의 외부옵션(outside option)으로 규정하고, 이를 토대로 노동자들이 임금 수준을 조정하는 전략적 행태를 분석한다. 특히 노동자들은 기업의 해외이전 위협이 신뢰할 만한 것인지 판단하며, 그 신뢰성이 높을수록 임금협상에서 양보를 더 많이 하게 된다. 이러한 위협의 신뢰성 문제는 모형 내에서 균형 해석을 통해 엄밀히 규명된다.

또한 이 책에서는 임금격차가 크게 벌어지는 현실을 반영하여 숙련노동자와 저숙련노동자를 구분하고, 두 집단의 임금 결정 메커니즘이 어떻게 달라지는지를 설명한다. 특히 숙련노동과 저숙련노동 간의 대체 가능성을 고려함으로써, 해외이전 위협이 노동시장 내 임금 불평등에 어떠한 영향을 미치는지 보다 현실적으로 분석하였다. 이러한 접근은 단순히 임금 전체 수준에 미치는 영향을 넘어서, 임금 구조의 세부적 변화, 즉 숙련 프리미엄(skill premium) 확대와 관련된 내재적 메커니즘을 밝히는 데 초점을 맞추고 있다.

이론적으로 도출된 순차게임 협상 모형은 실제 노동시장 자료를 통해 실증적으로도 검증된다. 이 책에서는 한국 제조업 분야의 기업별 및 산업별 미시자료를 활용한 선행연구인 Jeon & Kwon(2018)의 결과를 이용하여 기업별 해외이전 가능성과 임금 변동 간의 통계적 연관성을 살펴보는 한편, 위협효과의 크기와 경제적 함의를 구체적으로 제시한다.

이처럼 제2장은 전통적인 상대수요 경로(relative demand channel) 중심의 임금 불평등 설명에 협상이론적 위협효과 메커니즘을 통합하여, 글로벌화가 노동시장에 미치는 영향을 보다 포괄적이고 미시적으로 이해할 수 있는 새로운 틀을 제공한다. 이를 통해 임금격차와 고용구조 변화에 내재된 복합적인 원인을 심층적으로 조명함으로써, 글로벌 경제하에서 노동자의 후생과 기업의 전략적 행동 간 상호작용을 정교하게 해석하는 데 중요한 학문적 기여를 할 것으로 기대된다.

4. 위협효과와 정부 정책: 정책 경쟁

1) 다국적기업의 협상력과 정부의 지원 경쟁

글로벌 생산체계하에서 다국적기업의 입지 이동성은 비단 노동시장뿐 아니라 정부 정책 결정에도 상당한 파급력을 지닌다. 생산거점을 여러 나라에 보유한 다국적기업(multinational)은 복수공장 체제를 활용해 생산지 간 경쟁을 야기할 수 있기 때문에, 단일 국가에만 있는 기업보다 입지 선택의 유연성이 훨씬 크다. 이러한 유연성은 기업으로 하여금 생산지 이전을 협상 카드로 활용할 기회를 제공하며, 이를 통해 정부와의 협상에서 우위를 점하게 된다. 다시 말해, 다국적기업은 "우리 공장을 다른 나라로 옮기겠다"고 위협함으로써 현지 정부로부터 각종 혜택을 더 이끌어 낼 수 있는 것이다. 실제로 한 기업이 철수 가능성을 언급하기만 해도 해당 지역 경제의 침체와 고용 감소를 우려하는 정부는 추가 지원책을 내놓을 수밖에 없는 상황에 몰린다. 이러한 전략적 행태 역시 위협효과(threat effect)의 한 형태로 볼 수 있다.

현실에서 각국 정부는 투자 유치 경쟁을 벌이며 기업들에게 다양한 인센티브를 제공해 왔다. 해외자본이나 공장을 유치하면 일자리 창출, 생산성 증대, 기술 이전 등 긍정적 효과가 기대되기 때문에, 국가 경제 정책상 외국인직접투자(FDI) 유치는 중요한 과제로 인식된다. 이를 위해 정부들은 감세, 보조금, 부지 제공, 규제 완화 등 온갖 지원책을 동원하며 다국적기업을 끌어들이고자 애쓴다. 그런데 일단 생산설비를 유치한 이후에도, '기업 붙잡기' 경쟁은 끝나지 않는다.

다국적기업은 언제든 더 유리한 조건을 제시하는 곳이 있으면 공장을 이전할 수 있기 때문에, 기존 투자국 정부는 기업이 떠나지 못하도록 지속적으로 혜택을 제시해야 할 유인이 생긴다. 특히 지역경제에서 큰 비중을 차지하는 대규모 공장이나 고용을 담당하는 기업일수록, 해당 기업의 철수는 지역경제에 치명타가 될 수 있으므로 지방정부 차원에서도 기업 붙잡기에 총력을 기울인다. 이는 결과적으로 다국적기업에 대한 지속적이고 때로는 과도한 수준의 지원 정책으로 이어지며, 정부 재정에 장기 부담을 주는 문제를 야기할 수 있다. 또한 기업들은 이러한 정부의 부담을 인지하고 협상력 강화를 통해 추가적인 이득을 얻으려 할 것이므로, 다른 외국기업들까지 유사한 전략을 취하게 만드는 도덕적 해이(moral hazard)도 우려된다.

한 가지 대표적인 사례로, 2018년 2월 미국의 제너럴모터스(GM)는 한국 내 사업장에서 대규모 생산시설 축소 계획을 발표하며, 군산공장의 폐쇄를 공식화하였다. 이에 한국 정부와 산업은행(국책은행이자 GM Korea 지분 보유 기관)은 해당 철수를 막기 위해 적극적으로 개입하였고, 그해 5월 GM 본사는 약 64억 달러 규모의 신규투자를 약속하는 대신, 산업은행은 약 7억 5천만 달러(약 8,100억 원 상당)의 공적 자금을 지원하기로 합의하였다. 이 협약에는 GM이 최소 10년간 한국에 생산시설을 유지할 것과, 산업은행이 이 기간 동안 주요 경영 결정에 대해 거부권을 행사할 수 있다는 조건이 포함되어 있었다. 결과적으로 GM은 단 한 차례의 철수 위협을 통해 대규모 재정 지원금을 확보하였는데, 이 사례는 다국적기업이 생산기지 이전 위협을 통해 정부 정책 결정에 직접적이고도 실질적인 영향을 미칠 수 있음을 명확하게 보여 준다. 이후에도 GM은 경영상 어려움이 발생할 때마다 추가적인 정부 지원을 요청하는 등, 한국 정부는 사실상 지속적인 '볼모 상태'에 놓이게 되었다.[3]

이러한 다국적기업의 이동성 위협은 단순히 노동자와 기업 간 임금협상에서의 전략적 수단을 넘어서, 정부 간 정책 경쟁과 결정 과정에도 영향을 미치는 기업의 중요한 협상 도구임을 의미한다. 이에 경제학계에서도 다국적기업의 높은 이동성이 정부 간 보조금 경쟁을 촉발할 수 있다는 점에 점차 주목해 왔다. Zhao(1995)는 기업 이동성이 조세 및 보조금 정책에 미치는 영향을 모델링하여, 다국적기업이 정부 정책을 유인하는 메커니즘을 제시하였다. Haaland & Wooton (1999)은 정부 간 경쟁 구도에서 기업 이동성 증가가 보조금 경쟁을 심화시킨다고 분석하였다. 특히 권철우·황욱(2019, 2021)은 기업의 해외이전 가능성을 고려할 때, 현지 정부가 환경규제나 법인세 과세 수준을 사회적 최적 수준보다 낮게 설정할 유인이 존재함을 이론적으로 규명하였다. 이는 오프쇼어링 위협이 환경 정책 후퇴와 법인세율 인하 경쟁 등 소위 '바닥을 향한 경주(race to the bottom)' 현상을 초래할 가능성이 있음을 의미한다.

1980년대 이래 각국은 자본 유출을 막고 투자 유치를 위해 법인세율을 지속적으로 인하해 왔다. 전 세계 평균 법인세율은 1980년 40.11%에서 2020년 23.85%로 거의 절반 가까이 하락했다.[4] 이러한 글로벌 세계 경쟁 배경에는 언제든지 자본을 다른 국가로 이동시킬

3 한국 내에서의 GM 사례는 *The Economist*, 2020년 5월 12일 자 기사 "GM's Korean plant closure shows limits of government intervention."을 참조하라.

4 자세한 내용은 Kumar(2012) 및 Asen(2020) 등을 참조할 것.

수 있는 다국적기업의 협상력이 크게 작용하였다. 최근 OECD를 중심으로 추진된 글로벌 최저한세(global minimum tax) 도입 논의는 이러한 과도한 법인세 인하 경쟁을 제한하고자 하는 국제적 노력의 일환으로, 그간 기업 이동성 위협이 각국 정책에 미친 영향력이 매우 컸음을 방증한다.[5]

2) 위협효과에 대한 이 책의 접근

이 책의 관심사는 바로 이 기업 이동성에 따른 위협효과가 노동시장과 정부 정책에 어떻게 나타나고 상호 연관되는지를 통합적으로 이해하는 것이다. 앞서 살펴보았듯, 기업의 해외이전 가능성은 한편으로 본국 노동자의 임금협상력 약화와 임금격차 변화를 가져오고(제2장의 주제), 다른 한편으로 현지 유치국 정부의 정책 결정 왜곡을 초래하며(제3장의 주제), 더 나아가 본국 정부와의 정책 경쟁 및 기업의 귀환 여부와 같은 새로운 이슈도 등장시키고 있다(제4장의 주제).

이러한 다양한 현상을 설명하기 위해 이 책은 협상이론과 게임이론을 핵심 도구로 활용한다. 구체적으로, 기업-노동자 간 임금협상은 협상이론(bargaining theory) 모델로, 기업-정부 간 정책 상호작용은 순차게임(sequential game) 분석 모형을 통하여 위협효과가 부분게임 완전 내시균형에 미치는 영향을 논리적으로 분석한다. 두 관계 모두에서 기업의 해외이전 옵션이 협상의 외부옵션(outside option)으로 작용

5 자세한 내용은 OECD (2020) 참조할 것.

하며, 게임의 균형에서 위협적 균형(threat equilibrium)이 성립하는 조건을 탐색할 것이다.

예를 들어 제2장에서는 단일 기업이 국내에서 노조와 임금협상을 할 때 해외로 생산을 이전할 수 있는 선택권이 임금균형에 미치는 영향을 분석한다. 임금협상 과정을 기업과 노조의 비협조적 순차게임으로 모델링하여, 기업이 협상이 결렬될 경우 해외이전을 실행할 수 있다고 위협할 때 협상임금이 어떻게 결정되는지를 살펴본다. 이 모형은 McDonald & Solow(1981)의 전통적 임금협상 틀에 Helpman et al.(2004)의 수직적 다국적기업 모형을 결합한 형태로, 무역이론과 임금협상이론의 통합을 시도한다. 분석 결과, 실제 해외이전이 전혀 이루어지지 않는 균형에서도 위협만으로 임금이 억제되고, 이로 인해 숙련 vs. 저숙련 임금격차(숙련 프리미엄)가 커질 수 있음을 보인다. 또한 협상균형에서 기업의 해외이전 위협의 신뢰성이 어떤 조건에서 확보되는지 규명하고, 산업균형 차원에서 다수 기업이 위협효과하에 국내생산을 유지하는 위협균형이 가능함을 논의한다. 제2장의 이론적 함의를 뒷받침하기 위해 한국의 산업별 자료를 활용한 실증분석도 소개되며, 이를 통해 위협효과가 통계적으로 유의한 임금 및 고용 효과를 가져왔는지 검증한다.

제3장에서는 기업의 해외이전 가능성이 정부의 규제 완화에 미치는 영향에 초점을 맞춘다. 첫 번째 절에서는 세무 정책—특히, 세무조사—을 예로 들어, 정부가 자국 다국적기업의 해외이전 가능성을 인지할 때, 세무 정책의 강도를 어느 수준으로 선택할지를 게임이론적으로 모형화한다. 기업은 자국의 조세부담이 커지는 경우 과세부

담을 덜기 위해 조세부담이 낮은 외국으로 이전할 수 있으며, 정부는 자국기업의 이탈로 인한 고용 감소를 우려하여, 적극적인 조세 정책을 도입하는 데 어려움을 겪을 수 있다.

제3장의 두 번째 절에서는 환경규제 정책을 예로 들어, 정부가 자국기업의 해외이전 가능성을 인지할 때 환경규제 수준을 어떻게 결정하는지를 유사한 방식으로 살펴본다. 기업은 정부의 환경규제가 강화될 경우 생산비 증가로 이윤이 줄어들게 되므로 다른 나라로 공장을 이전할 수 있으며, 정부는 이를 고려해 환경규제 수준을 완화하는 방향으로 정책을 설정할 수 있다.

제3장 모형들의 순차게임 균형에서는 기업의 생산시설을 다른 국가로 이전할 수 있는 이동성이 충분히 높아지면, 정부는 기업의 이탈 위협을 고려하여 세무 정책의 강도와 환경규제 수준을 사회적으로 바람직한 최적 수준보다 낮게 설정하는 경향이 나타남을 보여 준다. 특히, 환경 정책의 경우에는 정부가 환경오염으로 인한 사회적 비용—즉, 외부효과(externality)—을 완전히 반영하지 않은 채 규제를 완화함으로써, 환경오염으로 발생하는 전체 사회적 비용을 충분히 고려하지 않는 결과를 초래할 수 있다. 경제학적으로 표현하자면, 환경오염의 부정적 외부효과에 대한 내부화(internalization)가 불충분해지는 현상이 발생한다. 이는 환경오염에 따른 비용이 정부 정책에 충분히 반영되지 않아, 결과적으로 오염 수준이 사회적으로 최적인 상태보다 과도하게 높아지는 것을 의미한다.

제4장에서는 기업과 현지 유치국 정부 간의 전략적 상호작용에 초점을 맞춘다. 첫 번째 절과 두 번째 절에서는 조세 및 보조금 정책을

다룬다. 현지 정부가 다국적기업을 붙잡기 위해 법인세를 인하하거나 추가 보조금을 제공하는 상황을 모델링하여, 기업의 위협이 없을 때보다 정부의 재정 지원이 과도하게 늘어나는 균형이 나타날 수 있음을 분석한다. 이는 정부 입장에서 단기 고용 유지와 장기 재정 건전성 사이의 트레이드오프를 악화시켜, 궁극적으로 국민후생에 부정적 영향을 미칠 수 있음을 논한다. 제4장의 분석을 통해 기업-정부 간 협상에서의 위협효과를 정량적으로 평가하고, 이러한 효과를 완화하기 위해 국제협력이 필요한지, 규제 조정을 어떻게 해야 할지 등의 시사점을 도출할 것이다.

마지막으로 제4장의 세 번째 절에서는 리쇼어링 및 정책 경쟁 이슈를 종합적으로 다룬다. 여기서는 본국과 현지국 두 정부가 모두 한 다국적기업의 투자를 유치하거나 유지하기 위해 경쟁적으로 보조금을 제공하는 상황을 고려한다. 즉, 다수의 동시협상 상황에서 기업이 어느 정부의 제안을 받아들일지 순차적 게임으로 모형화하고, 균형에서 본국의 리쇼어링 유인책과 현지국의 유지 인센티브가 어떻게 결정되는지 살펴본다. 이 분석은 권철우·황욱(2023)의 연구에 기반하며, 본국의 리쇼어링 정책이 성공할 경우 본국 경제에 미치는 편익과 현지국 경제의 손실을 평가한다. 이와 동시에 양국 정부가 모두 보조금을 남발할 위험이 있어 비효율적 경쟁이 벌어질 가능성도 논의한다. 그리고 해당 장에서는 이러한 양국 간 정책 상호작용을 통해 글로벌 후생 관점에서 어떤 조치가 바람직한지 모색하면서 결론을 맺는다.

요약하면, 이 책 전체에 흐르는 핵심 주제는 ‘기업의 해외이전 위협이 노동시장과 정부 정책에 미치는 영향'이며, 이를 분석하기 위해 협상이론과 순차게임이론을 일관되게 적용한다. 제2장에서는 노동조합과 기업 간 임금협상 게임을 통해 위협효과의 노동시장 영향을 살펴보고, 제3장에서는 기업과 본국 정부 간 정책 결정 게임을 통해 환경 및 조세 분야의 위협효과를 분석한다. 제4장에서는 다국적기업과 유치국 정부의 유치 및 지원 정책 선택 게임에서 해외이전의 위협효과를 규명하는 한편, 국가 간 정책 경쟁이라는 더 큰 틀에서 리쇼어링 이슈를 다룬다.

각 부분은 서로 밀접히 연관되어 있어, 예컨대 제2장의 임금협상 모형에서 도출된 기업의 위협 신뢰성 조건이 제4장의 정부게임에서 기업 행동의 전제 조건이 되며, 제4장에서는 앞서 제2장과 제3장에서 논의된 노동시장과 정부 정책 측면의 효과들을 종합적으로 통합하여, 이로부터 도출되는 정책적 시사점을 심층적으로 탐구한다. 특히 각 장에서 분석한 기업의 해외이전 위협이 노동자 임금협상, 환경규제, 조세 및 보조금 정책에 미치는 영향을 하나의 통일된 관점에서 체계적으로 연결하는 데 중점을 둔다. 이러한 통합적 서술 구조는 독자가 책 전반에 걸친 복잡한 논의들을 일관된 논리 흐름 속에서 이해할 수 있도록 돕는다. 즉, 각 장별 개별적 분석을 넘어서 전체 연구가 하나의 유기적인 틀 아래에서 서로 어떻게 연계되는지 명확히 보여 줌으로써, 이론과 실증, 정책적 함의를 유기적으로 결합한다.

궁극적으로 이 책은 글로벌 경제 시대에 기업의 높은 이동성이 협상과 정책 결정 과정에서 발휘하는 전략적 힘을 심층적으로 이해하고자 한다. 이를 통해 노동자와 정부가 직면한 도전과 기회를 정확히 인식하고, 보다 효과적인 대응 전략과 정책 설계 방향을 모색하는 데 실질적인 학문적 통찰을 제공하는 것을 목표로 한다.

1

제1장_기초이론

1. 국제무역과 기업: 규모의 경제와 무역이론

오랜 기간 동안 헥셔-오린 모형으로 대표되는 전통적인 무역이론과 이후 나타난 신무역이론을 통해 경제학자들은 국제무역에 대한 이해를 넓히는 데 성공해 왔다. 그러나 기존의 성공적인 무역이론도 현실의 경제 현상을 설명하는 데 한계를 보여 왔으며, 이를 극복하려는 후속 연구들이 계속 이어지고 있다. 이에 이 장에서는 2000년 이후 나타나고 있는, 기업 수준에서 무역 현상을 설명하려는 이론적 노력을 간략하게 살펴보고자 한다.

지금까지의 전통적인 무역이론은 국가 간 상품의 교역을 국가 간 비교우위의 결과로서 설명해 왔으며, 이러한 비교우위의 발생 요인을 국가 간 상이성에서 찾았다. 예를 들어, 리카르도의 무역이론은 국가 간 생산성의 격차로 인하여 국가 간 비교우위가 발생한다고 설명하고 있으며, 헥셔-오린 무역이론은 국가별 생산요소 부존량의 차이에서 비교우위의 발생 요인을 찾고 있다. 오랜 기간 주류 무역이론으로 인정받아 온 이와 같은 전통적인 무역이론은 국가 사이에서 발생하는 산업 간 무역(Inter-industry trade) 패턴을 이해하는 데 큰 기여를 한 것으로 평가되고 있다.

전통 무역이론에 의하면 개별 국가는 다른 국가에 비해 저렴한 비용으로 생산이 가능한 산업의 생산을 특화하여 당해 산업의 생산품을 수출하거나(리카르도 이론), 자국이 상대적으로 풍부하게 가지고 있는 생산요소를 집약적으로 사용하는 산업에 비교우위를 가지므로 당해 산업이 수출산업이 된다(헥셔-오린 이론). 이에 더하여 전통적인 무역이론은 무역으로 인한 산업별 생산요소 투입량의 변화 및 생산요소의 가격 변화를 이해하고 설명하는 데에도 큰 공헌을 하였다.

하지만 전통 무역이론은 현실 무역의 큰 부분을 차지하고 있는 산업 내 무역(Intra-industry trade)을 설명하는 데에는 실패하였으며 유사한 국가 간에서 무역이 활발하게 일어나는 현상을 설명하는 데에도 실패하였다는 비판을 받아 왔다. 보다 구체적으로 살펴보면, 전통적인 무역이론에 의하면 각 국가는 서로 다른 산업을 수출산업으로 선택하게 되므로 산업 내 무역이 발생할 가능성이 낮으며 서로 상이한 국가 간의 무역 활동이 활발해야만 한다. 하지만 이러한 전통 무역이론의 예측은 현실의 무역 현상과 큰 차이를 보이고 있다.

이에 1980년대에 이르러 Krugman(1980), Helpman(1981), Ethier (1982) 등은 전통 무역이론에서 설명하지 못하는 산업 내 무역과 유사국가 간의 무역을 설명하기 위해 소위 신무역이론(New Trade Theory)으로 지칭되는 새로운 무역이론을 도입하였다. Krugman(1980)이 처음으로 제시한 신무역이론은 왜 동일한 산업 내에서 두 국가가 쌍방향 무역을 하는지에 대한 해법을 제시하여 주목을 받았다. 앞에서 언급한 바와 같이 전통 무역이론은 각 국가는 서로 상이한 산업에 비교우위를 가지게 되기 때문에 개별 국가는 서로 다른 수출산업을 가질 것을 예측하지만, 이는 산업 내 무역 현상과 상충되는 결과이다. 이러한 산업 내 무역의 존재를 설명하기 위해, Krugman은 전통 무역이론에서 간과하고 있는 규모의 경제(economies of scale)의 존재와 차별화된 제품의 존재에 주목하였다. 그리고 그는 차별화된 제품을 생산·판매하는 기업과 차별화된 제품을 구매하려는 소비자, 다시 말해 제품 다양성을 선호하는 소비자의 존재가 산업 내 무역의 요인이 될 수 있음을 보였다. 즉, Krugman의 신무역이론은 다양한 제품을 소비하려는 소비자가 존재하는 한 서로 다른 국가가 동일한 수출산업을 가질 수 있으며 동일 산업 내 차별화된 제품의 쌍방향 무역이 발생할 수 있음을 이론적으로 설명하였다.

이러한 Krugman의 신무역이론은 산업 내 무역을 설명할 수 있었음에도 불구하고 전통 무역이론의 결과물을 무시한다는 단점도 내포하고 있었다. 하지만 Helpman & Krugman(1985)은 초기의 신무역이론을 전통 무역이론의 일반균형 모형과 접합시켜, 산업 내 무역과 유사국가 간 무역은 물론 전통 무역이론이 설명하는 산업 간 무역과 생산요소 시장의 변화를 동시에 설명할 수 있는 진일보된 모형을 제시하여 국제무역이론의 지평을 조화롭게 확장하는 데 기여하였다.

한편 신무역이론의 또 다른 기여는 국제무역이론의 초점을 국가와 산업 수준에서 기업 수준으로 낮추는 계기가 되었다는 점이다. 비록 신무역이론 자체는 개별 기업의 특성을 무시하고 있지만, 신무역이론에서 무역 현상의 주체가 국가나 산업이 아닌 독점적 이윤을 추구하는 기업이 되었다는 점은 평가할 필요가 있다. 이는 신무역이론이 개별 기업이 가지는 규모의 경제에 기초한 무역이론이기 때문이다.

그러나 전통 무역이론과 접목된 신무역이론조차도 여전히 현실 무역 현상과 괴리를 보이는 한계를 가지고 있다. 특히 국가 간 무역량에 관한 통계자료에 의존했던 과거와 달리 최근 기업 수준의 통계자료들이 수집되어 수출기업의 특성에 대해 보다 자세히 알려지면서 기존의 무역이론이 가지는 한계도 명확하게 드러나기 시작하였다. 기업 수준의 통계자료가 보여 주는 무역에 관한 특징적인 현상 중 하나는 수출입 활동이 매우 제한적인 현상이라는 점이다. 이를 보다 구체적으로 살펴보면, 먼저 동일한 산업 내에 속한 많은 기업 중 아주 일부 기업만이 수출에 종사하고 있다는 점을 들 수 있다. 또한 기업 수준의 무역통계자료는 대체적으로 생산성이 높은 기업만이 수출에 종사한다는 특징도 보여 준다. 나아가 기업의 수출 활동이 당해 기업이 속한 산업의 생산성을 향상시키는 경향도 관찰되고 있다. 이와 같은 현상들은 기업의 수출 활동이 개별 기업의 특성에 의해 결정되는 현상일 가능성이 높음을 암시한다.

하지만 이와 같은 기업 수준의 수출 현상은 전통 무역이론과 신무역이론으로는 전혀 설명되지 않는다. 지금까지의 무역이론은 근본적으로 국가별로 상이한 산업 특성을 고려하고 있지만 개별 기업의 상이성은 간과하고 있기 때문이다. 즉, 기존의 무역이론은 개별 기업의 상이성을 무시하고 있기 때문에 기업 수준의 현상을 설명하지 못하는 한계를 가진다. 이에 2000년 이후 기업의 상이성에서 수출 활동의 원인을 찾으려는 무역이론이 나타나는 추세이다. 이와 같은 대표적인 이론 모형으로는 신무역이론에 기업 간 생산성 차이를 포함시킨 Melitz 모형(2003) 및 리카르도의 이론에 기업 상이성을 포함시킨 Bernard-Eaton-Jensen-Kortum 모형(2003)이 있다. 이 중 Krugman 모형에 기업 간 생산성의 차이를 접목시킨 Melitz 모형(2003)은 높은 확장성을 가진 모형으로 평가되고 있으며, 다양한 주제의 국제무역 이슈를 설명하기 위해 차용되고 있다.

따라서 본 절에서는 신무역이론의 대표적인 모형인 Krugman 모형(1980)과 Helpman and Krugman(1985)를 간략히 살펴본 후, 대표적인 기업 상이성 무역이론인 Melitz 모형(2003)을 간략히 소개하기로 한다.

1) 국제무역과 기업: Krugman 모형

앞에서 논의한 바와 같이 전통적인 무역이론은 산업 간 무역 흐름을 강조해 왔다. Ricardo(1817)는 국가 간 생산성의 상대적 차이에서 발생하는 비교우위로 인하여 산업 간 무역이 발생한다고 주장하였으며, Heckscher(1919)는 국가 간 생산요소 부존량의 상대적 차이에서 산업 간 무역이 발생한다고 보았다. Heckscher의 견해는 이후 그의 제자인 Ohlin(1924, 1933)에 의해 일반균형 모형에 접목되어, Heckscher-Ohlin 모형(이하 H-O 모형)으로 널리 알려지게 되었다. 그러나 현실에서는 산업 간 무역 이상으로 산업 내 무역이 중요한 비중을 차지한다. 학자들이 산업 간 무역의 중요성을 인식하기 시작하면서 Lancaster(1980), Helpman(1981), Krugman(1981) 등의 연구자들은 전통적인 H-O 모형에 제품 차별화와 독점적 경쟁을 결합한 소위 신무역이론을 도입하였다.

신무역이론은 전통적인 무역이론에서 간과하고 있는 산업 내 무역의 중요성에서 출발한다. 아래의 표는 1996~2000년에 걸친 기간 동안 주요국에서 산업 내 무역이 차지하는 비중을 보여 준다.

표 1.1 산업 내 무역 비중(%, 1996~2000년 평균)

국가	비중
프랑스	77.5
독일	72.0
스페인	71.2
네덜란드	68.9
미국	68.5
스웨덴	66.6
일본	47.6
노르웨이	37.1
호주	29.8

출처: OECD(2002)

위의 표가 보여 주는 것처럼 많은 국가에서 산업 내 무역의 비중이 산업 간 무역의 비중을 넘어서고 있다. 하지만 전통적인 H-O 모형은 산업 내 무역을 설명하지 못한다는 치명적인 한계가 있다.

산업 내 무역의 존재와 함께 전통적인 H-O 모형을 괴롭혀 온 현상 중 하나는 유사한 국가 간에 발생하는 무역이다. 전통적인 H-O 모형에서 무역의 발생 요인은 국가 간의 상이성임에 반해, 현실에서는 무역의 상당 부분이 유사한 국가 간에 발생한다. 이를 살펴보기 위해 다음의 표를 살펴보자. [표 1.2]는 2005년에 발생한 북미, 유럽, 일본, 그리고 기타 세계 간의 무역 구조를 보여 준다.

표 1.2 지역 간 제조업 수출 구조(10억 달러, 2005년)

출발 \ 도착	북미	유럽	일본	기타 세계
북미	824	238	88	1,478
유럽	398	3,201	77	4,372
일본	152	94	0	595
기타 세계	2,093	4,398	515	10,159

출처: WTO(2006)

이에 Krugman은 독점적 경쟁 모형을 무역에 적용한 새로운 무역 이론을 도입하여 산업 내 무역을 설명하고자 하였다. 그의 이론에서 가장 특징적인 것은 전통적인 국제무역에서 가정하던 완전경쟁시장의 가정을 버리고 불완전경쟁시장을 고려하기 시작했다는 점이다. 즉, 생산기술에서 규모의 경제를 가정함으로써 불완전경쟁시장 그리고 차별화된 상품시장을 도입하였으며, 그에 기반하여 산업 내 무역을 설명하였다. 이후 불완전경쟁(또는 규모의 경제)에 기인한 무역 모형이 새로운 표준으로 자리 잡게 되는데, 이러한 무역 모형들을 신무역이론(New Trade Theory)이라고 한다. 아래에서는 신무역이론의 시초가 되었던 Krugman 모형(1981)을 간략한 버전으로 살펴보기로 한다.

(1) 다양성 선호 소비자의 효용 극대화

다양성 선호 소비자

소비자와 기업이 독점적 경쟁시장에 존재한다고 가정해 보자. 잘 알려진 바와 같이 Chamberlin(1933)의 독점적 경쟁시장은 차별화된 상품을 생산하는 기업들이 경쟁하는 시장이다. 따라서 차별화된 상품에 대한 소비자의 선호를 생각할 필요가 있다. 차별화된 상품을 선호하는 소비자를 나타내는 다양한 접근법이 존재하지만, 가장 대표적인 것이 Dixit & Stiglitz(1977)의 다양성 선호(love-of-variety) 접근법이다. 각 소비자는 연속적으로 존재하는 차별화된 상품을 소비하고 있으며, 차별화된 상품들(varieties)은 불변 대체탄력성을 가진다고 가정한다.[6] 그리고 차별화된 상품 θ에 대한 대표 소비자의 소비량을

---

6 소비자는 차별화된 상품과 동질적인 상품을 모두 소비할 수도 있다. 또한 다양한 품목의

$x(\theta)$라고 할 때, 다음의 CES 효용함수를 생각해 보자.[7]

$$u = \left[\int_0^n x(\theta)^\beta d\theta\right]^{1/\beta},\ \beta \in (0,1) \quad (1.1)$$

여기서 $\theta \in \Theta$는 상품의 집합 Θ에 속하는 상품의 종류를 나타내며, n은 대표 소비자가 소비하는 차별화된 상품의 가짓수를 나타낸다. 상품의 종류가 연속적으로 분포하기 때문에 위와 같은 형태가 됨에 유의하자. 한편, $\beta \in (0,1)$는 각 차별화된 상품 간의 대체탄력성이다.

이제 차별화된 상품들이 완전히 대칭적인 경우, 즉 모든 차별화된 상품 θ에 대해 $x(\theta) = x$인 경우를 생각해 보자. 이 경우 소비자의 효용은 다음과 같이 나타낼 수 있다.

$$u = n^{1/\beta}x = n^{(1-\beta)/\beta}(nx) \quad (1.2)$$

차별화된 상품을 소비하기도 한다. 이러한 경우에는 본 절의 효용함수 외에 다른 형태의 효용함수도 고려할 수 있다. 예를 들어, 동질적인 상품과 차별화된 상품을 소비하는 경우는 준선형 효용함수(quasi-linear utility function)를 고려할 수 있는데, 준선형 효용함수를 사용한 예는 본 장의 2절에서 확인할 수 있다.

7 위의 CES 효용함수는 연속적이지 않은 상품에 대한 일반적인 CES 효용함수를 연속적인 상품으로 확장한 것에 불과하다. 예를 들면, 연속적이지 않은 n개의 상품을 소비하는 소비자의 CES 효용함수는 다음과 같다.

$u = [\sum_{\theta=0}^{n} x(\omega)^\beta]^{1/\beta}$

가장 간단한 경우인 두 상품에 대한 CES 함수는 $u = [x_1{}^{\alpha_i} + x_2{}^{\alpha_i}]^{1/\alpha_i}$이다. 미시경제학에서 살펴보았겠지만, $\beta \to 1$이면 $\epsilon \to \infty$이므로 상품들은 서로 완전 대체제이다. 반면, $\beta \to 0$이면 $\epsilon \to 1$이므로 소비자의 효용함수는 Cobb-Doublas 함수이다.

한편, CES 효용함수는 각 차별화된 상품 소비량의 가중합임에 유의하라. 이를 이해하기 위해 일반화된 평균인 멱평균(power mean)을 떠올려 보자. 멱평균은 다음과 같이 정의된다.

$M_p = \frac{1}{n}\left(\sum_{i=1}^{n} x_i^p\right)^{1/p}$

따라서 CES 집합함수 (1.2)는 차별화된 상품 소비량의 멱평균에 전체 상품 수 n을 곱한 값이며, 차별화된 상품 소비량의 가중합에 해당한다.

여기서 nx는 소비자의 (가격을 고려하지 않은) 실질 소비량임을 유의하자. 위의 (1.2)는 소비하는 상품의 가짓수 n에 대한 단조 증가 함수이다. 즉, 소비자의 효용은 더 많은 가짓수의 상품을 구매할수록 증가하는 특성을 가진다.[8]

소비자는 차별화된 상품만 소비하고 있으며, 주어진 예산을 R이라고 하자. 연속적으로 분포하는 상품의 구매를 위한 예산식은 $\int_0^n p(\theta)x(\theta)d\theta = R$로 나타나므로, 소비자의 효용 극대화 문제는 다음과 같다.

$$\max_{x(\theta)} \left[\int_0^n x(\theta)^\beta d\theta\right]^{1/\beta} \text{ s.t. } \int_0^n p(\theta)x(\theta)d\omega = R \tag{1.3}$$

위의 효용 극대화 문제 (1.3)을 풀면 개별 품종의 상품 θ에 대한 다음과 같은 수요함수를 도출할 수 있다.

$$x(\theta) = \frac{R}{P}\left(\frac{p(\theta)}{P}\right)^{-\epsilon}, \text{where } P = \left[\int_0^n p(\theta)^{1-\epsilon} d\theta\right]^{1/(1-\epsilon)} \tag{1.4}$$

여기서 P는 소위 CES 가격지수라고 불리는 차별화된 상품 가격의 가중합이다.[9] 그리고 $\epsilon = 1/(1-\beta) > 1$이며, 각 차별화된 상품의 가격탄력성에 해당한다.

---

8 다양성 선호(love-of-variety) 접근법은 생산자에게도 적용될 수 있다. 생산자가 더 높은 생산성을 얻기 위해 더 많은 종류의 투입요소(예를 들면, 더 세분화된 전문 투입요소)를 선호하는 경우가 이에 해당한다.

9 P가 차별화된 상품 가격의 가중합인 이유는 각주 7에서 언급한 것과 같이 멱평균의 정의를 떠올려 보면 이해할 수 있을 것이다.

차별화된 상품의 생산자

이제 차별화된 상품을 생산하는 기업을 생각해 보자. 시장의 각 기업들은 자신만의 차별화된 상품을 생산하고 있으며, 모든 기업은 동일한 생산기술을 가지고 있다고 가정하자. 구체적으로 각 기업은 1단위의 상품을 생산하기 위해 $\frac{1}{\varphi}$ 단위의 노동력을 필요로 하고, 임금을 w라고 할 때 기업들의 한계비용은 $mc = \frac{w}{\varphi}$ 이다.[10] 그리고 기업이 1단위의 상품을 생산하기 위해서는 f_B 단위의 노동력이 고정적으로 필요하다고 하자. 즉, 기업의 고정비용은 wf_B이다. 위와 같이 주어진 생산기술하에서 각 기업의 이윤은 다음과 같다.

$$\pi(\theta) = p(\theta)x(\theta) - \left(\frac{w}{\varphi}\right)x(\theta) - wf_B \tag{1.5}$$

자신만의 차별화된 상품을 생산하는 기업들은 자신들의 상품에 대해 독점력을 가지고 있다고 하자. 이는 각 기업의 생산기술이 규모의 경제를 가지고 있기 때문이다. 따라서 각 독점기업은 이윤 (1.5)에서 가격이 각 상품의 수요함수 (1.4)로 주어진 독점이윤을 극대화하는 독점생산량을 선택하게 된다. 여기서 개별 기업은 자신의 독점가격 $p(\theta)$을 선택하기는 하지만, 시장의 가격지수 P는 주어진 값으로 받아들임에 유의하자. 그리고 소비자의 예산 R도 주어진 값이다. 각 독점기업의 독점가격은 일반적인 독점기업의 이윤 극대화를 푸는 방

10 물론 각 기업의 한계비용을 단순히 $mc = c$라고 나타내도 무방하다. 위와 같이 한계비용을 나타낸 이유는 다음에 다룰 Melitz 모형과의 연계성을 위해서이다. Melitz 모형에서 각 기업의 한계비용은 노동생산성 φ와 연관되기 때문이다. 노동생산성에 대한 자세한 논의는 다음 소절을 참고하라.

식으로 얻을 수 있으며, 다음과 같다.

$$p(\theta) = \frac{\epsilon}{\epsilon - 1}\frac{w}{\varphi} \tag{1.6}$$

그리고 각 기업의 이윤은 (1.6)에 (1.5)를 대입함으로써 얻을 수 있다.

폐쇄경제 균형

이제 연속적으로 존재하는 기업들이 자유롭게 시장에 진입하고 이탈할 수 있는 자유진입(free-entry) 상황을 생각해 보자. 자신만의 차별화된 상품을 생산하는 기업들은 이윤이 0이 될 때까지 자유롭게 시장에 진입하려 할 것이다. 따라서 자유진입 조건(free-entry condition)은 다음과 같다.

$$\frac{1}{\epsilon}p(\theta)x(\theta) = wf_B \Leftrightarrow x(\theta) = (\epsilon - 1)f\varphi \tag{1.7}$$

한편, 위의 조건 (1.7)은 정상이윤 조건(zero-profit condition)이라고 불리기도 한다. 그리고 (1.7)의 조건은 '가격=평균비용'을 의미한다.

이제 마지막으로 노동시장 청산 조건(labor market clearing condition)을 생각해 보자. 각 기업은 $f_B + x/\varphi$ 단위의 노동력을 필요로 하며 시장에 존재하는 기업의 수(또는 볼륨)는 n이므로, 노동시장에서 노동수요는 $(f_B + s/\varphi)n$이다. 해당 국가의 총노동공급량을 L이라고 하면, 노동시장 청산 조건에서 균형 기업의 수를 도출할 수 있다.

$$\left(f_B + \frac{x}{\varphi}\right)n = L \Leftrightarrow n = \frac{L}{\epsilon f_B} \tag{1.8}$$

이제 균형에서 대표 소비자의 효용을 도출하여 보자. (1.7)과 (1.8)의 값을 (1.2)에 대입하면 다음과 같은 대표 소비자의 효용을 얻는다.

$$u = \left(\frac{L}{\epsilon f_B}\right)^{\frac{1}{\beta}} (\epsilon - 1) f_B \varphi, \; \frac{\partial u}{\partial L} > 0$$

여기서 소비자의 효용은 L과 비례함에 유의하자. 즉, 해당 국가의 경제 규모가 클수록 시장에는 더 많은 종류의 상품이 존재하며 소비자의 효용은 증가하는데, 이를 규모 효과(scale effect)라고 한다. 그리고 기업의 이윤이 0이므로 소비자의 후생은 사회후생과 같다. 한편 L명의 소비자가 존재하므로 개별 소비자의 자국의 효용은 $\frac{u}{L}$이다.

(2) 개방경제 균형

지금까지는 한 국가 내에서 독점적 경쟁균형을 살펴보았다. 이제는 개방경제에서 독점적 균형을 살펴보도록 하자. 이를 위해 본국 H와 외국 F의 두 국가로 이루어진 세상이 있다고 가정해 보자. 두 국가는 모든 면에서 동일하지만, 경제 규모(즉, 노동력)가 상이하다고 하자. 두 국가의 노동력을 각각 L^H와 L^F라고 하자. 각 국가에 존재하는 생산자들은 차별화된 상품을 생산하고 있으며, 독점적 경쟁조건들을 만족한다.

두 국가는 교역을 통해 완전 통합된 시장을 가지게 되었다고 생각해 보자. 개방경제에서 두 국가의 요소가격은 같아지므로(요소가격 균등화), $w^H = w^F$일 것이다. 따라서 각 생산자들의 이윤 극대화 독점가격 (1.6)은 경제 규모와 무관하므로 개방 여부와 관계없이 독점가격 조건 (1.6)은 변하지 않는다. 또한 자유진입 조건 (1.7)도 경제 규모와 무관하므로 개방 여부에 영향을 받지 않는다. 그리고 국가 k에서 노동시장 청산 조건 (1.8)은 다음과 같다.

$$n^k = \frac{L^k}{\epsilon f_B} \tag{1.8´}$$

이처럼 (1.6)~(1.8´)의 조건은 개방과 무관하게 적용된다.

그런데 개방경제에서 각 기업이 생산한 생산량 (1.7)은 이제 두 국가에서 나누어 소비된다. 즉, 폐쇄경제 상황에서는 (1.7)의 생산량이 본국 H에서만 소비되었으나, 개방경제하에서는 동일한 생산량이 H국과 F국에서 모두 소비된다. 이때, 각 차별화된 상품이 H국과 F국에서 소비되는 비율은 각국의 경제 규모의 비율이다. 즉, 본국에서 소비되는 상품의 비율은 $L^H/(L^H + L^F)$이며, 외국에서 소비되는 상품의 비율도 유사하게 얻을 수 있다. 따라서 개방경제하에서 H국에 있는 대표 소비자의 효용은 다음과 같다.

$$\begin{aligned} u &= (n^H + n^F)^{1/\beta}\left(\frac{L^H}{L^H+L^F}\right)x = \left(\frac{L^H+L^F}{\epsilon f_B}\right)^{1/\beta}\left(\frac{L^H}{L^H+L^F}\right)(\epsilon-1)f_B\varphi \\ &= \left(\frac{L^H+L^F}{\epsilon f_B}\right)^{(1-\beta)/\beta}\frac{\epsilon-1}{\epsilon}L^H\varphi \end{aligned}$$

그리고 H국 개별 소비자의 효용은 다음과 같다.

$$\frac{u}{L^H} = \left(\frac{L^H+L^F}{\epsilon f_B}\right)^{(1-\beta)/\beta}\frac{\epsilon-1}{\epsilon}\varphi$$

앞의 사회후생을 폐쇄경제하의 사회후생 수준과 비교해 보면 개방을 통해 후생이 증가하였음을 알 수 있다. 이는 $L^H \rightarrow L^H + L^F$ 로 바뀐 결과로, 소비자가 개방을 통해 더 다양한 종류의 상품을 소비할 수 있기 때문에 발생하는 효용의 증대이다. 이처럼 독점적 경쟁시장에서 차별화된 상품의 교역은 소비자 선택의 다양성을 키움으로써 교역의 이익을 만들어 낸다.

지금까지 살펴본 Krugman 모형의 주요 결과를 정리하면 다음과 같다.

> (1) 두 국가 간의 산업 내 무역은 생산기술에서 규모의 경제와 제품 차별화로 인하여 발생한다.
> (2) 무역은 소비자 선택의 다양성을 가져옴으로써 교역의 이익을 만들어 낸다.

(3) Krugman 모형의 확장: Helpman & Krugman(1985)

앞에서 살펴본 Krugman 모형은 규모의 경제, 독점적 경쟁, 제품 차별화를 이용하여 산업 내 무역을 설명하고 있다. 그렇다면, 전통적인 무역이론인 H-O 모형의 주장들—생산요소와 무역 패턴—은 폐기되어야 하는 것일까? 당연하게 H-O 모형의 결과도 현실 무역 현상의 중요한 요인을 잡아내고 있으므로 여전히 중요하다. 이에 Helpman & Krugman(1985)은 Krugman 모형을 H-O 모형과 결합하여 신무역이론과 전통 무역이론을 융합한 모형을 제시하였다. 여기에서는 Helpman-Krugman 모형을 자세히 다루지는 않고, 해당 모형의 결론만 간략히 살펴보도록 한다.

2국가, 2업종, 2요소로 이루어진 표준적인 2×2×2 세계를 생각해 보자. 한 업종은 완전경쟁하에서 동질적인 상품을 생산하는 업종이며, 다른 업종은 독점적 경쟁하에서 차별화된 상품을 생산하는 업종이다. 즉, 전자는 표준적인 H-O 모형에서 동질적인 상품을 생산하는 업종이며, 후자는 Krugman 모형에서 차별화된 상품을 생산하는 업종이다. 이 경우 각 업종의 기업들은 이윤 극대화—완전경쟁하에서의 이윤 극대화와 독점적 경쟁하에서의 이윤 극대화—를 선택하며, 정상이윤 조건을 만족한다. 그리고 2생산요소의 요소 수요와 각 국가의 요소 부존량이 같아야 하며(요소시장 청산 조건), 상품시장에서 두 국가의 수요가 상품의 생산량과 동일해야 한다(상품시장 청산 조건). 이 조건들을 모두 연립하여 풀면, Helpman-Krugman 모형의 일반균형을 찾을 수 있다.

위와 같은 세계에서 무역균형은 다음과 같은 특징을 가진다. (1) 부존자원의 상대적 규모가 유사할수록 무역의 규모가 커진다. (2) 부존자원의 상대적 규모가 일정하다면, 두 국가 간의 부존자원 구성 비율이 다를수록 무역의 규모가 커진다(Debare, 2005). (3) 두 국가의 규모가 일정하다면, 산업 내 무역의 규모는 부존자원의 구성 비율이 유사할수록 커진다(Cieslik, 2005)

간략하게 살펴본 바와 같이 H-O 모형과 Krugman 모형을 결합한 Helpman-Krugman 모형은 차별화된 상품을 생산하는 산업에 대한 보편적이고 일반화된 모형을 제시한다는 면에서 의미가 크고 활용성이 높다. 하지만 Helpman-Krugman 모형은 기업 수준의 미시데이터를 충분히 잘 설명하지 못한다는 한계도 있다. 이를 극복하기 위해 기업의 상이성을 포함시켜 신무역이론을 확장한 Melitz 모형(2003)이 나타나게 되었다.

2) 기업 상이성과 국제무역: Melitz 모형

본 절의 서두에서 언급한 바와 같이 기업 수준의 통계자료는 수출이 개별 기업의 특성에 관계되는 행위이며, 특히 기업의 생산성과 밀접한 관계가 있음을 보여 준다. 이러한 통계적 현상을 반영하여 Melitz는 독점적 경쟁 모형을 차용한 신무역이론에다 개별 기업의 생산성 차이를 포함시킨 새로운 무역이론을 제시하였다. 기존의 신무역이론은 모든 기업이 동일한 한계비용을 가지는 독점적 경쟁 구조를 가정하고 있음에 반해, Melitz의 무역이론은 기업의 한계비용은 각 기업의 생산성에 따라 달라질 수 있다고 가정하여 기업의 상이성을 설명하려 하였다. Melitz 모형에 의하면 수출에는 수출비용이 수반되기 때문에 이를 감내할 수 있는 높은 생산성을 가진 기업만이 수출을 하게 된다. 반면 생산성이 아주 낮은 기업은 도태되거나 국내시장에 대한 공급만을 수행하게 된다. 이러한 결과는 위에서 언급하였던 기업 수준의 통계자료가 보여 주는 결과를 비교적 잘 설명하고 있다. 나아가 기업의 상이성에 기초한 최근의 무역이론(Bernard, Redding & Schott, 2007)은 기업 간 생산성의 차이를 신무역이론은 물론 전통 무역이론의 체계에 융합시킴으로써 산업 간 무역, 산업 내 무역은 물론 산업 내 무역에 참여하는 기업의 상이성까지 설명하고 있다.

한편 Melitz 모형은 개별 기업이 수출을 하느냐는 문제 외에 개별 기업이 다국적기업화를 진행하느냐는 문제에도 쉽게 적용이 가능하다는 강점이 있다. 이는 Melitz 모형이 근본적으로 개별 기업의 상이성에 기초하고 있기 때문이다. 예를 들어 수출 및 내수 외에 FDI를 포함시켜 Melitz 모형을 확장하면, 생산성이 가장 높은 기업은 FDI를 선택하여 다국적기업이 될 가능성이 높고, 그다음으로 생산성이 높은 기업은 수출을 수행할 가능성이 높으며, 생산성이 낮은 기업만이 내수시장에 차별화된 상품을 공급할 것임을 예측할 수 있다. 이처럼 기업의 상이성에 기초한 무역이론은 FDI 이론의 산업균형(Industry equilibrium)을 제시하여 기업의 해외시장 공급 모드에 관한 보다 심도 있는 이해를 돕고 있는 추세이다.

이에 본 절에서는 기업의 상이성을 기존 무역이론에 적용시킨 대표적인 모형인 Melitz 모형(2003)을 구체적으로 살펴보기로 한다. Melitz 모형에서는 기업의 상이성을 개별 기업의 생산성 차이에서 찾고 있는데, 기업 간 생산성의 차이는 개별 기업의 생산성이 확률적으로 변하기 때문에 발생한다고 본다. 나아가 Melitz 모형에서는 기업들이 다음과 같은 특징을 가진다고 가정한다.

- 개별 기업은 시장에 진입하기 전에는 자신의 미래 생산성에 대한 불확실성을 안고 있다.
- 기업들이 시장에 진입하려면 매몰성 투자(sunk investment)를 하여야만 하며, 진입 후에는 자신들의 생산성을 (수동적으로) 알게 된다.
- 선견지명이 있는(forward looking) 기업들은 미래의 상품시장에 대해 정확하게 예측하고 시장 진입 및 이탈, 수출 등의 결정을 내리는

것이 가능하다.

- (독점적 경쟁 모형을 가정하고 있기 때문에) 개별 기업 간에는 전략적 상호작용이 이루어지지 않으며, 개별 기업은 단지 시장의 평균적 결과만 고려하고 자신의 결정을 선택한다.

아래에서는 위와 같은 특징을 가진 기업들이 존재할 때, 기업의 생산성 차이가 해당 기업의 수출 결정에 어떠한 영향을 미치는지를 살펴볼 것이다. 이를 위해 연속적으로 존재하는 소비자와 연속적으로 존재하는 차별화된 상품을 생산하는 (그리고 생산성의 차이를 가지는) 기업으로 이루어진 국가를 생각해 보자.

(1) 기업 상이성 모형의 개요

한 국가의 대표 소비자는 Krugman 모형에서 살펴보았던 대표 소비자와 동일하다고 하자. 즉, 대표 소비자는 (1.1)의 다양성 선호 효용함수를 가진다. 그리고 다양성 선호 효용함수를 가진 대표 소비자의 개별 상품 θ에 대한 수요함수는 이미 살펴본 것처럼 (1.4)와 같다.

$$x(\theta)=\frac{R}{P}\left(\frac{p(\theta)}{P}\right)^{-\epsilon}, \text{where } P=\left[\int_0^n p(\theta)^{1-\epsilon}d\theta\right]^{1/(1-\epsilon)} \qquad (1.4)$$

차별화된 상품을 생산하는 기업도 Krugman 모형과 동일한 형태의 생산기술을 가진 기업들을 고려하자. 즉, 시장의 각 기업들은 자신만의 차별화된 상품을 생산하고 있으며, 개별 기업 θ는 1단위의 상품을 생산하기 위해 $\frac{1}{\varphi_\theta}$ 단위의 노동력을 필요로 한다고 하자. 그리고 기업이 1단위의 상품을 생산하기 위해서는 f_B 단위의 노동력이 고정적으로 필요하다고 하자. 그러면 기업 θ가 상품 x_θ 단위를 생산하는 데 필요한 노동력은 다음과 같다.

$$l_\theta(x_\theta, \varphi_\theta) = f_{\mathrm{B}} + \frac{x_\theta}{\varphi_\theta} \tag{1.9}$$

하지만 Krugman 모형과 달리 기업들의 생산성은 서로 상이하고 (생산성의 상이성), 편의상 임금 수준은 표준화되어 있다고($w = 1$) 가정하자.

기업의 진입, 퇴출, 수출 선택

이제 차별화된 상품시장에서 기업의 진입과 경쟁 게임을 생각해 보자. 독점적 경쟁시장을 가정하고 있으므로 기업들은 자유롭게 시장에 진입할 수도 있으며 퇴출될 수도 있다. 그리고 앞에서 언급한 것처럼 개별 기업의 생산성은 서로 상이하고, 기업들의 서로 다른 생산성은 기업들이 시장에 진입하고 난 후 결정된다고 가정하자. 구체적으로 다음과 같은 기업의 진입과 퇴출 게임을 가정한다.

1단계(시장 진입): 모든 기업은 시장에 진입하기 전까지는 완전히 동일하며, 시장에 진입하기 위해서는 고정투자비용 f_o가 필요하다.

2단계(생산성 추출): 일단 시장에 진입하면 각 기업들은 자신의 최초 생산성 수준 φ_θ를 알게 된다. 그리고 각 기업의 생산성은 $(0, \infty)$의 값을 가질 수 있으며, 모든 기업의 생산성은 동일한 확률밀도함수

$g(\varphi)$를 따른다고 하자. 만일 어떤 기업이 자신의 생산성이 매우 낮다는 것을 알게 된다면, 해당 기업은 즉시 시장에서 이탈하고 상품을 생산하지 않는다.

3단계(수출 선택): 만일 생산성이 충분히 높아서 시장에 잔류하기로 한다면, 해당 기업은 외국시장으로의 수출 여부를 선택한다. 수출은 외국으로의 운송비용을 수반하며, 약간의 고정비용 f_X도 필요하다고 하자. 그리고 운송비용은 표준적인 빙산형 운송비용 $\tau > 0$을 고려한다.

4단계(외부충격): 매 기간마다 기업들은 δ의 확률로 불리한 외부충격에 노출될 수 있어 시장에서 이탈하게 된다.

주어진 게임에서 기업의 생산성이 따르는 확률밀도함수를 $g(\varphi)$라고 하였다. 이 확률밀도함수에서 얻어지는 누적확률분포를 $G(\varphi)$라고 하자.

(2) 폐쇄경제 균형

먼저 폐쇄경제 균형, 즉 기업들이 본국에만 상품을 공급하며, 주어진 게임의 3단계가 없는 경우를 가정해 보자. Krugman 모형에서 살펴본 바와 같이 독점적 경쟁시장에서 각 기업들은 자신의 상품에 대해 독점기업이므로 개별 기업 상품의 가격은 독점가격이며 그 기업은 독점이윤을 얻는다. 개별 기업의 상품에 대한 수요함수는 (1.1)과 같으므로 각 기업의 이윤 극대화 독점가격 (1.6)과 동일한 형태를 가진다. 하지만 기업들은 생산성이 상이하므로 개별 기업의 생산성은 φ가 아닌 φ_θ로 표현된다. 즉, 개별 기업 θ의 독점조건 또는 독점가격은 다음과 같다.

$$p_d(\varphi_\theta) = \frac{\epsilon}{\epsilon - 1}\frac{1}{\varphi_\theta} = \frac{1}{\beta\varphi_\theta} \qquad (1.10)$$

여기서 아래첨자 d는 개별 기업 θ의 내수가격임을 나타낸다. 그리고 독점가격 (1.10)과 수요함수 (1.4)를 이용하여 기업 θ의 내수수입(revenue)과 독점이윤을 얻을 수 있다.

$$r(\varphi_\theta) = \left(\frac{\epsilon-1}{\epsilon}\right)^{\epsilon-1} RP^{\epsilon-1}\varphi_\theta^{\epsilon-1} = \epsilon\Psi RP^{\epsilon-1}\varphi_\theta^{\epsilon-1}$$
$$\pi_d(\varphi_\theta) = \frac{1}{\epsilon}\left(\frac{\epsilon-1}{\epsilon}\right)^{\epsilon-1} RP^{\epsilon-1}\varphi_\theta^{\epsilon-1} - f_B \equiv \Psi RP^{\epsilon-1}\varphi_\theta^{\epsilon-1} - f_B \qquad (1.11)$$

이때 $\Psi = (1/\epsilon)\big((\epsilon-1)/\epsilon\big)^{\epsilon-1}$ 이며, 표현을 간단히 하기 위해 도입한 기호이다. (1.11)에서 볼 수 있는 것처럼 기업 θ의 내수수입과 내수이윤은 자신의 생산성 φ_θ, 대표 소비자의 소득 R, 전체 상품의 CES 가격지수 P에 의해 결정된다.[11]

정상이윤 컷오프 조건

이제 앞에서 본 모든 진입과 퇴출 과정으로부터 개별 기업 θ의 시장 진입 조건과 생존 조건을 찾아보도록 하자. 먼저 기업이 시장에 진입한 후 생존할 수 있는 조건을 찾아보자. 일단 시장에 진입한 기

11 기업의 노동생산성은 '수입(즉, 매출액)/노동 투입량'을 의미한다. 따라서 φ는 엄밀한 의미에서의 노동생산성은 아니다. 하지단 노동생산성은 φ에 비례하기 때문에 φ를 생산성 지표로 생각하기로 한다.
$\frac{r(\varphi)}{l(\varphi)} = \frac{\sigma}{\sigma-1}\left[1 - \frac{f}{l(\varphi)}\right]$, and $\frac{d\left(r(\varphi)/l(\varphi)\right)}{d\varphi} > 0$

업은 매 기간마다 외부충격으로 인하여 시장에서 이탈하거나, 상품 생산을 통하여 $\pi_d(\varphi_\theta)$의 이윤을 획득할 것이다. 따라서 φ_θ의 생산성을 획득한 기업이 가지는 시장 진입의 가치함수(value function)는 다음과 같다.

$$v(\varphi_\theta) = max\{0, \sum_{t=0}^{\infty}(1-\delta)^t \pi_d(\varphi_\theta)\} = max\left\{0, \frac{1}{\delta}\pi_d(\varphi_\theta)\right\} \quad (1.12)$$

(1.12)의 가치함수를 자세히 들여다보자. 기업의 생산성을 φ_θ이라고 할 때, 해당 기업은 (생산성이 낮은 경우) 즉시 시장에서 빠져나가거나 아니면 생산을 시작하여 $\sum_{t=0}^{\infty}(1-\delta)^t \pi_d(\varphi_\theta)$의 이윤을 얻게 된다. 한편 여기서는 시간할인(time discount)은 고려하지 않음에 유의하자. 그리고 위의 가치함수는 어느 수준 이상의 생산성이 실현되어야만 시장에서 매 기마다 얻을 수 있는 이윤이 양(+)이 될 수 있음을 의미한다. 그리고 기업을 손익분기점에 이르게 하는 최소 생산성 수준을 기업 생존을 위한 내수시장 컷오프 생산성 φ^*이라고 하자.

내수시장 컷오프 생산성: φ은 $\varphi^* = inf\{\varphi; v(\varphi) > 0\}$으로 정의[12]되는 생산성 수준이며, $\pi_d(\varphi^*) = 0$를 만족하는 생산성이다.

여기서 $\pi_d(\varphi^*) = 0$의 조건을 내수시장 '정상이윤 컷오프 조건(zero cutoff profit condition, ZCP)'이라고 한다. 모든 기업의 이윤함수는 각 기

12 $inf\{X\}$는 집합 X의 하한(infimum)을 의미한다.

업의 생산성을 제외하고는 동일하기 때문에 내수시장 컷오프 생산성은 모든 기업에 대해 동일함에 유의하자. 그리고 ZCP 조건을 다음과 같이 나타내도록 하자.

$$\pi_d(\varphi^*) = \Psi RP^{\epsilon-1}(\varphi^*)^{\epsilon-1} - f_B = 0 \Rightarrow \Psi RP^{\epsilon-1} = \frac{f_B}{(\varphi^*)^{\epsilon-1}} \qquad (1.13)$$

정상이윤 컷오프 생산성과 조건은 $\varphi_\theta \geq \varphi^*$인 생산성을 가진 기업만이 시장에서 생존함을 의미한다. 따라서 시장에서 관찰되는 기업의 생산성 분포 구간은 $(0, \infty)$이 아니라 $[\varphi^*, \infty)$이다. 즉, 기업 θ가 $\varphi_\theta \in (0, \varphi^*)$의 생산성을 획득하게 되면 해당 기업은 생산을 하지 않으므로 이러한 기업의 생산성은 시장에서 관찰되지 않는다. 따라서 시장에서 우리가 관찰할 수 있는 생산성 수준은 $\varphi \in [\varphi^*, \infty)$이며, 이러한 관찰 가능한 생산성은 기업이 시장에 생존할 확률을 전제로 하는 $g(\varphi)$의 조건부 확률에 따르게 된다. 그리고 기업이 시장에 진입하여 자신의 생산성을 추출한 결과로 시장에서 생존할 확률은 $1 - G(\varphi^*)$이므로 이 조건부 확률 $\mu(\phi)$은 다음과 같다.

$$\mu(\varphi) = \begin{cases} \frac{g(\varphi)}{1-G(\varphi*)} & \text{if } \varphi \geq \varphi^* \\ 0 & \text{otherwise} \end{cases} \qquad (1.14)$$

이제 (1.13)의 조건부 확률을 이용하여, 시장 내 존재하는 기업의 평균 생산성을 구해 보자. 평균 생산성을 일반화된 가중평균인 멱평균으로 생각하면, 시장 내 기업들의 가중평균 생산성은 다음과 같이 가중평균(멱평균) 생산성의 함수이다.

$$\bar{\pi}_d(\varphi^*) = \Psi RP^{\epsilon-1}\int_{\varphi^*}^{\infty}\varphi^{\epsilon-1}\mu(\varphi)d\varphi \ - f_B$$
$$= \Psi RP^{\epsilon-1}\bar{\varphi}(\varphi^*)^{\epsilon-1} - f_B = f_B\left[\left(\frac{\bar{\varphi}(\varphi^*)}{\varphi^*}\right)^{\epsilon-1} - 1\right] \qquad (1.15)$$

(1.15)를 구하는 과정에서 ZCP 조건 (1.13)을 활용하였으며, $\bar{\varphi}(\varphi^*)$는 시장에 존재하는 기업들의 가중 멱평균한 생산성이다. 시장에 잔존하는 기업의 생산성은 $\mu(\varphi)$를 따르므로 시장에서 관찰되는 기업들의 생산성의 멱평균(power mean)은 다음과 같으며, 컷오프 생산성 φ^*의 함수이다.[13]

$$\bar{\varphi}(\varphi *) = \left[\int_{\varphi *}^{\infty}\varphi^{\sigma-1}\mu(\varphi)d\varphi\right]^{\frac{1}{(1-\epsilon)}} \qquad (1.16)$$

정리하자면, 시장에 진입하여 자신의 생산성을 추출한 기업이 시장에서 생존할 조건인 내수시장 정상이윤 컷오프 조건은 다음과 같이 나타낼 수 있다.

---

13 Melitz(2003)에서 가정하고 있는 진입과 이탈 과정을 보다 현실적인 형태로 변형한 모형도 생각해 볼 수 있을 것이다. 예를 들어 불리한 외부충격이 일어날 확률이 기업의 생산성과 연관되는 모형도 생각해 볼 수 있을 것이다. 또한 외부충격이 δ의 확률로 주어지는 모형 대신에 φ이 매 기마다 변하는 확률변수이며, Markov process를 따르는 모형도 생각할 수 있을 것이다(Hopenhayn). 이 경우, 불리한 생산성 충격이 발생하여 기업의 생산성이 컷오프 생산성 φ^* 이하로 내려가는 경우, 기업은 시장에서 이탈하게 된다. 본문의 모형은 안정적(stationary)인 진입과 퇴출이 이루어지기 때문에 컷오프 규칙이 $\pi(\varphi^*) = 0$이지만, 위와 같은 보다 복잡한 모형을 도입하게 되면 컷오프 규칙이 $\nu(\varphi^*) = 0$이 됨에 유의하라. 한편 Melitz 모형에서는 $g(\varphi)$이 파레토 분포를 따른다고 가정하고 있다. 따라서 $g(\varphi)$와 $\mu(\varphi)$은 동일한 형태의 확률분포가 된다. 하지만 $g(\varphi)$이 다른 확률분포를 따른다면, $g(\varphi)$와 $\mu(\varphi)$은 다른 형태를 가질 것이며 $g(\varphi)$은 보다 오른쪽에 분포하는 형태가 될 것이다. 파레토 분포의 특성 및 그로 인한 결과는 뒤에서 다룬다.

내수시장 정상이윤 컷오프(ZCP) 조건:

$$\bar{\pi}(\varphi^*) = f_B\left[\left(\frac{\bar{\varphi}(\varphi^*)}{\varphi^*}\right)^{\epsilon-1} - 1\right] \quad (1.17)$$

그리고 ZCP 조건 (1.17)은 φ^*에 대한 단조 감소함수이다.[14] 또한 (1.17)에서 내수시장 평균수입이 $\bar{r}(\varphi^*) = \epsilon f_B(\bar{\varphi}(\varphi^*)/\varphi^*)^{\epsilon-1}$임도 확인할 수 있다.

자유진입 조건

다음으로 기업이 시장에 진입하여 자신의 생산성을 확인해 볼 조건, 즉 진입 조건을 생각해 보자. 시장에 진입하려는 기업은 시장에서 생존할 수 있는 생산성을 추출할 확률이 $1 - G(\varphi^*)$임을 기억하자. 시장에서 생존 가능한 생산성을 추출했을 경우 얻을 수 있는 기대이윤이 $\bar{v} = \bar{\pi}_d/\delta$임도 확인한 바 있다. 따라서 시장에 진입하여 생산성을 추출해 보려는 진입 기업의 기대가치는 다음과 같다.

$$v_e = \left(1 - G(\varphi^*)\right)\left(\frac{1}{\delta}\right)\bar{\pi}_d(\varphi^*) - f_o \quad (1.18)$$

여기서 $\bar{\pi}_d(\varphi^*)$는 앞에서 살펴본, 시장에서 생존한 기업의 가중 평균 이윤이며, f_o는 생산성을 추출하기 위한 초기 고정비용이다. 시장균형에서 기업들은 생산성을 추출해서 얻을 수 있는 기대가치가 0이 될 때까지 시장에 진입하여 생산성을 확인하므로 자유진입(Free-entry, FE) 조건은 $v_e = 0$이며 다음과 같이 나타낼 수 있다.

14 간단한 미분을 통해 $d\bar{\pi}(\varphi^*)/d\varphi^* < 0$임을 확인할 수 있다.

$$\text{자유진입(FE) 조건: } \bar{\pi}_d(\varphi^*) = \frac{\delta f_o}{1-G(\varphi^*)} \tag{1.19}$$

그리고 $G'(\varphi^*) \geq 0$이므로 FE 조건 (1.19)는 단조 증가함수이다.

폐쇄경제하의 안정균형

폐쇄경제에서 내수시장의 안정균형은 시장에서 생존할 조건인 ZCP 조건과, 시장에 진입하여 생산성을 확인할 FE 조건을 동시에 만족하는 균형이다. 즉, 조건 (1.17)과 (1.19)를 동시에 만족해야 한다. 두 조건은 평균 생산성 $\bar{\pi}_d(\varphi^*)$과 컷오프 생산성 φ^*의 관계로 나타나므로 두 조건을 연립하여 풀면 균형 평균 생산성과 균형 컷오프 생산성 φ^*를 구할 수 있다. <그림 1.1>은 $(\varphi^*, \bar{\pi})$ 공간에서 폐쇄경제하의 안정균형을 보여 준다.

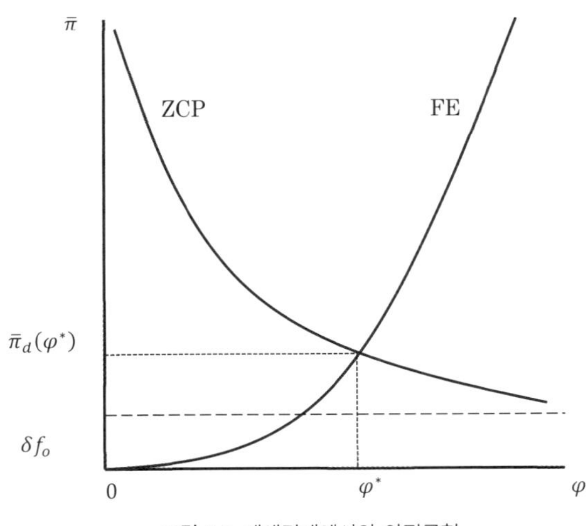

그림 1.1 폐쇄경제에서의 안정균형

앞에서 언급한 바와 같이 ZCP 조건에서 $\bar{\pi}(\varphi^*)$는 φ^*에 대한 단조 감소함수이며, FE 조건에서 $\bar{\pi}(\varphi^*)$는 φ^*에 대한 단조 증가함수이다. 따라서 <그림 1.1>과 같이 두 조건을 만족하는 유일한 안정균형이 존재한다.

지금까지 우리는 기업의 진입 및 퇴출 조건으로부터 개별 기업 수준의 균형을 찾아보았다. 여기서 유의할 것은 개별 기업 수준의 균형 $(\varphi^*, \tilde{\phi}, \bar{\pi}, \bar{r})$은 국가의 규모와는 무관하다는 점이다. 그렇다면 한 국가의 규모는 균형에 어떠한 영향을 미칠까? 이를 살펴보기 위해, 한 국가의 규모를 해당 국가가 가지고 있는 노동력이라고 보고 해당 국가가 L의 부존 노동력을 가지고 있다고 가정하자. 이 부존 노동력은 생산에 투입되는 노동력과, 신규 기업의 진입에 필요한 고정비용으로 투입되는 노동력으로 이루어진다.[15] 그리고 시장에 존재하는 기업의 질량을 M이라고 하면, 시장 내 존재하는 기업들의 총이윤은 $\Pi = M\bar{\pi}$로 나타낼 수 있다.[16] 또한 신규 진입 기업의 질량을 M_e라 할 때 기업의 진입에 필요한 전체 고정비용은 $M_e f_o$이므로 진입에 소용되는 노동력은 $L_e = M_e f_o$이다. 안정균형에서는 진입하는 기업의 수와 이탈하는 기업의 수가 같아지므로 $\left(1 - G(\varphi^*)\right)M_e = \delta M$을 만족하며, 이를 FE$\left(\bar{\pi} = \delta f_e / \left(1 - G(\varphi^*)\right)\right)$ 조건과 결합하면 다음의 관계식을 얻는다.

$$\Pi = M\bar{\pi} = M\frac{\delta f_o}{1-G(\varphi^*)} = M_e f_o = L_e \qquad (1.20)$$

15 본 모형에서는 기업의 고정비용도 노동 투입량으로 결정됨에 유의할 필요가 있다.

16 $\Pi(\tilde{\phi}) = \int_{\theta\in\Theta}\int_0^\infty (\Psi RP^{\epsilon-1}(\varphi)^{\epsilon-1} - f)\mu(\varphi)d\varphi\, d\theta$
$= M\int_0^\infty (\Psi RP^{\epsilon-1}(\varphi)^{\epsilon-1} - f)\mu(\phi)d\phi = M[\Psi RP^{\epsilon-1}\bar{\varphi}(\varphi^*)^{\epsilon-1} - f] = M\pi(\tilde{\phi})$

즉, 산업 전체의 이윤은 신규 기업의 진입비용으로 소진되어 버리므로 진입비용[17]을 포함한 산업 전체의 순이윤은 0이다.

한편, 차별화된 상품시장 전체의 이윤은 산업 전체 수익 R에서 생산비용인 노동비용 L_p를 제외한 값($\Pi = R - L_p$)이므로 식 (1.19)를 결합하면 우리는 산업의 총수입이 총노동비용(즉, 노동수입)으로 지출됨을 알 수 있다($R = L_p + L_e$). 그리고 시장 전체의 이윤은 $R = M\bar{r}$이므로[18] 시장에 존재하는 기업의 수는 다음과 같다.

$$M = \frac{R}{\bar{r}} = \frac{L}{\epsilon(\bar{\pi}+f_B)} = \frac{L}{\epsilon f_B}\left(\frac{\varphi^*}{\bar{\varphi}(\varphi^*)}\right)^{\epsilon-1} \tag{1.21}$$

(1.21)을 정리하는 과정에서 ZCP 조건 (1.17)을 활용하였다. 이처럼 국가의 규모는 개별 기업의 균형에는 영향을 미치지 않으나, 진입하는 기업의 수 및 시장에 존재하는 기업의 수(즉, 상품의 종류)에는 영향을 미친다. 나아가 개별 소비자(즉, 노동자)의 후생수준을 대표소비자의 질량 L로 나누어 얻는 간접효용함수 $V(P,Y)$를 이용하면 다음의 관계를 확인할 수 있다.

$$W = \frac{V(P,Y)}{L} = \beta M^{\frac{1}{(\epsilon-1)}}\bar{\varphi}, \text{where } \beta = \frac{\epsilon-1}{\epsilon} \tag{1.22}$$

위에서 볼 수 있는 것처럼 한 국가의 규모는 시장 내 기업의 질량에 영향을 미쳐 개별 소비자의 후생수준에 영향을 미치게 된다. 이와

---

17 여기에서는 임금을 1로 표준화하고 있음을 기억하라.
18 $R = M\bar{r}$의 관계는 각주 16과 동일한 방법으로 쉽게 확인할 수 있다.

같은 특성은 Krugman(1980)의 동질적 기업 간의 독점적 경쟁 모형과 유사함에 유의하자.

(3) 개방경제 균형

이제 모형을 본국 외에 n개의 대칭적인 수출 대상 국가가 있는 개방경제 모형으로 확장해 보자. 모든 국가 간에는 요소가격 균등화(factor price equalization)가 성립한다고 가정하면, 모든 국가의 임금을 1로 표준화할 수 있다.[19] 그리고 국가 간 무역은 운송비용을 수반하는데, 운송비용으로는 표준적인 빙산형 운송비용 $\tau > 0$을 고려하자.[20] 한편 각국에 대한 수출에는 약간의 고정비용(현지시장 정보 획득, 마케팅, 유통, 규제 등) f_x가 필요하다고 하자. 수출에 필요한 고정비용의 일부는 매몰비용일 수도 있으나, 비용이 소요되는 시점은 기업이 자신의 생산성을 알고 난 후이며, 다른 비용이나 수출시장에서의 불확실성 등은 없다고 가정하자.

수출시장 진입 조건

앞에서 살펴본 바와 같이 φ의 생산성을 가지고 시장에 남아 있는 기업의 독점적 국내가격은 $p_d(\varphi) = 1/(\beta\varphi)$ 이며, 국내 매출로 $r_d(\varphi) = \epsilon\Psi RP^{\epsilon-1}\varphi^{\epsilon-1}$의 수입을 얻는다. 이제 이 기업이 국가 k로 상품을 수출한다고 하자. 이때 해당 기업의 k국으로의 수출가격은

---

19 차별화된 상품으로 이루어진 산업 외에 동질적인 상품으로 이루어진 산업을 포함시킨 일반균형 모형을 도입하면, 이 같은 조건부 요소가격 균등화(FPE)가 내생적으로 성립하는 모형을 만들 수 있다. 이는 Helpman & Krugman(1985)과 유사한 모형이 될 것이다.

20 흔히 사용되는 빙산형 운송비용은 한계비용에 적용되는 형태와 생산량에 적용되는 형태가 있는데, 여기에서는 한계비용의 비율로 적용되는 형태이다.

운송비용을 포함하여 $p_X(\varphi) = \tau p_d(\varphi)$이며, 해외 매출로 얻는 수입은 $r_X(\varphi) = \epsilon \Psi R_k P_k^{\epsilon-1}(\varphi/\tau)^{\epsilon-1}$이다. 한편 k국 및 본국을 포함한 모든 국가가 동일하다고 가정하고 있으므로 $R_k = R$, $P_k = P$, $\forall k$를 만족하며, 각국으로부터 얻는 수입은 $r_X(\varphi) = \tau^{1-\sigma} r_d(\varphi)$로 다시 쓸 수 있다. 그리고 모든 국가가 대칭적이므로 해당 기업은 모든 국가에 수출하거나, 본국에만 판매하거나 둘 중 하나만 선택하게 된다. 따라서 개별 기업이 얻는 총수입은 다음과 같다.

$$r(\varphi) = \begin{cases} r_d(\varphi) & \text{수출하지 않는 경우} \\ (1 + n\tau^{1-\epsilon}) r_d(\varphi) & \text{수출하는 경우} \end{cases}$$

또한 개별 수입의 이윤도 수출이윤과 내수이윤으로 구분할 수 있다. 개별 기업의 내수이윤과 한 국가로의 수출에서 얻는 이윤, 그리고 총이윤은 다음과 같다.

$$\pi_d(\varphi) = \Psi R P^{\epsilon-1} \varphi^{\epsilon-1} - f_B \tag{1.23}$$

$$\pi_X(\varphi) = \Psi R P^{\epsilon-1} \left(\frac{\varphi}{\tau}\right)^{\epsilon-1} - f_X = \frac{\pi_d(\varphi)}{\tau^{\epsilon-1}} + \frac{f_B}{\tau^{\epsilon-1}} - f_X \tag{1.24}$$

$$\pi(\varphi) = \pi_d(\varphi) + \max\{0, n\pi_X(\varphi)\} \tag{1.25}$$

당연히 해당 기업은 $\pi_X(\varphi) \geq 0$인 경우에만 수출을 하게 되며, 나아가 앞에서 살펴본 컷오프 생산성 φ^*과 유사하게 수출기업의 컷오프 생산성을 다음과 같이 정의할 수 있다.

수출 컷오프 생산성: φ_X^*은 $\varphi_X^* = inf\{\varphi: \varphi \geq \varphi * \ \& \ \pi_X(\varphi) > 0\}$으로 정의되는 생산성 수준이며, $\pi_X(\varphi_X^*) = 0$을 만족하는 생산성이다.

개방경제 정상이윤 조건

그리고 식 (1.13)의 내수시장 컷오프 생산성 φ^*에서의 수출이윤을 식 (1.24)를 이용하여 생각해 보자. 내수시장 컷오프 생산성에서 $\pi_d(\varphi^*) = 0$ 이므로 수출이윤은 $\pi_X(\varphi^*) = f_B/\tau^{\epsilon-1} - f_X$ 이다. 따라서 만일 $\tau^{\epsilon-1} f_X \leq f_B$ 이라면 $\pi_X(\varphi^*) \geq 0$ 이며, 시장에 존재하는 모든 기업은 수출이 가능한 생산성을 가진다. 이 경우에 있어서, 모든 기업이 수출기업이므로 내수시장 정상이윤 컷오프 생산성과 수출시장 컷오프 생산성은 동일하며 $\varphi_X^* = \varphi^*$ 이다. 그리고 내수이윤과 수출이윤을 합한 총이윤 (1.25)가 정상이윤이 되는 총이윤의 정상이윤 조건(ZCP)은 다음과 같다.

$$\pi(\varphi^*) = \pi_d(\varphi^*) + n\pi_X(\varphi^*) = 0 \qquad (1.26)$$

여기서 $\pi_d(\varphi) \leq 0$이고 $\pi_x(\varphi) \geq 0$임에 유의하자. 즉, 내수시장 컷오프 생산성이 수출을 위한 컷오프 생산성보다 높으므로, 수출에서 흑자를 올리고 내수에서 적자를 기록하는 생산성 수준에서 ZCP를 만족하게 된다.

한편, $\tau^{\epsilon-1} f_X > f_o$ 이라면, 내수시장의 이윤이 정상이윤일 때 수출이윤은 적자이다. 따라서 내수시장 컷오프 생산성이 수출기업의 컷오프 생산성보다 낮다($\varphi_X^* > \varphi^*$). 이 경우 시장의 일부 기업은 내수 공급만을 하고 일부 기업은 수출을 하게 되며, 내수이윤과 수출이윤의 정상이윤 조건은 각각 $\pi_d(\varphi^*) = 0$과 $\pi_X(\varphi_x^*) = 0$이다. 다음의 <그림 1.2>는 내수이윤 (1.54)와 수출이윤 (1.55)를 $(\varphi^{\epsilon-1}, \pi)$공간에 나타낸 것이며, 내수시장 컷오프 생산성과 수출시장 컷오프 생산성 및 기업의 수출 선택을 보여 준다. <그림 1.2>에서 $\pi_d(\varphi)$ 의 기울기는 $\Psi RP^{\epsilon-1}$이며, $\pi_X(\varphi)$의 기울기는 $\Psi RP^{\epsilon-1}/\tau^{\epsilon-1}$이다($\Psi RP^{\epsilon-1}/\tau^{\epsilon-1} < \Psi RP^{\epsilon-1}, \because \tau > 1$).

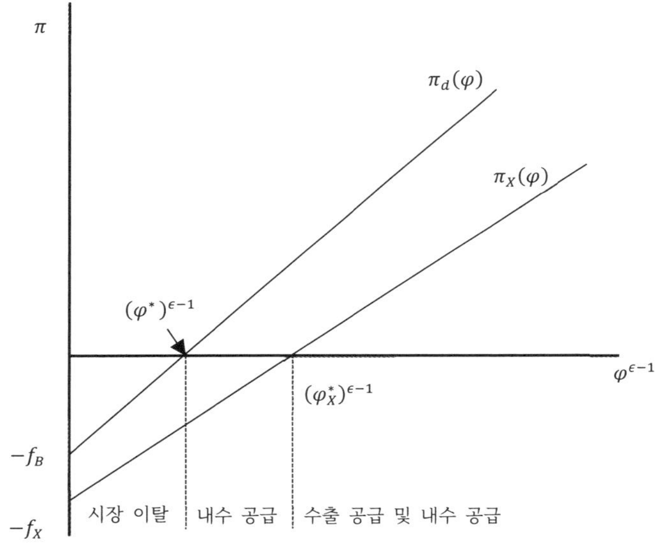

그림 1.2 수출 선택($\tau^{\epsilon-1} f_X > f_o$)

$\tau^{\epsilon-1} f_X > f_o$인 경우, <그림 1.2>에서 볼 수 있는 것처럼 기업이 추출한 생산성이 $\varphi \in (0, \varphi^{**})$라면, 기업은 시장에 잔류하지 않고 즉각 시장에서 이탈한다. 그리고 추출한 생산성이 $\varphi \in [\varphi^*, \varphi_X^*)$라면, 기업

은 수출은 하지 않고 내수시장에만 상품을 공급한다. 그러나 추출한 생산성이 충분히 높아서 $\varphi \in [\varphi_X^*, \infty)$ 라면, 기업은 내수 공급 및 수출 공급을 병행한다.

개방경제에서의 안정균형

다음으로 개방경제에서의 안정균형 조건을 고려해 보자. 먼저 기업이 시장에 진입해서 생산성 추출을 시도할 시장 진입 조건(FE)의 형태는 다음과 같다.

$$v_e = \left(1 - G(\varphi^*)\right)\left(\frac{1}{\delta}\right)\bar{\pi}(\varphi^*) - f_o = 0 \quad (1.27)$$

여기서 시장 진입의 기대가치 (1.27)의 형태는 폐쇄경제에서 살펴본 (1.17)과 동일하다. 하지만 진입 기업이 기대할 수 있는 평균이윤(또는 기대이윤)은 내수이윤과 수출이윤이 모두 포함된 총이윤의 평균(또는 기대이윤)이라는 점이 다르다. 그리고 FE 조건은 여전히 평균 총이윤과 내수시장 컷오프 생산성과의 관계를 보여 준다. 한편, 평균 총이윤은 평균 내수이윤과 평균 수출이윤의 합이므로 다음과 같다.

$$\bar{\pi}(\varphi^*) = \left[\Psi R P^{\epsilon-1} \int_{\varphi^*}^{\infty} \varphi^{\epsilon-1}\mu(\varphi)d\varphi \ - f_B\right] + n\left[\frac{\Psi R P^{\epsilon-1}}{\tau^{\epsilon-1}} \int_{\varphi_X^*}^{\infty} \varphi^{\epsilon-1}\nu(\varphi)d\varphi \ - f_X\right] = f_B\left[\left(\frac{\bar{\varphi}(\varphi^*)}{\varphi^*}\right)^{\epsilon-1} - 1\right] + n f_X\left[\left(\frac{\bar{\varphi}_X(\varphi_X^*)}{\varphi_X^*}\right)^{\epsilon-1} - 1\right] = \bar{\pi}_d(\varphi^*) + \bar{\pi}_X(\varphi_X^*) \quad (1.28)$$

여기서 $\nu(\varphi)$는 기업이 수출할 확률을 전제로 하는 수출기업의 생산성의 조건부 확률이며, 다음과 같다.

$$\nu(\varphi) = \begin{cases} \frac{g(\varphi)}{1-G(\varphi_X{}^*)} & \text{if } \varphi \geq \varphi_X{}^* \\ 0 & \text{otherwise} \end{cases}$$

그리고 (1.28)을 구하기 위해 다음의 내수시장과 수출시장의 정상이윤 조건을 활용하였다.

$$\pi_d(\varphi^*) = 0 \Leftrightarrow \Psi RP^{\epsilon-1} = \frac{f_B}{\varphi^{*\epsilon-1}};\ \pi_X(\varphi_X^*) = 0 \Leftrightarrow \frac{\Psi RP^{\epsilon-1}}{\tau^{\epsilon-1}} = \frac{f_X}{\varphi_X^{*\,\epsilon-1}} \tag{1.29}$$

한편, 정상이윤 조건 (1.29)를 조합하면 수출시장 컷오프 생산성을 내수시장 컷오프 생산성의 함수로 나타낼 수 있다.

$$\frac{\varphi_X^{*\,\epsilon-1}}{\varphi^{*\epsilon-1}} = \tau^{\epsilon-1}\frac{f_X}{f_B} \Rightarrow \varphi_X^{*\,\epsilon-1} = \varphi^{*\epsilon-1}\tau^{\epsilon-1}\frac{f_X}{f_B} \tag{1.30}$$

그리고 (1.30)을 (1.28)에 대입하면 총이윤의 정상이윤 조건을 다음과 같이 φ^*의 함수로 나타낼 수 있다.

총이윤 정상이윤 컷오프(ZCP) 조건:

$$\bar{\pi}(\varphi^*) = f_B\left[\left(\frac{\bar{\varphi}(\varphi^*)}{\varphi^*}\right)^{\epsilon-1} - 1\right] + nf_X\left[\left(\frac{\bar{\varphi}_X(\varphi^*)}{\varphi_X^*}\right)^{\epsilon-1} - 1\right] \tag{1.28´}$$

(1.28´)은 (1.28)과 같은 형태를 가지지만, 수출시장의 평균 생산성

이 수출시장 컷오프 생산성의 함수가 아니라 내수시장 컷오프 생산성의 함수라는 점이 다르다. 그리고 (1.28′)의 두 번째 항은 언제나 양수이다.[21] 간단한 미분을 통해 $\bar{\pi}(\varphi^*)$이 φ^*의 단조 감소함수임도 확인할 수 있다.

다음으로 개방경제에서의 안정균형을 살펴보자. 안정균형에서는 FE 조건과 총이윤의 ZCP 조건을 만족해야 한다. 즉, (1.27)과 (1.28′)을 동시에 만족하는 균형이 안정균형이다. 그리고 FE 조건은 폐쇄경제에서와 동일한 함수 형태를 가지며, ZCP 조건은 폐쇄경제 ZCP 조건 + Δ의 형태를 가짐에 유의하자. 여기서 Δ는 위에서 언급한 것처럼 양수이다. 따라서 안정균형은 <그림 1.3>과 같은 균형이다.

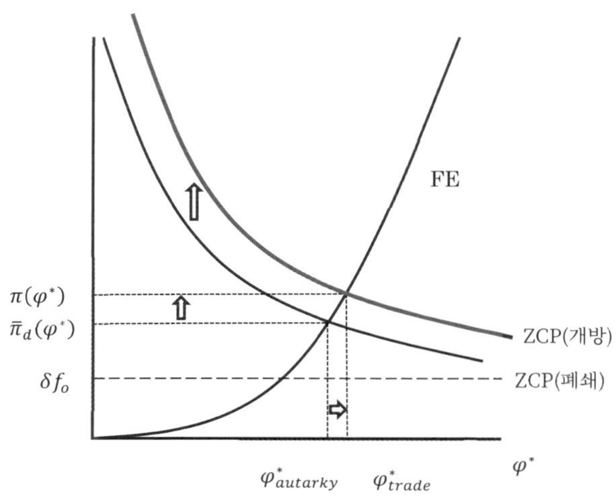

그림 1.3 개방경제에서의 안정균형

21 평균 생산성은 컷오프 생산성보다 항상 큰 값을 가진다.

개방경제에서의 ZCP (1.28′)은 폐쇄경제하의 ZCP에 수출기업의 평균이윤을 더한 것이므로 폐쇄경제에서의 ZCP보다 위쪽에 위치한다. 따라서 <그림 1.3>에서 볼 수 있는 것처럼, 무역이 이루어지게 되면 시장의 평균이윤 및 컷오프 생산성이 증가한다. 즉, 무역은 상대적으로 생산성이 떨어지는 기업을 시장에서 퇴출시킴으로써 산업의 평균적인 생산성을 상승시킨다.

마지막으로 시장에서 기업의 수를 고려해 보자. 폐쇄경제와 마찬가지로 한 국가는 L의 노동력을 보유하고 있다. 그리고 폐쇄균형과 같이 안정균형에서 $p_{in}M_e = \delta M_{trade}$을 만족해야 하며, $R = L$이 성립한다. 그리고 시장에 존재하는 국내기업의 수는 기업의 총수입을 평균수입으로 나눈 것과 같음을 이용하자($M_{trade} = R/r$). $\bar{r} = \epsilon(\bar{\pi}(\varphi^*) + f_B + nf_X)$이므로 시장 내 존재하는 기업의 수는 다음과 같다.

$$M = \frac{R}{\bar{r}} = \frac{L}{\epsilon(\bar{\pi}(\varphi^*)+f_B+nf_X)} = \frac{L}{\epsilon}\frac{1}{f_B\left(\frac{\bar{\varphi}(\varphi^*)}{\varphi^*}\right)^{\epsilon-1}+nf_X\left(\frac{\bar{\varphi}_X(\varphi^*)}{\varphi_X^*}\right)^{\epsilon-1}} \qquad (1.31)$$

(1.31)의 분모의 첫째 항 $f_B(\bar{\varphi}(\varphi^*)/\varphi^*)^{\epsilon-1}$은 폐쇄경제에서와 동일하다. 그런데 추가적인 항 $nf_X(\bar{\varphi}_X(\varphi^*)/\varphi_X^*)^{\epsilon-1}$으로 인해 $M_{trade} \leq M_{autarky}$이다. 즉, 폐쇄경제에서 기업의 수 (1.21)과 비교해 보면 개방경제에서 시장 내 국내기업의 수는 감소함을 알 수 있다. 하지만 시장에 존재하는 상품의 종류를 폐쇄경제하의 상품 수와 비교하면, 상품의 종류는 증가하기 때문에 개별 소비자의 후생수준은 무역으로 인하여 상승하게 된다.

지금까지 살펴본 Melitz 모형의 주요 결과를 정리하면 다음과 같다.

(1) 무역이 이루어지면, 생산성이 가장 낮은 일부 기업은 시장에서 퇴출된다.
(2) 무역이 이루어지면, 산업의 전체 생산성이 개선되는데, 이는 생산성이 낮은 국내기업이 시장에 진입하지 못하는 데다 생산성이 높은 외국기업이 국내로 상품을 수출하기 때문이다.
(3) 시장에 남아 있는 국내기업의 수는 감소하지만, (수입상품으로 인하여) 시장 내의 상품 종류는 증가한다.
(4) 시장 내 상품 종류의 증가로 인하여 개별 소비자의 후생은 상승한다.

2. 수평적 오프쇼어링

일반적인 무역이론에서는 기업의 생산공정이 한 국가 또는 한 경제권에서만 이루어지며 기업은 수출을 통해서만 외국시장에 상품을 공급할 수 있다고 가정한다. 하지만 현실에서 우리는 외국에 자회사를 설립하여 현지생산을 통해 상품을 공급하는 기업(즉, 오프쇼어링 기업)을 흔히 볼 수 있으며, 이러한 오프쇼어링 기업은 국제 상품 거래에서도 매우 중요한 역할을 담당하고 있다. 일반적인 무역이론만으로는 이와 같은 기업의 존재를 설명하기 어려우므로 무역이 아닌 기업에 초점을 맞춘 이론적 접근이 필요하다.

먼저 본 절에서는 자회사의 현지생산을 통해 해외시장에 상품을 공급하는 기업(즉, 수평적 오프쇼어링 기업)을 신고전적 관점[22]에서 살펴보도록 한다. 한편 본 절에서 다룰 수평적 FDI와 상반되게, 한 기업의 생산공정이 다른 국가에 분산 배치되어 있는 경우를 수직적 오프쇼어링이라고 한다. 이러한 수직적 오프쇼어링에 관한 이론은

22 즉, 생산함수로 표현되며 이윤 극대화를 추구하는 기업을 가정하는 전통적인 접근법이다.

다음 절에서 살펴볼 것이다.

수평적 오프쇼어링의 가장 큰 특징은 외국에서 상품을 생산하여 소비자에게 직접 공급한다는 점이다. 외국시장의 소비자에게 상품을 공급하는 대표적인 방법으로 수출이 있는데, 오프쇼어링 기업은 왜 수출 대신 현지생산을 통하여 해외시장에 상품을 공급하는 것일까? 본 절의 간단한 모형을 통해 이에 대한 답을 찾아보도록 하자. 이 모형은 근접-집중 가설(Proximity-concentration hypothesis)로 알려져 있으며, Brainard(1997)가 실증적으로 검증한 가설이기도 하다.

1) 기업의 최적 진입 형태와 오프쇼어링 선택 조건

(1) 소비자 선호와 수요

본국(H)과 외국(F) 두 국가로 이루어진 세계를 생각해 보자. 그리고 본국의 대표 소비자는 두 재화를 소비하여 효용을 얻으며, 다음과 같은 준선형 효용함수(quasi-linear utility function)를 가진다고 하자.

$$u = x_0 + \frac{1}{\zeta} X^{\zeta},\ \zeta \in (0,1) \qquad (1.32)$$

여기서 x_0는 동질적인 상품이며 기준재이고, X는 차별화된 상품 $\theta \in \Theta$으로 이루어진 복합재이다. Θ는 차별화된 상품의 집합이고 ζ는 상품 x_0와 X 사이의 대체탄력성이다. 한편, 복합재 X는 다음과 같이 전형적인 CES 집합함수(aggregation function)로 정의된다.

$$X \equiv \left[\int_0^n x(\theta)^{\beta} d\theta\right]^{\frac{1}{\beta}},\ \beta \in (\zeta, 1) \qquad (1.33)$$

β는 차별화된 상품 간의 대체탄력성이며, 차별화된 상품 집합 Θ 내의 각 상품들은 서로 유사성이 높으므로 $\beta \in (\zeta, 1)$라고 가정한다. 즉, 차별화된 상품 간의 대체성이 기준재와의 대체성보다 크다. 그리고 각 기업이 고유의 차별화된 상품을 생산한다고 가정할 때, n은 차별화된 상품의 종류이자 차별화된 상품시장 내의 기업의 수를 의미한다. 편의상 기업은 연속적으로 존재한다고 가정하자.

이제 대표 소비자의 효용 극대화를 생각해 보자. 대표 소비자의 질량(mass)은 $\bar{L}$이고, 단위질량의 소비자는 y단위의 불로소득을 가지고 있으며, $L \leq \bar{L}$만큼 고용되어 단위질량당 노동소득 w을 얻는다고 할 때[23] 대표 소비자의 효용 극대화 문제는 다음과 같다.

$$\max_{\{x_0, x(\theta)_{\theta\in\Theta}\}} u = x_0 + \frac{1}{\zeta}X^{\zeta} \quad s.t x_0 + \int_0^n p(\theta)x(\theta)d\theta = y\bar{L} + wL \tag{1.34}$$

여기서 기준재의 가격은 $p_0 = 1$로 정규화하였으며, $p(\theta)$은 차별화된 상품 θ의 가격이다. 그리고 효용 극대화 문제 (1.34)로부터 각 차별화된 상품 θ에 대한 다음과 같은 대표 소비자의 수요함수를 구할 수 있다.

$$p(\theta) = X^{\zeta-\beta}x(\theta)^{\beta-1} \Leftrightarrow x(\theta) = X^{-\frac{\beta-\zeta}{\epsilon}}p(\theta)^{-\epsilon} \tag{1.35}$$

23 불로소득 y를 가진 $\bar{L}$명의 동일한 소비자가 존재하며, 그중 $L \leq \bar{L}$명의 소비자가 w의 노동소득을 얻는다고 생각해도 무방하다.

여기서 복합재의 수요 X는 $X = P^{-1/(1-\zeta)}$이며, $P \equiv [\int_0^n p(\theta)^{-(\sigma-1)} d\theta]^{-1/(\epsilon-1)}$는 CES 가격지수이다. 그리고 $\epsilon = 1/(1-\beta) \geq 1$는 차별화된 상품의 가격탄력성이다. 나아가 $x(\theta) \equiv x_\theta$, $p(\theta) \equiv q_\theta$, $X^{-\frac{\beta-\zeta}{\epsilon}} \equiv A$라고 두면, 수요함수 (1.4)는 불변의 가격탄력성 ϵ을 가지는 다음과 같은 수요함수의 형태로 간략화할 수 있다.

$$x_\theta = Ap_\theta^{-\varepsilon},\ \varepsilon > 1 \tag{1.36}$$

위의 수요에서 A는 차별화된 상품시장의 규모에 대응된다. 앞으로 이 책에서는 일반균형에서 소비자의 후생을 살펴봐야 하는 특별한 경우를 제외하고는 (1.36)의 수요함수를 차별화된 상품에 대한 수요함수로 생각하기로 한다.

(2) 생산기술

한 기업이 차별화된 상품 x를 생산하는 모형을 고려해 보자. 즉, $x_\theta = x$로 생각하자. 이 기업은 유일한 생산요소인 노동만을 이용하여 상품 x를 생산하며, 1단위 상품을 생산하기 위해 $1/\varphi$단위의 노동이 필요하다고 하자. 즉, 기업의 노동생산성은 φ이다. 그리고 기업의 본사는 본국에 있으며, 기업은 본국과 외국 모두에 상품 x를 판매할 수 있다. 두 국가는 모든 면에서 동일하며 두 국가 내의 임금(w)도 동일하다고 하자.[24]

---

24 동일임금에 대한 가정은 쉽게 완화될 수 있다.

국가 i에서 상품 x의 수요는 (1.36)과 같은 형태를 가진다고 하자.

$$x^i = A^i p^{-\varepsilon},\ i = H, F \tag{1.37}$$

당분간 한 기업만이 상품을 공급하고, 동일하거나 유사한 제품을 생산하는 다른 기업이 존재하지 않는다고 가정하자. 즉 해당 기업은 독점기업이다. 물론 일반적으로 기업이 직면하는 수요는 동일 또는 유사제품 시장에서 경쟁기업의 전략에 따라 달라지므로 이 가정은 비현실적인 측면이 있다. 그러나 본 모형은 유사기업 간의 경쟁을 도입하여 손쉽게 독점적 경쟁 모형으로 확장될 수 있다.

이제 기업의 생산기술(또는 비용 구조)을 생각해 보자. 먼저 기업이 차별화된 상품 x를 시장에 출시하려면 고정비용 f_R이 필요하다고 하자. 고정비용 f_R은 신규시장에의 진입비용, 신제품 개발과 같은 비용, 브랜드 개발비용 등으로 해석할 수도 있고 회계, 자금운용 등 기업 운영에 필요한 (가변비용이 아닌) 고정비용으로 해석할 수도 있다. 여기서 중요한 것은 f_R이 기업 수준 규모의 경제(firm-level scale economy)를 측정하는 지표가 되며, 제품 생산에 필요한 공장설비의 수나 위치에는 영향을 받지 않는다는 점이다(Markusen, 1984). 즉, f_R은 기업이 상품 x를 생산하는 이상 언제나 일정하게 수반되는 고정비용이며, 생산공장의 증설 및 위치에 따른 추가 비용은 발생하지 않는다. f_R은 기업 전체에 대해 한 번만 발생하며 개별 공장에서는 발생하지 않는 비용이므로 기업의 입장에서는 공장의 수가 많을수록, 즉 기업 규모가 클수록 f_R을 분산시키는 효과가 있다. 따라서 f_R은 기업 수준 규모의 경제를 측정하는 지표가 된다.

다음으로 기업이 생산설비를 갖출 때 고정비용 f_E가 필요하다고 하자. 편의상 f_E는 생산설비의 위치와 무관한 비용으로, 본국이든 외국이든 생산설비를 추가로 운영하게 되면 발생하는 고정비용으로 보자. 이때 f_E는 공장 수준 규모의 경제(plant-level scale economy)를 반영하고 있음에 유의하자. 다시 말해, f_E는 개별 생산설비에 대해 발생하는 고정비용이며 해당 설비의 규모가 클수록 상대적으로 f_E가 작아지므로 공장 수준 규모의 경제를 반영하고 있다. 한편 본국과 외국에서 f_E가 동일하다는 가정은 쉽게 완화될 수 있으나 본 절의 모형에서는 고려하지 않기로 하자. 그리고 생산에 필요한 기업의 한계비용은 생산설비나 생산 국가에 관계없이 항상 근로자 $1/\varphi$명에 해당하는 비용이라고 생각하자.

마지막으로 본국의 수요는 본국에 위치한 생산설비에서 생산한 상품으로 충족시킬 수 있으며, 해외시장은 수출이나 오프쇼어링(즉 자회사가 현지에서 공급)을 통해서 공급할 수 있다고 가정하자. 그리고 현지생산과 비교할 때 수출은 빙산형 운송비용(iceberg transportation cost)을 수반한다고 하자. 이 경우, 1단위의 상품을 수출하기 위해서는 $\tau > 1$단위의 상품을 선적해야 하며, 선적된 τ단위의 상품이 운송 중에 일부가 사라지고 최종 하역단계에서는 1단위만 남게 된다. 이처럼 운송비용이 발생하지 않는 오프쇼어링은 운송비용을 수반하는 수출에 비해 비용 면에서 유리하다. 하지만 오프쇼어링은 수출과 비교할 때 해외에 생산설비를 확보할 필요가 있으며, 이로 인하여 추가 고정비용 f_E가 요구된다는 단점이 있다.

(3) 기업의 선택: 수출 vs. 오프쇼어링

위의 모형은 2단계 게임으로 분석해 볼 수 있다. 첫 번째 단계에서 기업은 외국시장에 상품을 공급하는 형태(수출 vs. 오프쇼어링)를 결정하고, 두 번째 단계에서는 이윤 극대화를 위한 공급량이나 가격을 결정한다. 즉, 기업은 해외시장의 진입 형태에 따른 각각의 가능한 이윤을 고려하여 외국시장의 진입 형태를 결정한다. 따라서 기업의 최적 진입 형태는 후방 귀납법(backward induction)을 통해서 풀 수 있다. 다시 말해, 두 번째 단계인 기업의 이윤 극대화 문제를 다양한 진입 형태에 대해 먼저 푼 뒤, 각 형태의 이윤을 비교하여 기업이 어떤 진입 형태를 선택하는 것이 최적 선택인지를 살펴봄으로써 기업의 최적 진입 형태를 규명할 수 있다.

수출

먼저 기업이 수출하는 경우를 생각해 보자. 기업의 이윤은 다음과 같이 나타나며, 기업은 이 이윤을 극대화하고자 한다.

$$\pi_X = \left(p^H - \frac{w}{\varphi}\right) x^H(p^H) + \left(p^F - \tau\frac{w}{\varphi}\right) x^F(p^F) - f_E - f_R$$

여기서 첫 항은 본국에서의 이윤이고, 두 번째 항은 외국에서의 이윤이며, 세 번째와 네 번째 항은 각각 제품 x를 개발하기 위한 고정비용과 본국에 생산설비를 갖추기 위한 고정비용이다. 만일 본국에 생산설비가 갖추어져 있거나 이미 개발되어 있는 제품이라면 마지막 두 항은 제외될 수 있을 것이다. 한편 외국에 수출하기 위한 상품의 한계비용은 빙산형 운송비용을 포함하고 있기 때문에 τw로 나타남에 유의하라. 위의 이윤식에 모형에서 주어진 수요함수를 대입하면 다음과 같은 이윤식을 얻는다.

$$\pi_X = \left(p^H - \frac{w}{\varphi}\right) A^H (p^H)^{-\varepsilon} + \left(p^F - \tau \frac{w}{\varphi}\right) A^F (p^F)^{-\varepsilon} - f_E - f_R$$

기업이 위 식에서 주어진 이윤을 극대화하기 위해 본국과 외국의 상품 가격 p^H와 p^F을 선택한다고 하자. 이때 기업의 이윤 극대화 1계 조건은 다음과 같다.

$$A^H (p^H)^{-\varepsilon} - \left(p^H - \frac{w}{\varphi}\right) \varepsilon A^H (p^H)^{-\varepsilon-1} = 0$$
$$A^F (p^F)^{-\varepsilon} - \left(p^F - \tau \frac{w}{\varphi}\right) \varepsilon A^F (p^F)^{-\varepsilon-1} = 0$$

위의 1계 조건을 연립하여 풀면 기업의 최적 선택, 즉 최적의 상품 가격을 다음과 같이 얻을 수 있다.

$$p^H = \left(\frac{\varepsilon}{\varepsilon - 1}\right) \frac{w}{\varphi} < \tau \left(\frac{\varepsilon}{\varepsilon - 1}\right) \frac{w}{\varphi} = p^F \qquad (1.38)$$

가격이 음의 값을 가질 수 없기 때문에 $\varepsilon > 1$을 만족하여야 함에 주의하자. 본 모형에서는 일정한 탄력성(isoelastic)을 가지는 우하향 수요함수를 가정하고 있으므로 기업이 선택하는 최적 가격 (1.38)은 한계비용(w 또는 $w\tau$)에 일정한 값의 마크업($1/(\varepsilon - 1)$)을 더한 수준이 된다. 또한 (1.38)에서 볼 수 있는 것과 같이 가격탄력성이 높을수록 기업의 시장 지배력은 낮아지고 마크업이 작아짐을 알 수 있다.

앞에서 유도한 최적 가격을 앞에서 본 이윤함수에 대입하면 다음과 같은 이윤을 구할 수 있다.

$$\begin{aligned}\pi_X &= \frac{A^H}{\varepsilon}\left(\frac{\varepsilon-1}{\varepsilon}\right)^{\varepsilon-1}\left(\frac{\varphi}{w}\right)^{\epsilon-1} + \frac{A^F}{\varepsilon}\left(\frac{\varepsilon-1}{\varepsilon}\right)^{\varepsilon-1}\left(\frac{\varphi}{\tau w}\right)^{\epsilon-1} - f_E - f_R \\ &= A^H\Psi(\varphi)\left(\frac{1}{w}\right)^{\epsilon-1} + A^F\Psi(\varphi)\left(\frac{1}{\tau w}\right)^{\epsilon-1} - f_E - f_R \qquad (1.39)\end{aligned}$$

여기서 $\Psi(\varphi) \equiv (1/\epsilon)[\varphi(\varepsilon-1)/\epsilon]^{\varepsilon-1}$ 이며, 반복적으로 나타나는 복잡한 수식을 간략화하기 위해 $\Psi(\varphi)$을 사용하였다.[25]

오프쇼어링

수출과 유사한 방식으로 기업이 오프쇼어링을 선택하는 경우를 살펴보자. 만일 기업이 오프쇼어링을 선택하게 되면, 기업의 이윤은 다음과 같다.

$$\pi_I = (p^H - w)A^H(p^H)^{-\varepsilon} + (p^F - w)A^F(p^F)^{-\varepsilon} - 2f_E - f_R$$

현지에서 생산을 하므로 외국시장에 공급하는 한계비용은 감소하지만, 생산설비 비용 f_E가 추가로 필요함에 주의하라. 수출의 경우와 동일한 방법으로 기업이 선택하는 최적 가격을 구하면 다음과 같다.

$$p^H = \frac{\varepsilon w}{\varepsilon-1} = p^F$$

25 제1장 1절과 달리 $\Psi(\varphi)$은 생산성을 포함하고 있는 형태임에 유의하자. 여기에 별다른 이유는 없으며, 단지 형태를 더 간략히 나타내기 위함이다.

이 최적 가격을 앞의 이윤식에 대입하면, 오프쇼어링을 선택했을 때의 기업의 이윤을 얻을 수 있다.

$$\pi_I = \frac{A^H}{\varepsilon}\left(\frac{\varepsilon-1}{\varepsilon}\right)^{\varepsilon-1}\left(\frac{\varphi}{w}\right)^{\varepsilon-1} + \frac{A^F}{\varepsilon}\left(\frac{\varepsilon-1}{\varepsilon}\right)^{\varepsilon-1}\left(\frac{\varphi}{w}\right)^{\varepsilon-1} - 2f_E - f_R$$
$$= A^H\Psi(\varphi)\left(\frac{1}{w}\right)^{\epsilon-1} + A^F\Psi(\varphi)\left(\frac{1}{w}\right)^{\epsilon-1} - 2f_E - f_R \quad (1.40)$$

수출 vs. 오프쇼어링

이제 기업이 어떠한 방식으로 상품을 생산해 본국과 외국에 공급할 것인지를 고려해 보자. 우리가 고려하고 있는 기업은 이윤 극대화 기업이므로 기업은 수출로 얻을 수 있는 이윤과 오프쇼어링으로 얻을 수 있는 이윤을 비교하여 보다 높은 이윤을 창출하는 방식으로 상품을 생산·공급할 것이다. 즉, 만일 $\pi_X > \pi_I$ 라면 기업은 (첫 번째 단계에서) 오프쇼어링이 아닌 수출을 선택할 것이며, $\pi_X < \pi_I$ 라면 오프쇼어링을 선택할 것이다. 따라서 기업이 수출이 아닌 오프쇼어링을 생산 방식으로 선택할 조건은 $\pi_X < \pi_I$ 이며, 이를 간단히 정리하면 다음과 같다.

$$A^F\Psi(\varphi)\left(\frac{1}{w}\right)^{\epsilon-1}\left(1-\left(\frac{1}{\tau}\right)^{\varepsilon-1}\right) - f_E > 0 \quad (1.41)$$

조건 (1.41)은 다음과 같은 특징을 가진다. 먼저 조건 (1.41)의 좌변은 A^F와 τ가 클수록 커지며, f_E가 작을수록 커진다. 즉, 운송비용(τ)이 작거나 공장 수준 규모의 경제(f_E)가 클수록 기업은 오프쇼어링이 아닌 수출을 선택할 가능성이 높다. 다시 말해, 운송비용이 작으면 수출에 수반되는 비용이 낮아지므로 수출이 기업에게 유리한 생산 방식이 된다. 또한 공장 설립에 필요한 비용의 증가는 오프쇼어링 비용의 증가를 의미하므로 기업은 오프쇼어링이 아닌 수출을 선택할 가능성이 높다. 한편 조건 (1.41)은 외국시장(A^F)이 클수록 오프쇼어링이 발생할 가능성이 높음을 보여 준다.

기업의 외국시장 진입 형태(즉, 오프쇼어링 vs. 수출)를 다른 방식으로 살펴보도록 하자. 수출을 통한 기업의 이윤 (1.39)와 오프쇼어링을 통한 기업의 이윤 (1.40)을 비교해 보면, 두 경우 모두 국내시장의 독점이윤은 동일함을 알 수 있다. 이에 반해 외국시장의 이윤과 고정비용은 두 경우에서 서로 상이하다. 따라서 두 경우의 이윤을 다음과 같이 나타낼 수 있다.

$$\pi_X = \left[A^H \Psi(\varphi)\left(\frac{1}{w}\right)^{\epsilon-1} - f_E - f_R\right] + A^F\left(\frac{1}{\tau}\right)^{\varepsilon-1}\Psi(\varphi)\left(\frac{1}{w}\right)^{\epsilon-1}$$
$$\equiv \hat{\pi}^H + \hat{\pi}_X^F$$

$$\pi_I = \left[A^H \Psi(\varphi)\left(\frac{1}{w}\right)^{\epsilon-1} - f_E - f_R\right] + A^F \Psi(\phi)\left(\frac{1}{w}\right)^{\epsilon-1} - f_E$$
$$\equiv \hat{\pi}^H + \hat{\pi}_I^F$$

위의 두 식에서 대괄호 내의 식들은 본사가 국내시장에서 얻는 이윤 및 관련 고정비용이며, 두 경우 모두에서 동일하다. 따라서 수출과 오프쇼어링을 비교하려면 남아 있는 다른 항, 즉 외국시장에서의 이윤 $\hat{\pi}_X^F$와 $\hat{\pi}_I^F$을 비교하면 된다. 외국시장에서의 이윤만 따로 떼어서 살펴보면 다음과 같다.

$$\hat{\pi}_X^F \equiv A^F \Psi(\varphi) \left(\frac{1}{w}\right)^{\epsilon-1} \left(\frac{1}{\tau}\right)^{\epsilon-1} \; ; \; \hat{\pi}_I^F \equiv A^F \Psi(\varphi) \left(\frac{1}{w}\right)^{\epsilon-1} - f_E$$

즉, $\hat{\pi}_X^F$와 $\hat{\pi}_I^F$은 외국시장의 규모 A^F에 대해 선의 형태로 나타낼 수 있으며, 기울기는 각각 $A^F\Psi(\varphi)(1/w)^{\epsilon-1}(1/\tau)^{\epsilon-1}$와 $A^F\Psi(\varphi)(1/w)^{\epsilon-1}$이다. 그리고 $\hat{\pi}_X^F$의 y절편은 0인 반면 $\hat{\pi}_I^F$의 y절편은 $-f_E$이다. $\tau > 1$ 이고 $1-\varepsilon < 0$ 이므로 $\Psi(\varphi)(1/w)^{\epsilon-1}(1/\tau)^{\epsilon-1} < \Psi(\varphi)(1/w)^{\epsilon-1}$임에 유의하자. 즉, 외국시장의 규모에 따른 기업의 진입 형태는 다음 그림과 같이 나타낼 수 있다.

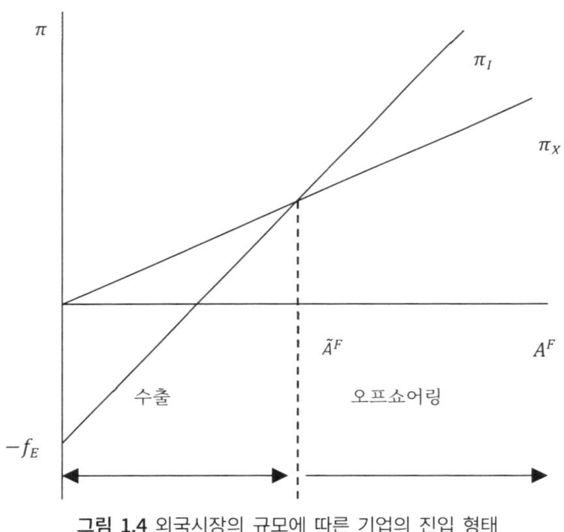

그림 1.4 외국시장의 규모에 따른 기업의 진입 형태

<그림 1.4>에서 알 수 있는 것처럼 외국시장이 일정 규모 이상 $(A^F > \tilde{A}^F)$이면, $\hat{\pi}_I^F > \hat{\pi}_X^F$이므로 해당 기업은 오프쇼어링을 선택하고,

일정 규모 이하($A^F < \tilde{A}^F$)이면, $\hat{\pi}_I^F < \hat{\pi}_X^F$이므로 수출을 선택하는 것이 합리적이다. 여기서 오프쇼어링의 선택 조건인 $A^F > \tilde{A}^F$은 조건 (1.41)과 동일한 것임에 유의하자.

<그림 1.4>에서 공장 수준 규모의 경제(f_E)가 커질수록 $\hat{\pi}_I^F$이 아래로 평행 이동하게 되므로 $\tilde{A}^F$이 오른쪽으로 이동한다. 따라서 기업은 오프쇼어링보다 수출을 선택할 가능성이 높아진다. 그리고 운송비용 τ가 높은 경우 $(\tau)^{1-\varepsilon}\Psi(\varphi)$이 작아지게 되므로 $\hat{\pi}_I^F$이 y절편을 중심으로 오른쪽으로 회전 이동하여 $\tilde{A}^F$이 오른쪽으로 이동한다. 따라서 기업은 수출보다 오프쇼어링을 선택할 가능성이 높아진다.

지금까지 살펴본 수평적 오프쇼어링 모형의 주요 결과를 정리하자면 다음과 같다.

> (1) 제품의 국제 운송비용이 높거나 기업 수준 규모의 경제보다 공장 수준 규모의 경제가 상대적으로 작은 산업에서 수평적 오프쇼어링이 수출보다 우월할 가능성이 있다.
> (2) 또한 외국의 시장규모가 클수록 수평적 오프쇼어링을 선택할 가능성이 높다.

2) 산업균형

지금까지는 차별화된 상품을 생산하는 독점기업을 가정하고 기업의 오프쇼어링 선택 조건을 살펴보았다. 사실 차별화된 상품을 생산하는 독점기업의 가정은 독점적 경쟁 모형에서 나타난다. 하지만 우리는 개별 독점기업이 생산 방식을 선택하는 기준만 살펴보았을 뿐 시장의 구조와 기업 간의 경쟁은 고려하지 않았다. 아래에서는 앞에서 살펴본 차별화된 상품을 생산하는 독점기업이 유사한 독점기업들과 독점적 경쟁을 형성하는 시장 모형을 살펴본다. 그리고 독점적 경쟁 모형에서 모든 기업이 오프쇼어링을 선택하는 오프쇼어링 균형이 나타날 수 있음을 보일 것이다. 독점적 경쟁 모형을 고려하는 이유는 신무역이론 및 최근의 기업 상이성 무역이론 등에서 표준적인 시장 모형으로 활용되기 때문이다.

먼저 Chamberlain(1933)의 독점적 경쟁 모형(Monopolistic competition model)이 가지는 성질을 다시 떠올려 보자.

- 각 기업은 일정 부분 시장 지배력을 가지므로 우하향하는 수요곡선을 마주하게 된다.
- 기업의 수가 매우 많아서 개별 기업의 가격 선택이 다른 기업의 수요에 아무런 영향을 미치지 않는다.
- 기업은 이윤이 0이 될 때까지 자유로운 시장 진입이 가능하다.

첫 번째 성질은 차별화된 제품을 생산하는 기업이 독점적 지위에 있음을 나타내며, 세 번째 성질은 유사한 제품을 생산하는 기업 간의 경쟁이 완전경쟁적 특징을 가짐을 의미한다. 이러한 성질 때문에 독점적 경쟁 모형이라 불리는 것이다. 한편 개별 기업이 독점기업의 성격을 가지기 때문에 우리는 본문에서 독점기업을 분석했다. 두 번째 성질도 우리가 앞에서 활용했었는데, 바로 두 국가에서 개별 독점기업의 수요 A^H와 A^F가 주어져 있다고 가정했던 것이 그것이다. 이제 지금까지의 모형에 유사한 기업 간의 완전경쟁적 성격을 포함시킨 완전한 독점적 경쟁균형을 살펴보자.

완전한 독점적 경쟁균형을 살펴보기 위해 먼저 본국에는 차별화된 상품을 생산하는 많은 독점적 기업이 존재하고 있으며, 이들 기업은 상품을 제외한 모든 측면에서 완전히 동일하다고 생각해 보자. 그리고 이들 기업이 수출과 오프쇼어링 사이에서 생산 방식을 선택한다고 하자. 이미 살펴본 바와 같이 수출과 오프쇼어링 사이의 선택은 식 (1.41)에 의해 결정된다.

$$A^F\Psi(\varphi)\left(\frac{1}{w}\right)^{\epsilon-1}\left(1-\left(\frac{1}{\tau}\right)^{\varepsilon-1}\right)-f_E>0 \tag{1.41}$$

한편, 외국에도 상품을 제외한 모든 측면에서 동일한 기업이 많다고 생각해 보자. 이들 외국기업 역시 수출과 오프쇼어링 사이에서 선택을 하게 되는데, 외국기업이 각 선택으로부터 얻을 수 있는 이득은 식 (1.39), (1.40)과 동일하며 단지 A^H와 A^F가 바뀔 뿐이다. 이와 같은 외국 기반 기업이 수출이 아닌 오프쇼어링을 선택할 조건은 다음과 같다.

$$A^H\Psi(\varphi)\left(\frac{1}{w}\right)^{\epsilon-1}\left(1-\left(\frac{1}{\tau}\right)^{\varepsilon-1}\right)-f_E>0 \tag{1.42}$$

그리고 독점적 경쟁시장은 시장 내 모든 기업의 이윤이 0—즉, 정상이윤(normal profit) 또는 손익분기점(break-even)—이 됨에 유의하자. 다시 말하면, 모든 기업의 이윤이 0일 될 때까지 신규 기업이 차별화된 상품을 가지고 시장에 진입하게 되며, 개별 기업의 수요는 신규 진입에 의해 잠식된다. 따라서 시장균형에서 개별 기업에 대한 수요 수준을 나타내는 A^H와 A^F는 해당 기업의 이윤이 0이 될 때까지 잠식되고 남은 수요의 크기이다. 즉, 시장균형에서는 A^H와 A^F의 수요에 대해 개별 기업의 이윤이 0이 된다.

(1) 수출이 균형인 경우

먼저 모든 기업이 수출하는 균형을 생각해 보자. 독점적 경쟁시장에서는 모든 본국 기반 수출기업의 이윤이 0이므로 식 (1.39)로부터 다음의 식을 얻는다.

$$A^H\Psi(\varphi)\left(\frac{1}{w}\right)^{\epsilon-1} + A^F\left(\frac{1}{\tau}\right)^{\varepsilon-1} - f_E - f_R = 0 \tag{1.43}$$

유사하게 외국 기반 수출기업의 이윤이 0이 될 조건은 다음과 같다.

$$A^H\Psi(\varphi)\left(\frac{1}{w}\right)^{\epsilon-1}\left(\frac{1}{\tau}\right)^{\varepsilon-1} + A^F\Psi(\varphi)\left(\frac{1}{w}\right)^{\epsilon-1} - f_E - f_R = 0 \tag{1.44}$$

위에서 구한 식 (1.43)과 (1.44)를 A^H와 A^F에 대해 연립하여 풀면 독점적 경쟁균형에서의 개별 기업에 대한 수요 규모를 얻을 수 있다.

$$A^H = A^F = \frac{f_E + f_R}{(1+\tau^{1-\varepsilon})\Psi(\varphi)w^{1-\epsilon}} \tag{1.45}$$

(1.45)가 산업균형이 맞는지를 확인하기 위해 어떤 기업도 이 균형을 벗어나서 자신의 본국이 아닌 타국에 생산설비를 설립(즉, 오프쇼어링을 선택)할 유인이 없음을 확인할 필요가 있다. 이를 위해 수출 대신 오프쇼어링을 선택하려는 기업이 있다고 가정해 보자. 독점적

경쟁시장의 두 번째 특징에 의하면, 다른 기업들이 모두 수출을 선택할 때 한 기업이 전략을 바꾼다고 해서 시장 수요의 크기(즉 A^H와 A^F)가 변하지는 않는다. 다시 말해 개별 기업은 시장 수요에 영향을 미칠 수 없다. 따라서 이 기업이 오프쇼어링으로 공급 형태를 바꿈으로써 기대할 수 있는 이윤은 (1.40)에 (1.45)를 대입한 것과 같다.

$$\pi_I = \frac{2(f_E+f_R)}{1+\tau^{1-\varepsilon}} - 2f_E - f_R$$

생산 방식을 오프쇼어링으로 바꾸어 얻을 수 있는 이윤이 수출로 얻는 이윤(즉 0)보다 크다면 기업은 기꺼이 생산 방식을 바꿀 것이다. 따라서 개별 기업이 수출에서 오프쇼어링으로 생산 방식을 전환할 유인이 존재하지 않으려면 다음의 조건을 만족해야 한다.

$$\pi_I < 0 \leftrightarrow \frac{f_R}{2f_E+f_R} < \left(\frac{1}{\tau}\right)^{\varepsilon-1} \tag{1.46}$$

위의 부등식 (1.46)은 공장 수준 규모의 경제(f_E)가 기업 수준 규모의 경제(f_R)보다 클수록, 즉 f_R/f_E가 작을수록 성립될 가능성이 높으며, 운송비용 τ가 작을수록 만족될 가능성이 높다.

이와 같은 f_E와 τ의 효과는 독점적 경쟁을 고려하지 않고 개별 독점기업만 분석했을 때 살펴보았던 결과와 유사하다. 그러나 앞서 (1.41)에서 보았던 시장 규모 효과는 더 이상 나타나지 않음에 유의하라. 독점적 경쟁시장에서는 시장의 규모가 클수록 다른 기업의 시장 진입은 활발해지지만, 개별 기업이 직면하는 수요의 규모는 시장의 크기와 무관하기 때문이다.

한편 기업 수준 규모의 경제가 상대적으로 클수록 오프쇼어링이 일어날 가능성이 높다는 결과가 의미하는 바를 다시 한번 논의해 보자. 독점적 경쟁시장에서는 진입이 자유로워 높은 고정비용 f_R 는 일종의 진입 장벽을 만들어 내기 때문에 신규 기업의 진입에 필요한 비용이 높아질 때 산업 내 존재하는 기업의 수가 감소한다. 이로 인하여 f_R 가 높을수록 개별 기업의 상품에 대한 수요가 커지게 되는 것이다. 그리고 자사제품에 대한 높은 수요는 오프쇼어링에 유리한 환경을 제공한다.

(2) 오프쇼어링이 균형인 경우

다음으로 모든 기업이 오프쇼어링을 선택하여 오프쇼어링 기업이 되는 오프쇼어링 균형을 고려해 보자. 독점적 경쟁시장에서는 모든 오프쇼어링 기업의 이윤이 0이므로 식 (1.40)으로부터 다음의 식을 얻는다.

$$\pi_I = 0 \leftrightarrow (A^H + A^F)\Psi(\varphi)\left(\frac{1}{w}\right)^{\epsilon-1} - 2f_E - f_R = 0$$

그리고 본국 기반 기업과 외국 기반 기업은 본질적으로 동일하므로 대칭성에 의해 다음과 같은 값을 얻을 수 있다.

$$A^H = A^F = \frac{2f_E + f_R}{2\Psi(\varphi)w^{1-\epsilon}} \tag{1.47}$$

오프쇼어링이 산업균형이 맞는지를 확인하기 위해 어떤 기업도 오프쇼어링 대신 수출을 선택할 유인이 없음을 확인할 필요가 있다. 이를 위해 오프쇼어링 대신 수출을 선택하려는 기업이 있다고 가정해 보자. 독점적 경쟁시장의 특징에 의하여 개별 기업은 시장 수요에 영향을 미칠 수 없으므로 이 기업이 수출로 공급 형태를 바꿈으로써 얻을 수 있는 이윤은 (1.39)에 (1.47)을 대입하여 구할 수 있다.

$$\pi_X = \frac{(2f_E+f_R)(1+\tau^{1-\varepsilon})}{2} - f_E - f_R$$

오프쇼어링이 산업균형이 되기 위해서는 개별 기업이 오프쇼어링 대신 수출로 공급 방식을 바꿀 유인이 없어야 하므로 다음과 같은 조건을 얻을 수 있다.

$$\pi_X < 0 \leftrightarrow \frac{f_R}{f_E+f_R} > \left(\frac{1}{\tau}\right)^{\varepsilon-1}$$

위의 조건은 f_R/f_E이 작거나 τ가 클수록 오프쇼어링이 산업균형이 될 가능성이 크다는 것을 보여 준다. 오프쇼어링 균형 조건에 대한 자세한 논의는 수출균형의 경우와 유사하므로 여기서는 생략하기로 한다.

앞에서 살펴본 독점적 경쟁시장에서의 오프쇼어링 균형 조건이 독점기업의 오프쇼어링 선택 조건보다 큰 의미를 가진다. 두 국가에서 모두 완전히 독점적인 기업이 일반적이지 않으며, 실제로는 대부분이 경쟁적인 상황에 놓여 있다. 그리고 개별 기업의 수준에서 오프쇼어링을 선택하고자 하더라도, 여러 기업으로 이루어진 시장의 균형에서는 오프쇼어링이 나타나지 않을 수도 있기 때문에 산업균형 수준에서 오프쇼어링 균형을 살펴볼 필요가 있다.

3) 국가별 차이가 오프쇼어링에 미치는 영향

여기에서는 앞에서 다룬 모형을 확장하여 두 국가(즉, 본국과 외국) 간의 차이가 기업의 오프쇼어링 선택에 어떠한 영향을 미치는지를 살펴볼 것이다. 특히, 국가 간 요소가격의 격차가 클수록 오프쇼어링 기업 균형이 유지되기 어려워질 수 있음을 살펴볼 것이다. 즉, 이러한 격차가 클수록 오프쇼어링 기업이 존재하지 않는 균형이 발생할 가능성이 높아진다. 한편, Krugman 타입 신무역이론의 특성상 두 국가의 시장 규모가 유사할수록 교역 규모가 커진다. 수평적 오프쇼어링의 경우에도 두 국가의 시장 규모가 유사할수록 쌍방향 투자 규모가 커진다.[26] Brainard(1997)는 국가 간 1인당 GDP의 차이가 클수록 오프쇼어링 비중이 감소하고 수출 비중이 증가한다는 실증적 결과를 제시하였다. 국가 간 시장 규모 및 요소가격 격차는 국가 간 1인당 GDP 격차에 영향을 미치므로 본 소절의 결과는 Brainard(1997)의 결과와 일치한다.

그렇다면 왜 국가 간 차이가 오프쇼어링에 부정적인 영향을 미치는 것일까? 예를 들어 국가 간 요소가격의 차이가 확대되는 경우를 생각해 보자. 만일 요소가격이 다른 두 국가에서 동일한 생산공정이 이루어진다면, 한 국가의 생산비용은 다른 국가에 비해 더 높을 것이다. 따라서 국가 간의 상대적인 요소가격 차이가 커질수록 상대적인 생산비용 격차는 확대될 것이며, 다른 지역에서 동일한 생산공정을

---

26 이를 살펴보기 위해서는 일반균형에서 각 국가의 시장 청산균형을 살펴볼 필요가 있다. 이에 대해서는 제1장의 1절에서 살펴본 적이 있으므로 생략하도록 하자.

중복하여 수행하는 것보다 운송비를 부담하더라도 한 지역에서 생산하는 것이 유리해진다. 또한 상대적인 시장 규모의 차이가 오프쇼어링에 미치는 영향도 위와 비슷한 방법으로 이해할 수 있다. 이제 보다 구체적인 모형을 통해 위의 효과를 분석해 보자.

(1) 시장 규모의 차이

두 국가의 상대적 시장 규모를 고려하기 위해 $A^H = \lambda A^F$, $\lambda \in (0, \infty)$라고 가정하자.[27] 이제 이러한 국가별 상대적 시장 규모의 차이가 산업균형으로서의 오프쇼어링 균형에 어떤 영향을 미치는지를 살펴보자. 만일 오프쇼어링 균형이 산업균형이라면, 개별 기업이 오프쇼어링을 선택하여 얻는 이윤은 0이다.

$$\pi_I = 0 \Leftrightarrow (A^H + A^F)\Psi(\varphi)\left(\frac{1}{w}\right)^{\epsilon-1} - 2f_E - f_R = 0$$
$$\Leftrightarrow A^H(1+\lambda)\Psi(\varphi)\left(\frac{1}{w}\right)^{\epsilon-1} - 2f_E - f_R = 0$$

여기서 오프쇼어링 균형에서 개별 기업의 시장 수요를 구하면 다음과 같다.

$$A^H = \frac{\lambda(2f_E + f_R)}{(1+\lambda)\Psi(\varphi)w^{1-\epsilon}} \tag{1.48}$$

$$A^F = \frac{2f_E + f_R}{(1+\lambda)\Psi(\varphi)w^{1-\epsilon}} \tag{1.49}$$

이때 $\lambda = 1$이면 당연히 해가 (1.47)과 같다.

27 본문의 산업균형에서는 두 국가에서 동일한 시장 규모를 가지는 대칭적 해를 얻었음에 유의하자. 이는 경쟁하는 기업들의 동질성에 기인하기 때문이다. 하지만 여기에서는 두 국가에서 개별 기업의 수요가 다르다는 조건이 추가되어 있다.

국가 간 시장 규모가 다른 경우에 오프쇼어링이 산업균형으로 존재할 수 있는지를 확인하려면 어떤 기업도 오프쇼어링 대신 수출을 선택할 유인이 없음을 확인할 필요가 있다. 이를 위해 오프쇼어링 대신 수출을 선택하려는 기업이 있다고 가정해 보자. 오프쇼어링이 균형이 되기 위해서는 본국이나 외국에 있는 어떤 기업도 생산 방식을 오프쇼어링 대신 수출로 변경할 유인이 없어야 한다. 만일 본국에 있는 기업이 오프쇼어링 대신 수출을 선택한다면 그 이윤은 앞서 살펴보았듯이 다음과 같다.

$$\pi_X^H = A^H \Psi(\varphi) \left(\frac{1}{w}\right)^{\epsilon-1} + A^F \left(\frac{1}{\tau}\right)^{\varepsilon-1} \Psi(\varphi) \left(\frac{1}{w}\right)^{\epsilon-1} - f_E - f_R$$

여기서 A^H와 A^F는 (1.48)과 (1.49)에서 구한 값이다. 그리고 본국 기반 기업이 오프쇼어링에서 수출로 생산 방식을 전환하지 않을 조건은 다음과 같다.

$$\frac{(1-\lambda)f_E+F_R}{3f_E+f_R} > \left(\frac{1}{\tau}\right)^{\varepsilon-1} \tag{1.50}$$

유사하게 외국에 있는 기업이 오프쇼어링 대신 수출을 선택한다면 수출로 얻을 수 있는 이윤과, 오프쇼어링 대신 수출을 선택하지 않을 조건은 각각 다음과 같다.

$$\pi_X^F = A^H \Psi(\varphi) \left(\frac{1}{w}\right)^{\epsilon-1} \left(\frac{1}{\tau}\right)^{\epsilon-1} + A^F \Psi(\varphi) \left(\frac{1}{w}\right)^{\epsilon-1} - f_E - f_R;$$

$$\frac{\left(1-\frac{1}{\lambda}\right)f_E+f_R}{2f_E+f_R} > \left(\frac{1}{\tau}\right)^{\varepsilon-1} \tag{1.51}$$

이때 $\lambda = 1$이면 당연히 (1.50)과 (1.51)은 (1.46)과 같다.

이제 본국의 상대적 크기가 오프쇼어링 균형에 미치는 영향을 살펴보자. 만일 본국의 크기가 외국에 비해 상대적으로 작다면(즉, λ이 작다면), (1.50)이 만족될 가능성은 높아지지만 (1.51)이 만족될 가능성은 낮아진다. 극단적인 경우 $\lambda \rightarrow 0$인 경우, (1.51)은 만족되지 않는다. 유사하게 λ이 충분히 크다면 (1.50)이 만족되지 않을 것이다. 이처럼 두 국가의 상대적 시장 규모 차이가 커질수록(즉, $\lambda = 1$에서 벗어날수록) 오프쇼어링 균형이 존재할 가능성은 낮아진다. 그리고 산업균형에서의 분석을 통해서도 본문과 동일한 결과를 얻고 있음에 유의하자.

(2) 생산요소 가격의 차이

다음으로 국가 간의 생산요소 가격에 차이가 있는 경우를 생각해보자. 이를 살펴보기 위해 본국의 임금을 w^H, 외국의 임금을 w^F라고 표기하자. 국가별로 임금이 다르므로, 어떤 국가에서 어떠한 비용이 발생하는지를 명확하게 하는 것이 중요하다. 수출업자의 경우 생산에 필요한 가변비용은 본사가 위치해 있는 국가에서 발생한다. 이와 달리 오프쇼어링의 경우 가변비용은 제품이 생산되는 국가의 임금이 적용된다. 한편 이전과 같이 고정비용은 본국과 외국에서 동일하다고 가정하자. 그리고 분석의 편의를 위하여, 두 국가에서 독점기업의 시장 규모는 동일하다고 하되($A^H = A^F = A$), 앞 소절과 달리 산업균형이 수출균형이라고 가정하자. 그리고 어떤 경우 기업들이 수출균형에서 이탈하여 오프쇼어링을 선택하게 되는지를 살펴볼 것이다. 달리 말하자면 오프쇼어링 기업이 출현하는 조건을 살펴볼 것이다.

수출균형이 산업균형이라면, 두 국가의 기업은 수출을 통해 0의 이윤을 얻을 것이다.

$$A^H\Psi(\varphi)\left(\frac{1}{w^H}\right)^{\varepsilon-1}+A^F\Psi(\varphi)\left(\frac{1}{w^F\tau}\right)^{\varepsilon-1}-f_E-f_R=0$$
$$A^H\Psi(\varphi)\left(\frac{1}{w^F\tau}\right)^{\varepsilon-1}+A^F\Psi(\varphi)\left(\frac{1}{w^H}\right)^{\varepsilon-1}-f_E-f_R=0$$

그리고 위의 두 이윤식을 연립해서 풀면 다음과 같이 균형에서 두 국가의 수요를 구할 수 있다.

$$A^H=\frac{\left(\left(w^H\right)^{\varepsilon}-\tau^{1-\varepsilon}\left(w^F\right)^{\varepsilon}\right)(f_E+f_R)}{\left(1-\tau^{2(1-\varepsilon)}\right)\Psi(\varphi)} \qquad (1.52)$$

$$A^F=\frac{\left(\left(w^F\right)^{\varepsilon}-\tau^{1-\varepsilon}\left(w^H\right)^{\varepsilon}\right)(f_E+f_R)}{\left(1-\tau^{2(1-\varepsilon)}\right)\Psi(\varphi)} \qquad (1.53)$$

한편 임의의 한 기업이 수출이 아닌 오프쇼어링으로 생산 방식을 전환한다면 그 기업의 이윤은 다음과 같다.

$$A^H\left(\frac{1}{w^H}\right)^{\varepsilon-1}\Psi(\varphi)+A^F\left(\frac{1}{w^F}\right)^{\varepsilon-1}\Psi(\varphi)-2f_E-f_R$$

이때 이 기업이 오프쇼어링으로 생산 방식을 전환하더라도 수요에는 영향을 미치지 않으므로 A^H와 A^F는 각각 (1.52), (1.53)과 같다.

만일 앞에서 도출한 오프쇼어링 방식의 이윤이 0보다 크다면, 기업은 수출이 아닌 오프쇼어링을 선택하는 것이 유리하므로 오프쇼어링 기업이 출현하게 된다. 그 조건을 구해 보면 다음과 같다.

$$\Omega\left(\tau, \frac{w^H}{w^F}\right) \geq \frac{2f_E + f_R}{f_E + f_R} \equiv RHS \tag{1.54}$$

$$\Omega\left(\tau, \frac{w^H}{w^F}\right) \equiv \frac{w^H\left(1-\tau^{1-\varepsilon}\left(\frac{w^H}{w^F}\right)^{-\varepsilon}\right)+\left(1-\tau^{1-\varepsilon}\left(\frac{w^H}{w^F}\right)^{\varepsilon}\right)}{\left(1-\tau^{2(1-\varepsilon)}\right)}$$

오프쇼어링이 나타날 조건 (1.54)는 다음의 내용을 보여 준다. 먼저 기업 수준의 규모의 경제가 크다면, (1.54)가 성립할 가능성이 높고($\partial RHS/\partial f_R < 0$), 공장 수준 규모의 경제가 작을 때도 (1.54)가 성립할 가능성이 높다($\partial RHS/\partial f_E > 0$). 한편 운송비용이 증가하면, (1.54)가 성립할 가능성이 높고($\partial \varphi/\partial \tau > 0$), 요소가격의 차이가 작아도 (1.54)가 성립할 가능성이 높다. 그리고 $w^H/w^F = 1$에서 LHS가 최댓값을 가진다.

위의 네 가지 결과 중 처음 세 가지는 이미 앞의 모형을 통해 살펴본 것이다. 여기서는 세 번째 결과를 다시 해석해 보자. 운송비용이 증가할 때 수출로 인한 이윤이 비용 증가분을 메우기 위해서는 각국에서의 수요, 즉 A^H와 A^F가 보다 커야 한다($\partial A^H/\partial \tau > 0$; $\partial A^F/\partial \tau > 0$). 그러나 각 국가에서의 수요 증가는 오프쇼어링 기업이 될 때 얻을 수 있는 이윤의 증가를 가져오므로, 수출로 인한 이윤(즉, 0)보다 오프쇼어링으로 인한 이윤이 커지기 때문에 오프쇼어링 기업이 나타나는 것이다.

한편 요소가격의 차이가 작을수록 오프쇼어링이 유리해지는 이유는 수출기업은 한 국가의 노동력만 활용하는 반면 오프쇼어링 기업은 두 국가의 노동력을 모두 활용하기 때문이다. 즉, 만일 국가 간 요소가격의 차이가 커지면, 요소가격이 더 저렴한 한 국가에서만 생산을 하는 수출기업에 비해 두 국가 모두에서 생산을 하는 오프쇼어링 기업이 비용 측면에서 불리해진다.

4) 기업 상이성과 수평적 오프쇼어링

(1) 기업의 생산성과 오프쇼어링

지금까지 우리는 산업 내에 존재하는 기업들이 모두 동일하다는 가정하에 개별 기업이 수출과 오프쇼어링 사이에서 어떠한 생산 방식을 선택하는지를 살펴보았다. 그러나 Helpman, Melitz & Yeaple (2004)은 수평적 오프쇼어링을 분석한 기존의 표준 모형에다가 Melitz(2003) 타입의 산업 내 기업 상이성을 추가하여 분석하였다. HMY 모형은 기업의 생산성과 수평적 오프쇼어링 간의 관계를 보여주는데, 본 절의 모형을 통해 HMY 모형의 결과를 간단히 살펴볼 수 있다.

먼저 (1.39)와 (1.40)의 수출이윤과 오프쇼어링 이윤을 이용하도록 하자. 그리고 $\Psi(\varphi)$를 생산성과 나머지 항으로 나누어 $\Psi_0\varphi^{\epsilon-1}$로 고쳐 쓴 후, (1.39)와 (1.40)을 다음과 같이 나타내도록 한다.

$$\pi_{X\theta} = A^H\Psi_0\left(\frac{\varphi_\theta}{w}\right)^{\epsilon-1} + A^F\Psi_0\left(\frac{\varphi_\theta}{\tau w}\right)^{\epsilon-1} - f_E - f_R \qquad (1.39')$$

$$\pi_{I\theta} = A^H\Psi_0\left(\frac{\varphi_\theta}{w}\right)^{\epsilon-1} + A^F\Psi_0\left(\frac{\varphi_\theta}{w}\right)^{\epsilon-1} - 2f_E - f_R \qquad (1.40')$$

앞의 이윤식에서 아래첨자 θ는 개별 기업 θ를 의미한다. 그리고 같은 방식으로 개별 기업의 오프쇼어링 선택 조건 (1.41)은 다음과 같이 나타낼 수 있다.

$$A^F \Psi_0 \left(\frac{\varphi_\theta}{w}\right)^{\epsilon-1}\left(1-\left(\frac{1}{\tau}\right)^{\varepsilon-1}\right)-f_E>0 \tag{1.41´}$$

(1.41´)의 좌변은 생산성 φ_θ가 증가할수록 커지며, 생산성이 높은 기업일수록 오프쇼어링을 선택할 가능성이 높아짐을 보여 준다. 또한 (1.41´)은 다음의 관계도 보여 준다.

(1) 만일 φ_θ가 충분히 크다면, 부등식 (1.41´)은 항상 성립하지만,

(2) φ_θ가 충분히 작다면, 부등식 (1.41´)은 항상 성립하지 않는다.

이제 생산성이 서로 다른 연속적인 기업군을 생각해 보자. 각 기업의 생산성은 $[\underline{\varphi}, \bar{\varphi}]$의 범위에서 분포하며, $G(\varphi_\theta)$의 분포를 가진다고 가정하자. 만일 $\underline{\varphi}$가 충분히 작고 $\bar{\varphi}$가 충분히 크다면, 우리는 $\varphi_\theta < \varphi_I$인 모든 기업이 수출을 선택하고 $\varphi_\theta > \varphi_I$인 모든 기업이 오프쇼어링을 선택하게 되는 문턱값(threshold) φ_I가 존재함을 유추해 볼 수 있다. 즉, 생산성이 높은 기업은 오프쇼어링을 선택하고 생산성이 낮은 기업은 수출을 선택하게 된다. 이 결과는 오프쇼어링 기업의 성과가 다른 기업과 비교할 때 상대적으로 우월하다는 일반적인 예상과 일치한다.

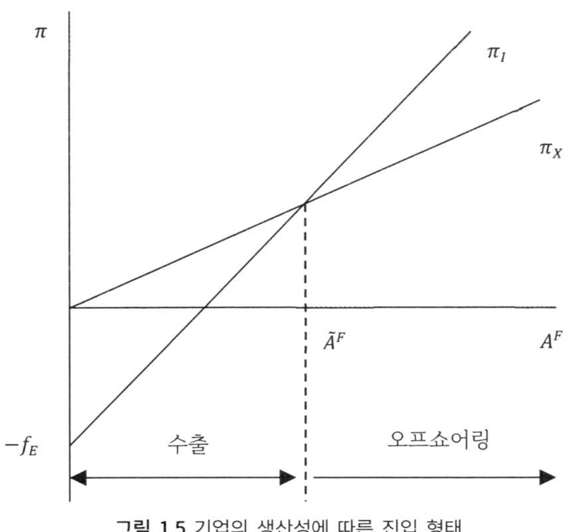

그림 1.5 기업의 생산성에 따른 진입 형태

(2) 수출에 필요한 고정비용이 추가되는 경우

지금까지는 기업이 수출을 할 경우 한계생산비용이 증가한다는 가정만 가지고 기업의 오프쇼어링 선택을 분석하였다. 그러나 HMY 모형의 근간이 되는 Melitz 모형에서는 수출이 고정비용을 수반한다고 가정하고 있으므로 HMY 모형에 따라 수출이 고정비용(f_X)을 수반하는 경우를 고려해 보자.

수출이 고정비용을 수반할 경우, 기업이 수출과 오프쇼어링 사이에서 오프쇼어링을 선택하는 조건 (1.41′)은 다음과 같이 바뀐다.

$$A^F \Psi_0 \left(\frac{\varphi_\theta}{w}\right)^{\epsilon-1}\left(1-\left(\frac{1}{\tau}\right)^{\varepsilon-1}\right) - f_E - f_X > 0 \tag{1.55}$$

앞서 살펴본 것처럼, 이 경우에도 $\varphi_\theta < \varphi_I$ 인 모든 기업이 수출을 선택하고 $\varphi_\theta > \varphi_I$ 인 모든 기업이 오프쇼어링을 선택하게 되는 문턱값 φ_I가 존재한다.

수출 고정비용이 수반될 경우, 이전의 모형과 가장 다른 점은 수출을 하지 않는 기업이 생겨난다는 점이다. 즉, 수출 고정비용이 수출로 인한 수익보다 높은 기업은 국내에만 제품을 판매하게 된다. 기업이 수출을 통해 이윤을 얻을 수 있는 조건은 다음과 같다.

$$A^F \Psi_0 \left(\frac{\varphi_\theta}{\tau w}\right)^{\varepsilon-1} - f_X > 0 \tag{1.56}$$

위의 조건으로부터 수출이 이윤을 창출하는 경우($\varphi_\theta < \varphi_X$)와 그렇지 않은 경우($\varphi_\theta > \phi_X$)를 구분하는 또 다른 문턱값 φ_X를 구할 수 있다. 즉, 다음 관계식의 해로부터 이러한 문턱값 φ_I와 φ_X를 도출할 수 있다.

$$A^F \Psi_0 \left(\frac{\varphi_X}{\tau w}\right)^{\varepsilon-1} = f_X \tag{1.57}$$

$$A^F \Psi_0 \left(\frac{\varphi_I}{w}\right)^{\epsilon-1} \left(1 - \left(\frac{1}{\tau}\right)^{\varepsilon-1}\right) = f_E - f_X \tag{1.58}$$

나아가 $f_E > \tau^{1-\varepsilon} f_X$ 가 성립할 때 $\varphi_I > \varphi_X$ 가 만족함을 쉽게 확인할 수 있다.

위의 결과를 정리하면 다음과 같다.

(1) 생산성이 가장 낮은 기업($\varphi_\theta < \varphi_X$)은 본국에만 제품을 판매한다.
(2) 생산성이 중간 수준인 기업($\varphi \in [\varphi_X, \varphi_I]$)은 본국에 제품을 판매하는 동시에 외국에도 제품을 수출한다.
(3) 생산성이 가장 높은 기업($\varphi_\theta > \varphi_I$)은 본국에 제품을 판매하는 동시에 오프쇼어링을 통해 외국에도 제품을 판매한다.

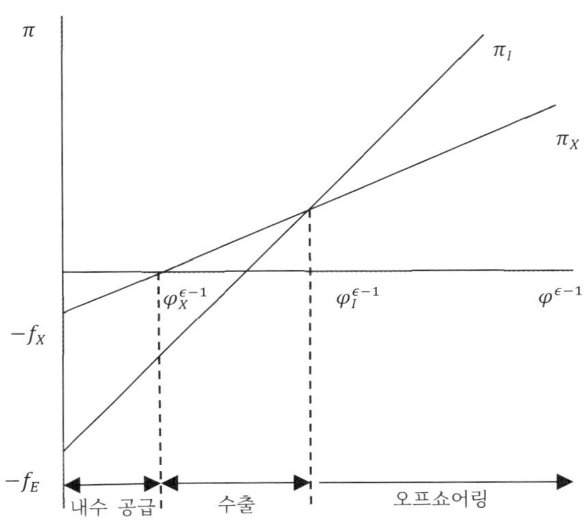

그림 1.6 기업의 생산성에 따른 진입 형태: 수출 고정비용 존재

3. 수직적 오프쇼어링

지금까지 간단한 수평적 오프쇼어링 모형을 통하여 가격 경쟁이 심한 산업에 속하는 기업들이 운송비용이나 관세를 피하기 위해 다른 국가에 자회사를 설립하여 직접 생산을 하는 유인을 살펴보았다.

또한 운송비용이나 관세 외에도 기업 단위 규모의 경제가 공장 단위 규모의 경제보다 큰 산업도 수평적 오프쇼어링을 선택할 유인이 있음을 살펴보았다. 그런데 2절에서 살펴본 수평적 오프쇼어링 모형은 오프쇼어링과 무역량이 상호 대체적인 특성이 있다. 즉, 기업은 수출을 대체하여 오프쇼어링을 선택하기 때문에 해외생산의 규모가 클수록 수출 및 무역량의 규모는 작아진다.

하지만 실제로 해외생산 기업들은 국제무역에서 매우 중요한 부분을 담당하고 있다. 특히 동일한 기업의 다른 부문 간에 발생하는 중간재 무역은 국제무역의 매우 중요한 부분을 형성한다. 이러한 형태의 오프쇼어링은 수직적 오프쇼어링이며, 수평적 오프쇼어링과 달리 국가 간 중간재 무역을 촉진시켜 국제무역을 확대하는 특성이 있다. 따라서 본 절에서는 간단한 모형을 통해 수직적 오프쇼어링(Vertical offshoring)에 대한 근거를 체계화할 것이다.[28]

이 같은 수직적 오프쇼어링의 존재는 서로 다른 요소 필요량(input requirement)을 가지는 생산공정을 가장 저렴하게 생산할 수 있는 장소에 배치하여 국가 간 생산요소의 가격 차이를 활용할 수 있는 글로벌 기업의 능력에 기인한다. 예를 들어, 기업이 자신이 보유하고 있는 무형자산이 필요한 자본집약적인 공정을 노동집약적인 공정으로부터 분리하여 타 지역에 배치하고자 하는 유인을 가지고 있다고 하자. 이때 실제로 국가 간 요소가격의 차이가 존재한다면 해당 기업

28 이러한 수직적 오프쇼어링 모형을 처음으로 제시한 경제학자는 Helpman이다. Helpman (1984)의 모형은 앞 절에서 논의했던 기업 수준과 공장 수준 규모의 경제의 상이성을 규명한 것으로도 알려져 있다.

은 생산공정을 분리하여 다른 지역에 배치하는 수직적 오프쇼어링 기업이 될 수 있다. 나아가 본 절의 모형에 따르면, 국가 간 요소 부존량의 상대적 차이가 클수록 수직적 오프쇼어링이 광범위하게 나타나게 된다.

1) 간단한 수직적 오프쇼어링 모형: Helpman(1984)

Helpman의 원 모형은 2국가, 2상품, 2요소의 일반균형 모형이지만, 수직적 오프쇼어링의 주요 특징을 살펴보는 데는 부분균형 모형으로도 충분하다. 따라서 지금부터 부분균형에서 Helpman(1984)의 수직적 오프쇼어링 모형의 간략화 버전을 살펴보기로 한다.

(1) 생산기술

본국(H)과 외국(F) 두 국가만 존재하는 간단한 세계를 고려해 보자. 두 국가는 두 종류의 생산요소(자본과 노동)만을 사용하여 다양한 산업에서 제품을 생산하고 있다. 그리고 여러 상품 중 특정 상품 X를 생산하는 본국기업 θ를 가정해 보자.

기업 θ는 두 중간재 M과 N을 결합하여 상품 X를 생산한다고 하자. 상품 X의 생산함수는 다음의 Cobb-Douglas 생산함수로 주어져 있다.

$$f_X(x_M, x_N) = \left(\frac{x_M}{\alpha}\right)^{\alpha}\left(\frac{x_N}{1-\alpha}\right)^{1-\alpha} \qquad (1.59)$$

여기서 $x_{i=\{M,N\}}$은 중간재 i의 투입량이다. 편의상, 두 중간재의 결합에는 비용이 발생하지 않는다고 하자.

한편, 두 중간재는 자본과 노동을 이용하여 생산되며, 다음과 같은 서로 다른 생산함수를 가진다고 하자.

$$x_M(K,L) = \left(\frac{K}{\beta_M}\right)^{\beta_M} \left(\frac{L}{1-\beta_M}\right)^{1-\beta_M} \tag{1.60}$$

$$x_N(K,L) = \left(\frac{K}{\beta_N}\right)^{\beta_N} \left(\frac{L}{1-\beta_N}\right)^{1-\beta_N} \tag{1.61}$$

주어진 중간재 생산함수에서 중간재 M과 N의 요소집약도(M/N)는 각각 β_M과 β_N에 의해 결정됨에 유의하자. 그리고 $\beta_M > \beta_N$라고 하자. 즉, M은 N에 비해 더 자본집약적인 중간재이다.[29]

기업은 본국과 외국 중 어느 곳에서나 중간재를 생산할 수 있으나, 최종 조립은 반드시 본국에서 이루어진다고 하자. 외국에서 생산한 중간재를 본국의 최종 조립 설비로 가져오는 데 발생하는 운송비용은 무시하도록 한다.

(2) 중간재 M의 생산입지 선택

단위생산비용을 최소화하려는 기업 θ는 각 중간재의 단위생산비용도 최소화하려고 할 것이다. 먼저 중간재 M의 생산입지 선택 문제

---

29 제1장 1절에서 다루었던 규모수익 체증의 생산기술과 달리 본 절에서 가정하는 생산기술은 모두 규모수익 불변(constant returns to scale)의 특징을 가지고 있다. 만일 차별화된 상품시장에서의 독점적 경쟁균형까지 고려한 오프쇼어링 모형이라면 규모수익 체증의 가정이 필요할 것이다. 그러나 본 소절에서는 수직적 오프쇼어링에 대한 이론적 개요만 살펴볼 것이기 때문에 규모수익 불변의 생산함수를 고려해도 문제는 없다. 실제 Helpman(1984)의 원논문에서는 두 상품이 각각 완전경쟁시장과 독점적 경쟁시장에서 생산된다고 가정하여 규모수익 체증의 생산기술을 고려하고 있다.

를 살펴보자. M을 생산하는 국가 $i = \{H, F\}$의 노동과 자본의 가격을 각각 w^i와 r^i라고 할 때, 기업 θ의 중간재 M 생산비용을 최소화하는 문제는 다음과 같다.

$$\min_{K,L} \ r^i K + w^i L \quad \text{s.t.} \ \left(\frac{K}{\beta_M}\right)^{\beta_M} \left(\frac{L}{1-\beta_M}\right)^{1-\beta_M} = 1$$

여기서 r^H와 w^H는 각각 자본임대비용과 노동비용이다. 그리고 이 최적화 문제에서 다음의 단위생산비용을 구할 수 있다.

$$\frac{r^i K + w^i L}{M(K,L)} = c_M(w^i, r^i) = (r^i)^{\beta_M} (w^i)^{1-\beta_M} \tag{1.62}$$

따라서 중간재 M을 본국과 외국에서 생산하는 경우의 단위생산비용은 다음과 같다.

본국생산: $c_M(r^H, w^H) = (r^H)^{\beta_M} (w^H)^{1-\beta_M}$

외국생산: $c_M(r^F, w^F) = (r^F)^{\beta_M} (w^F)^{1-\beta_M}$

비용 최소화 기업은 한계생산비용이 가장 저렴한 지역에서 중간재 M을 생산하려 할 것이다. 따라서 중간재 M이 본국에서 생산될 조건은 $c_M(r^H, w^H) < c_M(r^F, w^F)$이며, 다음과 같이 기술된다.

$$(r^H)^{\beta_M} (w^H)^{1-\beta_M} < (r^F)^{\beta_M} (w^F)^{1-\beta_M} \Leftrightarrow \left(\frac{w^H}{w^F}\right)^{1-\beta_M} < \left(\frac{r^F}{r^H}\right)^{\beta_M} \tag{1.63}$$

먼저 가장 단순한 경우를 생각해 보자. 만일 본국의 모든 생산요소 가격이 외국보다 저렴하다면($w^H < w^F$, $r^H < r^F$), (1.63)은 항상 성립한다. 또한 본국의 모든 생산요소 가격이 높다면($w^H > w^F$, $r^H > r^F$), (1.63)은 항상 성립하지 않는다.

이제 본국과 외국의 저렴한 생산요소가 상이한 경우를 생각해 보자. 여기서는 $w^H > w^F$이고 $r^H < r^F$인 경우를 살펴보자. 즉, 본국은 자본 가격이 낮고, 외국은 노동 가격이 낮은 경우를 살펴보도록 한다. 본국이 자본 풍부국이고 외국이 노동 풍부국인 경우가 그러하다. 이 경우 조건 (1.63)은 다음과 같이 나타낼 수 있다.

$$\hat{w}^{1-\beta_M} < \left(\frac{1}{\hat{r}}\right)^{\beta_M} \tag{1.64}$$

여기서 $\hat{w} \equiv w^H / w^F > 1$이고 $\hat{r} \equiv r^H / r^F < 1$이다. 부등식 (1.64)의 좌변은 β_M에 대해 감소하고 우변은 증가하는 함수임에 유의하라. 따라서 $\beta_M \to 1$이라면 위의 조건은 성립하겠지만, $\beta_M \to 0$이라면 성립하지 않는다. 즉, 중간재 M이 보다 자본집약적이라면(β_M이 크다면) M은 자본풍부국인 본국에서 생산될 가능성이 높다.

한편 (1.64)에서 도출할 수 있는 요소집약도의 문턱값(즉, 본국과 외국의 생산비용이 동일해지는 값)은 다음과 같다.

$$\tilde{\beta} = \frac{ln(\hat{w})}{ln(\hat{w}) + ln\left(\frac{1}{\hat{r}}\right)} \tag{1.65}$$

따라서 (1.64)의 조건은 $\beta_M \geq \tilde{\beta}$이라면 중간재 M을 본국에서 생산하는 것이 기업에 유리하며, $\beta_M \leq \tilde{\beta}$이라면 중간재 M을 외국에서 생산하는 것이 유리함을 보여 준다.

(3) 중간재 N의 생산입지 선택

다음으로 중간재 N을 생산할 입지를 선택해 보자. 중간재 M과 유사하게 기업이 중간재 N을 국가 $i = \{H, F\}$에서 생산하는 경우의 비용 최소화 문제는 다음과 같다.

$$\min_{K,L} \ r^i K + w^i L \quad \text{s.t.} \ \left(\frac{K}{\beta_N}\right)^{\beta_N} \left(\frac{L}{1-\beta_N}\right)^{1-\beta_N} = 1$$

그리고 위의 식을 풀면 기업의 단위생산비용은 다음과 같다.

$$c_N(r^i, w^i) = (r^i)^{\beta_N} (w^i)^{1-\beta_N}$$

본국에서 중간재 N을 생산할 때 필요한 단위생산비용이 외국에서 생산하는 것보다 낮은 경우, 기업은 본국생산을 택할 것이다. 따라서 본국생산을 선택할 조건은 다음과 같다.

$$\hat{w}^{1-\beta_N} < \left(\frac{1}{\hat{r}}\right)^{\beta_N} \tag{1.66}$$

앞에서 본 것과 동일하게 $\hat{w} \equiv w^H / w^F$이고 $\hat{r} \equiv r^H / r^F$이다. 그리고 위의 조건에서 도출할 수 있는 자본집약도의 문턱값(즉, 본국과 외국의 생산비용이 동일해지는 값)은 중간재 M의 경우와 동일하다.

$$\tilde{\beta} = \frac{ln(\hat{w})}{ln(\hat{w}) + ln\left(\frac{1}{\hat{r}}\right)}$$

중간재 M의 경우와 마찬가지로, 만일 본국의 모든 생산요소 가격이 외국에 비해 저렴하다면($w^H < w^F$, $r^H < r^F$), 앞의 부등식 (1.66)은 항상 성립한다. 반면 본국의 모든 생산요소 가격이 외국보다 높다면($w^H > w^F$, $r^H > r^F$), (1.66)은 항상 성립하지 않는다. 이제 $w^H > w^F$이고 $r^H < r^F$인 경우, 즉 $w > 1$이고 $\hat{r} < 1$인 경우에는 위의 조건 (1.66)을 만족하는 경우에만 기업은 중간재 N을 본국에서 생산할 것이다. 즉, $\beta_N \geq \tilde{\beta}$ 이라면 기업은 중간재 N을 본국에서 생산하는 것이 유리하며, $\beta_N \leq \tilde{\beta}$이라면 외국에서 생산하는 것이 유리하다.

(4) 생산공정의 국제분업(international fragmentation)

이제 두 중간재의 생산입지 선택을 함께 놓고 살펴보자. 중간재 M이 자본집약적이며 중간재 N이 노동집약적이라고 가정하고 있으므로 $\beta_M > \beta_N$이다. 따라서 $\beta_M/(1-\beta_M) > \beta_N/(1-\beta_N)$를 만족한다. 그리고 본국이 자본풍부국이고 외국이 노동풍부국인 경우, 즉 $\widehat{w} > 1$이고 $\hat{r} < 1$인 경우를 고려하자.

먼저 중간재 M 생산의 요소집약도가 낮아서($\beta_M < \tilde{\beta}$) 자본풍부국인 본국보다 노동풍부국인 외국에서 중간재 M을 생산하는 것이 더 저렴한 경우를 생각해 보자.

$$\widehat{w} > \left(\frac{1}{\hat{r}}\right)^{\frac{\beta_M}{1-\beta_M}} > \left(\frac{1}{\hat{r}}\right)^{\frac{\beta_N}{1-\beta_N}} \rightarrow \widehat{w} > \left(\frac{1}{\hat{r}}\right)^{\frac{\beta_N}{1-\beta_N}}$$

이 경우에는 중간재 N도 외국에서 생산하는 것이 비용 면에서 유리하다. 즉, $\beta_M < \tilde{\beta}$이면 두 중간재 모두 외국에서 생산하게 된다.

다음으로 중간재 N의 요소집약도가 높아서($\beta_N > \tilde{\beta}$), 자본풍부국인 본국에서 조립공정 중간재를 생산하는 비용이 더 저렴한 경우를 생각해 보자.

$$\hat{w} < \left(\frac{1}{\hat{r}}\right)^{\frac{\beta_M}{1-\beta_M}} < \left(\frac{1}{\hat{r}}\right)^{\frac{\beta_N}{1-\beta_N}} \rightarrow \hat{w} < \left(\frac{1}{\hat{r}}\right)^{\frac{\beta_N}{1-\beta_N}}$$

이 경우, 중간재 M도 본국에서 생산하는 것이 비용 면에서 유리하다. 즉, $\beta_N > \tilde{\beta}$이면 두 중간재 모두 본국에서 생산하게 된다.

이제 중간재 M의 요소집약도는 적당히 높으며($\beta_M > \tilde{\beta}$), 중간재 N의 요소집약도는 적당히 낮은($\beta_N < \tilde{\beta}$) 경우를 생각해 보자. 이 경우, 앞에서 살펴본 것처럼 중간재 M은 자본풍부국인 본국에서 생산되고, 중간재 N은 노동풍부국인 외국에서 생산되는, 소위 국제분업(International fragmentation)이 발생한다.

위의 내용을 정리하자면, $\hat{w} > 1$이고 $\hat{r} < 1$인 경우 두 중간재의 요소집약도 크기에 따라 다음과 같이 생산이 이루어짐을 알 수 있다(그림 1.7).

(1) 만일 $\tilde{\beta} < \beta_N < \beta_M$이라면, 기업은 두 중간재 모두 본국에서 생산한다.
(2) 만일 $\beta_N < \beta_M < \tilde{\beta}$이라면, 기업은 두 중간재 모두 외국에서 생산한다.
(3) 만일 $\beta_N < \tilde{\beta} < \beta_M$이라면, 기업은 중간재 M은 본국에서, 중간재 N은 외국에서 생산한다.

<그림 1.7>은 위의 생산입지 선택을 도식적으로 보여 준다. (1), (2), (3)의 경우에 해당하는 문턱값을 각각 $\tilde{\beta} = \beta_1$, $\tilde{\beta} = \beta_2$, $\tilde{\beta} = \beta_3$라고 할 때, $slope_1$, $slope_2$, $slope_3$는 각각의 $\tilde{\beta}$에 대응하는 기울기이다.

한편, <그림 1.7>에서 $\beta_M - \beta_N \to 0$이면, 국제분업이 나타날 수 있는 영역인 두 중간재 사이의 영역이 감소함을 눈여겨보자. 즉, 중간재의 요소집약도 차이가 작아지면 수직적 오프쇼어링의 가능성이 낮아지고, 요소집약도 차이가 커지면 수직적 오프쇼어링의 가능성이 커진다.

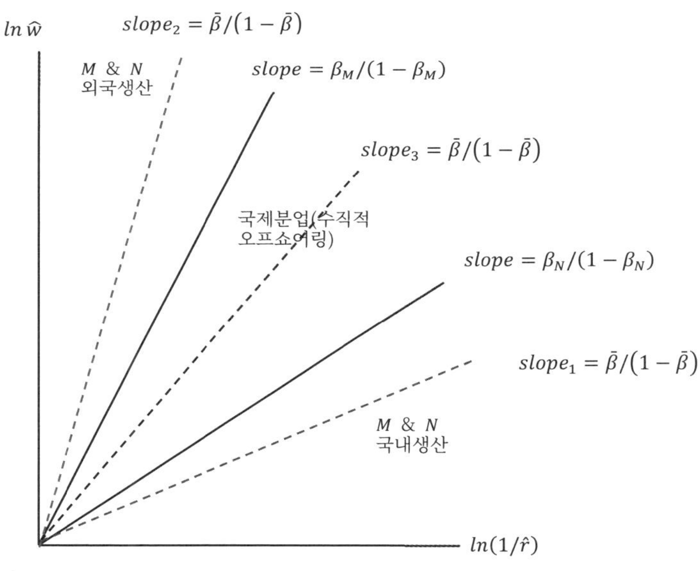

그림 1.7 기업의 중간재 생산입지 선택

2) 수직적 오프쇼어링에 영향을 미치는 기타 요인

(1) 국가 간 요소가격의 차이

지금까지 두 중간재의 요소집약도에 따라 기업이 수직적 오프쇼어링을 선택할 가능성이 있음을 살펴보았다. 여기서는 앞에서 살펴본 모형을 확장하여, 요소집약도 외에 기업의 수직적 오프쇼어링 선택에 영향을 미칠 수 있는 다른 요인들도 생각해 본다.

먼저 국가 간 요소가격의 차이에 의한 영향을 살펴보도록 하자. 그리고 앞에서 살펴본 수직적 오프쇼어링이 발생하는 경우를 생각해 보자. 본국에서 중간재 M을 생산하기 위해서는 (1.63)을 만족해야 하며, 외국에서 중간재 N을 생산하기 위해서는 (1.66)을 만족하지 않아야 한다. 따라서 두 조건을 결합하여 다음의 국제분업 조건을 얻을 수 있다.

$$\hat{w}^{\frac{(1-\beta_M)}{\beta_M}} < \frac{1}{\hat{r}} < \hat{w}^{\frac{(1-\beta_N)}{\beta_N}} \quad (1.67)$$

위 조건에서 양단의 차이 $\hat{w}^{(1-\beta_N)/\beta_N} - \hat{w}^{(1-\beta_M)/\beta_M}$을 생각해 보면, $\hat{w} \to 1$일수록 0에 가까워짐을 알 수 있다. 즉, 국가 간 임금격차가 줄어들수록 국제분업이 나타날 수 있는 영역이 감소한다. 반대로 국가 간 임금격차($\hat{w}$)가 커질수록, $\hat{w}^{(1-\beta_N)/\beta_N} - \hat{w}^{(1-\beta_M)/\beta_M}$이 커지게 되어 $1/\hat{r}$이 위의 조건을 만족시킬 수 있는 영역이 넓어진다. 즉, 수직적 오프쇼어링이 발생하기 쉬워진다. 정리하자면, 국가 간 요소가격 차이가 클수록, 수직적 오프쇼어링이 나타날 가능성이 높다.

(2) 운송비용

이제 중간재 N을 생산하기 위한 부품의 교역에 비용이 수반되는 경우를 생각해 보자. 구체적으로는 생산공정이 분업화되어 있을 때 1단위의 부품을 생산하여 국경을 넘어 운송하려면 τ단위의 부품을 선적해야 하는 빙산형 운송비용을 고려하자.

이러한 운송비용이 존재할 때, 본국에서 중간재 M을 생산하는 기업이 중간재 N의 생산입지를 선택하려 한다고 하자. 만일 중간재 N의 생산도 국내에서 이루어진다면, 중간재 N을 생산하는 데 운송비용이 발생하지 않으므로 중간재 N의 단위생산비용은 다음과 같다.

$$c_N(r^H, w^H) = (r^H)^{\beta_N}(w^H)^{1-\beta_N}$$

반면, 중간재 N의 생산이 외국에서 이루어진다면, 1단위의 중간재 N을 생산해서 본국으로 가져오려면 τ단위의 중간재 N을 생산해야 한다. 이 경우 기업의 중간재 N의 단위생산비용은 다음과 같다.

$$c_N(r^F, w^F, \tau) = \tau(r^F)^{\beta_N}(w^F)^{1-\beta_N}$$

이 경우 τ가 커질수록 외국에서 중간재 N을 생산하는 비용이 증가함을 기억해 두자.

이제 기업이 중간재 N의 생산입지를 결정하는 조건을 생각해 보자. 기업은 중간재 N의 한계생산비용이 외국에서 더 저렴하다면, 본국이 아닌 외국에서 중간재 N을 생산할 것이다.

$$\tau\left(\frac{1}{\hat{r}}\right)^{\beta_N} < \hat{w}^{1-\beta_N} \tag{1.68}$$

위의 조건은 운송비용이 저렴하고 국가 간 임금격차가 클수록 외국에서 조립공정 중간재를 생산할 가능성이 높음을 보여 준다.

조건 (1.68)이 보여 주는 바는 다음과 같다. 외국으로부터의 운송비용이 저렴하고 두 국가 간 임금격차가 클수록 수직적 오프쇼어링이 보다 광범위하게 발생한다. 이러한 임금격차의 영향은 중간재 N 생산이 보다 노동집약적일수록(즉 β_N이 작을수록) 커진다. 한편 (1.68)에서 볼 수 있는 것처럼 자본의 상대적 비용도 중간재 N의 생산입지 선정에 영향을 미친다. 만일 외국의 자본비용이 충분히 크다면($\hat{r} << 1$) (1.68)의 좌변이 매우 큰 값을 가지므로 양국 간 임금격차가 큰 경우라도 중간재 N은 본국에서 생산될 것이다. 반면, 자본비용의 영향은 중간재 N이 보다 노동집약적일수록 작아짐에 유의하자.

위의 결과를 좀 더 명확하게 살펴보기 위해, 중간재 M을 생산하기 위한 비용이 본국과 외국에서 동일하다고 가정해 보자. 아무런 비용 없이 자유롭게 교역 가능[30]하다면 양국의 요소가격은 다음과 같은 조건을 만족시킨다.

$$c_M(r^H, w^H) = c_M(r^F, w^F) \Leftrightarrow (r^H)^{\beta_M}(w^H)^{1-\beta_M} = (r^F)^{\beta_M}(w^F)^{1-\beta_M} \Leftrightarrow \left(\frac{1}{\hat{r}}\right)^{\beta_M} = \hat{w}^{1-\beta_M}$$

이 조건을 (1.68)에 대입하면, 다음의 조건을 얻는다.

$$\tau < \hat{w}^{\frac{(\beta_M - \beta_N)}{\beta_M}} \tag{1.69}$$

30 연구 개발의 결과물은 무형자산인 경우가 많으므로 교역비용이 수반되지 않는다고 가정할 수 있을 것이다.

그리고 이 조건은 다음의 세 가지 결과를 보여 준다.

> (1) 만일 $\tilde{\beta} < \beta_N < \beta_M$ 이라면, 기업은 두 중간재 모두 본국에서 생산한다.
> (2) 만일 $\beta_N < \beta_M < \tilde{\beta}$ 이라면, 기업은 두 중간재 모두 외국에서 생산한다.
> (3) 만일 $\beta_N < \tilde{\beta} < \beta_M$ 이라면, 기업은 중간재 M은 본국에서, 중간재 N은 외국에서 생산한다.

(3) 요소 부존량

지금까지 우리는 Helpman(1984) 모형을 생산요소 가격이 외생적으로 주어졌다고 가정한 부분균형 모형으로 간략화하여 살펴보았다. 그러나 원래의 Helpman 모형은 상대적 요소 부존량이 다른 두 국가가 두 상품을 생산하는 2×2×2 일반균형의 형태를 가지고 있다. 그러나 일반균형 모형에서도 오프쇼어링은 본 절에서 살펴본 부분균형 모형의 결과와 기본적으로 동일하다. 단지 두 국가의 요소가격 차이를 두 국가 간 상대적 요소 부존량의 차이로부터 끌어낼 수 있다는 점이 가장 큰 차이일 것이다. 즉, 일반균형 Helpman 모형은 국가 간 상대적 요소 부존량의 차이가 클수록 수직적 오프쇼어링이 활발함을 보여 준다.

이는 국가 간 상대적 요소 부존량의 차이가 클수록, 노동의 상대비용(즉, $\hat{w}$)이 커져 노동집약적인 생산공정을 노동풍부국에 배치하려는 유인이 커지기 때문이다.

3) 기업 상이성과 수직적 오프쇼어링: Antras & Helpman(2005)

앞에서 살펴본 수직적 오프쇼어링 모형은 Melitz의 기업 상이성하에서 독점적 경쟁 모형과 쉽게 결합될 수 있다. 여기에서는 기업 상이성하에서 수직적 오프쇼어링을 간단한 모형을 통해 살펴보기로 하자.[31]

북반구 국가(North)와 남반구 국가(South)가 있는 세계를 생각해 보자.[32] 두 국가는 유일한 생산요소인 노동만을 이용하여 상품을 생산하고 있으며, (1.32)와 (1.33)에 주어진 준선형 효용함수(quasi-linear utility function)를 가진다고 하자. 따라서 차별화된 상품에 속한 상품 $x(\theta)$는 식 (1.35)와 같다.

$$p_\theta = X^{\zeta-\beta} {x_\theta}^{\beta-1} \Leftrightarrow x_\theta = X^{-\frac{\beta-\zeta}{\epsilon}} {p_\theta}^{-\epsilon} \tag{1.70}$$

기준재 x_0의 생산에 있어서 북반구 국가는 남반구 국가에 비해 생산성이 높다고 하자. 즉, a_0^i를 국가 i에서 x_0 1단위 생산에 필요한 요소 필요량이라고 할 때, $a_0^N < a_0^S$이다. 따라서 x_0가 완전경쟁시장에서 생산된다고 한다면, $a_0^N < a_0^S$의 가정은 북반구 국가의 완전경쟁 임금이 남반구 국가에 비해 높음을 의미한다($w^N > w^S$). 그리고 차별화된 상품의 생산자들이 직면하는 국내 노동 공급은 완전탄력적이라고 생각하자.

차별화된 상품군에 속한 최종재 생산자 θ는 두 중간재를 결합하여

---

31 Antras & Helpman(2005)의 논문은 기업 상이성하에서의 수직적 오프쇼어링과 함께 거리비용에 의한 내부화 문제도 다루고 있다. 후자에 대해서는 추후에 살펴볼 것이다.

32 일반적으로 북반국에 위치한 국가는 선진국이 많고, 남반구의 국가는 개발도상국이 많다. 이에 착안해서 국제경제학 연구들에서는 선진국을 북반구 국가로, 개발도상국을 남반구 국가로 지칭하곤 한다.

최종재를 생산하는 기업이며, 북반구 국가에 위치해 있다. 그리고 기업 θ가 생산하는 최종재의 생산함수는 다음과 같다.

$$x_\theta = \varphi_\theta \left(\frac{M_\theta}{\eta}\right)^\eta \left(\frac{N_\theta}{1-\eta}\right)^{1-\eta}, \ 0 < \eta < 1 \tag{1.71}$$

여기서 중간재 M_θ는 남반구의 기술적 한계로 인하여 북반구에서만 생산이 가능한 중간재라고 하자. 이에 반해 N_θ은 남반구 국가와 북반구 국가 모두에서 생산이 가능한 중간재이다. η는 차별화된 상품의 생산에 있어서 중간재 M의 집약도이며, 차별화된 상품군에 속한 기업들의 생산성 ϕ_θ은 기업에 따라 상이하다고 하자. 중간재 N_θ 1단위는 노동력 1단위를 이용하여 생산되며, 해당 생산기술은 양국 모두에서 동일하다고 하자. 그리고 중간재 M_θ 1단위도 동일하게 노동력 1단위를 이용하여 생산된다고 하자.

생산성 ϕ_θ은 Melitz 타입의 과정을 거쳐서 결정되는 생산성이라고 생각하자. 즉, 기업들은 시장에 진입하기 전까지는 자신의 생산성을 알지 못하며, 일정 비용을 들여서 시장에 진입해야만 자신의 생산성을 확인할 수 있다. 만일 생산성이 충분히 높으면 시장에 잔류하여 상품 생산을 시작하지만, 생산성이 매우 낮으면 기업들은 상품 생산을 포기하고 시장에서 이탈한다. 생산성이 충분히 높아서 상품 생산을 시작하는 경우에는 상품 생산을 위한 고정비용이 발생한다고 하자. 기업의 상품 생산을 위한 고정비용은 중간재 N_θ을 어디에서 생산하는지에 따라 상이하다. 그리고 본사가 북반구 국가에 있는 기업 θ가 중간재 N_θ를 남반구 국가에서 생산하는 경우에는 본국인 북반구 국가에서 생산할 때보다 더 큰 고정비용이 발생한다고 생각하자. 즉, $f^N < f^S$이다.

이제 중간재 N_θ를 국가 $l \in \{N, S\}$에서 생산하는 기업의 이윤 극대화 문제를 생각해 보자. 차별화된 개별 상품에 대한 수요 (1.70)과 최종재 생산함수 (1.71)에서 얻을 수 있는 해당 기업의 이윤은 다음과 같다.

$$\pi_\theta^l = X^{\zeta-\beta}\varphi_\theta^\beta\left(\frac{M_\theta}{\eta_\theta}\right)^{\beta\eta}\left(\frac{N_\theta}{1-\eta}\right)^{\beta(1-\eta)} - w^N M_\theta - w^l N_\theta - f^l$$

그리고 위의 이윤함수의 1계 조건은 다음과 같다.

$$\frac{\partial \pi_\theta^l}{\partial M_\theta} = \beta\left(\frac{M_\theta}{\eta}\right)^{-1} X^{\zeta-\beta}\varphi_\theta^\beta\left[\left(\frac{M_\theta}{\eta}\right)^\eta\left(\frac{N_\theta}{1-\eta}\right)^{1-\eta}\right]^\beta - w^N = 0$$

$$\frac{\partial \pi_\theta^l}{\partial N_\theta} = \beta\left(\frac{N_\theta}{1-\eta}\right)^{-1} X^{\zeta-\beta}\varphi_\theta^\beta\left[\left(\frac{M_\theta}{\eta}\right)^\eta\left(\frac{N_\theta}{1-\eta}\right)^{1-\eta}\right]^\beta - w^l = 0$$

$$\Rightarrow \frac{w^N}{w^l} = \left(\frac{M_\theta}{\eta}\right)\left(\frac{N_\theta}{1-\eta}\right)^{-1}$$

위의 결과를 1계 조건에 다시 대입하여 정리하면, 다음의 결과를 얻는다.

$$\frac{M_\theta}{\eta} = \left(\frac{w^N}{w^j}\right)^{\frac{\beta(1-\eta)}{\beta-1}}\left(\frac{w^N}{\beta}\right)^{\frac{1}{\beta-1}} X^{\frac{\beta-\zeta}{\beta-1}}\varphi_\theta^{\frac{\beta}{1-\beta}}$$

$$\frac{N_\theta}{1-\eta} = \left(\frac{w^N}{w^j}\right)^{\frac{\beta\eta}{1-\beta}}\left(\frac{w^j}{\beta}\right)^{\frac{1}{\beta-1}} X^{\frac{\beta-\zeta}{\beta-1}}\varphi_\theta^{\frac{\beta}{1-\beta}}$$

그리고 이 값들을 다시 이윤함수에 대입하면 다음과 같이 나타난다.

$$\pi_\theta^l = (1-\beta)X^{\frac{\zeta-\beta}{1-\beta}}\varphi_\theta^{\frac{\beta}{(1-\beta)}}\psi(w^N, w^j) - w^N f^l$$

여기서 $\psi(w^N, w^j) = (w^N / w^j)^{\beta\eta/(1-\beta)}(w^j / \beta)^{\beta/(\beta-1)}$이다.

한편, $w^N > w^S$인 경우, 기업이 중간재 N을 본국에서 생산하는 경우와 외국에서 생산하는 경우에 대해서 다음의 관계가 성립한다.

$$\psi(w^N, w^N) = \left(\frac{w^N}{\beta}\right)^{\frac{\beta}{\beta-1}} < \left(\frac{w^N}{w^S}\right)^{\frac{\beta\eta}{1-\beta}}\left(\frac{w^S}{\beta}\right)^{\frac{\beta}{\beta-1}} = \left(\frac{w^N}{w^S}\right)^{\frac{\beta(\eta+1)}{1-\beta}}\left(\frac{w^N}{\beta}\right)^{\frac{\beta}{\beta-1}}$$
$$= \psi(w^N, w^S)$$

또한 $f^N < f^S$이므로 중간재 N을 본국에서 생산하는 경우와 외국에서 생산하는 경우의 이윤은 다음의 <그림 1.8>과 같이 표현된다. <그림 1.8>이 보여 주는 결과를 정리하면 다음과 같다.

> (1) 생산성이 매우 낮은 기업은 시장에 존재하지 못한다.
> (2) 생산성이 생존을 위한 컷오프 생산성을 넘는 기업 중 상대적으로 생산성이 낮은 기업은 시장에서 잔류하기는 하지만, 국내생산을 선택한다.
> (3) 생산성이 수직적 오프쇼어링 컷오프 생산성을 넘어서는 기업은 수직적 오프쇼어링을 선택한다.

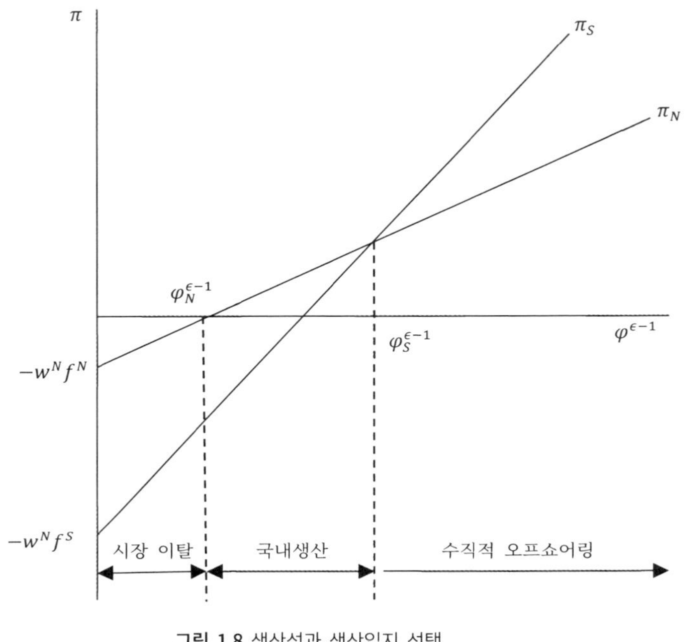

그림 1.8 생산성과 생산입지 선택

4. 내시협상과 내시 안의 내시균형

현실에서 우리는 경제 주체들이 협력을 통해 가치를 창출하고, 창출된 가치를 나누어 가지는 상황을 흔히 접하게 된다. 이와 같은 상황을 협상(bargaining)이라고 한다. 현실에서 경제 주체들은 여러 가지 항목들에 대해 협상을 시도하는데, 대표적인 예가 기업과 노동자 간의 임금 및 노동환경에 대한 협상일 것이다. 또한 간단한 상품이나 서비스 구매 시에도 가격, 판매 조건 등에 대한 협상이 이루어진다.

이처럼 앞에서 언급한 바와 같이 일반적으로 협상은 가치를 창출하고, 그 가치를 나누는 과정이다. 예를 들면, 기업과 노동자 간의 고용협상을 통해 고용이 이루어지면 기업의 수익이 발생하고, 기업과 노동자는 발생한 수익을 기업의 이윤과 임금으로 나누게 된다.

협상을 분석하는 방법은 협상 과정에 초점을 맞추는 접근법과 협상으로 얻어지는 협상해(bargaining solution)에 초점을 맞추는 접근법으로 구분할 수 있다. 전자의 대표적인 예로 두 경기자가 순차적으로 협상안을 제시하여 협상해를 얻는 Rubinstein의 순차적 협상 모형을 들 수 있으며, 후자의 대표적인 예로 내시의 협상해(Nash bargaining solution)를 들 수 있다. 여기서는 이후 위협효과 모형에서 활용하게 될 내시협상해를 살펴보기로 한다.

한편, 때로는 협상 참가자가 복수의 협상을 동시에 수행하는 경우도 있을 수 있다. 예를 들어 A와 B가 협상을 하고, 동시에 A와 C가 협상을 하는 경우를 생각해 보자. 이 경우, 협상 참가자들은 다른 협상을 염두에 두고 전략적으로 행동하게 된다. 따라서 협상균형은 내시협상해의 내시균형이 되는데, 이러한 균형을 '내시 안의 내시균형(Nash-in-Nash equilibrium)'이라고 한다. 이러한 '내시 안의 내시균형'은 여러 유형의 노동자와 기업 간의 임금협상에서 나타나는 해외이전 위협효과나, 기업의 생산지 선택을 둘러싼 여러 국가와 기업 간의 협상 등에서 활용될 수 있다.

1) Rubinstein의 순차적 협상 모형

먼저 Rubinstein 협상 모형(1982)으로 널리 알려진, 두 경기자 간의 순차적 협상이 무한히 반복되는 협상 모형을 살펴보자. 경기자 1과 경기자 2가 백만 원을 두고 협상을 하는 상황을 생각해 보자. 다음과 같이 두 경기자는 순차적으로 제안을 한다. 먼저 경기자 1이 경기자 2에게 제안을 하는데 경기자 2는 이 제안을 수용할 수도 있고 거절할 수도 있다. 만일 경기자 2가 제안을 거절한다면, 이번에는 경기자 2가 새로운 제안을 내놓게 되고 경기자 1은 이를 수용하거나 거절할 수 있다. 그리고 이와 같은 순차적 제안 과정이 무한히 반복된다고 하자. 즉, 홀수 번째 기간에 경기자 1이 제안을 하고 짝수 번째 기간에 경기자 2가 제안을 하며, 어느 한 경기자가 제안을 수용할 때까지 순차적으로 반복된다. 한편, 한 번 거절된 제안은 효력을 상실하게 되고, 이후의 게임에는 아무런 영향을 미치지 않는다고 하자. 각각의 제안은 한 단계에 걸쳐 이루어지며, 두 경기자는 현재에 더 높은 가치를 부여한다고 하자. 따라서 각 경기자는 미래의 보수를 매 기간당 δ의 할인율로 할인하여 평가한다($0 < \delta < 1$). 협상 게임의 구체적인 과정은 다음과 같다.

1단계: 첫 번째 단계가 시작되는 시점에 경기자 1은 경기자 2에게 백만 원 중 s_1만큼의 몫을 자신이 가지고 나머지 $1 - s_1$을 경기자 2가 가지자고 제안한다.

한편 경기자 2는 경기자 1의 제안을 수용하거나 거절할 수 있다. 만일 수용하게 되면 즉시 경기자 1의 보수는 s_1, 경기자 2의 보수는 $1 - s_1$으로 결정된다. 반면 거절하게 되면, 게임은 다음 단계로 넘어간다.

2단계: 두 번째 단계가 시작되는 시점에 경기자 2는 경기자 1에게 백만 원 중 s_2만큼의 몫을 경기자 1이 가지고 나머지 $1-s_2$를 자신이 가지자고 제안한다.

한편 경기자 1은 경기자 2의 제안을 수용하거나 거절할 수 있다. 만일 수용하게 되면 즉시 경기자 1의 보수는 s_2, 경기자 2의 보수는 $1-s_2$로 결정된다. 반면 거절하게 되면, 게임은 다음 단계로 넘어간다.

3단계: 1단계로 회귀한다.

그리고 각 경기자는 제안을 수용해서 얻는 보수와 거절해서 얻는 미래의 기대보수가 무차별한 경우 현재의 제안을 수용한다. 한편, 예전에 보았던 세 단계 게임에서는 세 번째 단계에서 최종 타결안 $(s,1-s)$ 이 외생적으로 주어졌음을 기억하자. 하지만 무한 시계(infinite-horizon)에 걸친 Rubinstein 협상 모형에서 세 번째 단계의 보수 s는 세 번째 단계까지 이르렀을 때(즉, 앞의 두 제안이 거절되었을 때) 남아 있는 게임에서 경기자 1이 얻을 수 있는 보수의 현재 가치를 의미한다.

이 협상 모형은 전형적인 순차적 게임이므로 뒤에서부터 풀어 접근하는 후진귀납법적 방법을 이용하여 문제를 풀어야 한다. 하지만 이 문제의 경우에는 순차적 게임이 무한히 반복되기 때문에 최종 단계가 존재하지 않는다는 문제가 있다. 그러나 다음과 같은 방법(Shaked & Sutton, 1984)으로 무한히 반복되는 기간을 적절하게 절단하여, 유한기간의 경우에서 살펴본 논리를 적용할 수 있다. 세 번째 단계에서 시작하는 부분게임을 고려해 보자. 이때 세 번째 단계부터 시작하는 부분게임과 전체 게임은 완전히 동일함에 유의하자. 즉, 두 게임 모두 경기자 1이 먼저 제안을 한 후 순차적으로 제안이 오고 가는 순차적 게임이다. 또한 어느 한 경기자가 제안을 수용하면 게임이 끝난다. 다음으로 세 번째 단계에서 시작하는 부분게임의 결과를 $(s, 1-s)$라고 가정하자. 달리 말하자면, 부분게임에서 경기자 1은 s, 경기자 2는 $1-s$의 보수를 얻게 된다고 하자. 한편, 세 번째 단계에서 시작하는 부분게임의 결과를 $(s, 1-s)$라고 해 버리면, Rubinstein 협상 모형은 다음과 같은 세 기간 협상 게임으로 생각할 수 있다.

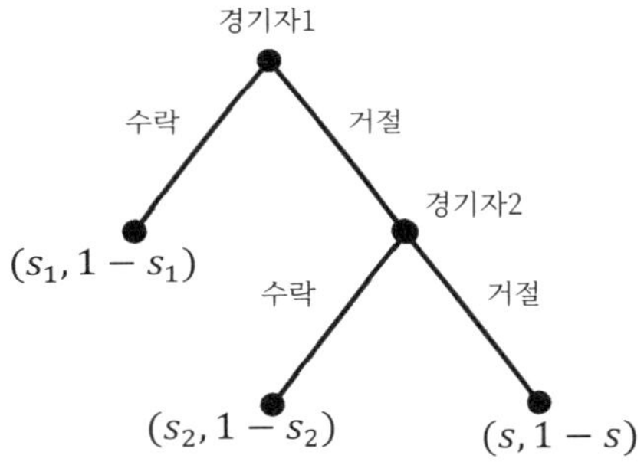

그림 1.9 3단계 순차적 협상

이제 후진귀납법을 이용하여 위에서 제시된 세 단계 게임의 결과를 찾아보자. 이를 위해, 먼저 두 번째 단계에서 (첫 번째 단계에서 협상이 이루어지지 않은 경우) 경기자 2의 최적 제안을 계산해 보자. 만일 경기자 2의 제안을 경기자 1이 거절한다면, 게임은 다음 단계로 넘어가 경기자 1이 얻는 보수는 자동적으로 s가 된다. 그리고 두 번째 단계에서 평가한, 세 번째 단계에서 얻게 되는 보수 s의 현재

가치는 δs이다. 반면 두 번째 단계에서 경기자 1이 제안을 수용한다면 경기자 1은 s_2의 보수를 얻는다. 따라서 경기자 1이 s_2의 제안을 수용하기 위한 필요충분조건은 $s_2 \geq \delta s$이 된다. 경기자 1이 제안을 수용해서 얻는 보수와 거절해서 얻게 되는 기대보수가 동일한 경우, 경기자 1은 제안을 수용한다고 가정하고 있음을 상기하자. 이러한 가정하에서 경기자 2는 경기자 1에게 $s_2 = \delta s$ 이상의 제안을 할 유인이 없다. 따라서 두 번째 단계에서 경기자 2는 경기자 1에게 $s_2 = \delta s$을 제시하여 $1 - \delta s$의 보수를 얻거나 아니면 $s_2 < \delta s$를 제시한 후 게임을 다음 기간으로 넘겨 $1 - s$의 보수를 얻을 수 있다. 두 번째 옵션의 현재 가치는 $\delta(1 - s)$이고 $\delta(1 - s) \leq 1 - \delta s$이므로, $s_2^* = \delta s$을 제시하는 것이 경기자 2의 최적 선택이 된다. 이처럼 게임이 두 번째 단계에 도달한 경우, 경기자 2가 s_2^*를 제시하고 경기자 1이 이를 수용하게 된다.

한편 첫 번째 단계에서 경기자 1은 다음 단계에서 경기자 2의 최적 선택을 예견한다. 즉, 만일 경기자 1의 제안을 경기자 2가 거절하여 게임이 다음 단계로 넘어가게 되면, 경기자 2는 $1 - s_2^*$만큼의 보수를 얻을 것임을 알고 있다. 이때 경기자 2가 얻을 미래 보수 $1 - s_2^*$의 현재 가치는 $\delta(1 - s_2^*)$이다. 이 상황에서 경기자 1이 제시하는 제안 $1 - s_1$이 $1 - s_1 \geq \delta(1 - s_2^*)$, 즉 $s_1 \geq 1 - \delta(1 - s_2^*)$라면 경기자 2가 이 제안을 수용하게 될 것이다. 하지만 $1 - s_1 < \delta(1 - s_2^*)$라면 이 제안은 거절될 것이다. 이때 경기자 1은 $1 - s_1 = \delta(1 - s_2^*)$보다 높은 보수를 제안할 유인이 없음에 유의하자. 따라서 경기자 1은 $\delta(1 - s_2^*)$만큼을 제안하여 $1 - \delta(1 - s_2^*)$의 보수를 얻거나 게임을 다음 단

계로 넘겨 s_2^*의 보수를 얻을 수 있다. 정리하자면, 경기자 1은 경기자 2에게 수용 가능한 협상안 $\delta(1-s_2^*)$을 제시하여 협상을 종결짓거나, 수용되지 않을 협상안을 제시하여 협상을 다음 단계로 넘길 수 있다.

여기서 $s_2^* = \delta s$ 이므로 경기자 1이 협상을 다음 단계로 넘기기로 하는 경우 기대할 수 있는 보수의 현재 가치는 $\delta^2 s$이며, 경기자 1이 수용 가능한 협상안을 제시하여 협상을 바로 종결짓는 선택의 가치는 $1-\delta(1-\delta s) = 1-\delta+\delta^2 s$로 나타낼 수 있다. 여기서 첫 번째 단계에서 협상을 종결하는 선택의 가치가 협상을 다음 단계로 넘기는 선택의 가치보다 크므로, 경기자 1의 합리적 선택은 첫 번째 단계에서 수용 가능한 협상안 $s_1^* = \delta(1-s_2^*) = 1-\delta+\delta^2 s$을 제시하여 협상을 마무리 짓는 것이다. 따라서 후진귀납법을 이용하여 도출한 주어진 협상 게임의 결과는 경기자 1이 $s_1^* \equiv 1-\delta+\delta^2 s$을 제안하고 경기자 2가 이를 수용하며 첫 번째 단계에서 게임이 끝나는 것이다. 이 경우 두 경기자의 보수는 $(s_1^*, 1-s_1^*)$이다.

이제 다시 무한 반복 상황에서의 순차적 협상으로 돌아가 보자. 무한 반복되는 주어진 협상 게임의 특성상 세 번째 단계에서 시작하는 게임—이와 같은 게임을 부분게임이라고 한다—과 전체 게임은 완전히 동일하며 (할인율만 다를 뿐) 같은 보수를 가진다. 즉, $s_1 = s_1^*$ 이므로 $s_1 = 1-\delta+\delta^2 s_1 \Rightarrow s_1 = 1/(1+\delta)$ 이 된다. 경기자 2의 선택과 보수도 동일하게 구할 수 있으므로, Rubinstein 협상 모형의 결과는 첫 번째 단계에서 경기자 1이 $s = 1/(1+\delta)$을 제안하고 이를 경기자 2가 수용하며 첫 번째 단계에서 게임이 끝나는 것이다. 이 경우 두 경기자의 보수는 $\big(1/(1+\delta), \delta/(1+\delta)\big)$이다.

Rubinstein 협상 모형의 특징 중 하나는 선도자의 이점(First mover's advantage)이 존재한다는 점이다. 즉, 먼저 선택하는 경기자인 경기자 1은 $1/(1+\delta)$의 보수를 받지만, 두 번째로 선택하는 경기자 2의 보수는 $\delta/(1+\delta)$가 된다. 그리고 선도자의 이점은 경기자들이 미래의 보수에 대해 얼마나 인내심을 가지는지와 관계가 있다. 만일 두 경기자들이 미래의 보수에 전혀 신경 쓰지 않고 단지 현재의 보수에만 관심이 있다면, $\delta \to 0$에 해당한다. 이 경우 먼저 선택하는 선도자인 경기자 1의 보수는 1이며 모든 보수를 획득하지만, 뒤늦게 선택하는 경기자 2의 보수는 0이며 아무런 보수를 얻지 못한다. 반면, 두 경기자들이 현재의 보수와 미래의 보수를 동일하게 생각한다면, $\delta \to 1$이며 두 경기자는 동일하게 1/2의 보수를 받게 된다.

다음으로 두 경기자가 선택하는 각 단계 간의 기간이 매우 짧은 경우를 생각해 보자. 극단적으로 각 단계 간의 기간이 0으로 수렴한다면, 두 경기자의 순차적 선택은 연속적인 시간상에서 동시에 이루어지는 것으로 생각할 수 있으며, 선도자의 이점도 소멸하게 된다. 즉, Rubinstein 협상 모형은 동시협상 모형으로 접근하게 된다. 이를 살펴보기 위해 할인율을 매우 짧은 기간인 Δt 동안의 이자율 r의 형태인 $\delta = 1/(1+r\Delta t)$로 나타내어 보자. 그리고 매우 짧은 기간을 고려하기 위해 $1/(1+r\Delta t)$이 $e^{-r\Delta t}$의 1차 Taylor 근사임을 이용하도록 하자.[33] 이를 이용하면, s_1^*는 다음과 같이 나타낼 수 있다.

$$s_1^* \approx \frac{1}{1+e^{-r\Delta t}}$$

33 e^x의 1차 Taylor 근사는 $e^x \approx 1+x$이므로, $e^{-x} \approx 1/(1+x)$로 근사할 수 있다.

$\Delta t \to 0$일 때 $e^{-r\Delta t} \to 1$이므로, $\lim_{\Delta t \to 0} s_1^* = 1/2$이며 선도자의 이점이 소멸함을 확인할 수 있다. 그리고 $\Delta t \to 0$일 때 Rubinstein 협상해는 다음 소절에 소개될 대칭적 내시협상해로 수렴한다. 이에 대해서는 다음 소절에서 다시 논의하기로 한다.

2) 내시협상 모형

협상을 분석하기 위한 다양한 관점이 있겠지만, 구체적인 협상의 과정이 아닌 협상의 결과에만 관심이 있는 경우도 흔하다. 이러한 경우에는 협상의 자세한 과정을 생략하고, 협상에서 나타날 수 있는 합리적인 성질을 만족하는 협상의 결과 또는 협상안만 따로 떼어서 살펴보면 편리하다. 이와 같은 직관적인 접근법을 공리적 접근법(axiomatic approach)이라고 하는데, 처음 제시한 것은 Nash(1950)이다. 그는 이와 같은 접근법을 '(협상)해가 당연히 가져야 하는 몇 가지 성질을 공리로써 제시하고, 이러한 공리를 만족하는 해를 찾는 법'이라고 설명하고 있다. 그렇다면, 협상해가 가져야 할 합리적인 공리(axioms)에는 어떤 것이 있을까?

가장 간단히 생각할 수 있는 예로 완전히 동일한 두 경기자가 백만 원을 나누는 협상을 한다고 하자. 그리고 협상이 이루어지지 않으면 경기자들은 아무런 이득을 얻지 못한다고 하자. 먼저 직관적으로 예상할 수 있는 결과는 두 경기자가 반씩 나누게 되리라는 것이다. 즉, 대칭성(symmetry)을 만족해야 한다. 또한 제대로 도출된 협상안은 두 경기자가 동의한 것이므로 다른 경기자의 보수에 영향을 미치지 않는 범위 내에서 각 경기자가 최선의 보수를 얻는 협상안이어야 한다. 달리 말하자면, 파레토 효율적(Pareto efficient)이어야 한다.

직관적으로 생각할 수 있는 위의 두 가지 공리 외에 생각할 수 있는 것은 동등한 보수 체계에 대응되는 협상은 항상 동일한 협상안이 해가 되어야 한다는 것이다. 이와 관계된 대표적인 예가 소비자이론의 효용함수이다. 우리가 알고 있는 것처럼 동일한 효용 체계를 반영하는 소비자의 효용함수는 모두 동등한 효용함수이며, 소비자의 선택을 동일하게 반영한다. 마찬가지로 경기자들이 동등한 보수 체계를 가진 협상은 동일한 협상안이 해가 되어야 하며, 이를 동등 보수 체계에 대한 불변성(Invariance to equivalent payoff representation, IEPR)이라고 부른다. 한편, 협상의 결과와 무관한 협상의 변화는 당연하게 협상안에 영향을 미치지 않을 것이며, 이를 무관한 변화에 대한 독립성(Independence of irrelevant alternatives, IIA)이라고 부른다. 이처럼 내시는 경기자 간의 협상안은 네 가지 공리를 만족하는 협상안으로 정의하였으며, 이를 만족하는 협상해를 내시협상해(Nash Bargaining Solution)라고 부른다.

(1) 협상해의 네 가지 공리

이제 협상해가 만족해야 하는 네 가지 공리와 내시협상해를 조금 더 자세히 살펴보도록 하자. 두 경기자가 참가하는 보다 일반적인 형태의 협상을 생각해 보자. 두 경기자의 협상에서 도출될 수 있는 잠재적인 협상안의 집합을 X라고 하고, 협상이 결렬되었을 때 두 경기자가 획득하는 결과를 D라고 하자.

예를 들어, 두 경기자가 협상을 통해 전체 1을 분할하는 협상이 있다고 생각해 보자. 만일 협상이 타결되면, 두 경기자는 타결된 협상안에 따라 각각 x_1과 x_2만큼 획득하지만, 협상이 결렬된다면 0의 보수를 얻는다. 이와 같은 협상에서 협상안의 집합과 결렬 결과는 다음과 같이 나타낼 수 있다.

$$X = \{(x_1, x_2) | x_1 + x_2 = 1, x_i \geq 0\}, D = (0,0) \tag{1.72}$$

각 경기자는 협상을 통해 효용을 획득한다고 하자. 각 경기자가 얻을 수 있는 협상의 결과는 (협상이 성공한 경우) 도출된 협상안 또는 (협상이 결렬된 경우) 협상 결렬 결과이므로, 각 경기자의 효용함수는 정의역(domain)인 $X \cup \{D\}$에 속하는 협상 결과를 실수의 효용값에 대응시키는 함수로 정의할 수 있다. 나아가 각 경기자가 협상 결과로부터 획득하는 보수를 다음과 같이 나타내도록 하자.

$$U = \{(v_1, v_2) | u_1(x) = v_1, u_2(x) = v_2 \text{ for some } x \in X\} \tag{1.73}$$

여기서 경기자 i의 효용함수 $u_i(\cdot)$는 바로 위에서 정의한 효용함수이다. U는 협상의 결과 x에서 얻는 두 경기자들의 보수의 벡터인데, 당연히 협상의 결과 중 일부는 잠재적인 협상안이어야 할 것이다(some $x \in X$). 그렇지 않다면, 해당 협상은 결코 타결될 수 없는 협상이 될 것이다.

한편, 협상이 결렬되는 경우 결렬 시 결과는 D이므로 각 경기자는 이에 대응하는 보수를 획득할 것이다. 이 결렬 시 보수를 d라고 하자.

$$d = \left(u_1(D), u_2(D)\right) \tag{1.74}$$

결렬 시 보수도 결국 협상 결과에서 획득하는 보수 중 하나이므로 $d \in U$이다. 우리가 고려하는 협상은 협상이 타결될 때의 보수와 결렬될 때의 보수로 이루어져 있으므로 (U, d)로 이루어진 조합을 협상 문제(bargaining problem)로 지칭하도록 하자($U \subset \Re^2$ & $d \in U$). 이때 협상 문제에서 최적의 협상해가 존재하려면 보수의 집합이 볼록 집합(convex set)이고 콤팩트 집합(compact set)이어야 하며, 나아가 협상 결렬보다 더 나은 효용을 얻을 수 있는 협상 결과도 존재하여야 함은 물론이다. 즉, $v > d$(또는 $v_i > d_i$ for all i)이며 $v \in U$인 협상 결과 v가 존재하여야 한다.

그런데 앞에서 정의한 협상 문제는 특정한 효용함수 $u(\cdot)$에 대응하는 협상 문제이다. 하지만 다양한 효용함수가 존재하기 때문에 협상을 반영하는 협상 문제는 다양하다. 모든 가능한 협상 문제로 이루어진 집합을 B라고 정의하면, 협상해는 특정 협상 문제에서 (해당 문제의) 협상 결과에서 획득하는 최적 보수를 도출하는 함수로 정의할 수 있다. 당연히 앞에서 논의한 것처럼 최적 보수는 네 가지 공리를 만족하는 협상해에서 획득하는 보수이다. 즉, 다음과 같이 정의할 수 있다.

협상해(Bargaining solution): 네 가지 공리를 만족시키는 함수 $f: B \rightarrow U$

위의 정의에 따르면 $f(U, d)$는 협상 문제 (U, d)하에서 네 가지 공리를 만족하는 협상의 결과를 통해 획득하는 두 경기자의 보수를 나타내는 함수이다.

이제 이 정의에서 네 가지 공리가 무엇을 의미하는지를 살펴보도록 하자.

파레토 효율성(Pareto Efficiency): 만일 $v \geq f(U,d)$이고 어떤 i에 대해 $v_i \geq f_i(U,d)$인 $v=(v_1,v_2)$가 존재하지 않는다면, 협상해 $f(U,d)$는 파레토 효율적(Pareto efficient)이다.

위의 파레토 효율성의 정의는 일반적인 파레토 효율성의 정의와 동일하다. 협상해가 파레토 효율적이어야 함은 쉽게 이해할 수 있는데, 협상해가 파레토 비효율적이라면 이는 협상의 여지가 남아 있다는 의미이므로 모순이기 때문이다.

대칭성(Symmetry): (U,d)가 $d_1 = d_2$이고 $(v_2,v_1) \in U$이면, $(v_1,v_2) \in U$이고 그 역도 성립하는(if and only if) 협상 문제라면, $f_1(U,d) = f_2(U,d)$이다.

대칭성은 두 경기자의 보수 체계와 결렬 시 보수가 완전히 동일한 협상 문제인 경우, 협상해에서 두 경기자의 보수는 동일해야 함을 의미한다.

IEPR: 협상 문제 (U,d)가 주어졌을 때, 다음과 같이 (U,d)를 선형 변환한 새로운 협상 문제 (U',d')를 생각해 보자.

$$U' = \{(\alpha_1 v_1 + \beta_1, \alpha_2 v_2 + \beta_2) | (v_1,v_2) \in U\}$$
$$d' = (\alpha_1 d_1 + \beta_1, \alpha_2 d_2 + \beta_2),\ \alpha_i > 0\ \&\ \beta_i \in \Re \quad (1.75)$$

이때 새로운 협상해는 주어진 협상 문제의 협상해를 동일하게 선형 변환한 것이다.

$$f_i(U', d') = \alpha_i f_i(U, d) + \beta_i \tag{1.76}$$

IEPR은 우리가 알고 있는 것처럼 효용함수는 단지 협상의 결과에 대한 선호 체계만을 반영하는 것임을 의미한다. 따라서 선호 체계를 유지하는 효용함수의 어떠한 변환도 해당 협상해를 변화시키지는 않는다.

IIA: (U, d)과 (U', d)는 $U' \subseteq U$인 두 협상 문제라고 하자. 만일 $f(U, d) \in U'$이라면, $f(U', d) = f(U, d)$이다.

IIA 공리에서 협상의 보수집합 U'는 U의 부분집합이면서, 두 보수집합은 모두 (U, d)의 협상해인 $f(U, d)$를 포함한다. 즉, (U, d)에서 (U', d)로의 변환은 협상해 $f(U, d)$를 포함하며, 협상해에 영향을 주지 않는 변환이다. 따라서 IIA는 이와 같은 변환은 협상 문제의 협상해에 영향을 주지 않는다는 의미이다.

(2) 내시협상해(Nash Bargaining Solution)

이제 앞에서 논의한 네 가지 공리를 만족하는 협상해를 정의해 보자. 내시협상해라고 불리는 협상해는 다음 최적화 문제의 해로 정의된다.

내시협상해 1: 다음 최적화 문제의 해인 협상안 $f^N(U,d) \equiv (v_1^*, v_2^*)$를 내시협상해(Nash Bargaining Solution)라고 부른다.

$$\max_{v_1,v_2} (v_1 - d_1)(v_2 - d_2)$$
$$\text{subject to } (v_1, v_2) \in U \;\&\; (v_1, v_2) \geq (d_1, d_2)$$

내시협상해 2: 다음의 해를 내시협상해라고 부른다.

$$(v_1, v_2) \in \underset{v_1,v_2}{argmax}\, (v_1 - d_1)(v_2 - d_2)$$
$$\text{, where } (v_1, v_2) \in U \;\&\; (v_1, v_2) \geq (d_1, d_2)$$

즉, 내시협상해는 협상 문제 (U,d)의 협상해 $f(U,d)$ 중 정의 1의 최적화 문제를 푸는 협상해 $f^N(U,d)$를 의미한다. 여기서 최적화 문제의 목적함수 $(v_1 - d_1)(v_2 - d_2)$를 내시곱(Nash product)이라고 한다.[34] 앞에서 가정한 바와 같이 U가 콤팩트 집합임을 기억하자. 따라서 U는 닫힌 집합(closed set)이다. 그리고 목적함수인 $(v_1 - d_1)(v_2 - d_2)$가 연속함수이므로 위의 최적화 문제는 언제나 해(즉, 내시협상해)를 가진다. 나아가 목적함수 $(v_1 - d_1)(v_2 - d_2)$는 오목함수이므로 내시협상해의 첫 번째 정의의 최적화 문제를 푸는 내시협상해는 하나만 존재함도 알 수 있다.

내시협상해 $f^N(U,d)$는 앞에서 정의한 네 가지 공리를 만족하는 유일한 협상해이다.

약간 기술적이기는 하지만 위 내용의 증명은 한번 검토해 볼 가치

34 내시곱은 소비자 및 생산자이론에서 흔히 보는 함수인 $g(x,y) = xy$의 형태이며, 오목(concave)함수이다.

가 있다. 여기에서는 약간의 지면을 할애하여 증명을 간략히 살펴보도록 한다. 위의 내용이 항상 성립하려면, 내시협상해가 네 가지 공리를 만족함을 증명해야 하며, 역으로 네 가지 공리를 만족하는 해가 반드시 내시협상해임을 증명해야 한다. 먼저 순방향 관계를 증명한 후(1단계), 역방향 관계(2단계)를 증명해 보도록 하자.

1단계

파레토 효율성의 증명: 내시곱 $(v_1 - d_1)(v_2 - d_2)$은 v_1과 v_2에 대한 증가함수이므로 $v > v^*$이면서 $(v_1 - d_1)(v_2 - d_2) \leq (v_1^* - d_1)$인 $(v_2^* - d_2)$ $v = (v_1, v_2)$는 존재하지 않는다.

대칭성의 증명: $d_1 = d_2$라고 할 때, 내시협상해는 $v^* = (v_1^*, v_2^*) = f^N(U, d)$라고 하자. 내시곱의 정의로부터 $(v_1^* - d)(v_2^* - d) = (v_2^* - d)(v_1^* - d)$이므로 (v_2^*, v_1^*)도 역시 내시협상해이다. 그런데 내시협상해는 하나만 존재하므로 $v_1^* = v_2^*$이다.

IEPR의 증명: 먼저 내시협상해의 정의로부터 v^*는 $v \in U$인 모든 v 중에서 내시곱이 최대가 되는 협상해임을 상기하자. 즉, $(v_1 - d_1)(v_2 - d_2) \leq (v_1^* - d_1)(v_2^* - d_2)$이다. 그리고 이 부등식을 다음과 같이 고쳐 써 보자.

$$(v_1 - d_1)(v_2 - d_2) \leq (v_1^* - d_1)(v_2^* - d_2)$$

$$\Leftrightarrow \frac{1}{\alpha_1\alpha_2}(\alpha_1 v_1 + \beta_1 - \alpha_1 d_1 - \beta_1)(\alpha_2 v_2 + \beta_2 - \alpha_2 d_2 - \beta_2) =$$
$$\frac{1}{\alpha_1\alpha_2}(v'_1 - d'_1)(v'_2 - d'_2)$$
$$\leq \frac{1}{\alpha_1\alpha_2}(\alpha_1 v_1^* + \beta_1 - \alpha_1 d_1 - \beta_1)(\alpha_2 v_2^* + \beta_2 - \alpha_2 d_2 - \beta_2)$$
$$= \frac{1}{\alpha_1\alpha_2}(\alpha_1 v_1^* + \beta_1 - d'_1)(\alpha_2 v_2^* + \beta_2 - d'_2)$$

이처럼 $a_i v_i^* + \beta_i$ 는 내시곱 $(v'_1 - d'_1)(v'_2 - d'_2)$를 최대화하는 해이므로 다음과 같은 관계를 얻을 수 있다.

$$v'^*_i = a_i v_i^* + \beta_i \tag{1.77}$$

IIA의 증명: (U,d)과 (U',d)는 내시협상해이며, $U' \subseteq U$이라고 하자. $U' \subseteq U$이므로 더 큰 협상안의 집합을 가지는 협상 문제 (U,d)의 보수인 내시협상해 $f^N(U,d)$는 $f^N(U,d) \geq f^N(U',d)$이어야 한다. 그런데 만일 $f^N(U,d) \in U'$라면, $f^N(U,d)$는 더 작은 협상안 집합을 가지는 (U',d) 의 내시협상해여야 하며 내시협상안은 유일하므로 $f^N(U,d) = f^N(U',d)$여야 한다.

2단계

다음으로 네 가지 공리를 만족하는 임의의 협상안 $f(U,d)$가 반드시 내시협상해 $f^N(U,d)$임을 증명하여 보자. 즉, $f^N(U,d)$가 네 가지 공리를 만족시키는 유일한 협상안임을 보여 보자. 먼저 $v = f(U,d)$는 협상 문제 (U,d)의 협상해이며, $v^* = f^N(U,d)$는 내시곱을 최적화하는 해임을 기억하자. 그리고 내시곱이 양의 값을 가지기 위해서는 $v_i^* - d_i > 0$을 만족해야 함을 알자. 협상해인 v가 반드시 내시곱을 최적화하는 해는 아니므로 v는 다음의 부등식을 만족하고 $v \leq v^*$이어야 한다(효율성 공리).[35]

$$0 < (v_1 - d_1)(v_2 - d_2) \leq (v_1^* - d_1)(v_2^* - d_2) \tag{1.78}$$

이제 (U, d)를 다음과 같이 선형 변환한 새로운 협상 문제 (U', d')를 생각해 보자.

$$\begin{aligned} &U' = \{(\alpha_1 v_1 + \beta_1, \alpha_2 v_2 + \beta_2) | (v_1, v_2) \in U\} \\ &d' = (\alpha_1 d_1 + \beta_1, \alpha_2 d_2 + \beta_2),\ \alpha_i > 0\ \&\ \beta_i \in \Re \end{aligned} \tag{1.79}$$

그리고 협상해가 IEPR을 만족한다면, $v' = \alpha_i v_i + \beta_i$일 것이다. 따라서 새로운 협상 문제의 내시곱은 다음과 같다.

$$\begin{aligned} &(\alpha_1 v_1 + \beta_1 - \alpha_1 d_1 - \beta_1)(\alpha_2 v_2 + \beta_2 - \alpha_2 d_2 - \beta_2) \\ &= \alpha_1 \alpha_2 (v_1 - d_1)(v_2 - d_2) \leq \alpha_1 \alpha_2 (v_1^* - d_1)(v_2^* - d_2) \\ &= (\alpha_1 v_1^* + \beta_1 - \alpha_1 d_1 - \beta_1)(\alpha_2 v_2^* + \beta_2 - \alpha_2 d_2 - \beta_2) \\ &= (\alpha_1 v_1^* + \beta_1 - d'_1)(\alpha_2 v_2^* + \beta_2 - d'_2) \end{aligned}$$

즉, 선형 변환한 새로운 협상 문제의 협상해는 내시협상해가 $v'^*_i = \alpha_i v_i^* + \beta_i$보다 작음을 확인할 수 있다($v'_i \leq v'^*_i = \alpha_i v_i^* + \beta_i$).

35 만일 위의 부등식을 만족하고 $v > v^*$인 v가 존재한다면, 이는 효율성 공리를 위배한다.

다음 단계로 선형 변환 중에서도 협상 결렬 시 보수를 0으로 변환하는 선형 변환을 고려해 보자. 즉, $\alpha_i d_i + \beta_i = 0 \rightarrow \beta_i = -\alpha_i d_i$이다. 이 경우 내시곱은 $v'_1 v'_2 = \alpha_1\alpha_2(v_1 - d_1)(v_2 - d_2)$이며, $v'^*_i = v^*_i$이다. 그리고 이 내시곱의 해는 $v'^*_i = \alpha_i v^*_i + \beta_i = \alpha_i(v^*_i - d_i)$과 같다.

먼저 $v = f(U, d)$가 IEPR을 만족하므로 $v'_i = f_i(U', d') = \alpha_i v_i + \beta_i$임을 알자. 그리고 새로운 협상 문제 (U', d')의 다양한 협상해 중에서 내시협상해 v'^*_i는 내시곱을 최적화하는 해이므로 다음의 특성을 가진다.

$$(v'_1 - d'_1)(v'_2 - d'_2) \le (v'^*_1 - d'_1)(v'^*_2 - d'_2) \tag{1.80}$$

그런데 $v'_i = f_i(U', d') = \alpha_i f_i(U, d) + \beta_i$이므로 v'^*_i는 다음과 같이 고쳐 쓸 수 있다.

$$\begin{aligned} v'^* &\in \underset{v'}{argmax}\,(v'_1 - d'_1)(v'_2 - d'_2) \\ &= v^* \in \underset{v}{argmax}\,\alpha_1\alpha_2(v_1 - d_1)(v_2 - d_2) \end{aligned} \tag{1.81}$$

이상의 증명을 통해 살펴본 바와 같이 내시협상해는 네 가지 공리를 만족하는 유일한 협상해이다($v'^* = v^*$).

(3) 비대칭적 내시협상해

앞에서 살펴본 내시곱은 두 경기자가 동일한 협상력을 가지고 있는 경우이며, 대칭적 내시곱(Symmetric Nsah Product)이라고 불리는 내시곱이다. 하지만 경기자들이 서로 다른 협상력을 가지는 경우가 훨

씬 일반적이며, 경기자들이 비대칭적 협상력을 가지고 있는 내시협상해는 Cobb-Doublas 형태의 내시곱을 이용하여 구할 수 있다. 즉, 비대칭적 협상력을 가지는 협상에서 내시협상해는 다음과 같은 가중 내시해이다.

$$v^* = \underset{v'}{argmax}\,(v_1 - d_1)^{\alpha}(v_2 - d_2)^{1-\alpha} \tag{1.82}$$

위의 내시곱을 극대화하는 협상해는 앞에서 언급한 네 가지 공리를 만족하는 유일한 내시협상해이다. 단, 비대칭 협상해이기 때문에 이제는 네 가지 공리가 파레토 효율성, 대칭성, IEPR, IIA가 아니라, 파레토 효율성, 가중 대칭성, IEPR, IIA의 네 가지 공리로 바뀌게 된다. 즉, 비대칭 동시협상에서 협상해는 대칭성이 아닌 다음의 가중 대칭성을 만족하는 협상해이다.

가중 대칭성(Weighted Symmetry): 비대칭 동시협상에서 내시협상해를 $v^* = (v_1^*, v_2^*) = f^N(U, d; \alpha, 1-\alpha)$ 라고 하자. 만일 $d_1 = d_2$ 이고 $(v_1, v_2) \in U$이면 $(v_2, v_1) \in U$이고, 그 역도 성립하는 협상 문제라면, $\alpha \in (0,1)$에 대하여 $f_1(U, d; \alpha, 1-\alpha) = f_2(U, d; 1-\alpha, \alpha)$이다.

위의 가중 대칭성 공리는 두 경기자를 서로 바꿀 때 협상력(즉, 가중치)을 포함해서 바꾸면 대칭을 만족한다는 공리로, 대칭성 공리를 확장한 것이다.

(4) Rubinstein 순차적 협상 모형과 내시협상해의 관계

앞에서 살펴본 Rubinstein 순차적 협상 모형은 두 경기자가 번갈아 제안을 하고 각 제안은 시간에 따라 할인되며, 제안이 반복되면서 협상해로 수렴해 가는 모형이었다. 그리고 두 경기자의 제안 간격이 점점 짧아져서 동시협상으로 수렴하는 경우, 순차적 협상 모형의 부분게임 완전 내시균형은 공리적 접근법으로 도출한 내시협상해로 수렴한다. 간단한 예를 통해 이를 살펴보자.

1)절의 Rubinstein 순차적 협상 모형을 생각해 보자. 즉, 총보수(또는 1)절에서와 같이 백만 원) 중 경기자 1과 경기자 2가 획득하는 몫을 s, $1-s$라고 하자. 그리고 경기자의 할인율을 이제는 해당 경기자의 인내도로 해석하고, 두 경기자가 서로 다른 할인율(또는 인내도)을 가진다고 하자. 경기자 1과 경기자 2의 할인율을 각각 δ_1과 δ_2라고 할 때, 1)절에서 살펴본 것과 동일한 방법으로 부분게임 완전 내시균형을 구하면 다음과 같다.

$$s^* = \frac{1-\delta_2}{1-\delta_1\delta_2};\ 1-s^* = \frac{(1-\delta_1)\delta_2}{1-\delta_1\delta_2} \tag{1.83}$$

이제 연속적인 시간 간격을 도입하기 위해서 1)절에서 도입한 것과 같이 할인율을 지수함수의 형태로 나타낸 후 1차 근사를 이용하자. 즉, $\delta_i = e^{-r_i\Delta t} \approx 1 - r_i\Delta t$ 이다. 그리고 $\Delta t \to 0$ 이면 (1.83)은 다음의 해로 수렴한다.

$$s^* = \frac{r_2}{r_1+r_2};\ 1-s^* = \frac{r_1}{r_1+r_2} \tag{1.83´}$$

이제 Rubinstein 협상 모형과 동일하게 경기자 1과 경기자 2가 자신의 보수 s와 $1-s$를 동시협상을 통해 결정하는 내시협상해를 찾아보자. 각 경기자의 협상 결렬 보수가 0이고 경기자 1과 2의 협상력이 α, $1-\alpha$일 때, 해당 동시협상의 해는 다음의 내시곱을 극대화하는 해이다.

$$\max_{u \in S} s^{\alpha}(1-s)^{1-\alpha}$$

$$s^{*}=\alpha;\ 1-s^{*}=1-\alpha \tag{1.84}$$

경기자 1의 협상력을 $r_2/(r_1+r_2)$라고 하면 (1.84)의 내시협상해는 $\Delta t \to 0$인 경우의 Rubinstein 협상해 (1.83)과 동일하다. 그리고 $r_1 = r_2$인 경우는 대칭적 내시협상해로 수렴한다. 여기에서 주목할 부분은 각 경기자의 협상해는 상대 경기자의 상대적 조급함이라는 점이다. 즉, 경기자 1의 협상력은 경기자 2의 낮은 인내도(즉, 큰 r_2)에 비례하며, 경기자 2의 협상력은 경기자 1의 낮은 인내도에 비례한다.[36]

3) 내시 안의 내시균형(Nash-in-Nash equilibrium)

지금까지는 두 명의 경기자가 참가하는 동시협상의 해인 내시협상해를 살펴보았다. 그런데 여러 동시협상이 동시에 발생하는 경우의 해는 어떻게 될까? 특히, 한 협상의 결과가 다른 협상의 결과에 영향을 미치는 협상이 동시에 여러 개 이루어진다면 그 해는 어떻게 될까? 이처럼 동시에 발생하는 여러 개의 동시협상의 균형해를 나타내

36 보다 자세한 논의는 Binmore, Rubinstein & Wolinsky(1986)를 참조하라.

는 개념이 내시 안의 내시균형(Nash-in-Nash equilibrium)이다. 즉, 내시 안의 내시균형은 모든 협상이 내시협상해를 만족하면서, 이러한 협상들이 동시에 비협조적 게임의 내시균형을 이루는 게임의 균형을 말한다.

이 책에서도 기업과 다른 유형의 노동자 간의 동시 임금협상, 두 국가와 해외생산 기업 간에 동시에 발생하는 정책 협상의 분석에서 내시 안의 내시균형의 개념을 활용하게 될 것이다.

(1) 내시 안의 내시균형

유한한 경기자의 집합 $\mathcal{N}$을 생각해 보자. 그리고 경기자의 쌍(pair) 사이에서 이루어지는 협상 p의 집합을 $\mathcal{P}(p \in \mathcal{P})$라 하고 개별 협상 p에 참여하는 두 경기자를 $i(p), j(p) \in \mathcal{N}$라고 하자. 협상 p에 참여하는 경기자 i의 협상안을 $f_p\left(U_p(f_{-p}), d_p(f_{-p})\right) = \left(v_i^p, v_j^p\right)$인 내시협상해라고 하자. 여기서 $U_p(f_{-p}) \subset \Re^2$는 협상 p의 효용집합이며, $d_i(f_{-p})$는 해당 협상 p가 결렬되었을 때 다른 협상의 결과가 주어진 것으로 가정한 경우(f_{-p})에서 경기자 i의 협상 결렬 보수를 의미한다. 즉, 개별 협상 $p \in \mathcal{P}$의 협상해는 다음과 같은 내시협상해이다.

$$
\begin{aligned}
&f_p\left(U_p, d_p(f_{-p})\right) = \left(v_i^p, v_j^p\right) \\
&\in \underset{v_i, v_j}{argmax} \left(v_i - d_{i(p)}(f_{-p})\right)^{\alpha_p} \left(v_j - d_{j(p)}(f_{-p})\right)^{1-\alpha_p} \\
&, \text{where } (v_i, v_j) \in U_p(f_{-p}) \ \& \ (v_i, v_j) \geq \left(d_{i(p)}(f_{-p}), d_{j(p)}(f_{-p})\right)
\end{aligned}
\tag{1.85}
$$

편의상 (1.85)의 우변을 협상 p의 협상해 연산자 $B_p(f_{-p})$를 이용하여 다음과 같이 나타내도록 하자.

$$f_p = B_p(f_{-p}) \quad (1.85')$$

그리고 나아가 모든 개별 협상의 내시협상해가 유일한 협상해를 가지며, 다음의 균형을 만족할 때, 이를 내시 안의 내시균형이라고 한다.

$$f_p^* = B_p(f_{-p}^*), \forall p \in \mathcal{P} \quad (1.86)$$

(1.85)와 (1.86)을 만족하는 해는 내시협상해 연산자 $B_p(\cdot)$의 고정점(fixed-point)이다. 그리고 콤팩트성, 연속성 등의 표준적인 조건하에서 다양한 버전의 고정점 정리를 이용하면, (1.85)와 (1.86)을 만족하는 내시 안의 내시균형이 존재함을 알 수 있다.

(2) 내시 안의 내시균형의 적용 예: 다자간 무역협정

내시 안의 내시균형은 복잡한 상호의존적인 다중협상이 존재하는 경우에 개별 협상의 내시협상해를 구한 후 이를 결합하여 간단히 비협조적 균형을 얻을 수 있는 매우 유용한 분석 수단을 제공한다. 내시 안의 내시균형은 다양한 분야의 연구에서 활용되고 있으나, 여기에서는 다자간 무역협정에 적용한 사례(Bagwell et al., 2017)를 이용하여 내시 안의 내시균형의 유용성을 간략히 살펴보도록 한다.

여러 국가들이 동시에 다자간 관세협상을 하는 경우를 생각해 보자. 국가집합 C에 속한 두 국가 i와 j가 참여하는 양자 협상은 다음과 같은 내시협상해라고 하자.

$$\left(\tau_{ij}, \tau_{ji}\right) \in argmax \left(W_i - W_i^N\left(\tau_{-ij}\right)\right)\left(W_j - W_j^N\left(\tau_{-ij}\right)\right)$$
$$for\ given\ \tau_{-ij}$$

여기서 τ_{ij}는 i국이 j국의 상품에 부과하는 관세율, W_i는 협상 후 i국의 사회후생 수준, W_i^N는 협상이 결렬된 경우 i국의 사회후생 수준을 각각 나타낸다. 또한 τ_{-ij}는 해당 관세협상에 임하는 두 국가 (i, j)를 제외한 모든 양자 협상 관세율이다.

그리고 모든 양자들이 동시에 협상을 진행한다면 전체 협상균형인 내시 안의 내시균형은 다음과 같다.

$$\left(\tau_{ij}, \tau_{ji}\right) \in argmax \left(W_i - W_i^N\left(\tau_{-ij}\right)\right)\left(W_j - W_j^N\left(\tau_{-ij}\right)\right), \ \forall i, j \in C$$

이제 내시 안의 내시균형으로서의 다자간 관세협상균형을 살펴보자. 개별 관세협상은 1계 조건 $\partial(W_i - W_i^N)\left(W_j - W_j^N\right)/\partial\tau_{ij} = 0$을 만족한다. 이는 양국 협상 (i, j)가 관세 τ_{ij}를 미세하게 조금만 변경해도 사회후생의 증가는 0이라는 의미이므로 개별 관세협상의 내시협상해는 더 이상 관세를 조정할 유인이 없는 최적 상태, 즉 내시 조건을 만족함을 보여 준다. 또한 각국이 관세율을 변경하면 협상의 직접적인 상대국 외에 제3국에도 영향을 주게 되므로 각 내시협상들은 비협조적 게임의 형태를 가진다($\partial W_k/\partial\tau_{ij} \neq 0$ for $k \notin (i, j)$).

Offshoring, Reshoring, and Threat Effects
기업의 해외이전과 본국귀환의 위협효과

2

제2장_해외이전 위협효과와 노동시장

1. 기업의 해외이전 위협과 임금협상
2. 기업의 해외이전 위협과 임금격차
3. 위협효과를 위한 해외이전

1. 기업의 해외이전 위협과 임금협상

서론에서 언급한 것처럼 기업 활동이 세계화되면서 기업들은 생산지 선택에서 큰 자유를 얻게 되었다. 이러한 생산지 선택의 유연성은 기업과 노조의 임금협상, 기업과 정부 간의 협상 등에서 기업에게 큰 협상력을 제공할 수 있다. 그리고 실제로 해외이전이 발생하지 않더라도 기업이 생산지를 이전할 수 있다는 가능성이 노동자 및 정부에게는 임금협상과 정책 수립에 큰 위협이 될 수 있다. 즉, 해외이전의 가능성만으로도 노동자의 임금과 노동환경에 부정적인 압력이 될 수 있으며, 정부의 정책 수립에도 제약이 될 가능성이 있다.

본 절에서는 노동자의 임금협상 과정에서 기업의 해외이전 가능성으로 인한 위협효과를 살펴본다.[37] 노동시장에서 나타나는 해외이전의 위협효과는 가장 오래전부터 언급되어 온 주제인 동시에 가장 많은 연구가 이루어진 주제이기도 하다. 이를 위해 먼저 전통적인 집단 임금협상 모형(McDonald & Solow, 1981)에 기업의 해외이전 가능성을 결합시킨 위협효과 모형을 제시할 것이다. 해당 모형은 향후 몇 장에 거쳐 위협효과가 기업과 노조, 기업과 정부 간의 다양한 협상에 미치는 영향을 분석하는 기본 모형이 될 것이다.[38]

그리고 위협효과 협상 모형을 이용하여, 기업과 단일 노조 간의 임

---

37 본 절의 주요 내용은 Jeon & Kwon(2018)을 정리한 것이다. 보다 자세한 논의는 해당 논문을 참고하라. 본 절은 저자들의 논문이 게재된 학술지 *Japan and the World Economy*(Elsevier 출판사 발행)로부터 각색·해설 목적의 재사용 허락을 받아 작성되었다. 이에 깊이 감사드린다.

38 과거 위협효과하에서의 협상 모형은 개괄적인 형태를 띠고 있어서 이론적 분석에 활용하기 어려웠다. Jeon & Kwon(2018)은 다양한 분석에 활용할 수 있는 구체적인 위협효과가 반영된 협상 모형을 제시한 바 있는데, 본 절의 모형이 바로 그것이다.

금협상에서 임금협상이 결렬될 시 해외로 생산지를 이전하겠다는 기업의 위협이 협상임금을 낮추는 압력으로 작용할 수 있음을 이론적으로 살펴볼 것이다. 그런 후 우리나라의 미시데이터를 이용하여 해외이전 위협이 실제로 임금의 하방 압력으로 작용하였음도 살펴볼 것이다.

1) 위협효과하에서의 임금협상 모형: Jeon & Kwon 모형(2018)

(1) 소비자 선호와 생산기술

본국(H)과 외국(F) 두 국가로 이루어진 세계를 생각해 보자. 그리고 본국의 대표 소비자는 두 재화를 소비하여 효용을 얻으며, (1.32)의 준선형 효용함수(quasi-linear utility function)를 가진다고 하자.

$$u = x_0 + \frac{1}{\zeta} X^{\zeta},\ \zeta \in (0,1) \tag{1.32}$$

여기서 x_0는 동질적인 상품이며 기준재이고, X는 차별화된 상품 $\theta \in \Theta$으로 이루어진 복합재이다. Θ는 차별화된 상품의 집합이고 ζ는 상품 x_0와 X 사이의 대체탄력성이다. 제1장 2절에서 살펴본 것처럼 (1.32)의 효용을 가진 소비자의 차별화된 상품 θ에 대한 수요함수는 다음과 같은 불변의 가격탄력성 ϵ을 가지는 수요함수의 형태로 간략화할 수 있다.

$$x_{\theta} = A p_{\theta}^{-\varepsilon},\ \varepsilon > 1 \tag{1.36}$$

이제 본국 소비자들에게 상품을 공급하는 본국기업들의 생산기술을 생각해 보자. 편의상 외국기업의 상품 공급은 고려하지 않으며,

모든 상품은 본국기업만이 공급한다고 가정하자.

먼저 기준재 시장과 기준재 생산기업을 생각해 보자. 동질적인 상품시장인 기준재 시장은 완전경쟁시장이며, 기준재 생산 시 임금은 시장임금이라고 가정한다.[39] 그리고 기준재 생산기업은 $1/\varphi_0$단위 노동을 이용하여 1단위의 상품을 생산한다고 하자. 여기서 φ_0은 본국 기준재 생산기업의 노동생산성이다. 따라서 본국의 완전경쟁 시장임금을 $\bar{w}_H$라고 할 때, 기준재 생산기술과 정규화된 기준재 가격 $p_0 = 1$로부터 완전경쟁 시장임금은 $\bar{w}_0 = \varphi_0$이 된다. 그리고 기준재 생산은 국내생산만 가능하며, 해외생산은 불가능하다고 하자.

다음으로 차별화된 상품시장을 생각해 보자. 차별화된 상품시장은 독점적 경쟁시장이며, 기업과 노조 간의 임금협상에 따라 임금이 결정되는 시장이라고 하자. 차별화된 상품은 기준재와 마찬가지로 노동만으로 생산되며, 생산기업 θ는 $1/\varphi_\theta$단위의 노동력으로 1단위의 차별화된 상품을 생산한다. 독점적 경쟁시장에서 개별 기업은 자신의 상품에 대해 독점기업임을 알자. 협상임금을 w_θ라고 할 때, 개별 상품에 대해 주어진 수요함수 (1.36)과 생산기술로부터 개별 기업 θ의 독점이윤과 독점생산량을 다음과 같이 나타낼 수 있다.

$$\pi(w_\theta;\Gamma_\theta) = \frac{A}{\varepsilon}\left(\frac{\varepsilon-1}{\varepsilon}\right)^{\varepsilon-1}\left(\frac{\varphi_\theta}{w_\theta}\right)^{\varepsilon-1} - \Gamma_\theta = A\Psi(\varphi_\theta)\left(\frac{1}{w_\theta}\right)^{\varepsilon-1} - \Gamma_\theta \quad (2.1)$$

$$(w_\theta) = A\left(\frac{\varepsilon-1}{\varepsilon}\right)^{\varepsilon}\left(\frac{\varphi_\theta}{w_\theta}\right)^{\varepsilon} \quad (2.2)$$

39 즉, 기준재 생산 과정에서는 노조가 결성되어 있지 않고, 임금은 완전경쟁시장에서의 시장임금으로 결정된다고 가정한다.

여기서 Γ_θ는 기업 θ의 고정비용이며, 나중에 논의하게 되겠지만 기업의 생산 방식에 따라 다른 형태를 가질 수 있다. $\Psi(\varphi_\theta) \equiv (1/\epsilon)[\varphi_\theta(\varepsilon-1)/\epsilon]^{\varepsilon-1}$는 표현을 간단하게 하기 위해 대체한 값이며 별다른 의미를 가지는 값은 아니다. 그리고 $\partial\Psi/\partial\varphi_\theta > 0$ 이므로 $\Psi(\varphi_\theta)$는 φ_θ에 대한 단조 증가함수이다.

한편, 본국의 차별화된 상품을 생산하는 기업은 기준재 생산기업과 달리 본국 내에서 생산할 수도 있지만, 필요에 따라 생산지를 외국으로 이전할 수도 있다고 하자. 즉, 차별화된 상품을 생산하는 기업은 해외생산 후 국내 도입이 가능한 기업이다. 따라서 차별화된 상품시장의 기업은 다음과 같은 3단계 게임을 통해 노조와의 임금협상과 함께 필요 시 생산지도 선택한다고 하자.

1단계(임금협상): 본국 내 생산설비에서 생산하는 기업 θ는 노조 대표와 임금을 협상한다. 만일 임금협상이 성공하면, 해당 기업은 국내에 남아 생산을 계속한다. 그러나 임금협상이 실패하면, 기업은 2단계에서 해외국가로의 오프쇼어링을 고려할 수 있으며 노동자들은 기준재 산업으로 이직하여 시장임금 $\bar{w}_H$을 받는다.

2단계(생산지 선택): 1단계에서 임금협상이 실패한 경우, 기업은 수익성을 고려하여 생산지를 해외로 이전하거나 생산을 중단할 수 있다. 만일 오프쇼어링이 수익성이 있다면 기업 θ는 해외생산을 진행하며, 이 과정에서 고정비용 $f_{E\theta}$가 발생한다. 그리고 오프쇼어링을 선택하는 경우, 기업 θ는 외국의 시장임금 w_F로 생산한 후 추가적인 수입비용 없이 본국으로 수입하여 공급 가능하다고 하자.[40] 반면, 임금협

40 해외생산의 경우에도 국내생산과 마찬가지로 노조와의 임금협상이 발생할 수도 있다. 하지

상이 실패하고 오프쇼어링도 수익성이 없다면, 기업은 생산을 중단한 후 시장에서 철수한다.

3단계(생산량 선택): 이전 두 단계 게임에서 기업 θ가 본국 또는 외국에서 생산을 하게 된다면, 해당 기업은 이윤을 극대화하는 독점생산량을 선택하여 생산한다. 그리고 생산 과정에서는 고정비용 $f_{B\theta}$가 발생한다.

위의 게임에서는 독점적 경쟁시장에서 기업 간 생산량 경쟁은 고려하지 않는다. 이는 개별 기업의 협상과 생산지 선택을 보다 용이하게 살펴보기 위한 것이며, 기업 간 경쟁을 통한 시장균형은 추후에 살펴볼 것이다. 시장균형을 고려하기 전까지 당분간 $f_{B\theta} = 0$이라고 하자.

1단계의 임금협상에서는 기업과 노조 대표가 내시협상(Nash Bargaining) 게임을 통해 임금을 협상한다고 가정한다. 쌍방 간에 협상이 이루어지면 기업은 (협상된 임금하에서) 독점 운영이윤(operating profit)을 보수로 얻으며, 노조 대표는 협상임금하에서의 모든 노동자들의 임금 총합을 보수로 얻는다고 하자. 즉, 협상에서 기업의 보수는 독점이윤이며, 노조의 보수는 임금 총합 $u(w_i, x) = w_i x$이다.

반면 임금협상이 결렬되면, 노동자들은 기준재 산업으로 이직하여 경쟁임금 $\overline{w}_H$를 받는다. 그러나 임금협상 결렬 시, 노조와 달리 오프쇼어링 수익성에 따라 기업에게는 두 가지 대안이 존재한다. 즉, 오프쇼어링이 수익성 있는 옵션이라면, 협상 실패 시에도 오프쇼어링

만 여기에서는 외국에서의 임금협상은 고려하지 않는다. 또는 본국 외에 잠재적인 투자 유치국이 여럿 있어, 기업 θ는 일종의 경매 과정을 통해 가장 낮은 임금을 제시하는 국가를 생산지로 선택한다고 생각해도 무방하다. 이 경우 국가 간 경쟁으로 인해 낙찰된 임금은 시장임금이 될 것이다.

을 통해 수익을 얻을 것이다. 하지만 오프쇼어링이 수익성이 없다면, 협상 실패는 시장 철수로 이어지며 기업은 아무런 이윤도 얻지 못한다. 이러한 양자 간 협상을 반영하여, 다음과 같은 본국 내 노조와 기업 θ 간의 내시곱(Nash product)을 고려하도록 한다.

$$NP_\theta = [o\pi(w_\theta) - \widehat{o\pi}_\theta]^\alpha [(w_\theta - \bar{w}_H)x(w_\theta)]^{1-\alpha}$$
$$\equiv [o\pi(w_\theta) - \widehat{o\pi}_\theta]^\alpha [U(w_\theta, \bar{w}_H)]^{1-\alpha} \quad (2.3)$$

여기서 $\alpha \in [0,1]$는 임금협상에서 기업의 협상력(bargaining power)이며, $U(w_i, \bar{w}_H) \equiv (w_i - \bar{w}_H)x(w_i)$이다. 그리고 $\bar{\pi}_\theta$와 $\bar{w}_H$은 협상 결렬 시 기업의 이윤과 노동자의 대안임금(즉, 시장임금)이며, $o\pi(\cdot)$은 이윤에서 고정비용을 차감한 운영이윤을 의미한다.

(2) 협상임금과 위협효과

앞에서 논의한 것처럼 협상 결렬 시 기업의 이윤 $\bar{\pi}_\theta$은 해외생산 여부에 따라 다르다. 만일 협상 결렬 시 시장에서 철수한다면, 기업의 이윤은 $\bar{\pi}_\theta = 0$이다. 이 경우, 기업은 임금협상에서 해외생산을 협상 결렬 시 대안으로 활용할 수 없기 때문에 해외생산은 노조에게 아무런 위협이 되지 않는다. 따라서 이를 '위협효과가 존재하지 않는 경우(No Threat)'라고 하자. 반면, 협상 결렬 시 오프쇼어링이 가능하다면, $\bar{\pi}_\theta$은 다음과 같다.

$$\hat{\pi}_\theta = A\Psi(\phi)\left(\frac{1}{\bar{w}_F}\right)^{\varepsilon-1} - f_{E\theta} - f_{B\theta} \equiv \pi_\theta^{off} \quad (2.4)$$

즉, 협상 결렬 시 기업이 해외이전 비용 $f_{E\theta}$을 투자하여 해외로 생산설비를 이전한다면 외국의 임금 w_F로 생산한 후 본국에 공급할 수 있다. 따라서 해외로의 생산설비 이전은 임금협상에서 기업의 유효한 협상 카드가 되며, 노조는 이를 의식하면서 임금협상에 임하게 된다. 이 경우를 '위협효과가 존재하는 경우(Threat)'라고 하자.

위협효과가 존재하지 않는 경우

위협효과가 존재하지 않는 경우 $\bar{\pi}_\theta = 0$이므로 기업과 노조 간의 협상에서 내시곱과 이를 극대화하는 내시협상해인 협상임금은 다음과 같다.

$$NP_\theta = [o\pi(w_\theta) - \widehat{o\pi}_\theta]^\alpha[(w_\theta - \bar{w}_H)x(w_\theta)]^{1-\alpha}$$
$$\equiv [o\pi(w_\theta)]^\alpha[U(w_\theta, \bar{w}_H)]^{1-\alpha}$$
$$w_\theta^{No\,Threat} = \bar{w}_H\left(\frac{\varepsilon-\alpha}{\varepsilon-1}\right) \geq \bar{w}_H \qquad (2.5)$$

즉, 협상임금 $w_\theta^{No\,Threat}$은 협상 결렬 시 노동자의 대안인 경쟁임금 $\bar{w}_H$보다는 높으며, 기업 θ는 협상임금을 지급하면서 본국 내에서 차별화된 상품을 생산한다. 이때 기업의 독점이윤은 다음과 같다.

$$\pi_\theta^{No\,Threat} \equiv \pi\left(w_\theta^{No\,Threat}\right) = A\Psi(\varphi)\left(\frac{1}{w_\theta^{No\,Threat}}\right)^{\varepsilon-1} - f_{B\theta} \qquad (2.6)$$

위협효과가 존재하는 경우

다음으로 임금협상이 결렬될 시 해외생산이 가능한 경우, 즉 위협효과가 존재하는 경우를 생각해 보자. 이 경우, $\hat{\pi}_\theta = \pi_\theta^{off}$이므로 임금협상에서 내시곱 (2.3)은 다음과 같은 형태가 된다.

$$\begin{aligned} NP_\theta^{off} &= \left[o\pi(w_\theta) - o\pi_\theta^{off}\right]^\alpha [(w_\theta - \bar{w}_H)x(w_\theta)]^{1-\alpha} \\ &= \left[o\pi(w_\theta) - o\pi_\theta^{off}\right]^\alpha [U(w_\theta, \bar{w}_H)]^{1-\alpha} \end{aligned} \tag{2.7}$$

그리고 협상임금은 내시곱 (2.7)을 극대화하는 임금이다. 그런데 내시곱 (2.7)의 1계 도함수는 비선형함수이므로 협상임금을 직접 구하기 쉽지 않다. 하지만 1계 도함수와 1계 조건을 분석함으로써 기업의 해외이전 가능성이 협상임금에 미치는 영향을 살펴보는 것은 어렵지 않다. 이를 위해 먼저 내시협상의 1계 조건을 다음과 같은 형태로 정리하여 본다.

$$\left[\alpha\left(\frac{U}{o\pi_\theta}\right)^{1-\alpha}\frac{\partial o\pi_\theta}{\partial w_\theta} + (1-\alpha)\left(\frac{o\pi_\theta}{U}\right)^\alpha \frac{\partial U}{\partial w_\theta}\right] - (1-\alpha)\frac{o\pi_\theta^{off}}{o\pi_\theta}\left(\frac{o\pi_\theta}{U}\right)^\alpha \frac{\partial U}{\partial w_\theta} = 0 \tag{2.8}$$

1계 조건 (2.8)의 첫 번째 항인 대괄호 내의 식은 위협효과가 존재하지 않는 경우에서 내시협상의 1계 조건과 같다. 따라서 $w_\theta = w_\theta^{No\ Threat}$에서 해당 항의 값은 0이 된다. 한편, $\partial U/\partial w_\theta \geq 0$[41]이므로 두 번째 항은 언제나 음의 값을 가진다. 즉, $w_\theta = w_\theta^{No\ Threat}$에서 1계 조건의 우변은 언제나 음의 값을 가진다. 이는 해외이전이 가능한 경우의 협상임금은 위협효과가 없을 때의 협상임금보다 낮음을 의

41 위협효과가 존재하지 않는 경우, (2.5)에서 살펴본 바와 같이 $w_\theta \geq \bar{w}_H$이므로 $\frac{\partial U}{\partial w_\theta} = \left(1 + \frac{\varepsilon(w_\theta - \bar{w}_H)}{w_\theta}\right)x(w_\theta) \geq 0$을 만족한다.

미한다($w_\theta^{Threat} \le w_\theta^{No\ Threat}$). 나아가 협상임금은 협상 결렬 시 노조의 대안인 경쟁임금보다 높아야 하므로 $\overline{w}_H \le w_\theta^{Threat} \le w_\theta^{No\ Threat}$의 크기 관계를 가진다.

결과 2.1(위협효과의 존재): 해외이전이 가능한 경우의 임금은 시장의 경쟁임금보다는 높지만, 위협효과가 존재하지 않는 경우의 협상임금보다는 낮다. 즉, $w_\theta^{Threat} \in [\overline{w}_H, w_\theta^{No\ Threat}]$이며, 위협효과로 인해 협상임금이 낮아진다.

위협효과의 존재는 해외생산이 가능한 경우 기업이 이를 활용하여 협상임금을 낮출 수 있음을 의미한다. 즉, 기업의 해외이전 가능성은 임금협상에서 노동자에게 실제적인 위협이 되며, 해외이전을 우려하는 노동자들은 낮아진 협상임금을 받아들이게 된다. 그리고 기업은 낮아진 협상임금으로 더 높은 이윤을 얻을 수 있다.

$$\pi_\theta^{Threat} \equiv \pi\left(w_\theta^{Threat}\right) = A\Psi(\varphi)\left(\frac{1}{w_\theta^{Threat}}\right)^{\varepsilon-1} - f_{B\theta} \ge \pi_\theta^{No\ Threat} \tag{2.9}$$

2) 위협효과의 조건

(1) 기업의 해외생산 선택과 위협효과

위협효과의 존재로 인해 기업 θ가 해외생산이 가능할 때 협상임금은 낮아질 수 있으며, 해외이전의 가능성은 임금협상 과정에서 노동자들에게 실제적인 위협이 될 수 있다. 그리고 기업은 협상임금을 낮춤으로써 더 높은 이윤을 얻을 수 있다. 하지만 임금협상 과정에서 기업이 언제나 해외이전으로 위협을 가할 수 있는 것은 아니다. 임금협상이 실패하는 경우에 생산설비를 해외로 이전하겠다는 위협이 협상 과정에서 노동자들에게 유의미한 위협이 되려면 이러한 위협이 신뢰성 있는 위협이어야 한다. 여기에서는 기업의 해외이전 위협이 신뢰성을 가질 조건을 살펴보기로 한다.

앞에서 살펴본 바와 같이 차별화된 상품을 생산하는 기업의 생산방식은 크게 국내생산과 해외생산 두 가지가 있다. 그리고 노조의 입장에서 기업의 해외생산이 실제적인 위협이 되기 위해서는 해외생산의 이윤이 국내이윤, 특히 위협효과가 없는 경우의 국내생산 이윤보다 커야만 할 것이다. 해외생산의 이윤이 위협효과가 반영되지 않은 국내생산 이윤보다 높은 경우, 기업은 생산설비를 해외로 이전할 유인이 존재하며 이를 인지하고 있는 노조는 임금협상 과정에서 해외이전을 하나의 가능성으로 받아들이게 된다. 그리고 이러한 상황에서 기업은 비로소 생산설비의 해외이전을 하나의 협상 카드로 활용하여 국내에서의 협상임금을 낮출 수 있다. 그 결과, 낮아진 협상임금하에서 기업의 국내생산 이윤은 커지게 되며, 해외이전 대신 낮은 협상임금을 지불하면서 국내생산이 가능해진다.

정리하자면, 기업 θ가 해외이전을 협상 카드로 이용할 수 있는 전제 조건은 $\pi_\theta^{off} \geq \pi_\theta^{No\,Threat}$이며, 이는 다음과 같다.

$$\pi_\theta^{off} \geq \pi_\theta^{No\,Threat} \leftrightarrow A\Psi(\varphi) \geq f_E / \left[\left(\frac{1}{\bar{w}_F} \right)^{\varepsilon-1} - \left(\frac{1}{w_\theta^{No\,Threat}} \right)^{\varepsilon-1} \right]$$

$$\equiv f_E / \underline{\Omega} \tag{2.10}$$

여기서 $\underline{\Omega}$는 조건 (2.10)의 분모를 간략히 나타내기 위한 기호이다. 그리고 (2.10)의 조건을 만족하는 경우, 협상임금은 위협효과로 낮아진 임금 수준인 w_{θ}^{Threat}가 되고 기업의 국내생산 이윤은 (2.9)와 같다. 하지만 (2.10)의 조건을 만족한다고 하더라도, 위협효과하에서의 이윤 (2.9)가 해외생산 이윤 (2.4)보다 낮다면 기업은 해외생산을 선택하게 될 것이다. 따라서 위협효과가 나타날 조건은 해외생산이 국내생산보다 더 수지가 맞지만 위협효과하에서 임금을 낮추어 국내생산을 하는 것보다는 이윤이 적어야 한다. 즉, $\pi_{\theta}^{off} \geq \pi_{\theta}^{No\ Threat}$를 만족하는 동시에 $\pi^{off} \leq \pi^{Threat}$을 만족하는 경우에 위협효과를 수반한 국내생산이 기업의 생산 방식이 된다. 이를 정리하면 다음의 결과 2.2를 얻는다.

> **결과 2.2(생산입지 선택과 위협효과):** 주어진 조건과 모형에서 기업 θ의 생산 방식과 위협효과 간의 관계는 다음과 같다.
> (1) 만일 $A\Psi(\varphi) \in [0, f_E/\underline{\Omega}]$라면, 국내에서 생산하며 위협효과는 나타나지 않는다.
> (2) 만일 $A\Psi(\varphi) \in [f_E/\underline{\Omega}, f_E/\bar{\Omega}]$라면, 국내에서 생산하며 위협효과가 나타난다.
> (3) 만일 $A\Psi(\varphi) \in [f_E/\bar{\Omega}, \infty]$라면, 해외에서 생산한다.
> 이때 $\underline{\Omega} \equiv \left[(1/\bar{w}_F)^{\varepsilon-1} - \left(1/w_{\theta}^{No\ Threat}\right)^{\varepsilon-1}\right]$ 이며, $\bar{\Omega} \equiv \left[(1/\bar{w}_F)^{\varepsilon-1} - \left(1/w_{\theta}^{Threat}\right)^{\varepsilon-1}\right]$이다.

증명: $\pi_{\theta}^{off} \leq \pi_{\theta}^{No\ Threat} \Leftrightarrow A\Psi(\varphi) \in [0, f_E/\underline{\Omega}]$ 라면, 해외이전이 국내생산보다 수익이 낮으므로 기업은 국내에서 생산한다. 그리고 노조도 이 경우 해외이전이 수익성 낮은 생산 방법임을 알고 있으므로 위협효과는 나타나지 않는다. 반면 $\pi^{off} \geq \pi^{Threat} \Leftrightarrow A\Psi(\varphi) \in$

$[f_E/\bar{\Omega}, \infty]$ 라면, 해외생산이 국내생산보다 언제나 수익성이 높기 때문에 기업은 해외에서 생산한다. 여기서 $\bar{\Omega}$는 $\pi^{off} \leq \pi^{Threat}$에서 얻어지는 경계값이다. 하지만 $\pi_{\theta}^{off} \geq \pi_{\theta}^{No\ Threat}$ & $\pi^{off} \leq \pi^{Threat} \Leftrightarrow A\Psi(\varphi) \in [f_E/\underline{\Omega}, f_E/\bar{\Omega}]$ 라면, 해외생산은 위협효과 없는 국내생산보다 수익성이 높으므로 해외이전 위협이 신뢰성 있는 위협이며, 위협효과하에서 국내생산이 해외생산보다 이윤이 크기 때문에 기업은 해외생산을 선택하기보다는 해외생산을 협상 카드로 활용하여 국내에서 생산한다.

<그림 2.1>은 $(A\Psi(\varphi), \pi)$ 평면에서 기업이 선택할 수 있는 세 가지 생산 방식—즉, 위협효과 없는 국내생산(No Threat), 위협효과를 수반한 국내생산(Threat), 해외생산(Offshoring)—에서의 기업이윤과 기업의 최적 선택, 그리고 결과 2.2의 결과를 보여 준다. $A\Psi(\varphi)$는 기업의 생산성이 반영된 실효 시장 규모임을 이해하자. <그림 2.1>과 결과 2.2가 보여 주는 것은 다음과 같다. 만일 기업의 실효 시장 규모가 작다면, 초기 투자비용 E를 수반하는 해외이전은 수익성이 없고 따라서 해외이전의 위협도 신뢰성이 없다. 반면, 기업의 실효 시장 규모가 매우 크다면, 기업은 초기 투자비용을 부담하더라도 해외에서 생산하는 것이 무조건 수익성이 높으며 국내생산은 고려하지 않는다. 하지만 실효 시장 규모가 중간이라면, 실제 해외이전보다는 해외이전을 위협으로 임금을 낮추고 국내에서 생산하는 것이 기업에게는 더 수지맞는 선택이 될 수 있다.

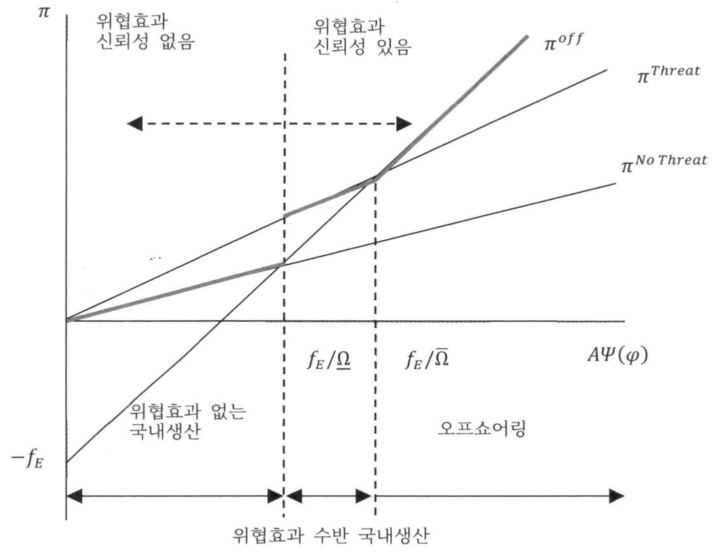

그림 2.1 기업의 생산입지 선택과 위협효과(결과 2.2)

결과 2.2를 기업의 생산성에 대해 정리하면, 기업의 생산성에 따른 생산입지와 위협효과에 대한 다음과 같은 결과를 얻을 수 있다.

> **결과 2.3:** 주어진 조건과 모형에서 기업 θ의 생산성과 생산 방식 및 위협효과 간의 관계는 다음과 같다.
>
> (1) 만일 $\Psi(\varphi) \in \left[0, f + f_E/A\underline{\Omega}\right]$라면, 국내에서 생산하며 위협효과는 나타나지 않는다.
>
> (2) 만일 $\Psi(\varphi) \in \left[f_E/A\underline{\Omega}, f_E/A\bar{\Omega}\right]$라면, 국내에서 생산하며 위협효과가 나타난다.
>
> (3) 만일 $\Psi(\varphi) \in [f_E/A\bar{\Omega}, \infty]$라면, 해외에서 생산한다.

결과 2.3이 보여 주는 것처럼 생산성이 높은 기업은 해외생산의 각종 비용을 감당할 수 있기 때문에 해외생산이 언제나 최선의 생산 방식이다. 반면 생산성이 낮은 기업은 그러한 비용을 감당하지 못하기 때문에 국내에서 생산하며, 임금협상에서 해외이전의 위협이 신뢰성을 가지지 못한다. 하지만 생산성이 해외생산을 할 수 있을 정도는 되지만 충분히 높지 않은 기업은 실제로 해외생산에 나서는 대신 해외이전을 협상 카드로 이용하여 국내임금을 낮추면서 국내에 남아 생산하는 것이 최선의 선택이 될 수 있다.

(2) 시장균형에서의 위협효과

결과 2.2는 기업이 임금협상에서 해외이전 위협을 활용할 수 있는지 여부가 해당 기업 상품에 대한 수요의 크기에 의존함을 보여 준다. 하지만 개별 기업 상품에 대한 수요는 외생적으로 주어지는 것이 아니라, 일반적으로는 시장경쟁에 따라 결정된다. 따라서 결과 2.2와 같이 개별 기업의 선택 조건만 살펴보는 것으로는 충분하지 않으며, 시장균형에서 위협효과가 나타날 조건을 살펴볼 필요가 있다. 따라서 모든 기업은 동일하게 위협효과 없는 국내생산, 위협효과를 수반한 국내생산, 해외생산 등 세 가지 생산 방식을 가진다. 여기서는 세 가지 생산 방식 중, 우리의 관심인 위협효과를 수반한 국내생산이 시장균형이 될 수 있는 조건을 살펴보도록 한다. 앞으로 해당 시장균형을 위협균형이라고 부를 것이다.

시장균형을 살펴보기 위해서는 일반균형에서 생산요소 시장의 청산 조건을 적용하는 것이 일반적이다. 하지만 위협균형이 시장균형이 될 조건을 구하는 것이 우리의 목적이므로 여기서는 시장균형의 성질(즉, 이탈 유인이 존재하지 않는다는 성질)에서 시장균형 조건을 찾아보도록 한다. 먼저 위협균형이 시장균형이라고 가정하자. 그리고 지금까지 무시하고 있던 생산의 고정비용 B를 되살리도록 한다.

위협균형이 독점적 경쟁균형이 되기 위해서는 독점조건과 경쟁조건을 만족해야 한다. 이 중 독점조건은 개별 기업의 독점이윤에 반영되어 있다. 남아 있는 조건인 경쟁조건은 개별 기업의 이윤이 정상이윤이 될 조건이며, 해당 조건에서 시장균형에서의 개별 기업에 대한 실효 시장 규모 $\hat{A}\Psi(\varphi)$를 얻을 수 있다.

$$\pi^{Threat} = \hat{A}\Psi(\varphi)\left(\frac{1}{w^{Threat}}\right)^{\varepsilon-1} - f_B = 0 \rightarrow \hat{A}\Psi(\varphi)$$
$$= f_B(w^{Threat})^{\varepsilon-1} \tag{2.11}$$

다시 말해, 경쟁조건을 만족하는 독점적 경쟁시장의 균형에서 개별 기업 상품에 대한 실효 시장 규모는 (2.11)과 같다. 그런데 이 시장균형이 위협균형이 되기 위해서는 결과 2.2의 두 번째 조건을 만족해야 한다. 따라서 위협균형이 독점적 경쟁균형이 될 조건은 다음과 같다.

$$\hat{A}\Psi(\varphi) \in \left[\frac{f_E}{\underline{\Omega}}, \frac{f_E}{\bar{\Omega}}\right] \leftrightarrow (w^{Threat})^{\varepsilon-1}\underline{\Omega} \le \frac{f_E}{f_B} \le (w^{Threat})^{\varepsilon-1}\bar{\Omega} \tag{2.12}$$

결과 2.4: 주어진 조건과 모형에서 f_E/f_B이 $f_E/f_B \in \left[(w^{Threat})^{\varepsilon-1}\underline{\Omega}, (w^{Threat})^{\varepsilon-1}\bar{\Omega}\right]$을 만족한다면, 위협균형은 독점적 경쟁균형이다.

증명: $w^{No\,Threat} \ge w^{Threat}$이므로 $\bar{\Omega} \ge \underline{\Omega}$의 관계를 만족한다. 따라서 (2.12)의 부등식을 만족하는 f_E/f_B가 존재한다.

결과 2.4를 이해하기 위해 f_E/f_B가 해외생산 고정비용의 상대적 크기임을 알자. f_E/f_B가 충분히 크다면, 기업들이 국내에서 생산하는 균형이 시장균형이 될 것임은 자명하다. 나아가, 이 경우에는 해외생산의 위협도 노조에게 먹히지 않는다. 반면 f_E/f_B가 매우 작다면, 기업들은 국내에서 생산할 유인이 없으므로 해외생산 균형이 시장균형이 될 것이다. 하지만 f_E/f_B가 해외생산이 가능한 수준이기는 하나 협상임금을 다소 낮출 수만 있다면 국내에서 생산하는 것이 유리할 경우, 기업들은 굳이 해외로 생산설비를 이전하기보다 해외이전 가능성을 내비치면서 임금을 깎고 국내에서 생산하는 것을 선호하며, 위협균형이 시장균형이 된다.

3) 위협효과의 증거

지금까지 기업의 해외이전 가능성이 임금협상 과정에서 협상임금을 낮출 수 있는 실제적인 위협이 될 수 있으며, 이러한 위협효과가 발현할 수 있는 조건을 이론적으로 살펴보았다. 그런데 임금을 억제하는 위협효과가 이론적으로 가능한지와, 그것이 현실에서 실제로 나타나는지는 별개의 문제이다. 많은 이들이 본국기업의 해외이전이 일자리와 임금에 위협이 됨을 알고는 있지만, 이런 위협이 임금협상에 실제로 어떤 영향을 미쳤는지에 대해서는 별다른 연구가 이루어지지 않았다. 위협효과를 관찰하기 어려운 가장 큰 이유는 그것이 눈에 보이지 않는 암묵적인 효과라는 점이다. 모두가 인지는 하고 있지만, 해외이전 가능성이 어떻게 영향을 미쳤는지는 관찰이 되지 않기 때문에 위협효과를 확인하기가 쉽지 않다. 여기에서는 위협효과를 확인한 Jeon & Kwon(2018)의 실증분석 결과를 소개하도록 한다.

미시기업 데이터에서 관찰되는 기업은 크게 국내생산만 하는 기업과 국내생산과 해외생산을 함께 하는 기업으로 구분된다. 그리고 위협효과는 두 부류의 기업 모두에서 나타날 수 있다. 해외생산을 하는 기업이라면, 국내생산을 해외생산으로 전환할 수 있으며 이러한 가능성은 국내의 임금협상 과정에서 위협이 될 수 있다. 당연히 이것도 위협효과이다. 국내생산만 하는 기업 중에서 해외생산이 가능한 기업이라면, 해외생산 가능성을 암묵적인 협상 카드로 활용할 수 있으며 협상임금을 낮출 수 있다. 이러한 위협효과는 바로 앞의 이론 모형에서 살펴본 위협효과이다. 그런데 전자의 위협효과는 모든 해외생산 기업에서 나타날 수 있기 때문에 위협효과를 분리하여 살펴보기 쉽지 않은 데 반해 후자의 위협효과는 해외생산이 가능한 기업과 해외생산이 어려운 기업 간의 임금을 비교함으로써 위협효과를 살펴볼 수 있다. 이를 위해 시장에서 관찰되는 기업을 다음 표와 같이 네 가지 그룹으로 나누어 생각해 보자.

표 2.1 시장에서 관찰되는 기업의 분류

		해외생산 가능성	
		가능성 높음	가능성 낮음
실제 해외 생산 여부	국내생산	그룹 2 위협효과 & 국내생산	그룹 1 위협효과 X & 국내생산
	해외생산	그룹 3	그룹 4

[표 2.1]의 기업 분류 중 국내생산 기업과 해외생산 기업은 데이터에서 쉽게 관찰이 된다. 반면, 해외이전 위협의 신뢰성을 보여 주는

해외생산 가능성은 관찰되지 않는 속성이다. 하지만 기업의 속성으로부터 해외생산 가능성을 추정할 수는 있다. 즉, 기업의 속성을 통해 해당 기업이 얼마나 해외생산이 가능한 기업인지를 유추할 수 있으며, 그로 미루어 관찰되는 기업을 해외생산 가능성이 높은 기업과 낮은 기업으로 구분할 수도 있다.

해외생산 가능성에 영향을 미치는 다양한 기업의 속성이 있겠지만, 여러 연구들에서 가장 잘 알려진 속성은 바로 기업의 생산성이다. Helpman et al.(2004)을 비롯한 여러 연구들에서 확인하고 있는 것처럼 해외생산 기업은 대체로 생산성이 높으며, 생산성이 낮은 기업은 국내에서 생산하는 경향이 있다. 따라서 관찰 가능한 속성인 기업의 생산성은 해당 기업의 해외생산 가능성을 보여 주는 지표로 이용할 수 있다. 가장 간단한 방식으로는 해외생산 기업의 평균 생산성을 기준으로 삼는 방식을 생각해 볼 수 있을 것이다. 국내생산 기업 중 해외생산 기업의 평균 생산성을 상회하는 기업이라면, 해외생산이 가능한데 국내에서 생산하는 기업으로 판단할 수 있으며, 국내생산 기업 중 해외생산 기업의 평균 생산성보다 낮은 기업이라면 해외생산 가능성이 높지 않은 기업으로 판단할 수 있을 것이다. Jeon & Kwon은 이러한 기준으로 국내생산 기업을 해외생산 가능성이 높은 기업(그룹 2)과 해외생산 가능성이 낮은 기업(그룹 1)으로 구분하였다. 그런 후 다음 식을 이용하여 기업의 협상임금 상승률을 추정하였다.

$$\begin{cases} w_{0,i} = \alpha_0 + X_{0i}\beta + \delta_{0i} group2_i + \varepsilon_{0i} & \text{if } foreign_i = 0 \\ w_{1,i} = \alpha_1 + X_{1i}\beta + \delta_{1i} group2\_c_i + \varepsilon_{1i} & \text{if } foreign_i = 1 \end{cases} \tag{2.13}$$

(2.13)의 첫 번째 식은 해외생산을 하지 않는 기업에 대한 협상임금 상승률 추정식이며, 그룹 2 기업인지 여부에 대한 더미변수 $group2_i$ 의 추정계수가 바로 위협효과를 반영하는 추정계수이다. (2.13)의 두 번째 식은 추정식의 정확성을 높이기 위해 해외생산 기업에 대해서도 협상임금 상승률을 추정하는 식이며, $group2_c_i$는 그룹 3의 기업을 구분하기 위한 보완 더미변수(complement dummy variable)이다.

다음의 [표 2.2]는 「사업체패널조사」를 이용하여 국내 사업체를 대상으로 (2.13)을 내생적 전환 회귀분석 모형(Endogenous Switching Regression Model)으로 추정한 결과를 보여 준다. [표 2.2]의 결과는 국내생산 기업 중 해외생산 가능성이 높은 기업의 협상임금 상승률이 다른 기업보다 유의하게 낮음을 보여 주며, 이는 위협효과가 존재함을 암시한다.[42]

표 2.2 위협효과의 추정 결과

	$foreign_i = 0$	$foreign_i = 1$	Selection
$unionratio_i$	0.104*** (0.012)	0.106*** (0.014)	-
$salesgrowth_i$	0.097 (0.092)	0.003 (0.065)	-
$profitasset_i$	0.108 (0.189)	-0.017 (0.022)	-
$group2_i$	-0.282** (0.127)	-	-
$group2\_c_i$	-	0.229* (0.125)	-
$\ln prod_i$	-	-	0.289***

42 자세한 결과는 Jeon & Kwon(2018)을 참조하라.

			(0.035)
$firmage_i$	-	-	0.009*** (0.003)
$ln\,emp_i$	-	-	0.408*** (0.038)
$inassetratio_i$	-	-	28.825 (21.653)
Constant	1.113*** (0.111)	1.073*** (0.245)	-6.457*** (0.448)
Observations	1,664		

1) 괄호 안의 값은 표준편차

2) * 10% 신뢰성, ** 5% 신뢰성, *** 1% 신뢰성

출처: Jeon & Kwon(2018)

4) 결론 및 요약

지금까지 기업과 노동자의 임금협상 과정에서 기업의 해외이전 가능성으로 인한 위협효과를 살펴보았다. 특히, 협상 모형과 해외이전 가능성을 결합한 Jeon & Kwon 모형을 살펴보았는데, 해당 모형은 향후 몇 장에 걸쳐 위협효과가 기업과 노조, 기업과 정부 간의 다양한 협상에 미치는 영향을 분석하는 기본 모형으로 활용될 것이다.

그리고 Jeon & Kwon 모형을 이용하여, 기업이 해외이전 대신 해외이전 위협을 통해 협상임금을 낮추며 국내에서 생산하기 위한 조건을 살펴보았다. 본 절의 결과들은 해외이전 비용이 아주 낮거나 높지 않아서 해외이전의 수익성은 있지만, 그 수익성이 크지 않은 경우에 기업들이 해외로 생산설비를 이전하는 대신 국내에서 해외이전을 임금협상 카드로 활용할 유인이 있음을 보여 준다. 나아가 Jeon & Kwon의 실증분석 결과를 통해 위협효과가 존재함도 살펴보았다.

그런데 본 절에서는 모든 노동자의 임금에 일괄적으로 동일하게

작용하는 단순한 위협효과만 살펴보았다. 하지만 현실에서의 위협효과는 보다 복잡한 형태를 띨 수 있으며, 특히 해외이전의 위협은 노동자에 따라 상이할 가능성이 높다. 예를 들자면, 해외이전이 어려운 직무에 종사하는 노동자에게 해외이전은 그다지 큰 위협이 되지 않는 반면, 해외이전이 용이한 업무 종사자에게는 직접적인 위협이 된다. 따라서 본 절의 위협효과는 상이한 노동자에 대한 위협효과로 확장할 필요가 있으며, 이는 곧 다음 절의 주제이다.

2. 기업의 해외이전 위협과 임금격차

앞 절에서 살펴본 임금협상에서 해외이전의 위협효과는 모든 노동자들을 동일하게 취급하는 단순한 모형이었다. 즉, 하나의 노동자 대표와 기업간의 임금협상을 고려하고 있으며, 위협효과는 모든 노동자에게 동일하게 작용하는 것으로 가정하였다. 하지만 노동자들은 동일하지 않으며, 기업의 해외이전 위협은 서로 다른 노동자들에게 다르게 작용할 가능성이 있다. 이에 본 절에서는 노동자들을 숙련노동자와 저숙련노동자로 구분하여, 기업의 해외이전 위협이 각 노동자들에게 어떻게 영향을 미치는지를 살펴보도록 한다.

본격적인 분석에 들어가기 앞서 지금까지 살펴본 Jeon & Kwon 모형의 아이디어를 숙련노동자와 저숙련노동자에게 적용해 보자. 일반적으로 국내생산을 해외생산으로 대체하기 쉬운 업무는 저숙련업무일 가능성이 높다. 따라서 해외이전 위협에 더 크게 노출되는 노동자는 단순 업무 또는 저숙련업무에 종사하는 저숙련노동자일 가능성이 높다. 그렇다면, 이는 해외이전 위협으로 인해 숙련노동자와 저숙련노동자 간의 임금격차가 더 확대될 가능성이 있음을 암시한다. 이러한 현상이 중요한 것은 위협효과가 실제로 생산의 해외이전을 수반하지 않는 보이지 않는 효과라는 점이다. 숙련노동자와 저숙련노동자 간의 임금격차(또는 숙련 프리미엄)의 확대는 광범위하게 관찰되는 현상이며(Freeman, 1995; Topel, 1997; Acemoglu, 2003a), 기업활동의 세계화는 임금격차 확대의 한 요인으로 주목받고 있다(Slaughter, 1999). 하지만 위협효과로 임금격차가 확대된다면, 실제로 기업의 생산 활동의 세계화가 관찰되지 않는다 하더라도 세계화의 가능성만으로도 임금 불균형이 확대될 수 있음을 의미한다. 나아가 눈에 보이는 세계경제의 통합과 기업 활동의 세계화로 인한 임금격차 확대효과가 과소평가될 가능성도 암시한다.

이에 본 절에서는 앞서 살펴본 Jeon & Kwon 모형을 확장하여, 기업의 해외이전 가능성이 국내생산 기업에서 숙련노동과 저숙련노동 간 임금격차를 확대할 수 있음을 살펴보도록 한다.[43] 한편, 기업의 해외이전 위협이 임금협상 과정에서 숙련노동과 저숙련노동에 미치는 영향은 두 노동 간의 관계에 따라 상이할 가능성이 있다. 만일 두 노동이 상호 대체적 생산요소라면, 해외이전 가능성으로 인한 저숙련노동의 임금 하락은 숙련노동에 대한 수요 감소로 이어질 수 있다.

---

43 본 절의 주요 내용은 권철우·황욱(2018)과 Jeon & Kwon(2021)을 정리한 것이다. 보다 자세한 논의는 해당 논문을 참고하라. 본 절은 저자들의 논문이 게재된 학술지 『국제통상연구』(한국국제통상학회 발행) 및 *International Journal of Economic Theory*(Wilely 출판사 발행)로부터 각색·해설 목적의 재사용 허락을 받아 작성되었다. 이에 깊이 감사드린다.

숙련노동이 저숙련노동의 업무를 수행할 수 있는 많은 경우에서 이러한 관계가 나타날 수 있을 것이다. 한편, 생산 과정에서 숙련노동과 저숙련노동이 하나의 팀을 구성하는 경우, 이 같은 관계를 생각해보자. 이 경우, 두 노동을 상호 보완적 성격을 가지는 생산요소로 간주할 수 있으며, 저숙련노동에 대한 해외이전 위협효과는 한 팀을 구성하는 숙련노동에도 간접적으로 영향을 미칠 수 있다. 따라서 본 절에서는 숙련노동과 저숙련노동이 대체관계에 있는 경우를 살펴본 후, 보완관계에 있는 경우도 추가로 살펴보도록 한다.

1) 상이한 노동하에서 위협효과 모형

(1) 수요와 생산기술

제2장 1절에서는 노동이 균질적인 경우로 국한하여, 기업의 해외이전 위협이 균질적인 노동의 임금협상에 미치는 위협효과를 살펴보았다. 본 절에서는 상이한 노동(즉, 저숙련노동과 숙련노동)이 존재하는 경우 해외이전의 위협이 임금협상에 미치는 영향을 살펴본다. 분석 모형은 제2장 1절에서 살펴본 Jeon & Kwon 모형을 이용한다.

본국과 외국이 있으며, 본국의 대표 소비자는 기업 θ가 생산하는 차별화된 상품 $\theta \in \Theta$에 대해 다음의 역수요함수를 가진다고 하자.

$$x_\theta = Ap_\theta^{-\varepsilon},\ \varepsilon > 1 \tag{1.36}$$

여기서 $A > 0$은 기업 θ의 상품에 대한 수요의 크기를 나타내는 매개변수이며, Θ는 차별화된 상품의 집합이다. 그리고 x_θ와 p_θ는 각

각 상품 θ에 대한 수요량과 해당 상품의 가격이다.[44]

한편 개별 기업 θ는 두 업무 L과 H를 결합하여 고유의 차별화된 상품 $\theta \in \Theta$를 생산한다고 하자. L은 1단위 저숙련노동으로 수행되는 저숙련업무이며, H는 1단위 숙련노동으로 수행되는 숙련업무이다.[45] 구체적으로 개별 기업 θ는 다음과 같은 Cobb-Doublas 생산함수를 가지는 것으로 간주하자.

$$x_\theta = \varphi_\theta \left(\frac{L_\theta}{\alpha}\right)^\alpha \left(\frac{H_\theta}{1-\alpha}\right)^{1-\alpha}, \ \alpha \in \left[0, \frac{1}{2}\right) \tag{2.14}$$

여기서 φ_θ는 해당 기업의 생산성이며, 편의상 차별화된 상품을 생산하는 모든 기업의 생산성은 동일한 것으로 가정하자($\varphi_\theta = \varphi$).[46] 매개변수 α와 $1-\alpha$는 각각 저숙련노동과 숙련노동의 생산량 탄력성으로, $\alpha < 1/2$는 저숙련노동의 생산성이 숙련노동보다 낮음을 의미한다. 주어진 생산함수하에서 개별 기업 θ의 단위생산비용은 다음과 같다.

$$mc(w_u, w_s; \varphi) = \frac{1}{\varphi}(w_u)^\alpha (w_s)^{1-\alpha} \equiv \frac{1}{\varphi} mc_0(w_u, w_s) \tag{2.15}$$

여기서 아래첨자 u와 s는 각각 저숙련노동(unskilled labor)과 숙련노

44 수요의 자세한 도출 과정은 제1장 2절을 참고하라.

45 L을 저숙련노동, H를 숙련노동으로 간주해도 무방하다. 하지만 기업의 오프쇼어링을 국내 노동력을 해외 노동력으로 전환하는 것으로 생각하는 것보다는 업무를 해외로 이전하는 것으로 생각하는 것이 보다 직관적이면서도 설득력 있는 설명이다. 오프쇼어링을 업무의 이전으로 간주하는 모형은 Grossman & Rossi-Hansberg(2008, 2012)에서 찾아볼 수 있다.

46 각 기업의 생산성이 상이한 Melitz 모형(2003)을 고려할 수도 있다. 하지만 본 모형이 보이고자 하는 결과는 기업 상이성을 고려하지 않아도 도출할 수 있으므로, 불필요한 복잡함을 피하기 위해 Melitz 모형은 고려하지 않도록 한다.

동(skilled labor)을 의미한다. 그리고 $mc_0(w_u, w_s) = mc(w_u, w_s; \varphi = 1)$이며, 표현의 간결성을 위해 정의한 기준 생산성($\varphi = 1$)하에서 기준 한계비용이다. 나아가 Shepard 정리를 이용하여 얻을 수 있는, 해당 기업의 저숙련노동과 숙련노동에 대한 수요는 다음과 같다.

$$l_u(w_u, w_s; \varphi) = \frac{\alpha}{\varphi}\left(\frac{w_s}{w_u}\right)^{1-\alpha} x_\theta(w_u, w_s; \varphi) \qquad (2.16)$$

$$l_s(w_u, w_s; \varphi) = \frac{1-\alpha}{\varphi}\left(\frac{w_u}{w_s}\right)^{\alpha} x_\theta(w_u, w_s; \varphi) \qquad (2.17)$$

다음으로 업무의 해외이전 가능성을 생각해 보자. 숙련업무는 전문성을 가진 노동자에 의해 수행되는 업무이며, 본국의 숙련노동자만이 해당 전문성을 가지고 있다고 가정하자. 따라서 숙련업무는 해외이전이 불가능하다. 반면, 저숙련업무는 어느 국가에서나 수행할 수 있는 범용성을 가지는 업무이며, 필요에 따라 해외이전이 가능한 업무이다.[47] 제2장 1절에서 가정한 것과 동일하게 기업 θ가 저숙련업무를 해외로 이전하는 경우, 가장 낮은 저숙련임금을 제시하는 국가를 선택하여 이전하는 일종의 경매 과정을 거친다고 가정하자. 따라서 저숙련업무를 해외이전하면 국제 저숙련 경쟁임금 $\overline{w}_u^F$으로 저숙련업무를 수행할 수 있다고 생각할 수 있다. 그리고 식 (2.15)의 저숙련노동 임금을 w_u 대신 $w_u^{i=\{H,F\}}$로 고쳐 쓴다면, 기업의 단위생산비용을 저숙련업무의 해외이전 가능성을 반영한 형태로 고쳐 쓸 수 있다. 나아가 저숙련업무가 해외이전된 경우 본국 내 저숙련노동

47 해외이전이 가능한 저숙련업무와 해외이전이 불가능한 숙련업무에 대한 가정은 Grossman and Rossi-Hansberg(2008)에서도 발견할 수 있다.

수요는 0이며, 숙련노동 수요는 $l_s(\overline{w}_u^F, w_s;\, \varphi)$가 된다. 또한 제2장 1절에서 가정한 것과 마찬가지로 저숙련업무를 해외이전하는 경우, 해외이전 고정비용 $f_{E\theta}$가 발생한다고 가정한다. 숙련업무와 저숙련업무를 각각 중간재 H와 중간재 L로 간주한다면, 기업의 해외이전 모형은 제1장 3절에서 살펴본 수직적 오프쇼어링 모형과 동일함에 유의하자.

마지막으로 차별화된 상품시장은 모든 기업이 동일한 생산성을 가지고 있는 독점적 경쟁시장이라고 하자. 독점적 경쟁시장에서 개별기업 θ는 자신이 생산하는 상품에 대해 독점기업이므로, 주어진 수요함수와 생산기술하에서 해당 기업의 독점이윤과 독점생산량은 다음과 같다.

$$\pi_i(w_u^i, w_s;\, \varphi,\, \Gamma_i) = A\Psi(\varphi)\left(\frac{1}{mc_0(w_u^i, w_s)}\right)^{\epsilon-1} - \Gamma_\theta^i$$

$$\equiv o\pi(w_u^i, w_s;\, \varphi) - \Gamma_\theta^i \tag{2.18}$$

$$x_i(w_u^i,\, w_s;\, \varphi) = A\Psi(\varphi)\left(\frac{1}{mc_0(w_u^i, w_s)}\right)^{\epsilon} \tag{2.19}$$

여기서 첨자 $i = \{H, F\}$는 저숙련업무의 생산 위치를 나타내며, Γ_θ^i는 기업 θ가 저숙련업무를 i국에서 수행하는 경우의 고정비용이다. 그리고 제1장 1절과 제2장 1절에서 정의한 바와 같이 $\Psi(\varphi_\theta) \equiv (1/\epsilon)[\varphi_\theta(\varepsilon - 1)/\epsilon]^{\varepsilon-1}$이며, 표현식을 간단히 하기 위해 도입한 기호이다. $o\pi(\cdot)$은 이윤에서 고정비용을 제외한 이윤, 즉 운영이윤(operating profit)을 의미한다.

식 (2.18)과 (2.19)는 기본적으로 제2장 1절의 (2.6), (2.7)과 동일한

형태이며, 상이한 두 형태의 노동을 고려하기 때문에 한계생산비용이 w_θ에서 $mc_0(w_u^i, w_s)$으로 달라진 점만 다르다. (2.16)과 (2.17)의 저숙련노동과 숙련노동 수요를 생산량 (2.19)와 결합하면 다음과 같이 나타낼 수 있다.

$$l_u(w_u, w_s;\ \varphi) = A\left(\frac{\epsilon-1}{\epsilon}\right)^{\epsilon}\left(\frac{\alpha}{\varphi}\right)w_s^{-\epsilon}\left(\frac{w_s}{w_u}\right)^{1-\alpha-\alpha\epsilon} \qquad (2.16')$$

$$l_s(w_u, w_s;\ \varphi) = A\left(\frac{\epsilon-1}{\epsilon}\right)^{\epsilon}\left(\frac{1-\alpha}{\varphi}\right)w_s^{-\epsilon}\left(\frac{w_u}{w_s}\right)^{\alpha(1-\epsilon)} \qquad (2.17')$$

(2) 임금협상과 해외생산 선택

이제 차별화된 상품시장에서 기업의 임금협상과 해외생산 선택을 살펴보자. 제2장 1절에서 살펴본 것과 유사하게 차별화된 상품시장 내 기업들은 다음과 같은 3단계 순차적 게임을 통해 임금협상과 생산지를 선택한다.

1단계(생산지 선택): 개별 기업 θ는 본국과 외국 중에서 저숙련업무의 생산입지를 선택한다. 만일 해외생산을 선택하는 경우, 해외생산의 고정비용 $f_{E\theta}$가 발생하지만, 저렴한 국제 저숙련 경쟁임금 $\overline{w}_u^F$로 생산할 수 있다. 저숙련업무와 달리 숙련업무는 언제나 국내에서만 생산 가능하다.

2단계(임금협상): 1단계의 생산입지 선택에 따라 해당 기업은 본국 내 노동자들과 임금협상을 한다. 만일 저숙련업무를 국내에서 수행하기로 했다면, 기업 θ는 본국의 숙련 및 저숙련노동자 대표들과 각각 동시에 임금협상을 한다. 제2장 1절에서 고려한 게임과 마찬가지로 저숙련노동자들과의 임금협상이 결렬되면, 해당 기업은 수익성을 고려하여 저숙련업무를 해외로 이전할 수 있다. 반면, 숙련업무는 해외이전이 불가능하기 때문에 숙련노동자와의 임금협상이 결렬되면, 기업은 불가피하게 생산을 중단하고 시장에서 철수한다.

3단계(생산량 선택): 본국 내 생산설비에서 생산하고 있는 기업 θ는 저숙련노동자의 노조 대표와 임금을 협상한다. 만일 임금협상이 성공하면, 해당 기업은 국내에 남아 생산을 계속한다. 그러나 임금협상이 실패하면, 기업은 2단계에서 해외국가로의 오프쇼어링을 고려할 수 있으며 노동자들은 기준재 산업으로 이직하여 시장임금 $\bar{w}_H$을 받는다.

3단계(생산량 선택): 이전 두 단계 게임에서 결정된 생산입지와 협상 임금하에서 기업 θ는 이윤 극대화 독점생산량을 선택하여 생산한다. 그리고 생산 과정에서는 고정비용 $f_{B\theta}$가 발생한다.

위의 3단계 게임은 상이한 노동을 고려하지 않았던 제2장 1절의 게임과 유사하지만 일부 차이점이 있다. 국내에서 저숙련노동자와의 임금협상은 기업이 국내에서 저숙련업무를 수행하는 경우에만 고려된다. 따라서 저숙련업무의 국내수행 여부에 대한 선택이 선행될 필요가 있으며, 이는 주어진 게임의 1단계에 해당된다. 게임의 2단계는 제2장 1절의 게임의 2단계 및 3단계와 유사하지만, 저숙련노동자와 숙련노동자를 대상으로 한 두 가지 임금협상이 동시에 발생한다는 점이 다르다. 또한 해외이전이 불가능한 숙련업무의 특성상, 숙련노동자와의 임금협상이 결렬되면 즉각 생산이 중단된다는 점도 제2장 1절의 게임과 다르다. 이러한 숙련임금협상의 특징으로 인해 해외이전은 숙련노동자에게 직접적인 위협이 되지는 않음에 주목하자. 주어진 게임에서 기업은 숙련노동자 대표 및 저숙련노동자 대표와 독립적으로 임금협상을 함에 유의하자. 이는 기업 내에 숙련노동자 노조와 저숙련노동자 노조가 있으며, 기업이 두 노조와 각각 임금협상을 하는 것으로 생각해도 무방하다.[48] 설명의 편의를 위해 앞으로는 2단계의 임금협상을 두 노조와 기업 간의 임금협상으로 간주하도록 하자.

2단계의 임금협상은 제2장 1절의 모형과 마찬가지로 일반적인 내시 임금협상 게임으로 가정한다. 즉, 임금협상에서 기업과 타입 $i = \{u, s\}$ 노동자 대표의 목적함수는 각각 운영이윤(operating profit)과 해당 타입 노동자들의 임금 총합으로 생각한다. 그리고 기업 θ와 타입 i 노조와의 내시곱은 (1.79)와 동일한, 다음의 형태를 가진다고 하자.

$$\begin{aligned} P_\theta^i &= \left[o\pi\left(w_u^j, w_s; \varphi\right) - \overline{o\pi}_\theta^{ij}\right]^\beta \left[\left(w_i^j - \bar{w}_i\right) l_i\left(w_u^j, w_s; \varphi\right)\right]^{1-\beta} \\ &= \left[o\pi\left(w_u^j, w_s; \varphi\right) - \overline{o\pi}_\theta^{ij}\right]^\beta \left[U_i\left(w_u^j, w_s; \varphi\right)\right]^{1-\beta} \end{aligned} \quad (2.20)$$

여기서 $i = \{u, s\}$와 $j = \{H, F\}$는 각각 노동자의 타입과 저숙련업무의 생산지이다. $\beta \in [0,1]$는 임금협상에서 기업의 협상력이며, 편의상 숙련노동자 및 저숙련노동자와의 임금협상에서 기업의 협상력은 동일하다고 가정한다. $o\pi$는 앞에서 정의한 바 있는 운영이윤이다. $\overline{o\pi}_\theta^{ij}$는

48 두 타입의 노동자와 독립적인 임금협상 체계만 구성되어 있으면, 본 모형의 분석은 유효하다. 따라서 복수노조를 가정할 필요는 없지만, 설명의 편의를 위해 복수노조의 경우를 이용하기로 한다.

기업 θ가 저숙련업무를 j국에서 수행하고 있고 노동자 i와의 임금협상이 결렬될 시 기업의 운영이윤이며, $\overline{w}_i$는 임금협상 결렬 시 노동자 i의 대안임금이다. 그리고 $U_i(w_u^j, w_s; \varphi) \equiv (w_i^j - \overline{w}_i) l_i(w_u^j, w_s; \varphi)$이며, 제2장 1절에서 살펴본 바와 같이 타입 i 노동자 노조의 목적함수이다.

2) 협상임금과 위협효과

주어진 게임에서 기업 θ는 숙련노동자 및 저숙련노동자와 각각의 임금협상을 수행한다. 그리고 각 임금협상은 기업과 노동자의 외부옵션에 의해 특정되며, 기업의 외부옵션은 해외생산 가능 여부에 따라 두 임금협상에서 달라진다.

(1) 숙련노동자와 기업 간의 임금협상

숙련노동자 대표와 기업 간의 임금협상을 우선 생각해 보자. 숙련업무는 해외이전이 불가능한 업무이므로 국내 숙련노동자와의 임금협상이 결렬되면 기업은 기업 폐쇄에 직면하게 된다. 따라서 숙련노동자와의 임금협상에서 기업의 대안이윤은 $\overline{o\pi}_\theta^s = 0$이다. 반면, 숙련노동자들은 임금협상이 결렬될 때 완전경쟁하의 다른 산업으로 이직하여 국내에서의 경쟁 숙련임금 $\overline{w}_s$를 받을 수 있다고 가정하자.[49] 그

49 제1장 2절의 기본 모형에서 살펴본 것처럼 두 재화 모형에서 기준재를 도입하면, 경쟁임금을 내생화할 수 있다. 제1장 2절에서 살펴본 모형은 동질적 노동만 존재하는 단일 생산요소 모형이었지만, 이를 숙련노동과 저숙련노동의 두 생산요소 모형으로 확장할 수도 있다. 하지만 두 재화 일반균형 모형으로 확장함으로써 생기는 모형의 복잡함을 피하고자 국내의 숙련임금과 저숙련임금을 외생적으로 주어진 임금으로 가정하도록 한다.

러면 내시곱 (2.20)은 다음과 같이 숙련노동자와의 임금협상에서의 내시곱으로 나타낼 수 있다.

$$NP_{\theta}^{s} = [o\pi(w_u, w_s; \varphi)]^{\beta}[(w_s - \bar{w}_s)l_s(w_u, w_s; \varphi)]^{1-\beta} \tag{2.21}$$

간단한 대수를 통해 내시곱 (2.21)의 1계 조건을 도출할 수 있으며, 1계 조건으로부터 구한 협상 숙련임금은 다음과 같다.

$$w_s^* = \bar{w}_s\left(1 + \frac{1-\beta}{(1-\alpha)(\epsilon-1)}\right) \tag{2.22}$$

앞에서도 언급한 바와 같이 숙련업무는 해외이전이 불가능하기 때문에 협상 숙련임금 (2.22)에는 위협효과가 존재하지 않는다. 또 하나 유의할 점은 숙련노동자와의 임금협상은 저숙련업무의 해외이전 여부와 무관하다는 점이다.

(2) 저숙련노동자와 기업 간의 임금협상

다음으로 저숙련노동자와 기업 간의 임금협상을 살펴보자. 숙련업무와 달리 저숙련업무는 해외이전이 가능하기 때문에 저숙련노동자와의 임금협상은 숙련노동자와의 협상과 다른 특징이 있다. 무엇보다 저숙련노동자와의 임금협상은 1단계에서 저숙련업무를 국내에서 수행하기로 선택한 경우에만 발생한다. 개별 기업 θ가 국내에서 저숙련업무를 수행하기로 했다 하더라도, 저숙련노동자와의 임금협상은 협상 결렬 시 저숙련업무의 해외이전이 수익성 있는 옵션인지에 따라 달라진다.

제2장 1절에서 살펴본 바와 같이 임금협상 결렬 시 기업이 해외로 저숙련업무를 이전하는 것이 수익성 있는 옵션이라면, 기업의 대안 이윤은 해외생산 (운영)이윤이다. 그리고 해외생산 시 기준 한계비용은 $mc_0(\overline{w}_u^F, w_s) = (\overline{w}_u^F)^\alpha (w_s)^{1-\alpha}$ 이므로 해외생산 (운영)이윤은 다음과 같다.

$$o\pi_\theta(\overline{w}_u^F, w_s;\, \varphi) = A\Psi(\varphi)\left(\frac{1}{\left(\overline{w}_u^F\right)^\alpha (w_s)^{1-\alpha}}\right)^{\epsilon-1} \equiv \overline{o\pi}_\theta^F \tag{2.23}$$

반면, 임금협상 결렬 시 저숙련업무를 해외로 이전하는 것이 불가능하거나 수익성이 없는 경우라면, 임금협상이 실패할 때 해당 기업은 생산을 중단하고 시장에서 이탈하게 된다. 따라서 이 경우의 대안 이윤은 0이다. 그리고 제2장 1절에서 논의한 바와 같이 전자의 경우는 해외이전의 위협효과가 존재하는 경우(Threat)이며, 후자의 경우는 위협효과가 존재하지 않는 경우(No Threat)에 해당한다. 나아가 두 경우에 있어서 저숙련노동자와의 내시곱을 정리하면 다음과 같다.

$$\text{위협효과 존재: } NP_\theta = [o\pi(w_u, w_s; \varphi)]^\beta \left[U_i\left(w_u^j, w_s; \varphi\right)\right]^{1-\beta} \tag{2.24}$$

$$\text{위협효과 부재: } NP_\theta = [o\pi(w_u, w_s; \varphi) - \overline{o\pi}_\theta^F]^\beta \left[U_i\left(w_u^j, w_s; \varphi\right)\right]^{1-\beta} \tag{2.25}$$

여기서 $U_i\left(w_u^j, w_s; \varphi\right) = (w_s - \overline{w}_s) l_s(w_u, w_s; \varphi)$ 이다. 또한 $\overline{w}_s > \overline{w}_u = 1 > \overline{w}_u^F$ 라고 가정하자. 즉, 본국 내 숙련노동의 경쟁임금은 저

숙련노동의 경쟁임금보다 높으며, 외국의 저숙련노동 경쟁임금은 본국보다 저렴하다. 그리고 편의를 위해 저숙련노동의 경쟁임금을 1로 정규화하도록 한다($\overline{w}_U = 1$).

두 경우 저숙련노동자와의 협상임금은 각각의 내시곱 (2.24)와 (2.25)를 극대화하는 협상해이다. 그리고 두 협상해를 비교하면, 해외이전 가능성이 존재함으로써 저숙련노동자의 협상임금을 낮출 수 있는 효과(즉, 위협효과)가 있음을 확인할 수 있다.

> **결과 2.5(위협효과):** 기업의 저숙련업무의 해외이전이 가능한 경우, 해당 기업은 이를 빌미로 저숙련노동자의 협상임금을 낮출 수 있다.

증명: 먼저 위협효과가 존재하지 않는 경우를 생각해 보자. 내시곱 (2.25)가 이에 해당하며, 로그변환한 내시곱을 극대화하는 1계 조건과 그로부터 구해지는 협상임금은 다음과 같다.

$$\beta\left(\frac{1}{o\pi(w_u)}\right)\frac{\partial o\pi(w_u)}{\partial w_u} + (1-\beta)\left(\frac{1}{U(w_u)}\right)\frac{\partial U(w_u)}{\partial w_u} = 0$$

$$\Rightarrow \beta - 1 + (w_u - 1)\alpha(\varepsilon - 1) = 0$$

$$\Rightarrow w_u{}^{No\ Threat} = 1 + \frac{1-\beta}{\alpha(\varepsilon-1)} \quad (2.26)$$

다음으로 위협효과가 존재하지 않는 경우의 내시곱 (2.25)를 살펴보자. 내시곱 (2.24)를 로그변환한 후 1계 조건을 정리하면, 다음과 같이 나타낼 수 있다.

$$
\begin{aligned}
&\frac{\partial \ln(NP_\theta)}{\partial w_u} = 0 \\
&\Rightarrow \beta\left(\frac{1}{o\pi(w_u)-\overline{o\pi}^F}\right)\frac{\partial o\pi(w_u)}{\partial w_u} + (1-\beta)\left(\frac{1}{U(w_u)}\right)\frac{\partial U(w_u)}{\partial w_u} = 0 \\
&\Rightarrow \left[\beta\left(\frac{1}{o\pi(w_u)}\right)\frac{\partial o\pi(w_u)}{\partial w_u} + (1-\beta)\left(\frac{1}{U(w_u)}\right)\frac{\partial U(w_u)}{\partial w_u}\right] \\
&\quad -\beta\left(\frac{1}{o\pi(w_u)-\overline{o\pi}^F}\right)\left(\frac{\overline{o\pi}^F}{o\pi(w_u)}\right)\frac{\partial o\pi(w_u)}{\partial w_u} = 0 \qquad (2.27)
\end{aligned}
$$

위의 1계 조건은 비선형이므로 1계 조건을 만족하는 협상임금을 직접 구하기는 쉽지 않다. 대신 위협효과가 존재하지 않는 경우의 협상임금 $w_u = {w_u}^{No\ Threat}$에서 평가한 (2.27) 좌변의 부호를 살펴보자. (2.27) 좌변의 대괄호 $w_u = {w_u}^{No\ Threat}$ 인 경우의 1계 조건이므로 $w_u = {w_u}^{No\ Threat}$에서 평가한 (2.27)의 좌변은 다음과 같다.

$$
\begin{aligned}
&\left.\frac{\partial \ln(NP_\theta)}{\partial w_u}\right|_{w_u^{No\ Threat}} = \\
&-\beta\left(\frac{1}{o\pi(w_u^{No\ Threat})-\overline{o\pi}^F}\right)\left(\frac{\overline{o\pi}^F}{o\pi(w_u^{No\ Threat})}\right)\left.\frac{\partial o\pi(w_u)}{\partial w_u}\right|_{w_u^{No\ Threat}}
\end{aligned}
$$

그런데 위협효과가 존재하려면 해외이전이 위협효과 없는 국내생산보다 수익성이 있어야 하며, $\overline{o\pi}^F > o\pi(w_u^{No\ Threat})$을 만족해야 한다.[50] 그리고 협상임금이 상승하면 이윤은 감소하므로 $\partial o\pi(w_u)/\partial w_u < 0$이다. 따라서 위 식은 언제나 음의 값을 가진다. 이는 해외이전의 가능성이 존재하는 경우에 임금이 $w_u = {w_u}^{No\ Threat}$이라면, 협상임금을 더 낮추는 것이 최적 협상해임을 의미한다. 즉, $w_u^{Threat} < w_u^{No\ Threat}$이며, 저숙련업무의 해외이전 가능성은 저숙련노동의 협상

50 해외이전이 위협효과 없는 국내생산보다 수익성이 낮으면, 임금협상 결렬 시 해외로 이전하겠다는 기업의 위협은 신뢰성이 없다. 이에 대해서는 조금 뒤에 다시 살펴보기로 하자.

임금을 낮추는 위협효과가 있다.

결과 2.5는 위협효과하에서 명시적인 저숙련임금의 내시협상해를 제공하지는 않는다. 하지만 위협효과하에서의 협상임금이 위협효과가 없을 때보다는 낮음을 보여 준다. 한편, 제1장 4절 내시협상해의 정의에서 살펴본 것처럼 내시협상해는 결렬 보수보다 언제나 큰 값을 가진다. 따라서 위협효과하에서의 저숙련 협상임금은 결렬 시 노동자들의 결렬 보수인 저숙련노동의 경쟁임금보다 높다. 정리하면, 위협효과하에서의 저숙련 협상임금은 다음의 구간에 속하는 임금이다.

결과 2.6: $w_u^{Threat} \in \left(\bar{w}_u = 1, w_u^{No\ Threat} = 1 + \frac{1-\beta}{\alpha(\varepsilon-1)}\right)$ (2.28)

(3) 위협효과가 숙련 프리미엄과 고용에 미치는 영향

이제 해외이전의 위협이 숙련노동자와 저숙련노동자 간의 임금격차, 즉 숙련 프리미엄에 미치는 영향을 살펴보기로 한다. 앞에서 살펴본 것처럼 저숙련업무의 해외이전 가능성은 숙련노동자의 임금에는 아무런 영향을 미치지 않으며, 숙련노동자의 협상임금은 (2.22)로 일정했음을 기억하자. 따라서 위협효과로 인한 숙련 프리미엄 변화는 위협효과로 인한 저숙련노동자의 협상임금 변화에 의해 결정된다. 결과 2.5에서 확인한 것처럼 위협효과로 인해 저숙련노동자의 협상임금이 하락하므로 위협효과는 숙련노동자와 저숙련노동자 간의 임금격차(숙련 프리미엄)를 확대한다.

결과 2.7: 기업의 저숙련업무의 해외이전이 가능한 경우, 실제 해외이전이 발생하지 않는 경우에도 숙련 프리미엄은 확대된다.

증명: 숙련 프리미엄을 $\Delta w_{su} = w_s - w_u$로 정의하자. (2.22)에서 살펴본 것처럼 $w_s^{Threat} = w_s^{No\ Threat} = w_s^*$이며, 결과 2.5에서 확인한 것처럼 $w_U^{Threat} < w_u^{No\ Threat}$이다. 따라서 $\Delta w_{su}^{Threat} = w_s^* - w_u^{Threat} > w_s^* - w_u^{No\ Threat}$이다.

결과 2.7은 저숙련업무의 해외이전 가능성은 저숙련노동자의 협상임금을 낮추지만, 해외이전이 불가능한 숙련업무에 종사하는 숙련노동자의 협상임금은 해외이전과 무관하기 때문에 위협효과로 인해 숙련 프리미엄이 확대됨을 설명한다. 이는 직관에 매우 부합하는 결과이기도 하다. 그런데 결과 2.7은 단순히 직관적인 결과보다 더 많은 것을 내포한다. 그것은 바로 기업의 해외이전이 자유로운 세상에서는 실제로 해외이전이 발생하지 않아도 숙련 프리미엄이 확대될 수 있다는 것이다. 이는 세계화가 우리 주위에서 나타나는 임금격차 확대에 미치는 영향이 과소평가될 수 있음을 의미한다.

한편, 숙련노동자의 협상임금 (2.22)는 위협효과에 영향을 받지 않음을 보여 준다. 그렇다면, 숙련노동자들은 해외이전의 가능성에 아무런 영향을 받지 않는 것일까? 임금만 보면 그렇지만, 고용을 생각하면 그렇지 않다. 비록 숙련노동자의 협상임금은 변하지 않지만, 대체성을 가지는 생산요소인 저숙련노동자의 임금은 위협효과로 인해 하락한다(결과 2.5). 나아가, 위협효과로 인해 하락한 협상임금은 저숙련노동자의 고용을 늘리고, 그로 인해 대체관계에 있는 숙련노동자의 고용이 감소할 수 있다.

> **결과 2.8:** 기업의 저숙련업무의 해외이전이 가능한 경우, 실제 해외이전이 발생하지 않는 경우에도 숙련노동자의 고용은 감소하고 저숙련노동자의 고용은 증가한다.

증명: 결과 2.8은 저숙련노동자와 숙련노동자의 고용량 (2.16′)과 (2.17′)을 위협효과로 인해 하락하는 저숙련임금 w_u 로 편미분하여 확인할 수 있다.

$$\frac{\partial l_u(w_u,w_s;\varphi)}{\partial w_u} = -\frac{1-\alpha-\alpha\epsilon}{w_u} l_u(w_u, w_s;\varphi) < 0$$
$$\frac{\partial l_s(w_u,w_s;\varphi)}{\partial w_u} = \frac{\alpha(1-\epsilon)}{w_s} l_s(w_u, w_s;\varphi) > 0$$

3) 위협효과와 숙련 프리미엄 확대

(1) 개별 기업의 생산입지 선택과 위협효과

결과 2.5에서 살펴본 것처럼 개별 기업 θ가 저숙련업무를 해외로 이전할 수 있으면, 이를 활용하여 국내의 저숙련 협상임금을 낮출 수 있다. 그리고 위협효과로 인해 숙련 협상임금은 변화가 없지만 저숙련임금이 낮아지므로 기업의 국내생산 시 단위생산비용은 절감되며 국내생산의 이윤이 증가할 것이다. 하지만 제2장 1절에서 논의한 바와 같이 기업은 임금협상에서 언제나 해외이전의 위협을 가할 수 있는 것은 아니며, 해외이전의 위협이 신뢰성 있는 경우에만 위협이 가능하다. 즉, 저숙련노동자와의 임금협상이 결렬될 시 저숙련업무를 해외로 이전하는 것이 수익성이 있어야 한다. 여기에서는 저숙련업무의 해외이전 위협이 신뢰성을 가질 조건을 살펴보기로 한다.

주어진 모형에서 개별 기업이 차별화된 상품을 생산하는 방식은 저숙련업무를 국내에서 생산하는 것과 해외에서 생산하는 것이 있다. 그리고 국내생산은 위협효과를 수반하는 국내생산과 위협효과를 수반하지 않는 국내생산으로 나뉠 수 있다. 따라서 기업의 가능한 생산방식은 총 세 가지가 있다. (저숙련업무의) 해외생산(F, H), 위협효과를 수반하는 국내생산(T, H), 위협효과를 수반하지 않는 국내생산(NT, H)이 그것이다. 이윤함수 (2.18)과 주어진 고정비용 구조하에서 각 생산 방식에 따른 기업의 이윤은 다음과 같다.

$$\text{해외생산: } \pi_\theta^{F,H} = A\Psi(\varphi)\left(\frac{1}{mc_0(\bar{w}_u^F, w_s^*)}\right)^{\epsilon-1} - f_{E\theta} - f_{B\theta} \tag{2.29}$$

$$\text{위협효과 있는 국내생산: } \pi_\theta^{T,H} = A\Psi(\varphi)\left(\frac{1}{mc_0(w_u^{Threat}, w_s^*)}\right)^{\epsilon-1} - f_{B\theta} \tag{2.30}$$

$$\text{위협효과 없는 국내생산: } \pi_\theta^{NT,H} = \Psi(\varphi)\left(\frac{1}{mc_0(w_u^{No\,Threat}, w_s^*)}\right)^{\epsilon-1} - f_{B\theta} \tag{2.31}$$

한편, 결과 2.6에서 $1 < w_u^{Threat} < w_u^{No\,Threat}$임을 확인한 바 있음을 기억하자. 그리고 외국의 경쟁임금이 본국의 경쟁임금보다 낮다고 가정하고 있으므로 각 저숙련임금들은 다음의 순서를 만족한다.

$$\bar{w}_u^F < \bar{w}_u = 1 < w_u^{Threat} < w_u^{No\,Threat}$$

그리고 숙련노동의 협상임금과 생산성이 일정하게 주어져 있을 때, 개별 기업의 한계비용 (2.15)는 저숙련임금에 비례하므로 기준 한계비용 간에는 다음의 순서가 성립한다.

$$\begin{aligned} mc_0(\overline{w}_u^F, w_s^*) \equiv mc_0^F < mc_0(w_u^{Threat}, w_s^*) \equiv mc_0^{Threat} \\ < mc_0(w_u^{No\ Threat}, w_s^*) \equiv mc_0^{No\ Threat} \end{aligned} \quad (2.32)$$

이제 세 가지 생산 방식에서의 이윤 (2.29)~(2.31)을 $(A\Psi(\varphi), \pi)$ 공간에 나타내 보자. $(A\Psi(\varphi), \pi)$ 공간에서 이윤은 선형함수이며 기울기는 $\left(1/mc_0(w_u, w_s^*)\right)^{\epsilon-1}$ 이다. <그림 2.2>는 $(A\Psi(\varphi), \pi)$ 공간에 나타난 세 경우의 이윤을 보여 준다.

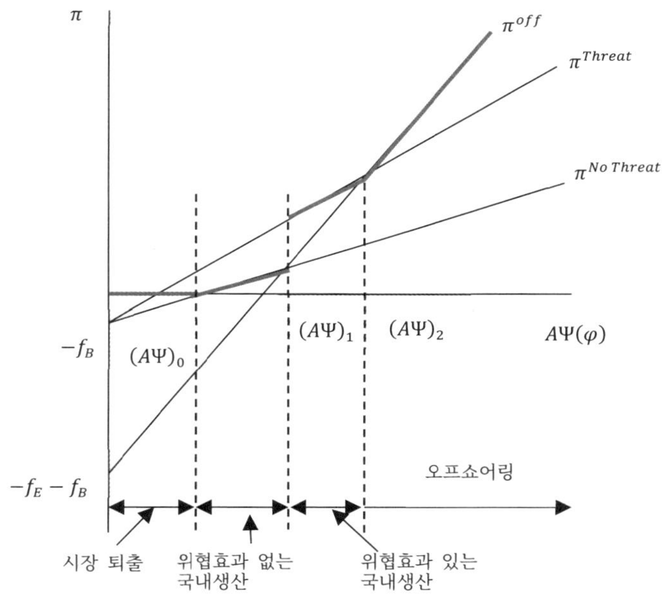

그림 2.2 독점기업의 생산 방식 선택

먼저 모든 $A\Psi(\varphi)$에 대해 $\pi_\theta^{T,H} > \pi_\theta^{NT,H}$라는 점에 주목하자. 즉, 위협효과를 이용하여 저숙련임금을 낮출 수 있다면, 그 경우의 이윤은 위협효과가 없을 때의 이윤보다 항상 크다. 저숙련업무를 국내에서 수행할 때, 위협효과를 통해 기업의 이윤은 언제나 개선된다. 하지만 기업이 위협효과를 누릴 수 있는 전제조건은 저숙련업무의 해외이전이 노동자들이 보기에도 가능성이 있어야 한다는 것이다. 만일 저숙련업무를 해외로 옮길 수 있다는 기업의 암묵적인 위협이 노동자들이 보기에 현실성이 없다면, 위협효과는 발생하지 않는다. 즉, 위협효과가 신뢰성을 가지려면, 위협효과가 없을 때의 국내이윤보다 해외생산 이윤이 높아야 한다($\pi_\theta^{F,H} \geq \pi_\theta^{NT,H}$). 해외이전의 위협이 신뢰성을 가질 조건은 다음과 같다.

$$\pi_\theta^{F,H} \geq \pi_\theta^{NT,H} \Leftrightarrow A\Psi(\varphi) \geq \frac{f_{E\theta}}{\left[\left(\frac{1}{mc_0{}^F}\right)^{\varepsilon-1} - \left(\frac{1}{mc_0{}^{No\,Threat}}\right)^{\varepsilon-1}\right]} \equiv (A\Psi)_1 \tag{2.33}$$

$A\Psi(\varphi) \geq (A\Psi)_1$인 경우, 기업이 저숙련업무를 해외로 이전하겠다는 위협은 신뢰성이 있으므로 저숙련업무의 국내생산 시 기업이윤은 $\pi_\theta^{NT,H}$가 아닌 $\pi_\theta^{T,H}$가 된다. 따라서 기업은 위협효과하에서의 국내생산 이윤 $\pi_\theta^{T,H}$과 해외이전 이윤 $\pi_\theta^{F,H}$을 비교하여 저숙련업무의 해외이전 여부를 선택한다. 즉 $A\Psi(\varphi) \geq (A\Psi)_1$인 경우 기업 θ의 이윤은 $\max\{0, \pi_\theta^{NT,H}, \pi_\theta^{F,H}\}$이다. 반면, $A\Psi(\varphi) < (A\Psi)_1$인 경우라면, 위협효과는 신뢰성이 없으므로 저숙련업무를 국내에서 생산할 때의 기업이윤은 위협효과가 없는 이윤인 $\pi_\theta^{NT,H}$이다. 그리고 저숙련업무를 해외

로 이전하는 것이 수익성이 없으므로 당연히 해외이전은 발생하지 않는다. 따라서 $A\Psi(\varphi) < (A\Psi)_1$ 인 경우의 기업이윤은 $\max\{0, \pi_\theta^{T,H}\}$ 이다. 나아가, 기업 θ의 생산 방식별 이윤을 비교하면 해당 기업의 생산 방식 선택 양상을 살펴볼 수 있다.

결과 2.9(생산입지 선택과 위협효과): 주어진 모형과 가정하에서 독점기업 θ는 다음과 같은 생산 방식을 선택한다.

(1) $A\Psi(\varphi) \in [0, (A\Psi)_0)$라면, 해당 기업은 시장에서 영업하지 않는다.

(2) $A\Psi(\varphi) \in [(A\Psi)_0, (A\Psi)_1)$라면, 해당 기업은 위협효과 없이 저숙련업무를 국내에서 수행한다.

(3) $A\Psi(\varphi) \in [(A\Psi)_1, (A\Psi)_2)$라면, 해당 기업은 위협효과를 활용하며 국내에서 저숙련업무를 수행한다.

(4) $A\Psi(\varphi) \in [(A\Psi)_2, \infty)$라면, 해당 기업은 저숙련업무를 해외로 이전한다.

$(A\Psi)_0 \equiv f_{B\theta}/\ (1/m{c_0}^{No\ Threat})^{\varepsilon-1}$

$(A\Psi)_1 \equiv f_{E\theta}/\left[(1/mc_0^F)^{\varepsilon-1} - \left(1/mc_0^{No\ Threat}\right)^{\varepsilon-1}\right]$

$(A\Psi)_2 \equiv f_{E\theta}/\left[(1/m{c_0}^F)^{\varepsilon-1} - \left(1/mc_0^{Threat}\right)^{\varepsilon-1}\right]$이다.

증명: 이미 (2.33)에서 $(A\Psi)_1$를 구한 바 있다. 그리고 <그림 2.2>에서 볼 수 있는 것처럼 두 컷오프값 $(A\Psi)_0$과 $(A\Psi)_2$은 다음과 같이 얻어진다.

$$\pi^{NT,H} = 0 \Leftrightarrow (A\Psi) = f_{B\theta}/\ (1/m{c_0}^{No\ Threat})^{\varepsilon-1} \equiv (A\Psi)_0;$$

$$\pi^{N,H} = \pi^{F,H} \Leftrightarrow (A\Psi) = f_{E\theta}/[(1/m{c_0}^F)^{\varepsilon-1} - (1/m{c_0}^{Threat})^{\varepsilon-1}]$$

$$\equiv (A\Psi)_2$$

결과 2.9는 제2장 1절에서 살펴본 결과 2.2와 동일한 내용을 담고 있다. 둘의 차이는 생산의 고정 투입요소 $f_{B\theta}$가 반영되어 시장에서 영업하지 않는 기업이 고려되었으며, 상이한 두 노동을 투입요소로 고려하고 있기 때문에 기준 한계생산비용이 단순히 동질적인 노동의 임금으로 나타나지 않는다는 점이다. 따라서 <그림 2.2>도 본질적으로는 <그림 2.1>과 동일한 내용을 담고 있다. $A\Psi(\varphi)$는 기업의 생산성이 반영된 개별 기업의 실효 시장 규모임을 상기하자. 결과 2.9는 실효 시장 규모가 매우 작으면 기업은 시장에서 살아남지 못하며((1)의 경우) 시장 규모가 매우 크면 추가적인 고정비용을 부담하고 외국에서 저숙련업무를 할 것임을 보여 준다((4)의 경우). 반면, 실효 시장 규모가 매우 크지는 않지만 적정 수준 이상이라면, 시장에서 영업을 하지만 저숙련업무를 국내에서 수행하는 국내생산의 형태를 띠게 된다. 그러나 실효 시장의 규모가 시장에서 생존하기에는 충분하나, 저숙련업무를 해외로 이전하는 비용을 감당하기에는 충분하지 않은 경우라면, 해외이전은 해당 기업의 선택지에 없으며 저숙련노동자와의 임금협상에서도 위협효과는 나타나지 않는다((2)의 경우). 그런데 실효 시장의 규모가 매우 크지는 않지만 충분히 커서 저숙련업무의 해외이전이 수익성이 (높지는 않지만) 있는 선택지라면, 해당 기업은 실제로 저숙련업무를 해외로 이전하는 대신 이를 위협으로 삼아 국내의 협상임금을 낮추는 선택을 한다((3)의 경우).

이처럼 결과 2.9의 (3)은 위협효과가 있는 저숙련업무의 국내생산 조건을 보여 주는데, 이 경우에 숙련노동과 저숙련노동 간의 숙련 프리미엄이 확대됨을 결과 2.7에서 살펴본 바 있다. 따라서 두 결과를 결합하면 다음과 같은 결과를 얻을 수 있다.

결과 2.10: 주어진 모형과 가정하에서 $A\Psi(\varphi) \in [(A\Psi)_1, (A\Psi)_2)$인 경우라면, 독점기업은 저숙련업무의 해외이전은 발생하지 않지만 해외이전의 위협효과로 인해 숙련 프리미엄은 확대된다.

위의 결과 2.10은 기업들의 해외이전 여부와 무관하게 잠재적인 해외이전 위협만으로도 숙련노동자와 저숙련노동자 간의 임금격차가 확대될 수 있음을 설명한다. 나아가 이는 현실에서 관찰되는 기업 활동의 국제화가 임금격차에 미치는 영향이 실제보다 과소평가될 가능성이 있음을 보여 준다.

한편, 결과 2.9를 시장 규모 A가 주어진 경우에 있어서 기업의 생산성과 생산입지 선택의 관계로 정리할 수 있다.

결과 2.11: 주어진 모형과 가정하에서 시장 규모 A가 주어져 있을 때, 독점기업 θ의 생산성과 생산 방식 및 위협효과 간의 관계는 다음과 같다.

(1) $\Psi(\varphi) \in [0, \Psi_0)$라면, 해당 기업은 시장에서 영업하지 않는다.

(2) $\Psi(\varphi) \in [\Psi_0, \Psi_1)$라면, 해당 기업은 위협효과 없이 저숙련업무를 국내에서 수행한다.

(3) $\Psi(\varphi) \in [\Psi_1, \Psi_2)$라면, 해당 기업은 위협효과를 활용하며 국내에서 저숙련업무를 수행한다.

(4) $\Psi(\varphi) \in [\Psi_2, \infty)$라면, 해당 기업은 저숙련업무를 해외로 이전한다.

$\Psi_0 \equiv f_{B\theta} / A(1/m{c_0}^{No\,Threat})^{\varepsilon-1}$

$\Psi_1 \equiv f_{E\theta}/A\left[(1/mc_0^F)^{\varepsilon-1} - \left(1/mc_0^{No\,Threat}\right)^{\varepsilon-1}\right]$

$\Psi_2 \equiv f_{E\theta}/A\left[(1/m{c_0}^F)^{\varepsilon-1} - \left(1/mc_0^{Threat}\right)^{\epsilon-1}\right]$이다.

결과 2.11은 Helpman et al.(2004), Antras & Helpman(2005) 등의 연구에서 이미 알려진 바와 같이 기업의 생산성과 해외생산의 관계를 보여 준다. 즉, 생산성이 높은 기업이 해외생산을 선택하며, 생산성이 낮은 기업은 국내에서 생산한다. 그런데 결과 2.11은 해외생산을 할 수 있을 만한 생산성을 가진 기업이라고 하더라도 생산성이 매우 높지 않다면 국내에 남아 해외생산을 협상 카드로 활용하는 편을 선택할 수 있음을 보여 준다. 그리고 이러한 위협효과를 수반한 국내생산의 경우, 해외이전 위협에 노출되어 있는 저숙련노동자와 그렇지 않은 숙련노동자 간의 임금격차가 발생할 수 있다.

결과 2.12: 주어진 모형과 가정하에서 $A\Psi(\varphi) \in [\Psi_1, \Psi_2)$인 경우라면, 독점기업은 저숙련업무의 해외이전은 발생하지 않지만 해외이전의 위협효과로 인해 숙련 프리미엄은 확대된다.

(2) 시장균형에서의 위협효과

결과 2.11은 주어진 시장 규모 A하에서 개별 기업의 해외생산 선택과 위협효과 발현 여부는 해당 기업의 생산성에 의존함을 보여 준다. 그런데 개별 기업의 차별화된 상품에 대한 시장 규모는 외생적으로 주어지는 것이 아니라 시장균형에서 결정된다. 따라서 위협효과를 수반한 국내생산 균형(이하 위협효과 균형)이 시장균형이 되는 조건을 살펴볼 필요가 있다. 시장균형으로서의 위협효과 균형을 살펴보기 위해 차별화된 상품시장은 독점적 경쟁시장이며, 모든 기업의 생산성과 생산기술은 동일하다고 하자. 이 경우, 모든 기업은 대칭적이므로 개별 기업 θ를 지칭하는 아래첨자는 삭제할 수 있다.

독점적 경쟁균형에서는 기업들의 자유로운 진입과 이탈을 통해 개별 기업의 독점이윤이 정상이윤($\pi = 0$)이 됨을 상기하자. 그리고 시장균형에서 개별 기업의 시장 규모 A^*는 개별 기업의 이윤이 정상이윤이 되는 시장 규모이다. 따라서 시장균형이 위협효과 균형이며 독점적 경쟁균형이라면, 개별 기업 상품의 균형시장 규모는 다음과 같이 구할 수 있다.

$$\pi^{T,H} = A\Psi(\varphi)\left(\frac{1}{mc_0^{Threat}}\right)^{\epsilon-1} - f_B = 0$$
$$\Rightarrow A^* = \left(\frac{f_B}{\Psi(\varphi)}\right)(mc_0^{Threat})^{\epsilon-1} \quad (2.34)$$

그리고 이렇게 구한 균형시장 규모 (2.34)를 결과 2.11의 위협효과가 나타날 조건에 대입하면, 위협균형이 시장균형이 될 조건을 도출할 수 있다.

> **결과 2.13(위협효과 시장균형):** 주어진 모형과 가정을 만족하는 대칭적·독점적 경쟁시장에서 다음의 조건을 만족한다면, 기업들은 모든 생산을 국내에서 수행하지만 해외이전의 위협으로 인해 숙련 프리미엄이 확대되는 시장균형이 존재한다.
>
> $$\left(\frac{1}{\varphi}\right)^{\varepsilon-1}\left[\left(\frac{mc_0{}^{Threat}}{mc_0{}^{F}}\right)^{\varepsilon-1} - 1\right] \le \frac{f_E}{f_B}$$
> $$\le \left(\frac{1}{\varphi}\right)^{\varepsilon-1}\left[\left(\frac{mc_0{}^{Threat}}{mc_0{}^{F}}\right)^{\varepsilon-1} - \left(\frac{mc_0{}^{Threat}}{mc_0{}^{NoThreat}}\right)^{\varepsilon-1}\right]$$

증명: 결과 2.11의 (3)으로부터 기업들이 위협효과를 수반한 국내생산을 선택할 조건은 $\Psi(\varphi) \in [\Psi_1, \Psi_2)$이다. 그리고 컷오프값 Ψ_1과 Ψ_2에 (2.34)를 대입하여 정리하면 위의 조건을 얻는다.

결과 2.13은 위협효과 시장균형이 나타날 고정비용 조건을 보여 준다. 국내생산 고정비용 대비 해외생산 고정비용(f_E/f_B)이 매우 낮은 경우에는 저숙련업무를 해외로 이전하는 해외이전 균형이 시장균형이 될 것이다. 반면, f_E/f_B가 매우 높은 경우에는 저숙련업무의 해외이전이 수익성이 낮으므로 해당 업무를 해외로 이전하겠다는 위협은 신뢰성이 없으며 저숙련업무는 국내에서 수행될 것이다. 이처럼 기업이 저숙련업무를 해외로 이전하겠다는 위협을 가하면서 실제로는 국내에서 저숙련업무를 수행하는 균형, 즉 위협효과 균형이 시장균형이 될 조건은 f_E/f_B가 두 경우의 사이에 놓이는 것이다. 그리고 f_E/f_B가 결과 2.13을 만족할 때, 모든 업무가 국내에서 수행됨에도 불구하고 숙련 프리미엄이 확대된다.

4) 확장: 보완적 숙련업무와 저숙련업무

지금까지 숙련업무와 저숙련업무가 서로 대체관계에 있는 경우에 저숙련업무의 해외이전 위협으로 인해 숙련 프리미엄이 확대될 가능성이 있음을 살펴보았다. 그렇다면 숙련업무와 저숙련업무가 서로 보완적 관계에 있는 경우에도 유사한 현상이 발생할 수 있을까? 이 경우, 저숙련업무의 해외이전 위협은 보완적 관계에 있는 숙련업무를 담당하는 숙련노동자에도 위협이 될 수 있으며, 숙련노동자의 임금에 부정적인 영향을 미칠 가능성이 있다. 그렇다면 해외이전의 위협효과가 제2장 1절에서 살펴본 것과 같이 전체적인 임금을 낮추는 효과를 가져오기는 하지만 숙련 프리미엄과 임금격차 확대에는 별다른 영향을 미칠 수 없지 않을까? 아래에서는 지금까지 살펴본 모형을 숙련업무와 저숙련업무가 보완적 관계에 있는 경우로 확장해 보도록 한다.

편의상 숙련업무와 저숙련업무 각각 1단위씩 결합하여 1단위의 차별화된 상품을 생산하는 간단한 경우를 고려해 본다. 구체적으로 다음의 생산함수를 생각해 보자.

$$x_\theta = \varphi_\theta \min[L_\theta, H_\theta] \tag{2.35}$$

이 경우, 개별 기업 θ의 단위생산비용은 (2.15)가 아니라 다음과 같은 형태가 될 것이다.

$$mc(w_u, w_s; \varphi) = \frac{1}{\varphi}(w_u + w_s) \equiv \frac{1}{\varphi} mc_0(w_u, w_s) \tag{2.36}$$

그리고 생산함수를 제외한 나머지는 앞의 모형과 모두 동일하다고 가정하자. 개별 기업 θ의 숙련노동과 저숙련노동에 대한 노동수요는 생산량과 동일하며 다음과 같다.

$$l_u(w_u, w_s;\, \varphi) = l_s(w_u, w_s; \varphi) = A\left(\frac{\epsilon-1}{\epsilon}\right)^{\epsilon}\left(\frac{\varphi}{mc_0(w_u, w_s)}\right)^{\epsilon} \tag{2.37}$$

한편, 소비자의 수요와 입지 선택 및 협상 과정이 모두 동일하므로 단지 한계비용이 (2.15)에서 (2.36)으로 바뀔 뿐 기업의 이윤은 동일하다. 그리고 내시협상의 내시곱도 기업의 고용이 (2.16′)과 (2.17′)에서 (2.37)로 바뀔 뿐 형태는 이전과 동일하다. 앞의 내시곱을 다시 한번 가져와 보면 다음과 같다.

숙련노동: $NP_\theta^s = [o\pi(w_u, w_s; \varphi)]^\beta [(w_s - \bar{w}_s) l_s(w_u, w_s; \varphi)]^{1-\beta}$ (2.21)

저숙련노동 & 위협효과 존재:

$$NP_\theta = [o\pi(w_u, w_s; \varphi)]^\beta [U_i(w_u^j, w_s; \varphi)]^{1-\beta} \tag{2.24}$$

저숙련노동 & 위협효과 부재:

$$NP_\theta = [o\pi(w_u, w_s; \varphi) - \overline{o\pi}_\theta^F]^\beta [U_i(w_u^j, w_s; \varphi)]^{1-\beta} \tag{2.25}$$

(1) 숙련노동자의 협상임금

먼저 숙련노동자의 협상임금을 구해 보자. 숙련노동자의 협상임금은 새로운 한계비용 (2.36)과 노동수요 (2.37)을 내시곱 (2.21)에 적용한 후, 내시곱의 1계 조건에서 바로 구할 수 있다. 이렇게 구한 숙련노동자의 협상임금은 다음과 같다.

$$w_s(w_u) = \bar{w}_s + \frac{1-\beta}{\varepsilon-1}(w_u + \bar{w}_s) \tag{2.38}$$

두 업무가 대체관계에 있을 때와 달리, 숙련노동자의 협상임금은 저숙련노동자 협상임금의 함수임에 유의하자. 이는 숙련노동이 저숙련노동과 보완적 관계로 묶여 있기 때문이다.

다음으로 저숙련노동자와의 임금협상을 살펴보자. 앞에서 살펴본 바와 같이 저숙련노동자와의 임금협상은 저숙련업무의 해외이전이 가능하거나 신뢰성 있는 위협인 경우와, 불가능하거나 신뢰성 없는 위협인 경우로 구분된다. 먼저 해외이전의 위협이 신뢰성이 없어서 위협효과가 없는 경우를 생각해 보자. 이 경우, 저숙련노동자와 임금협상의 내시곱은 (2.25)이며, 여기에 한계비용 (2.36)과 노동수요 (2.37)을 적용하여 구한 협상임금은 다음과 같다.

$$w_u^{No\,Threat}(w_s) = \bar{w}_u^H + \frac{1-\beta}{\varepsilon-1}(\bar{w}_u^H + w_s) \tag{2.39}$$

저숙련노동자의 협상임금 (2.39)는 숙련노동자 협상임금의 함수임에 유의하자. 한 기업과 두 타입 노동자의 임금협상이 동시에 이루어지므로 기업과 노동자 간의 임금협상은 전형적인 내시 안의 내시(Nash-in-Nash) 게임이며, 균형임금은 내시 안의 내시균형이다. 즉, 위협효과가 존재하지 않는 경우에서 숙련노동자와 저숙련노동자의 협상임금은 (2.38)과 (2.39)를 동시에 만족시키는 해이며, 다음과 같다.

$$w_s^{No\,Threat} = \bar{w}_s + \frac{1-\beta}{\varepsilon+\beta-2}(\bar{w}_u^H + \bar{w}_s)$$
$$w_u^{No\,Threat} = \bar{w}_u^H + \frac{1-\alpha}{\varepsilon+\alpha-2}(\bar{w}_u^H + \bar{w}_s) \tag{2.40}$$

그런데 (2.40)의 협상해가 의미를 가지려면 협상임금이 경쟁임금보다 높아야 한다. 그러기 위해서는 $\varepsilon + \beta - 2 = (\epsilon - 1) - (1 - \beta) > 0$ 을 만족해야 하므로 $(\epsilon - 1) > (1 - \beta)$를 가정하도록 한다.

가정 2.1: $(\epsilon - 1) > (1 - \beta)$ (2.41)

한편, 숙련 프리미엄은 숙련임금과 저숙련임금의 차이이므로 (2.40)에서 쉽게 구할 수 있으며, 단순히 경쟁 숙련임금과 경쟁 저숙련임금의 차이이다.

$$\Delta w_{su}^{No\,Threat} = w_s^{No\,Threat} - w_u^{No\,Threat} = \bar{w}_s - \bar{w}_u^H \tag{2.42}$$

이제 위협효과가 존재하는 경우 저숙련노동자와의 임금협상을 고려해 보자. 이때 임금협상의 내시곱은 (2.24)이며, 한계비용 (2.36)과 노동수요 (2.37)을 대입하여 협상임금을 구할 수 있다. 그런데 두 노동이 대체관계인 경우에서도 살펴본 것처럼 내시곱 (2.24)를 극대화하는 1계 조건은 명시적으로 풀기가 매우 어렵다. 따라서 결과 2.5의 증명에서 시도한 것과 같이 1계 조건을 이용하여 위협조건하에서의 저숙련 협상임금 w_u^{Threat}의 크기를 위협조건이 없는 경우의 저숙련 협상임금 $w_u^{No\,Threat}$와 비교하여 보도록 한다. 이를 위해, 위협조건하에서 임금협상 내시곱 (2.24)의 1계 조건을 다음과 같이 나타내도록 하자.

$$\left[\beta\left(\frac{U_u}{o\pi}\right)^{1-\beta}\frac{\partial o\pi}{\partial w_u}+(1-\beta)\left(\frac{o\pi}{U_u}\right)^{\beta}\frac{\partial U_u}{\partial w_u}\right]-(1-\beta)\frac{\pi^{F,H}}{o\pi}\left(\frac{o\pi}{U_u}\right)^{\beta}\frac{\partial U_u}{\partial w_u}=0 \tag{2.43}$$

(2.43) 좌변의 두 번째 항은 임금협상 결렬 시 기업의 외부옵션인 해외생산으로 인한 것이다. 그리고 좌변의 첫 번째 항은 협상 결렬 시 기업의 대안이윤이 0인 경우의 협상해를 의미한다. 즉, 좌변 첫 번째 항은 위협효과가 없을 때 임금협상의 1계 조건에 해당하며, 당연히 $w_u = w_u^{No\,Threat}$에서 0이다. 그런데 저숙련노동자 노조의 효용은 협상임금에 비례하고 $\partial U_u/w_u > 0$임을 기억하자. 따라서 $-(1-\beta)(\pi^{F,H}/o\pi)(o\pi/U_u)^{\beta}(\partial U_u/\partial w_u) < 0$ 이며, $w_u = w_u^{No\,Threat}$ 에서 (2.43)의 좌변은 언제나 음의 값을 가진다. 이는 (2.43)을 만족하는 저숙련노동 협상임금 w_u^{Threat}이 위협효과가 없는 경우의 저숙련노

동 협상임금 $w_u^{No\ Threat}$보다 낮음을 의미한다.

$$w_u^{No\ Threat} > w_u^{Threat} \tag{2.44}$$

이제 위협효과하에서 숙련 프리미엄을 살펴보기 위해, 숙련노동자의 협상임금 (2.38)을 다음과 같이 조금 고쳐 써 보자.

$$w_s(w_u) = \bar{w}_s + \frac{1-\beta}{\varepsilon-1}(w_u + \bar{w}_s) \Rightarrow w_s - w_u$$
$$= \frac{\epsilon-1}{\epsilon-1}\bar{w}_s - \frac{(\epsilon-1)-(1-\beta)}{\epsilon-1}w_u \tag{2.45}$$

(2.45)의 좌변은 숙련 프리미엄이며, (2.45)는 숙련 프리미엄이 w_u에 반비례함을 보여 준다(가정 2.1). 그런데 (2.44)에서 이미 확인한 바와 같이 $w_u^{No\ Threat} < w_u^{Threat}$이므로 위협효과하에서의 숙련 프리미엄은 위협효과가 존재하지 않을 때의 숙련 프리미엄보다 크다.

이처럼 저숙련노동의 해외이전 가능성으로 발생하는 숙련 프리미엄 확대효과는 숙련노동과 저숙련노동이 대체관계에 있느냐 보완관계에 있느냐와는 무관하게 발생하는 현상이다. 왜 두 노동이 보완관계인 경우에도 숙련 프리미엄이 확대되는 것일까? 숙련노동과 저숙련노동이 보완관계인 경우, 숙련노동과 저숙련노동의 협상임금은 서로 같은 방향으로 움직인다. 이는 숙련노동의 협상임금 (2.38)에서 확인할 수 있다. 그런데 임금협상이 의미를 가지기 위해서는 가정 2.1이 성립해야 하며, (2.38)은 저숙련임금이 숙련노동에 미치는 영향이 1보다 작음을 보여 준다. 즉, 숙련노동에 영향을 미치는 효과는 간접적인 효과이며, 직접적인 해외이전의 위협을 받는 저숙련노동에 대한 위협효과보다는 작다. 따라서 위협효과로 인해 숙련노동과 저숙련노동의 협상임금은 모두 하락하지만 저숙련노동의 협상임금 하락폭이 더 크기 때문에 숙련노동과 저숙련노동 사이의 숙련 프리미엄이 확대되는 것이다.

5) 결론 및 요약

지금까지 노동이 숙련노동과 저숙련노동으로 구분되는 이질적인 노동시장에서 기업의 해외이전 위협이 두 노동 간의 임금격차에 미치는 영향을 살펴보았다. 상이한 두 노동에 대한 확장된 위협효과 모형을 이용하여 분석한 바와 같이, 기업의 해외이전 가능성은 숙련노동자와 저숙련노동자 간의 임금격차, 즉 숙련 프리미엄을 확대할 가능성이 있다. 그리고 생산업무의 해외이전 가능성으로 인한 숙련 프리미엄 확대는 숙련노동과 저숙련노동이 상호 대체적 투입요소인 경우에도 나타날 수 있으며, 상호 보완적인 경우에도 나타날 수 있다.

지금까지 제2장의 1절과 2절에서 살펴본 바와 같이 기업의 해외이전 가능성은 전반적으로 노동자들의 임금에 부정적인 영향을 주며, 특히 이러한 부정적인 영향은 저숙련노동자에게 더 크게 작용한다. 그런데 역으로 생각해 보면, 위협효과로 인한 국내 노동자의 임금하락은 기업의 입장에서는 생산비용의 절감이다. 그리고 생산지의 유연성이 높아서 국내외를 오가며 생산을 할 수 있는 기업이라면, 국내 노동자와의 임금협상에서 더 유리한 위치에 설 수 있고, 생산비용도 낮출 수 있을 것이다. 그렇다면, 기업은 이러한 전략적 유인에 따라 해외에 자유롭게 활용할 수 있는 설비를 가지려고 할 것이다. 다시 말하면, 위협효과가 기업의 해외직접투자에 대한 유인이 될 수도 있다. 다음 절에서 기업의 해외진출 유인으로서의 위협효과를 살펴보도록 한다.

3. 위협효과를 위한 해외이전[51]

지금까지 살펴본 모형들은 해외이전 가능성이 임금협상에서 기업들의 협상력을 강화하며, 협상임금을 낮추고 임금격차를 심화시킬 수 있음을 보여 준다. 특히 이러한 결과는 기업들이 실제로 생산설비를 해외로 이전하지 않더라도 이전 가능성만으로 발생할 수 있다. 그리고 위협효과의 발생 가능성은 기업들의 해외이전이 얼마나 용이하며 수익성이 있는지에 따라서도 결정됨을 살펴보았다.

이제 해외이전 가능성의 문제를 기업의 입장에서 생각해 보자. 기업들은 생산설비를 여러 국가에 배치함으로써 현지시장에 대한 접근성을 높이고 생산비용을 절감하는 등 다양한 이점을 누릴 수 있다. 그런데 위협효과의 관점에서 생각해 보면, 기업이 생산설비를 해외에 보유한다는 것은 이러한 장점 이외에도 추가적인 장점이 있다. 국내 생산설비의 가동이 용이하지 않을 경우 해외 생산설비의 보유는

---

51 본 절의 주요 내용은 Kwon(2018)을 정리한 것이다. 보다 자세한 논의는 해당 논문을 참고하라. 본 절은 저자의 논문이 게재된 학술지 *Korea and the World Economy*(한국경제연구학회 발행)로부터 각색·해설 목적의 재사용 허락을 받아 작성되었다. 이에 깊이 감사드린다.

생산지 선택에서 유연성을 제공하며, 나아가 생산지 선택의 유연성은 국내에서 발생하는 여러 문제에 적극적으로 대응할 수 있는 기업의 협상력을 강화할 것이다. 즉, 기업이 해외 생산설비를 보유하고 있으면, 각종 협상에서 기업의 생산설비 해외이전은 실효성을 가진 위협이 될 수 있으며, 국내 임금협상에서 더 유리한 위치를 차지할 수 있다. 그렇다면, 기업의 협상력 강화가 해외이전의 유인이 될 수 있을 것이다.

이에 본 절에서는 제2장 1절의 Jeon & Kwon 모형을 확장하여 기업이 협상력 강화를 위해 선제적인 해외이전을 선택할 유인에 대해 살펴보기로 한다.

1) 기본 모형

(1) 수요와 생산기술

차별화된 최종재 $\theta \in \Theta$을 생산하여 세계시장에 공급하는 기업 θ를 생각해 보자. 여기서 Θ는 차별화된 최종재의 집합이다. 이 기업은 본국 H에 위치해 있으며, 본국에서 생산되는 두 중간재 x_i, $i = 1,2$를 각각 1단위씩 결합하여 최종재 1단위를 생산한다. 두 중간재는 노동만을 이용하여 생산되며, 기업 θ는 $1/\varphi_\theta$단위 노동을 투입하여 중간재 1단위를 생산한다고 하자. 그리고 중간재를 조립하여 최종재를 생산하는 조립비용은 0이라고 가정하자. 여기서 $\varphi_\theta > 0$는 기업 θ의 중간재 생산성이지만, 두 중간재의 생산기술이 동일하고 최종재 조립비용이 없으므로 φ_θ는 해당 기업의 생산성과 마찬가지임에 유의하자.

한편, 최종재의 조립은 언제나 본국에서 이루어지지만, 본국에서 생산되는 두 중간재는 해외에서도 생산이 가능하다고 하자. 만일 기업 θ가 두 중간재 중 하나를 외국에서 생산하기로 한다면, 해외생산의 고정비용 $f_{E\theta}$가 발생한다. 나아가 두 중간재 모두를 외국에서 생산하기로 한다면 해외생산의 고정비용은 $f_{E\theta} + f_{P\theta}$라고 하자. 여기서 $f_{P\theta}$는 외국에서 중간재 한 종류를 생산하던 생산설비를 확장하는 고정비용이며, $f_{E\theta} > f_{P\theta}$라고 가정한다. 즉, 두 중간재 모두를 외국에서 생산할 때의 고정비용은 중간재 하나를 생산하기 위한 고정비용과 이를 확장하는 고정비용으로 구성된다. 그리고 외국에 보유하고 있는 생산설비를 확장하는 것은 외국에 새로 생산설비를 갖추는 것보다 비용이 저렴할 뿐 아니라 비교적 신속하게 이루어질 수 있다고 가정하자. 반면, 중간재를 본국에서 계속 생산하기로 한다면, 기존 생산설비를 계속 이용하기 때문에 고정비용은 발생하지 않는다. 그리고 분석을 간단히 하기 위해 기업 θ가 독점적 공급자인 경우라고 가정한다.

본국과 외국의 임금을 각각 w_H와 w_F라고 하고, 두 국가의 임금은 서로 다를 수 있다고 생각하자. 그리고 기업 θ는 중간재의 생산지가 어디든 무관하게 동일한 생산기술을 적용한다고 생각하면, 해당 기업의 최종재 단위생산비용은 다음과 같다.

$$mc_\theta^{jk} = \frac{w_j + w_k}{\varphi_\theta} \equiv \frac{\widetilde{w}_{jk}}{\varphi_\theta},\ j,k \in (H,F\} \quad (2.46)$$

여기서 j와 k는 각 중간재의 생산입지이다. 나중에 다시 다루겠지만, 본국의 임금 w_H는 제2장 1절에서 살펴본 것과 같이 국내에서의 협상임금이다. 그리고 앞 절에서와 마찬가지로 외국에서 생산하는 경우, 외국의 임금은 해당 국가의 시장 경쟁임금 $\overline{w}_F$라고 가정하자 ($w_F = \overline{w}_F$). 또한 외국의 시장 경쟁임금은 본국의 시장 경쟁임금 $\overline{w}_H$보다 낮다고 가정한다($\overline{w}_F < \overline{w}_H$).

다음으로 최종재의 수요를 생각해 보자. 차별화된 상품인 최종재의 세계시장 수요는 다음과 같이 익숙한 CES 역수요함수를 고려하도록 한다.

$$x_\theta = Ap_\theta^{-\varepsilon},\ \varepsilon > 1 \tag{2.47}$$

여기서 $A > 0$은 기업 θ의 상품에 대한 수요의 크기를 나타내는 매개변수이며, Θ는 차별화된 상품의 집합이다. 그리고 x_θ와 p_θ는 각각 상품 θ에 대한 수요량과 해당 상품의 가격이다.[52]

기업 θ의 최종재 한계비용은 (2.46)이므로 주어진 수요함수하에서 해당 기업의 독점이윤과 독점생산량은 다음과 같다.

$$\pi_\theta^{jk}(w_j, w_k; \varphi_\theta) = \frac{A}{\varepsilon}\left(\frac{\varepsilon-1}{\varepsilon}\right)^{\varepsilon-1}\left(\frac{\varphi_\theta}{\widetilde{w}_\theta^{jk}}\right)^{\varepsilon-1} - \Gamma_\theta^{jk} = A\Psi(\varphi_\theta)\left(\frac{1}{\widetilde{w}_{jk}}\right)^{\varepsilon-1} - \Gamma_\theta^{jk} \tag{2.48}$$

$$x_\theta^{jk}(w_j, w_k; \varphi_\theta) = A\left(\frac{\varepsilon-1}{\varepsilon}\right)^{\varepsilon}\left(\frac{\varphi_\theta}{\widetilde{w}_{jk}}\right)^{\varepsilon} \tag{2.49}$$

---

52 수요의 자세한 도출 과정은 제1장 1절을 참고하라.

여기서 Γ_θ는 기업 θ의 고정비용이며, $\Psi(\varphi_\theta) \equiv (1/\epsilon)[\varphi_\theta(\varepsilon-1)/\epsilon]^{\varepsilon-1}$는 표현을 간단하게 하기 위해 대체한 값이다. 제2장 1절에서 언급한 바와 같이 $\partial\Psi/\partial\varphi_\theta > 0$이며 $\Psi(\varphi_\theta)$는 생산성 φ_θ에 대한 단조 증가함수이다.

(2) 임금협상

주어진 생산기술과 수요함수하에서 기업 θ는 다음과 같은 3단계 생산입지 선택 및 임금협상 게임을 한다고 하자.

1단계(생산지 선택): 본국에 있는 기업 θ는 본국에서 생산하는 중간재를 계속 본국에서 생산하거나 해외로 이전해서 생산할 수 있다. 만일 해당 기업이 중간재 중 하나를 외국에서 생산하기로 한다면, 외국의 시장임금 w_F로 중간재를 생산할 수 있으나,[53] 해외생산의 고정비용 $f_{E\theta}$가 발생한다. 그리고 두 중간재를 모두 외국에서 생산한다면, 고정비용 $f_{E\theta} + f_{P\theta}$가 발생한다.

2단계(임금협상): 1단계에서 기업 θ가 중간재 x_i, $i = 1{,}2$를 본국에서 계속 생산하기로 했다면, 해당 기업은 본국 노동자의 대표와 임금을 협상한다. 반면, 1단계에서 중간재 하나는 본국에서 생산하고 다른 하나는 해외에서 생산하기로 했다면, 해외생산 중간재는 임금협상 없이 외국 시장임금 $\bar{w}_F$로 외국에서 생산하고 본국생산 중간재는 임금협상을 통하여 국내에서 생산한다.

---

53 해외생산의 경우에도 국내생산과 마찬가지로 노조와의 임금협상이 발생할 수도 있다. 하지만, 여기에서도 제1장 4절 및 제2장 1절과 마찬가지로 외국에서 임금협상은 고려하지 않는다. 이에 대한 자세한 설명은 제1장 4절의 각주를 참고하라.

3단계(생산량 선택): 이전의 두 단계에서 결정된 생산지와 협상임금에 따라 기업 θ는 이윤 극대화 독점생산량을 선택하여 생산한다.

게임의 2단계에서 기업 θ와 본국 노동자와의 임금협상은 제2장 1, 2절과 유사한 임금협상 게임을 가정한다. 즉, 기업 θ가 중간재 하나 또는 모두를 본국에서 생산하기로 한다면, 본국 노동자의 협상임금은 내시협상에 의해 결정된다고 하자. 그리고 임금협상이 성공하면, 노동자들은 협상임금을 받으며 기업은 협상임금하에서의 독점이윤을 획득한다. 하지만 임금협상이 실패할 경우, 노동자들은 다른 산업으로 이직하여 시장 경쟁임금 $\bar{w}_H$를 받을 수 있다. 반면, 임금협상 결렬 시, 노조와 달리 기업 θ에게는 중간재의 해외이전 가능성에 따라 두 가지 대안이 있다. 만일 본국에서 생산하던 중간재의 오프쇼어링이 수익성 있는 옵션이라면, 기업 θ는 협상 실패 시 해당 중간재 생산설비를 해외로 이전하여 이윤을 얻을 수 있을 것이다. 그러나 중간재 생산의 해외이전이 수익성이 없다면, 협상 실패는 시장 철수로 이어지며 기업은 아무런 이윤도 얻지 못한다.

임금협상 결렬 시 중간재 생산설비의 해외이전 가능성을 조금 더 명확히 하도록 하자. 먼저 기업이 두 중간재를 모두 국내에서 생산하는 경우를 생각해 보자. 이 경우, 본국에서 임금협상이 결렬된다면 기업 θ는 두 생산설비를 모두 해외로 이전하거나 생산을 중단해야 한다. 본국에서 임금협상이 결렬된 이상 두 중간재 중 하나만 해외로 이전하는 것은 해당 기업의 선택지가 될 수 없음에 유의하자. 그리고 해외이전을 결정한다면, 초기 고정비용 $f_{E_\theta} + f_{P_\theta}$가 발생할 것이다.

하지만 해외에 생산설비를 신규로 갖추는 것은 시간이 걸리기 때문에, 협상 결렬 시 즉각적으로 해외에 생산설비를 갖추고 해외생산을 하는 것은 불가능하다고 가정한다. 즉, 두 중간재가 국내에서 생산되는 경우, 임금협상 결렬 시 기업 θ의 대안은 생산 중단이라고 생각하자. 반면, 두 중간재 중 하나를 해외에서 생산한다면, 국내 임금협상이 실패하는 경우 외국에 보유하고 있는 생산설비를 즉각적으로 확장하여 국내생산을 해외생산으로 대체할 수 있다고 하자. 즉, 이 경우 임금협상 결렬 시 기업의 대안은 해외생산으로의 전환이다.

이러한 양자 간 협상을 반영하여, 다음과 같은 본국 내 노조와 기업 θ 간의 내시곱(Nash product)을 고려하도록 한다.

$$NP_{\theta}^{HH} = [o\pi_{\theta}^{HH}(w_H)]^{\alpha}[(w_H - \overline{w}_H)L_{\theta}^{HH}(w_H)]^{1-\alpha}$$

☞ 두 중간재 모두 국내생산 (2.50)

$$NP_{\theta}^{HF} = [o\pi_{i}^{HF}(w_H, \overline{w}_F) - \widehat{o\pi}_{\theta}]^{\alpha}[(w_H - \overline{w}_H)L_{\theta}^{HF}(w_H, \overline{w}_F)]^{1-\alpha}$$

☞ 하나의 중간재만 국내생산 (2.51)

여기서 $\widehat{o\pi}_{\theta}$는 기업 θ가 외부옵션에서 얻는 운영이윤이며, L_{θ}^{jk}는 중간재가 j와 k에서 생산될 때의 고용량이다($j, k \in \{H, F\}$).

(3) 기업의 생산지 선택과 협상임금

주어진 게임에서 기업의 생산지 선택은 (1) 두 중간재 모두 해외에서 생산하는 FF, (2) 두 중간재 중 하나는 해외에서 생산하고 다른 하나는 국내에서 생산하는 $\{HF, FH\}$, (3) 두 중간재 모두 국내에서 생산하는 HH 세 가지가 존재한다. 두 중간재가 동일하다고 가정하고 있으므로 HF와 FH는 동일하며, 여기서 (2)의 경우는 중간재 2를 해외생산하는 HF를 살펴보기로 한다. 따라서 기업의 생산 방법은 세 가지가 있으며, 각 경우의 이윤 구조가 다르다.

모두 해외생산

먼저, 두 중간재를 모두 해외생산하는 경우(FF)를 생각해 보자. 기업 θ는 두 중간재를 모두 해외임금 $\overline{w}_F$로 생산하고 있으므로 두 중간재를 1단위씩 생산하기 위한 임금은 $\widetilde{w}_{FF} = 2\overline{w}_F$이다. 그리고 두 중간재의 생산설비를 해외에 구축하기 위한 고정비용은 $f_{E\theta} + f_{P\theta}$이다. 따라서 '모두 해외생산($FF$)'에서 기업 θ가 획득하는 이윤은 다음과 같다.

$$\pi_\theta^{FF}(\overline{w}_F, \varphi_\theta) = A\Psi(\varphi_\theta)\left(\frac{1}{\widetilde{w}_{FF}}\right)^{\varepsilon-1} - f_{E\theta} - f_{P\theta}$$
$$\equiv o\pi_\theta^{FF}(\overline{w}_F, \varphi_\theta) - f_{E\theta} - f_{P\theta} \tag{2.52}$$

여기서 $o\pi_\theta^{ij}$는 기업 θ의 운영이윤(operating profit)을 의미한다.

한 중간재만 해외생산: 부분 오프쇼어링

다음으로 일부 해외생산, 즉 두 중간재 중 하나를 해외생산하는 경우(HF)를 생각해 보자. 이 경우, 국내생산 중간재는 본국 협상임금 w_H, 해외생산 중간재는 외국 시장임금 $\overline{w}_F$로 생산하며, 해외생산의 고정비용은 $f_{E\theta}$이다. 따라서 기업 θ의 이윤은 다음과 같다.

$$\pi_\theta^{HF}(w_H, \overline{w}_F, \varphi_\theta) = A\Psi(\varphi_\theta)\left(\frac{1}{\widetilde{w}_{HF}}\right)^{\varepsilon-1} - f_{E\theta} \tag{2.53}$$

앞에서 $\widetilde{w}_{HF} = w_H + \overline{w}_F$ 이다. 그리고 해당 기업의 생산량(=고용량)은 다음과 같다.

$$q_\theta^{HF}(w_H, \overline{w}_F, \varphi_\theta) = A\Psi(\varphi_\theta)(\epsilon - 1)\varphi_\theta \left(\frac{1}{\widetilde{w}_{HF}}\right)^{\varepsilon} \tag{2.54}$$

이제 '일부 해외생산'에 있어서 기업의 한계비용을 구체적으로 살펴보자. HF 의 경우 본국생산의 임금은 본국 노동자들과의 협상을 통해 도출된 임금이다. 그리고 앞에서 논의한 것처럼 임금협상은 기업이 해외생산이 가능한지 여부에 따라 달라진다. 즉, 해외생산이 가능하며 수익성이 있는 경우에는 임금협상에서 위협효과가 발생할 수 있으나, 해외생산이 불가능하거나 수익성이 없는 경우에는 위협효과가 나타나지 않는다. 따라서 본국 내 임금협상을 살펴보기 위해서는 두 경우를 나누어서 고려할 필요가 있다.

먼저 위협효과가 없는 단순한 경우($HF(No\ Threat = NT)$)의 임금협상을 살펴보자. 이 경우에 있어서 협상 결렬 시 기업의 외부옵션은 생산 중단이며 이윤은 0이다. 따라서 $HF(NT)$ 일 때, 임금협상의 내시곱 (2.51)은 다음과 같은 형태를 가지며, 도출된 협상임금은 다음과 같다.

$$NP_\theta^{HF(NT)} = [o\pi_\theta^{HF}(w_H, \overline{w}_F, \varphi_\theta)]^{\alpha}[(w_H - \overline{w}_H)q_\theta^{HF}(w_H, \overline{w}_F, \varphi_\theta)]^{1-\alpha} \tag{2.55}$$

$$w_H^{HF(NT)} = \overline{w}_H + \frac{1-\alpha}{\varepsilon-1}(\overline{w}_F + w_F) > w_F \tag{2.56}$$

반면, 임금협상 결렬 시 기업이 본국 내에서 생산하던 중간재를 해외에서 생산할 수 있다면($HF(Threat = T)$), 위협효과가 존재한다. 이 경우, 기업 θ의 외부옵션은 해외생산이며, 외부옵션에서 얻을 수 있는 운영이윤은 $o\pi_\theta^{FF}$ 이다. 따라서 기업과 노동자 간의 임금협상에서 내시곱 (2.51)은 다음과 같이 표현된다.

$$NP_\theta^{HF(T)} = [o\pi_\theta^{HF}(w_H, w_F, \varphi_\theta) - o\pi_\theta^{FF}]^\alpha[(w_H - \overline{w}_H)q_\theta^{HF}(w_H, w_F, \varphi_\theta)]^{1-\alpha} \quad (2.57)$$

(2.57)의 내시곱은 비선형함수이며, 협상임금을 얻기 위한 1계 도함수 역시 비선형함수이다. 따라서 협상임금을 직접 구하기는 어렵다. 이에 제2장 1절의 (2.8)과 같은 형식으로 내시협상의 1계 조건을 정리하여 위협효과하에서의 협상임금, 경쟁임금, 위협효과가 존재하지 않는 경우의 협상임금과의 크기를 비교하여 보도록 하자. (2.8)과 (2.57)은 동일한 함수 형태를 가지므로 우리가 살펴보는 내시협상의 1계 조건은 (2.8)과 동일한 형태로 정리할 수 있다.

$$\left[\alpha\left(\frac{U^{HF}}{o\pi_\theta^{HF}}\right)^{1-\alpha}\frac{\partial o\pi_\theta^{HF}}{\partial w_H} + (1-\alpha)\left(\frac{o\pi_\theta^{HF}}{U^{HF}}\right)^\alpha\frac{\partial U^{HF}}{\partial w_H}\right] -(1-\alpha)\frac{o\pi_\theta^{FF}}{o\pi_\theta^{HF}}\left(\frac{o\pi_\theta^{HF}}{U^{HF}}\right)^\alpha\frac{\partial U^{HF}}{\partial w_H} = 0 \quad (2.58)$$

여기서 $U^{HF}(w_H, \overline{w}_F, \varphi_\theta) = (w_H - \overline{w}_H)q_\theta^{HF}(w_H, w_F, \varphi_\theta)$ 이다. 그리고 제2장 1절에서 증명한 바와 같이 $w_H^{HF(NT)}$ 에서 (2.58)의 좌변은 음의 값을 가진다. 즉, $w_H^{HF(T)} \le w_H^{HF(NT)}$ 이다. 그리고 내시협상해는

외부옵션의 임금인 $\bar{w}_H$ 보다 작을 수 없으므로 $\bar{w}_H \leq w_H^{HF(T)} \leq w_H^{HF(NT)}$임을 쉽게 확인할 수 있다.

> **결과 2.14(위협효과):** 한 중간재를 해외에서 생산하는 경우에 본국 내에서 생산하는 중간재의 해외이전이 가능하다면, 본국 내 협상임금은 시장의 경쟁임금보다는 높지만, 위협효과가 존재하지 않는 경우의 협상임금보다는 낮다.
> $w_H^{HF(T)} \in \left[\bar{w}_H, w_H^{HF(NT)}\right]$

위의 결과를 이용해서 생산 방법에 따른 기업의 단위생산비용 크기를 비교해 보자. $w_H^{HF(T)} \leq w_H^{HF(NT)}$이므로 위협효과가 존재하는 경우의 단위생산비용은 위협효과가 존재하지 않는 경우에 비해 당연히 낮다. 그러나 $\bar{w}_F \leq \bar{w}_H$를 고려하면, 위협효과하에서의 단위생산비용은 해외생산보다 여전히 높다.

$$\begin{aligned} \tilde{w}_{FF} = 2\bar{w}_F \leq \tilde{w}_{HF(T)} = w_H^{HF(T)} + \bar{w}_F \leq \tilde{w}_{HF(NT)} = w_H^{HF(NT)} + \bar{w}_F \\ \Leftrightarrow \tilde{w}_{FF} \leq \tilde{w}_{HF(T)} \leq \tilde{w}_{HF(NT)} \end{aligned} \tag{2.59}$$

이제 위협효과가 발현할 조건, 즉 본국생산 중간재의 해외이전이 신뢰성 있는 위협일 조건을 생각해 보자. $w_H^{HF(T)} \leq w_H^{HF(NT)}$이므로 위협효과하에서의 이윤은 위협효과가 없을 때의 이윤보다 언제나 크다($\pi^{HF(NT)} \leq \pi^{HF(T)}$). 하지만 기업은 해외이전의 위협이 신뢰성 있는 위협일 때만 위협효과의 이점을 누릴 수 있다. 그리고 제2장 1절과 2절에서도 살펴본 바와 같이 해외이전이 신뢰성 있는 위협이 되려면 해외생산 이윤이 위협효과가 없는 경우의 본국생산 이윤보다 높아야 한다($\pi_{\theta}^{FF} \geq \pi_{\theta}^{HF(NT)}$). 위협효과의 신뢰성 조건은 다음과 같다.

$$\pi_{\theta}^{FF} \geq \pi_{\theta}^{HF(NT)} \Leftrightarrow \Psi_{\theta} \geq f_{P\theta}\left[\left(\frac{1}{\widetilde{w}_{FF}}\right)^{\varepsilon-1} - \left(\frac{1}{\widetilde{w}_{HF(NT)}}\right)\right]^{-1} \equiv \Psi_{1} \geq 0 \tag{2.60}$$

두 중간재 모두 국내생산

마지막으로 기업 θ가 두 중간재를 모두 본국에서 생산하는 경우를 생각해 보자. 이 경우, 기업이 지불하는 국내임금은 협상임금 w_{H}^{HH}이며, 이 임금하에서 기업의 이윤과 생산량(=고용량)은 다음과 같다.

$$\pi_{\theta}^{HH}(w_{H}, \varphi_{\theta}) = A\Psi_{\theta}(\varphi_{\theta})\left(\frac{1}{\widetilde{w}_{HH}}\right)^{\varepsilon-1} \tag{2.61}$$

$$q_{\theta}^{HH}(w_{H}, \varphi_{\theta}) = A\Psi(\varphi_{\theta})(\epsilon - 1)\varphi_{\theta}\left(\frac{1}{\widetilde{w}_{HH}}\right)^{\varepsilon} \tag{2.62}$$

이때 $\widetilde{w}_{HH} = 2w_{H}^{HH}$이며, 기업의 총고용량은 $L_{\theta}^{HF}(w_{H}, \varphi_{\theta}) = 2q_{\theta}^{HH}$이다.

이제 기업 θ의 임금협상을 살펴본다. 우리는 해외에 아무런 생산 기반을 가지고 있지 못한 기업 θ가 임금협상 결렬 시 즉각적으로 외국으로 이전하여 해외생산을 하는 것은 불가능하다고 가정한 바 있다. 즉, 두 중간재가 국내에서 생산되는 경우, 임금협상에서 기업 θ의 대안은 생산 중단이다. 따라서 내시곱 (2.50)은 다음과 같이 구체화할 수 있으며, 해당 내시곱을 극대화하는 협상임금은 다음과 같다.

$$NP_{\theta}^{HH} = [\pi_{\theta}^{HH}(w_{H}, \varphi_{\theta})]^{\alpha}[(w_{H} - \overline{w}_{H})2q_{\theta}^{HH}(w_{H}, \varphi_{\theta})]^{1-\alpha} \tag{2.63}$$

$$w_{H}^{HH} = \frac{\varepsilon-\alpha}{\varepsilon-1}\overline{w}_{H} \geq \overline{w}_{H}, \because \epsilon > 1 \,\&\, \alpha \leq 1 \tag{2.64}$$

그리고 (2.64)와 (2.59)를 결합하면, 임금비용의 크기에 대한 다음과 같은 관계를 얻을 수 있다.

$$\tilde{w}_{FF} \leq \tilde{w}_{HF(T)} \leq \tilde{w}_{HF(NT)} \leq \tilde{w}_{HH} \tag{2.65}$$

2) 기업의 해외생산 선택: 위협효과 추구형 오프쇼어링

지금까지 살펴본 것처럼 기업 θ가 선택 가능한 생산 방법은 HH, $HF(NT)$, $HF(T)$, FF 등 네 가지이다. 그리고 이윤 극대화 기업인 θ는 이 중 가장 이윤이 높은 방법을 선택할 것이다. 즉, 기업 θ의 이윤은 $\pi_\theta = \max\left\{\pi_\theta^{HH}, \pi_\theta^{HF(NT)}, \pi_\theta^{HF(T)}, \pi_\theta^{FF}\right\}$으로 나타낼 수 있다. 그리고 각 이윤 간 비교를 통해 해당 기업의 최적 생산 방법(또는 생산지) 선택을 살펴보도록 하자. 이를 위해 (2.65)의 비용 관계를 활용하도록 한다. 또한 고정비용의 구조로부터 다음의 크기 관계가 성립함도 확인하자.

$$\Gamma_\theta^{HH} = 0 < \Gamma_\theta^{HF} = fe_\theta < \Gamma_\theta^{FF} = f_{E\theta} + f_{P\theta} \tag{2.66}$$

그리고 기업 θ의 네 가지 생산 방법 중, 여기에서는 $HF(T)$이 최적 선택인 경우를 살펴보도록 한다. 기업의 최적 선택이 $HF(T)$이라는 것은 기업 θ가 본국 내 임금협상에서 위협효과를 얻기 위해서 두 중간재 중 하나를 해외에서 생산하며, 위협효과가 신뢰성을 가지는 위협임을 의미한다. 위협효과가 신뢰성을 가질 조건은 (2.60)의 신뢰성 조건을 만족함을 의미하며, $HF(T)$가 최적 선택이 되기 위해서는 $\pi_\theta^{HF(T)}$이 다른 생산 방법에서 얻을 수 있는 이윤보다 커야 한다. 우리는 이미 $\pi_\theta^{HF(T)} \geq \pi_\theta^{HF(NT)}$인 것을 확인한 바 있으므로 $\pi_\theta^{HF(T)}$이 최대 이윤이 되기 위해서는 $\pi_{\theta}^{HF(T)} \geq \pi_{\theta} \in \{\pi_{\theta}^{HH}, \pi_{\theta}^{FF}\}$을 추가적으로 만족해야 한다. (2.60)의 신뢰성 조건을 포함하여 $HF(T)$이 최적 선택이 되기 위한 모든 조건을 정리하면 다음과 같다.

$$\pi_{\theta}^{FF} \geq \pi_{\theta}^{HF(NT)} \Leftrightarrow \Psi_{\theta} \geq f_{P\theta}\left[\left(\frac{1}{\widetilde{w}_{FF}}\right)^{\varepsilon-1} - \left(\frac{1}{\widetilde{w}_{HF(NT)}}\right)\right]^{-1} \equiv \Psi_1 \geq 0 \tag{2.60}$$

$$\pi_{\theta}^{HF(T)} \geq \pi_{\theta}^{HH} \Leftrightarrow \Psi_{\theta} \geq f_{E\theta}\left[\left(\frac{1}{\widetilde{w}_{HF(T)}}\right)^{\epsilon-1} - \left(\frac{1}{\widetilde{w}_{HH}}\right)^{\epsilon-1}\right]^{-1} \equiv \Psi_2 \geq 0 \tag{2.67}$$

$$\pi_{\theta}^{HF(T)} \geq \pi_{\theta}^{FF} \Leftrightarrow \Psi_{\theta} \leq f_{P\theta}\left[\left(\frac{1}{\widetilde{w}_{FF}}\right)^{\epsilon-1} - \left(\frac{1}{\widetilde{w}_{HF(T)}}\right)^{\epsilon-1}\right]^{-1} \equiv \Psi_3 \geq 0 \tag{2.68}$$

위의 조건을 비교하여 보면, $\widetilde{w}_{HF(T)} \leq \widetilde{w}_{HF(NT)}$ 이므로 $\Psi_1 \leq \Psi_3$ 임을 먼저 확인할 수 있다. 즉, 기업의 최적 선택이 $HF(T)$이 되기 위해서는 기업 θ의 생산성 $\Psi_{\theta} \in [\Psi_1, \Psi_3]$를 만족해야 함도 쉽게 알 수 있다. 동시에 (2.67)은 $\Psi_{\theta} \in [\Psi_2, \infty)$도 만족해야 함을 보여 준다. 따라서 위의 세 조건을 모두 만족하는 해가 존재하려면 $\Psi_2 \leq \Psi_3$이 언제나 성립해야 한다. 그리고 $\Psi_2 \leq \Psi_3$의 조건을 다음과 같이 정리해 보면, 해당 조건은 보유 중인 해외 생산설비의 확장 고정비용이 상대적으로 커서 두 중간재를 모두 해외에서 생산하는 것이 아닌, 한 중간재만 해외에서 생산할 유인이 존재해야 할 조건에 해당한다.

$$\Psi_2 \leq \Psi_3 \Leftrightarrow \frac{f_{P\theta}}{f_{E\theta}} \geq \frac{(1/\widetilde{w}_{FF})^{\varepsilon-1} - \left(1/\widetilde{w}_{HF(T)}\right)^{\varepsilon-1}}{\left(1/\widetilde{w}_{HF(T)}\right)^{\varepsilon-1} - (1/\widetilde{w}_{HH})^{\varepsilon-1}} \equiv \Omega_1 \tag{2.69}$$

한편, $\widetilde{w}_{HF(NT)} \geq \widetilde{w}_{HF(T)}$이므로 $\Psi_1 \geq \Psi_2$의 순서 관계가 성립한다. 따라서 모든 경계값들의 순서는 다음과 같다.

$$\Psi_2 \leq \Psi_1 \leq \Psi_3 \tag{2.70}$$

그리고 위의 순서 관계로부터 다음의 결과를 얻을 수 있다.

> **결과 2.15(위협효과와 오프쇼어링):** 주어진 모형에서 $f_{P\theta}/f_{E\theta} \geq \Omega_1$를 만족한다면, 기업 θ의 생산성이 $\Psi_\theta(\varphi_\theta) \in [\Psi_1, \Psi_3]$인 경우 해당 기업은 한 중간재를 해외에서 생산하고 본국의 임금협상에서 위협효과를 누릴 수 있다.

결과 2.15의 내용을 자세히 살펴보도록 하자. $\Psi_\theta \geq \Psi_1$은 해외이전 위협이 신뢰성을 가질 조건이며, 두 중간재를 모두 해외에서 생산하는 것이 위협효과 없이 중간재 하나를 국내에서 생산하는 것보다 더 수익이 높을 조건이다. 그리고 $\Psi_\theta \leq \Psi_3$은 위협효과하에서 중간재 하나를 국내에서 생산하는 것이 모두 해외에서 생산하는 것보다 이윤이 높을 조건이다. 따라서 조건 $\Psi_\theta \in [\Psi_1, \Psi_3]$은 위협효과 없이는 모두 해외에서 생산하는 것이 유리하지만, 위협효과가 있을 때는 중간재를 본국과 외국에 분산해서 생산하는 것이 유리한 기업 θ의 생산성 수준을 의미한다.

다음으로 경계값 Ψ_1에서 기업의 생산 방법 선택을 조금 더 자세히 살펴보자. Ψ_1에서 $\pi_\theta^{FF}(\Psi_1) = \pi_\theta^{HF(NT)}(\Psi_1) \leq \pi_\theta^{HF(T)}$임을 기억하자. 나아가 (2.67)의 조건을 만족하는 경우가 두 가지 있다는 것도 알아

두자. 즉, $\pi_\theta^{HH}(\Psi_1) \leq \pi_\theta^{FF}(\Psi_1) = \pi_\theta^{HF(NT)}(\Psi_1) \leq \pi_\theta^{HF(T)}(\Psi_1)$의 경우와 $\pi_\theta^{FF}(\Psi_1) = \pi_\theta^{HF(NT)}(\Psi_1) \leq \pi_\theta^{HH}(\Psi_1) \leq \pi_\theta^{HF(T)}(\Psi_1)$ 의 경우이다. 첫 번째는 경계값 Ψ_1에서 위협효과가 없어도 한 중간재를 해외로 이전할 유인이 있는 경우에 해당하며, 두 번째는 위협효과가 없어야만 중간재 하나를 해외로 이전할 유인이 있는 경우에 해당한다.

먼저 경계값 Ψ_1에서 위협효과가 없어도 한 중간재를 해외로 이전할 유인이 있는 첫 번째 경우를 살펴보자(<그림 2.3>). 위협효과 없이 중간재 하나를 해외에서 생산할 때의 이윤과, 두 중간재를 국내에서 생산할 때의 이윤이 같아지는 경계값을 $\widehat{\Psi}_2$라고 하자.

$$\pi_\theta^{HF(NT)} = \pi_\theta^{HH} \Leftrightarrow \Psi_\theta = f_{E\theta}\left[\left(\frac{1}{\widetilde{w}_{HF(NT)}}\right)^{\varepsilon-1} - \left(\frac{1}{\widetilde{w}_{HH}}\right)^{\varepsilon-1}\right]^{-1} \equiv \widehat{\Psi}_2 \tag{2.71}$$

첫 번째 경우에는 $\pi_\theta^{HH}(\Psi_1) \leq \pi_\theta^{HF(NT)}(\Psi_1)$이므로 $\widehat{\Psi}_2 \leq \Psi_1$를 만족해야 한다(<그림 2.3>). 그리고 해당 조건은 다음과 같이 정리할 수 있다.

$$\widehat{\Psi}_2 \leq \Psi_1 \Leftrightarrow \frac{f_{P\theta}}{f_{E\theta}} \geq \frac{(1/\widetilde{w}_{FF})^{\varepsilon-1} - (1/\widetilde{w}_{HF(NT)})^{\varepsilon-1}}{(1/\widetilde{w}_{HF(NT)})^{\varepsilon-1} - (1/\widetilde{w}_{HH})^{\varepsilon-1}} \equiv \Omega_2 \geq \Omega_1 \tag{2.72}$$

위의 $\Omega_2 \geq \Omega_1$는 언제나 성립하는 관계이며, $\widetilde{w}_{HH} \geq \widetilde{w}_{FF}$를 이용하여 쉽게 확인할 수 있다.

위의 조건들을 정리하여 보자. (2.71)을 만족하는 경우, 생산성이

$\Psi_\theta \leq \Psi_1$ 인 기업이라고 하더라도 $\Psi_\theta \in [\widehat{\Psi}_2, \Psi_1)$인 생산성을 가진다면 위협효과 없이 중간재 중 하나를 해외에서 생산한다. 그리고 결과 2.15에서 살펴본 것처럼 $\Psi_\theta \in [\Psi_1, \Psi_3]$인 경우에는 해외에서 중간재 중 하나를 생산하면서 본국 내 임금협상 시 위협효과를 활용할 수 있다. 따라서 생산성이 $\Psi_\theta \in [\Psi_1, \Psi_3]$인 기업은 위협효과가 없더라도 중간재 중 하나를 해외생산할 유인을 가지고 있으므로 해당 기업의 오프쇼어링은 위협효과를 얻기 위한 오프쇼어링은 아니다.

> **결과 2.16(해외 생산설비를 활용한 위협효과):** 주어진 모형에서 $f_{P\theta}/f_{E\theta} \geq \Omega_2$를 만족한다면, 생산성이 $\Psi_\theta(\varphi_\theta) \in [\Psi_1, \Psi_3]$인 기업은 해외 생산설비를 활용해서 위협효과를 얻을 수 있다. 하지만 해당 오프쇼어링은 위협효과를 얻기 위한 오프쇼어링은 아니다.

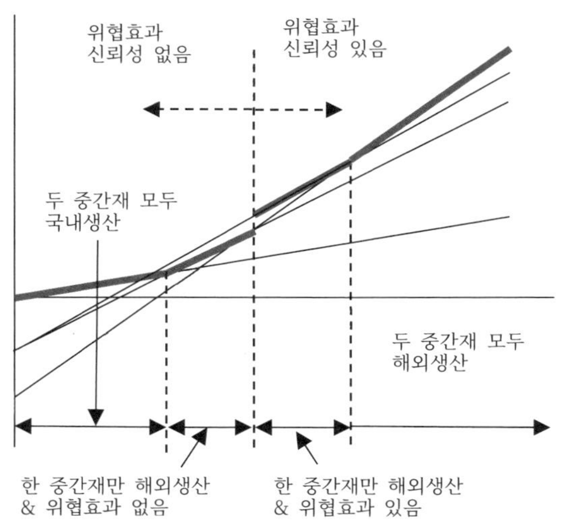

그림 2.3 결과 2.16

다음으로 두 번째 경우인 $\pi_\theta^{FF}(\Psi_1) = \pi_\theta^{HF(NT)}(\Psi_1) \le \pi_\theta^{HH}(\Psi_1) \le \pi_\theta^{HF(T)}(\Psi_1)$를 살펴보자. 이 경우는 위협효과가 없어야 경계값 Ψ_1에서 국내생산이 중간재 하나를 해외에서 생산하는 것보다 더 유리한 경우에 해당한다. 그리고 <그림 2.4>에서 볼 수 있는 것처럼 $\Psi_1 \le \widehat{\Psi}_2$의 조건을 만족해야 한다. 즉, 다음 조건을 만족하는 상황에 해당한다.

$$\Psi_! \le \widehat{\Psi}_2 \Leftrightarrow \frac{f_{P\theta}}{f_{E\theta}} \le \Omega_2 \tag{2.73}$$

그런데 $\Omega_1 \le \Omega_2$이며, 결과 2.15가 성립하려면 $f_{P\theta}/f_{E\theta} \ge \Omega_1$를 만족해야 함을 기억하자. 즉, 두 번째 경우가 나타날 수 있는 조건은 $f_{P\theta}/f_{E\theta} \in [\Omega_1, \Omega_2]$이다.

위의 조건들을 정리하여 보자 (2.73)을 만족하는 경우, 생산성이 $\Psi_\theta \le \Psi_1$인 기업은 위협효과가 존재하지 않는 한 모든 중간재를 국내에서 생산하는 것이 이윤을 극대화하는 방법이다. 나아가 위협효과가 존재하지 않는다면, 생산성이 $\Psi_\theta \le \Psi_1 \le \widehat{\Psi}_2$인 조건에서는 여전히 두 중간재의 국내생산이 더 유리한 선택이다. 하지만 위협효과의 존재로 인해 생산성이 $\Psi \in [\Psi_1, \widehat{\Psi}_2]$인 기업은 한 중간재를 해외에서 생산할 유인을 가지게 된다. 다시 말하자면, 생산성이 $\Psi \in [\Psi_1, \widehat{\Psi}_2]$인 기업은 위협효과가 없을 때는 해외생산의 유인이 없지만, 위협효과의 존재로 인해 한 중간재를 해외로 이전하는 기업이다. 따라서 생산성이 $\Psi \in [\Psi_1, \widehat{\Psi}_2]$인 기업은 위협효과 추구 오프쇼어링 유인을 가진다.

결과 2.17(위협효과 추구 오프쇼어링): 주어진 모형에서 $f_{P\theta}/f_{E\theta} \in [\Omega_1, \Omega_2]$를 만족한다면, 생산성이 $\Psi_\theta(\varphi_\theta) \in [\Psi_1, \widehat{\Psi}_2]$인 기업은 위협효과를 얻기 위해 중간재 하나를 해외로 이전한다. 그리고 이전한 해외 생산설비를 활용해서 위협효과를 얻을 수 있다.

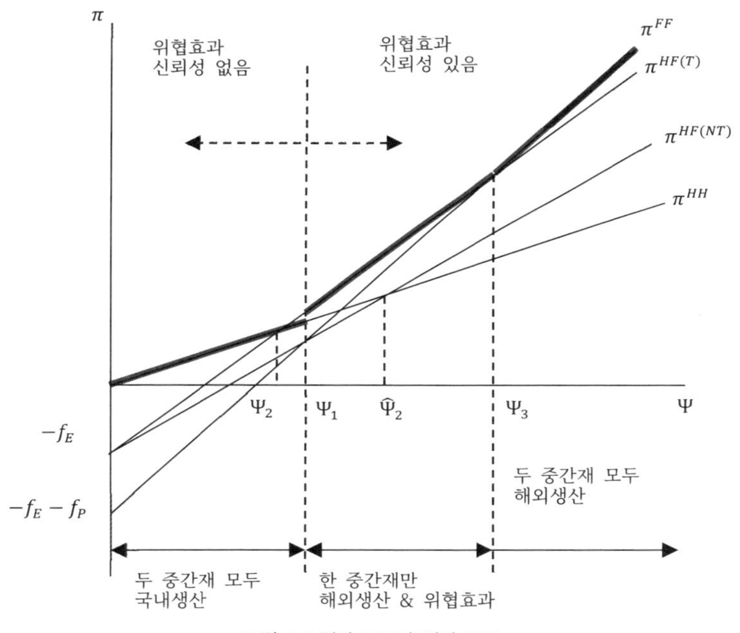

그림 2.4 결과 2.17과 결과 2.18

한편, $f_{P\theta}/f_{E\theta} \in [\Omega_1, \Omega_2]$인 경우에 $\Psi \in [\widehat{\Psi}_2, \Psi_3]$의 생산성 구간에서 기업은 한 중간재를 해외에서 생산하며 위협효과도 누릴 수 있다. 그런데 이 생산성 구간에서는 두 중간재를 해외생산해서 얻는 이윤이 위협효과 없이 중간재 하나를 해외생산해서 얻는 이윤보다 높다. 즉, 위협효과가 존재하지 않는다면 두 중간재를 모두 해외생산하는 것이 이윤 극대화 방법이지만, 위협효과로 인해 국내임금을 낮춤으로써 중간재 하나를 계속해서 본국에서 생산하는 경우에 해당한다. 따라서 이 생산성 구간의 오프쇼어링은 위협효과를 추구하기 위한 오프쇼어링은 아니다.[54]

> **결과 2.18(오프쇼어링 대체 위협효과):** 주어진 모형에서 $f_{P_\theta}/f_{E_\theta} \in [\Omega_1, \Omega_2]$를 만족한다면, 생산성이 $\Psi_\theta(\varphi_\theta) \in \left[\widehat{\Psi}_2, \Psi_3\right]$인 기업은 두 중간재를 해외생산하는 대신 위협효과로 국내임금을 낮추며 계속해서 한 중간재를 국내생산한다.

3) 결론 및 요약

제2장 1절과 2절에서 기업의 해외생산 가능성은 임금협상 과정에서 기업이 공장 이전 위협을 가할 수 있기 때문에 고용주에게 유리한 협상력을 제공할 수 있다는 것을 살펴보았다. 생산설비 해외이전 위협의 이와 같은 이점은 기업의 해외직접투자에도 동기를 부여할 수 있음을 시사한다. 즉, 해외 생산설비를 보유하고 있는 기업은 큰 비용을 들이지 않고도 국내생산을 해외생산으로 전환할 수 있으며, 이와 같은 생산지 선택의 유연성은 임금협상에서 기업에게 유리하게 작용할 수 있기 때문이다. 따라서 이미 알려진 다양한 해외직접투자의 유인에 더하여 생산입지의 유연성도 해외직접투자의 잠재적 동기가 될 수 있다.

이에 본 절에서는 앞에서 살펴보았던 위협효과 모형을 전통적인

54 생산성에 따른 기업의 최적 생산입지 선택과 위협효과의 가능성에 대한 완전한 이론 모형은 Kwon(2018)을 참고하라.

오프쇼어링 모형과 결합하여, 위협효과의 신뢰성을 확보하기 위한 해외직접투자 유인이 존재함을 보였다. 이론 모형의 결과에 따르면, 생산성이 해외생산이 가능한 수준의 경계선상에 있는 기업의 경우, 모든 생산설비를 해외로 이전하기보다는 해외에 생산설비를 일부 구축하고 국내외에서 생산지를 선택하는 생산지 유연성을 확보하는 것이 유리한 선택일 수 있다. 이러한 투자를 통해 생산지 선택의 유연성을 확보하게 되면, 기업은 임금협상에서 위협효과를 활용하여 더 유리한 결과를 얻어 낼 수 있다.

Offshoring, Reshoring, and Threat Effects
기업의 해외이전과 본국귀환의 위협효과

3

제3장_해외이전 위협효과와 정부 정책

1. 기업의 해외이전 위협과 세무 정책[55]

오늘날 세계경제에서 기업의 해외생산 확대는 더 이상 예외적인 현상이 아니다. 글로벌 생산 네트워크의 발달과 함께 많은 기업들은 본국을 벗어나 해외에 생산거점을 두는 방식으로 비용을 절감하고 유연한 공급망을 구축해 왔다. 이러한 '해외직접투자(Foreign Direct Investment, FDI)'와 '오프쇼어링(offshoring)' 현상은 단지 기업의 전략적 선택에 머무르지 않고, 각국 정부의 정책 결정에도 중대한 영향을 미치고 있다. 기업의 해외생산 확대는 생산입지에 대한 선택지를 넓혀 주는 동시에, 해당 국가의 규제나 과세 환경에 민감하게 반응하는 모습을 보여 주기 때문이다.

실제로 기업들이 해외생산을 선택하는 이유는 다양하다. 단순히 임금이나 생산비용을 줄이기 위한 목적뿐만 아니라, 정부의 규제 또는 과세 정책으로부터 야기될 수 있는 추가적인 부담을 회피하거나 최소화하려는 전략이 동반된다. 기업 입장에서 해외생산은 생산비용뿐만 아니라 규제비용까지 포함한 광의의 비용 구조를 최적화할 수 있는 수단으로 이해된다. 이와 관련하여 규제 회피형 FDI의 유인은 다수의 학술연구에서 구체적으로 다뤄지고 있다. 예를 들어, 환경규제가 강화될 경우, 기업들은 본국 내에서의 생산 활동이 상대적으로 더 많은 규제비용을 수반한다고 판단하고, 규제가 보다 느슨한 국가

---

55 본 절의 주요 내용은 권철우·황욱(2019)을 정리한 것이다. 보다 자세한 논의는 해당 논문을 참고하라. 본 절은 저자들의 논문이 게재된 학술지 『국제통상연구』(한국국제통상학회 발행)로부터 각색·해설 목적의 재사용 허락을 받아 작성되었다. 이에 깊이 감사드린다.

로 생산시설을 이전하고자 하는 유인을 갖는다. 이러한 현상은 오염 피난처 가설(pollution haven hypothesis)로 이론화되어 왔으며, 이에 대한 실증적 분석도 꾸준히 축적되어 왔다(List & Co, 2000; Keller & Levinson, 2002; Xing & Kolstad, 2002; He, 2006 등).

문제는 이러한 해외생산 전략이 기업 입장에서만 의사결정의 문제로 작용하는 것이 아니라, 정부 정책 형성에도 본질적인 제약으로 기능할 수 있다는 점이다. 환경규제를 포함한 각종 정책은 일반적으로 사회적 최적 수준을 지향하며 설계되어야 한다. 그러나 기업의 해외이전 가능성이 존재할 경우, 정책 당국은 지나치게 엄격한 규제가 본국 산업의 경쟁력을 저해하고, 나아가 생산설비의 유출을 초래할 수 있다는 우려 속에서 최적 규제를 포기하거나 완화할 유인을 가지게 된다. 이러한 현상은 단지 환경 정책에 국한되지 않으며, 조세 정책, 노동시장 규제 등 다양한 영역에서도 유사하게 나타난다.

이러한 정책 결정상의 제약은 이 책에서 다루고 있는 해외이전의 '위협효과(threat effect)'의 일종으로 생각할 수 있을 것이다. 즉, 기업이 정부의 규제 또는 세무 정책에 대응하여 해외이전을 전략적으로 고려할 수 있다는 사실 자체가 정부의 행동에 영향을 미칠 수 있다. 이에 본 절과 다음 절에서는 지금까지 노동시장에 국한했던 해외생산의 위협효과를 해외생산 가능성이 정부의 규제와 정책에 미치는 영향으로 확장해 볼 것이다.

1) 모형의 설정

(1) 수요, 생산기술 및 조세당국의 과세

연속적으로 존재하는 차별화된 상품 $\theta \in \Theta$ 시장을 고려하자. 상품 Θ의 시장은 세계시장으로 통합되어 있으며,[56] 통합된 시장 내에서 해당 상품을 소비하는 대표 소비자의 수요는 익숙한 CES 수요함수를 고려하자.

$$x_\theta = A_\theta p_\theta{}^{-\varepsilon},\ \varepsilon > 1 \tag{1.36´}$$

이미 알고 있는 것처럼 ε는 차별화된 상품 간의 대체탄력성이며, A_θ는 차별화된 상품 θ에 대한 수요의 크기를 반영하는 파라미터이다. 그리고 차별화된 상품 θ의 시장은 독점적 경쟁시장이라고 가정하자.

차별화된 상품 $\theta \in \Theta$를 생산하는 개별 기업 θ의 생산기술도 지금까지의 기술과 동일하다고 가정한다. 기업 θ는 노동만을 이용하여 차별화된 상품 θ를 생산하며, 해당 기업은 노동생산성 $\varphi_\theta \in (0, \varphi_{\max})$을 가지고 있다고 가정하자. 여기서 $\varphi_{\max}$는 현존하는 생산기술이 허용하는 최대 노동생산성이다. 즉, 기업 θ는 1단위 차별화된 상품을 생산하기 위하여 φ_θ단위의 노동을 투입해야 한다. 따라서 기업 θ가 지급하는 임금 수준을 외생적으로 주어진 w라고 할 때, 해당 기업이 1단위 상품

---

56 제1장 기초이론 파트에서 살펴본 것처럼 일반적인 독점적 경쟁시장하에서의 무역 및 오프쇼어링 모형은 본국시장과 외국시장으로 양분된 시장을 고려한다. 그러나 본 절의 관심은 해외공급을 통한 규모의 경제 효과가 아니기 때문에 본국시장과 외국시장이 통합된 단일 시장을 고려한다. 그리고 통합된 단일 시장에 상품을 공급하기 위한 생산지를 본국와 외국 중 한 곳으로 선택하는 입지 선택만을 고려한다.

을 생산하는 한계비용은 w/φ_θ 이다. 그리고 x_θ 단위의 차별화된 상품을 생산하기 위한 고용량(노동수요)은 $l_\theta^*(x_\theta) = x_\theta/\varphi_\theta$가 된다.

앞에서 이미 여러 번 살펴본 것처럼 주어진 CES 수요함수와 생산기술하에서 기업의 세전 운영이윤과 독점생산량은 다음과 같다.

$$\pi(\varphi_\theta) = \frac{A_\theta}{\varepsilon}\left(\frac{\varepsilon-1}{\varepsilon}\right)^{\varepsilon-1}\left(\frac{\varphi_\theta}{w}\right)^{\varepsilon-1} = A_\theta\Psi(\varphi_\theta)\left(\frac{1}{w}\right)^{\varepsilon-1} \tag{3.1}$$

$$x(\varphi_\theta) = A_\theta\left(\frac{\varepsilon-1}{\varepsilon}\right)^{\varepsilon}\left(\frac{\varphi_\theta}{w}\right)^{\varepsilon} = (\varepsilon-1)\left(\frac{\varphi_\theta}{w}\right)\pi(\varphi_\theta) \tag{3.2}$$

여기서 $\Psi(\varphi_\theta) \equiv (1/\epsilon)[\varphi_\theta(\varepsilon-1)/\epsilon]^{\varepsilon-1}$ 이며, 앞 절들에서 살펴본 바와 같이 기업의 생산성과 일대일 대응하는 값이다. 그리고 당연하겠지만 기업의 독점이윤은 자신의 생산성 φ_θ에 따라 달라지는 생산성의 함수이다. 기업 θ의 노동생산성 φ_θ은 해당 기업이 외부에 공개하기 전까지 해당 기업만 알고 있는 사적 정보라고 가정하자.

이제 과세당국에 대한 기업의 세전이윤 신고 의무를 고려해 보자. 기업의 생산성 φ_θ는 사적 정보이기 때문에 세무당국이 파악할 수 있는 기업의 이윤은 전적으로 기업의 신고에 의존한다고 하자. 기업의 독점이윤 (3.1)을 세무당국에 신고하는 것은 기업이 자신의 사적 정보인 생산성 φ_θ를 세무당국에 신고하는 것과 동일하다. 즉, 각 기업은 법인세 납부를 위해 세무당국에 자신의 생산성을 공개할 의무가 있다고 생각할 수 있다. 따라서 앞으로는 기업의 세전이윤 신고를 생산성 신고로 간주하도록 한다. 이처럼 기업의 생산성 정보는 기업 내부자만 알고 있는 사적 정보이기 때문에 신고 과정에서 기업이 과세부담을 줄이기 위해 생산성을 낮게 보고하려는 유인을 가지는 것은 자연스러운 현상이다.

한편, 기업 θ는 세후이윤을 극대화하기 위해 세무당국에 자신의 생산성을 축소 보고하는 것 외에도 생산설비의 해외이전을 선택할 수 있다고 하자. 즉, 과세부담을 지면서 본국에서 생산하는 것보다 오프쇼어링을 통해 해외로 생산설비를 이전하는 편이 비용 면에서 더 유리하다면, 생산설비를 해외로 이전할 수 있다고 하자. 그리고 기업의 오프쇼어링은 앞 절들에서 다루었던 오프쇼어링 모형의 설정을 따른다고 하자. 즉, 해당 기업이 생산설비를 해외로 이전하는 경우, 본국보다 낮은 한계비용으로 생산할 수 있는 반면, 해외이전을 위한 투자비용 f_E를 부담해야 한다. 편의상, 해외에서 생산해서 국내로 반입할 때 추가적인 운송비용은 발생하지 않는다고 하자. 현시점에서는 분석의 단순화를 위해 오프쇼어링의 고정비용 f_E 외 다른 고정비용은 없는 것으로 가정한다. 이는 생산 결정이나 조세 회피 행동에 미치는 순수한 한계비용 및 정보 비대칭의 영향을 분리하여 살펴보기 위한 가정이며, 이후 추가적인 고정비용을 포함시켜 모형을 확장할 것이다.

이제 세무당국의 의사결정 과정을 보다 자세히 논의해 보자. 세무당국은 각 기업의 세전이윤에 대하여 법인세율 τ를 적용해 세수를 확보하며, 동시에 탈세를 억제하기 위해 조사·감시 활동(intensity of tax auditing)을 벌인다. 그러나 기업별 실제 노동생산성 $\tilde{\varphi}_\theta$는 관측 불가능한 사적 정보이므로, 기업은 전략적으로 선택한 생산성 $\varphi_\theta^r \in (0, \infty)$을 신고하여 과세표준을 축소할 유인을 갖는다. 반면, 세무당국이 보유한 정보는 오로지 과거의 경험에서 알고 있는 노동생산성의 누적확률분포 $G(\varphi_\theta)$에 국한된다고 하자. 하지만 세무당국은 감시 활동을 통해 기업의 실제 노동생산성 $\tilde{\varphi}_\theta$을 식별할 수 있으며, 세무당국의 실제 노동생산성 식별 확률은 세무조사의 강도에 비례한다고 하자. 즉, 세무당국의 실제 노동생산성 식별 확률은 기업 θ에 대한 세무조사 강도 e_θ의 함수이며 $h(e_\theta)$로 주어진다($h'(e_\theta) > 0$). 그리고 세무조사 강도에 의한 식별 확률은 한계체감하며($h'' < 0$), 경계값은 $h(0) = 0$, $h(e_{max}) = 1$이라고 가정하자. 즉, 세무당국이 아무런 세무조사 노력을 기울이지 않으면 실제 생산성을 알아낼 수 없지만, 최대의 노력 e_{max}을 기울인다면 실제 생산성을 정확하게 파악할 수 있다. 생산성 표현의 혼란을 방지하기 위해, 본 절에서는 실제 생산성은 물결 모양을 위에 얹은 $\tilde{\varphi}$, 기업이 신고한 생산성은 φ^r, 세무당국이 인식하는 확률변수로서의 생산성은 φ로 나타내고 있음을 밝힌다.

그런데 세무조사를 통한 감시 활동 강화는 탈세 적발 확률을 높이지만 그와 동시에 행정비용을 수반한다. 즉, 세무조사는 비용이 수반되는 활동이다. 그리고 과도한 세무조사는 기업의 세후이윤 감소로 이어져서 기업에게 해외이전을 통한 조세 회피의 추가 유인을 제공할 수 있다. 따라서 세무당국은 조사 강도를 선택할 때, 추가 세수 확보라는 한계편익과, 행정비용 및 해외이전으로 인한 잠재적 세수 손실이라는 한계비용을 비교하여 최적의 e_θ^*를 결정하게 된다. 분석의 편의를 위해 본 절에서는 탈세 적발 확률 $h(e_\theta)$을 다음과 같은 선형함수로 가정하자.

$$h(e_\theta) = \frac{e_\theta}{e_{max}},\ e_\theta \in [0, e_{max}] \tag{3.3}$$

(3.3)의 가정하에서 세무당국의 세무조사 강도가 높아질수록 탈세 적발 확률은 $h'(e_\theta) = 1/e_{max}$와 같이 일정한 한계 증가율을 보인다.

(3.3)의 확률로 세무당국이 탈세를 적발하면, 세무당국은 일반 세율 τ에 가중치 $k\,(> 1)$를 곱한 $k\tau$를 적용하여 추징·징벌 과세를 실시한다고 하자. 따라서 기업의 실제 세전이윤을 $\pi(\tilde{\varphi}_\theta) \equiv \tilde{\pi}_\theta$라고 나타낼 때, 기업의 납세부담은 신고 생산성에 따른 납세액 $\tau\pi(\varphi_\theta^r)$과 탈세가 적발되었을 때 부담해야 하는 가중세액 $h(e_\theta)k\tau[\tilde{\pi}_\theta - \pi(\varphi_\theta^r)]$의 합이 된다. 그러므로 기업으로부터 신고받은 생산성 φ_θ^r과 세무당국의 세무조사 노력 수준 e_θ하에서 세무당국이 기업 θ로부터 거둘 수 있는 기대 과세수입은 다음과 같다.

$$T_\theta(e_\theta, \varphi_\theta^r, \tilde{\varphi}_\theta) = \tau\pi(\varphi_\theta^r) + \frac{e_\theta}{e_{max}}\tau k\big(\tilde{\pi}_\theta - \pi(\varphi_\theta^r)\big) \tag{3.4}$$

(2) 게임의 구조: 세무조사 노력 수준 결정 및 해외생산 선택

주어진 모형에서 기업은 세제 회피(tax evasion)를 위해 전략적으로 신고 생산성을 선택하거나 해외생산 여부를 선택할 수 있다. 이에 대응하여 세무당국은 기업의 탈세를 억제하고 세수를 확보하기 위해 최적의 세무조사 노력을 선택한다. 즉, 세무당국의 세무조사 노력과 기업의 세제 회피 노력은 전략적 상호작용의 결과이며, 이는 전형적인 게임 상황이다. 개별 기업과 세무당국 사이에서 이루어지는 다음과 같은 4단계 동태적 게임을 생각해 보자.

1단계(시장 진입 여부 선택): 기업 θ는 자신의 실제 생산성 수준 $\tilde{\varphi}_\theta$

를 알고 있으며, 이를 바탕으로 해당 시장에 진입할 것인지를 결정한다. 이때 진입 결정은 후속 단계에서 발생할 세무조사 및 조세부담, 고정비용 등을 모두 고려한 전략적 판단에 의해 이루어진다.

2단계(세무조사 노력 수준 결정): 세무당국은 기업 θ의 생산성을 직접적으로 알 수 없기 때문에, 세무당국에게 기업 θ의 생산성은 확률분포 $G(\varphi_\theta)$에 따라 실현되는 비대칭 정보이다. 세무당국은 실제 생산성이 아닌 기대 생산성을 바탕으로, 기업이 탈세를 시도할 가능성과 그로 인한 세수 손실을 고려하여 최적의 세무조사 노력 수준 e_θ를 결정한다.[57]

3단계(생산입지 및 생산량 선택): 기업은 세무당국이 선택한 세무조사 수준 e_θ를 확인한 뒤, 생산입지를 국내 또는 해외로 결정한다. 이 과정에서 기업은 세무조사의 강도와 그에 따른 기대비용, 그리고 국내와 해외 각각에서 발생하는 고정비용을 비교 평가한다. 국내생산을 선택하면 고정비용 f_B가 발생하고, 해외생산을 선택하면 더 많은 고정비용이 발생하지만($f_E > f_B$) 외국의 조세부담이 본국보다 낮다고 하자. 분석의 편의를 위해, 해외생산 시 임금 수준은 국내와 동일($W_F = W$)하되 세율은 0($\tau_F = 0$)으로 가정한다.[58] 일단 생산입지를 선택한 후, 기업은 이윤 극대화 독점생산량을 선택하여 독점이윤을 얻는다.

---

57 일반적으로 세율은 정책적 논의를 거친 후 국회에서 정치적 과정을 통하여 결정되기 때문에 세무당국이 단기간에 세율을 변경하기는 어렵다. 따라서 본 절에서는 세율 변경이 아니라 세무당국의 세무조사 수준 결정의 문제를 고려한다.

58 외국의 세율을 0으로 두는 것이 반드시 외국이 조세 피난처(tax haven)임을 의미하는 것은 아니며, 두 국가 간 세율의 차이에 초점을 맞추기 위한 간략화일 뿐이다. 앞 절들에서 해외생산 시 기업이 가장 낮은 임금을 제시하는 국가를 선택하여 해외생산하는 일종의 경매 과정을 고려한 것을 기억하자. 유사한 방식으로 기업이 여러 국가의 세제를 비교한 후 세율이 가장 낮은 국가를 선택하는 일종의 과세 경매(auction over tax regimes)를 가정해도 무방하다.

4단계(납세 신고 및 세무조사): 만일 기업이 국내생산을 선택했다면, 해당 기업은 의무에 따른 납세 신고를 진행한다. 이때 기업은 자신의 실제 생산성 $\tilde{\varphi}_\theta$을 신고 생산성(φ_θ^r)으로 왜곡하여 신고할 수 있으며, 그에 따라 탈세의 규모가 정해진다. 이후 세무당국은 이미 선택한 노력 수준(e_θ)에 따라 세무조사를 실시하고, 조사 결과 탈세가 적발될 경우 가산세를 부과한다.

주어진 게임의 핵심은 개별 기업의 실제 생산성에 대한 정보 비대칭성에 있다. 즉, 기업은 자신의 생산성과 세전이윤에 대한 정보를 정확히 알고 있지만, 세무당국은 이를 정확히 알 수가 없다. 따라서 세무당국은 관측 가능한 정보인 신고 생산성과 사전적으로 알려진 생산성의 확률분포를 바탕으로 기대편익을 극대화하기 위한 세무조사 노력을 선택한다.

한편, 위의 게임은 개별 기업과 세무당국의 양자 간 게임이다. 주어진 양자 간 게임의 균형을 먼저 살펴본 후, 시장 내 모든 기업의 시장경쟁을 고려한 시장균형을 살펴보도록 한다.

2) 기업의 입지 선택과 세무당국의 세무조사 정책

(1) 기업의 최적 선택: 탈세 규모와 생산입지 선택

기업의 세무신고 전략

앞서 살펴본 4단계 동태적 게임에서 기업의 최적 선택을 후진귀납법에 따라 차근차근 살펴보자. 기업이 국내생산을 선택한 경우, 게임의 4단계에서 해당 기업은 기대 세후이윤을 극대화하기 위해 자신에게 유리한 방향으로 생산성 φ_θ^r 또는 세전이윤 $\pi(\varphi_\theta^r)$를 신고한다. 이때, 기업의 기대 세후이윤은 다음과 같다.

$$\pi^{at}(e_\theta, \varphi_\theta^r) = \tilde{\pi}_\theta - T_\theta(e_\theta, \varphi_\theta^r; \tilde{\varphi}_\theta) = [\tilde{\pi}_\theta - \tau\pi(\varphi_\theta^r)]$$

$$-\frac{e_\theta}{e_{max}}\tau k[\tilde{\pi}_\theta - \pi(\varphi_\theta^r)] \quad (3.5)$$

여기서 첫 번째 항인 $[\tilde{\pi}_\theta - \tau\pi(\varphi_\theta^r)]$는 탈세 성공 시의 세후이윤을 의미하며, 두 번째 항은 탈세가 적발되었을 때의 기대 과징금을 나타낸다. (3.5)를 정리하면 다음과 같은 형태로 나타낼 수 있다.

$$\pi^{at}(e_\theta, \varphi_\theta^r) = \left(1 - \tau k\frac{e_\theta}{e_{max}}\right)\tilde{\pi}_\theta + \frac{\tau k}{e_{max}}\left(e_\theta - \frac{e_{max}}{k}\right)\pi(\varphi_\theta^r) \quad (3.5')$$

식 (3.5)는 기업의 기대 세후이윤이 신고한 세전이윤 $\pi(\varphi_\theta^r)$과 선형 관계를 가지지만, 그 관계는 세무당국의 세무조사 노력 수준 e_θ에 따라 달라짐을 보여 준다. 그리고 경계 세무조사 노력 수준을 $\hat{e} = e_{max}/k$라고 할 때, 기업이 신고하는 생산성 φ_θ^r는 세무신고 전략을 따르게 된다.

결과 3.1(세무신고 전략): 주어진 모형에서 기업 θ의 세무신고 전략은 다음과 같다.

(1) 만일 $e_\theta \leq \hat{e}$ 이면, 기업은 세무당국에 의한 적발 가능성이 낮다고 판단하여 완전 탈세를 시도하며 최저 생산성을 신고한다($\varphi_\theta^r = 0$).

(2) 반면 $e_\theta > \hat{e}$이면, 기업은 세무당국에 의한 적발 가능성이 높다고 판단하여 성실 납세 전략을 선택하고 실제 생산성을 신고한다($\varphi_\theta^r = \tilde{\varphi}_\theta$).

결과 3.1을 확인하기 위해 기업 θ의 기대 세후이윤 (3.5′)을 신고 생산성 φ_θ^r에 대해 미분하여 보자.

$$\frac{\partial \pi^{at}}{\partial \varphi^r} = \frac{\tau k}{e_{max}}\left(e_\theta - \frac{k}{e_{max}}\right)\frac{d\pi(\varphi^r)}{d\varphi^r} \tag{3.6}$$

그리고 1계 도함수 (3.6)의 부호는 $e_\theta - e_{max}/k$의 부호에 의존한다. 만일 $e_\theta \leq e_{max}/k = \hat{e}$이라면, (3.6)은 음의 값을 가지며 생산성을 낮게 신고할수록 기업의 세후 기대이윤은 높아진다. 따라서 기대 세후이윤을 극대화하기 위한 신고 생산성은 가장 낮은 생산성 수준인 $\varphi_\theta^r = 0$이다. 반면 $e_\theta > e_{max}/k = \hat{e}$이라면 (3.6)은 양의 값을 가지며 기업은 생산성을 높게 신고할수록 기대이윤이 높아진다. 즉, 기업은 자신의 실제 생산성을 신고하며 성실 납세를 선택한다. 달리 말하면, 탈세에 따른 기대 세후이윤이 탈세 적발 시 부담하게 되는 기대 과징금보다 클 경우 기업은 완전 탈세를 선택하며, 반대의 경우 성실 납세가 최적 전략이 된다. 나아가, 기업이 완전 탈세와 성실 납세를 선택할 때 기대할 수 있는 세후이윤은 다음과 같다.

$$\text{완전 탈세: } \pi^{at}(\varphi_\theta^r = 0) = (1 - \tau e_\theta/\hat{e})\tilde{\pi}_\theta \tag{3.7}$$

$$\text{성실 납세: } \pi^{at}(\varphi_\theta^r = \tilde{\varphi}_\theta) = (1 - \tau)\tilde{\pi}_\theta \tag{3.8}$$

기업의 생산입지 선택

이제 동태적 게임의 3단계인 기업의 생산입지 선택을 살펴보자. 게임의 3단계에서 이윤 극대화 기업 θ는 국내생산 또는 해외생산 중 기대 세후이윤이 높은 생산 방식을 선택할 것이다. 먼저 해당 기업이 국내생산을 선택하는 경우를 생각해 보자. 결과 3.1에서 살펴본 바와 같이 세무당국의 세무 노력 수준 e_θ에 따라 기업의 신고 생산성이 달라지며 세후이윤은 (3.7), (3.8)과 다르다. 두 경우에 따른 기업의 국내생산 기대 세후이윤을 하나의 식으로 정리하면 다음과 같이 나타낼 수 있다.

$$\Pi_d = \left(1 - \tau H(e_\theta)\right)\tilde{\pi}_\theta - f_B \tag{3.9}$$
$$H(e_\theta) = \begin{cases} \frac{e_\theta}{\hat{e}} & if\ e_\theta \le \hat{e} \\ 1 & if\ e_\theta \ge \hat{e} \end{cases}$$

여기서 f_B는 국내생산에 수반되는 고정비용이며, $H(e_\theta)$는 (3.7)과 (3.8)에 나타난 유효 세율을 하나의 함수 형태로 나타낸 유효 세율 함수이다. 유효 세율 함수는 그 자체로 결과 3.1을 반영하고 있는데, 세무조사 수준이 충분히 높을 경우 성실 납세를 유도할 수 있으며 유효 세율이 최고 세율인 τ에 도달함을 의미한다.

다음으로 기업이 해외생산을 선택하는 경우를 생각해 보자. 외국의 조세율을 0으로 가정하고 있으므로 해외생산 시 세금 부담은 없지만 국내생산보다 더 높은 고정비용 f_E이 발생한다. 따라서 기업 θ의 (세후)이윤은 다음과 같다.

$$\Pi_{off}(\tilde{\varphi}_\theta) = \tilde{\pi}_\theta - f_E \tag{3.10}$$

이윤 극대화 기업은 두 가지 선택지 국내생산과 해외생산 가운데 세후이윤이 더 높은 방법을 선택하게 되는데, 국내생산 선택 조건은 다음과 같다.

$$\Pi_d \leq \Pi_{off} \Leftrightarrow \tilde{\pi}_\theta \leq \frac{f_E - f_B}{\tau H(e_\theta)} \Leftrightarrow \Psi(\tilde{\varphi}_\theta) \leq \frac{(f_E - f_B)w^{\epsilon-1}}{A_\theta \tau H(e_\theta)}$$
$$\equiv \widehat{\Psi}(e_\theta)\big(= \Psi(\hat{\varphi}_\theta)\big) \tag{3.11}$$

국내생산 선택 조건 (3.11)은 생산성이 낮은 기업은 국내생산을 선택하고 생산성이 높은 기업은 해외생산을 선택한다는 것을 보여 주며, 이는 제1장 2절에서 살펴본 전형적인 수평적 오프쇼어링 선택 모형의 결과이다. 그리고 국내생산과 해외생산의 경계 생산성을 생산성 φ_θ에 모자(hat)를 씌워 $\hat{\varphi}_\theta$로 표시하자. 지금까지 해 왔던 것과 마찬가지로 생산성과 일대일 대응관계에 있는 $\Psi(\varphi_\theta)$을 생산성을 대신하는 생산성 지표로 활용하고 있다. 따라서 경계 생산성도 $\Psi(\hat{\varphi}_\theta) \equiv \widehat{\Psi}$으로 나타내기로 한다. 나중에 활용하기 위해 (3.11)에서 얻어지는 경계 생산성을 적어 보면 다음과 같다.

$$\hat{\varphi}_\theta(e_\theta) = \left(\frac{\epsilon(f_E - f_B)}{A_\theta \tau H(e_\theta)}\right)^{\frac{1}{\epsilon-1}} \frac{\epsilon w}{\epsilon - 1} \tag{3.12}$$

(3.11)과 (3.12)에서 정의된 경계 생산성을 다시 한번 살펴보자. 경계 생산성은 세무당국의 세무조사 노력 e_θ의 함수이기도 하다. 즉, 국내생산 조건 (3.11)은 세무당국의 세무조사 노력이 강화되어 $H(e_\theta)$가 커질수록 국내생산의 유인이 약화됨을 보여 준다. (3.9)의 유효 세율 함수를 고려해 보면, $e_\theta \leq \hat{e}$의 구간에서는 유효 세율 함

수가 $H(e_\theta) = e_\theta/\hat{e}$로 정의되므로 세무조사 노력이 강화될수록 탈세가 억제되고 기업의 국내생산 세후이윤이 낮아진다. 이는 해외생산에 대한 유인이 커짐을 의미하며, 해외생산을 선택하기 위해 요구되는 생산성의 컷오프 수준이 낮아지게 된다. 이는 곧, 세무당국의 조사 강도가 높아질수록 생산성이 낮은 기업조차 해외생산을 상대적으로 더 매력적으로 느낄 수 있음을 의미한다. <그림 3.1>은 세무조사 노력 e_θ의 수준과 이에 따라 변화하는 탈세 전략 및 생산성 컷오프 간의 관계를 도식화한 것이다.

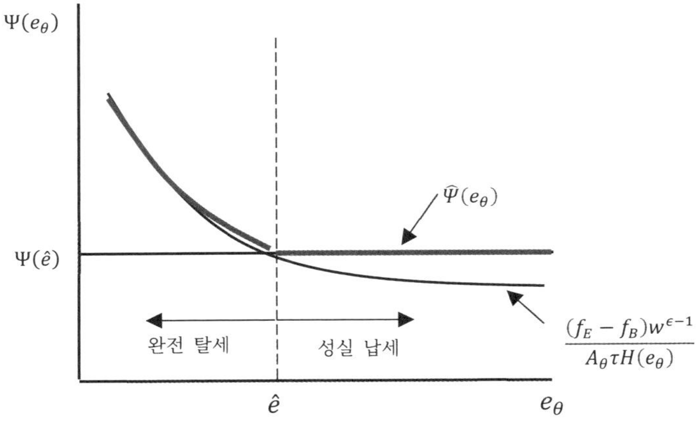

그림 3.1 탈세 전략과 해외생산의 생산성 컷오프

(3.11)의 국내생산 선택 조건은 기업의 실제 생산성과 컷오프 생산성 간의 관계에 따른 생산입지 선택에 대한 조건이다. 즉, 기업의 실제 생산성이 조건 (3.11)의 컷오프 생산성보다 낮은 경우, 즉 $\Psi(\tilde{\varphi}_\theta) \leq \Psi(\hat{\varphi}_\theta) = \widehat{\Psi}$이면 기업은 국내생산을 선택한다. 반면 생산성

이 컷오프 생산성을 초과하는 경우($\Psi(\tilde{\varphi}_\theta) \geq \Psi(\hat{\varphi}_\theta) = \hat{\Psi}$)에는 해외 생산을 선택한다. 기업의 생산입지 선택은 <그림 3.2>와 같이 ($\Psi(\tilde{\varphi}_\theta)$, π)공간에서 시각화할 수 있다.

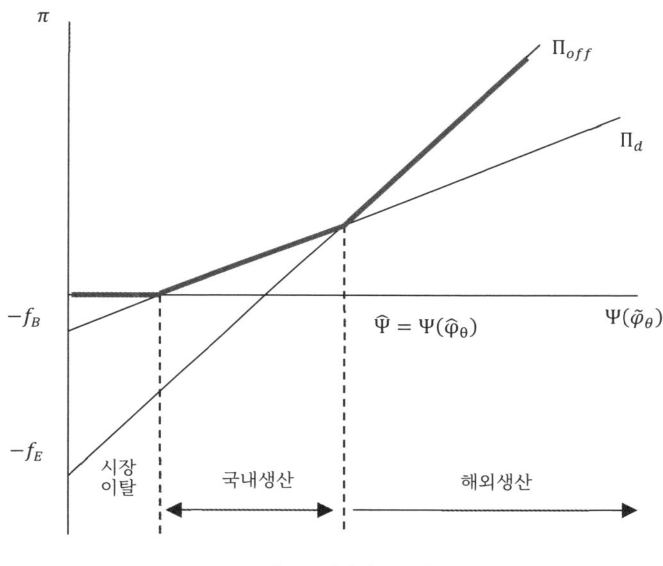

그림 3.2 기업의 생산입지 선택

> **결과 3.2(생산입지 선택):** 기업의 생산입지는 실제 생산성과 세무 정책에 의해 결정되는 컷오프 생산성에 따라 선택된다.
> (1) 기업의 생산성이 컷오프 수준을 초과할 경우($\Psi(\tilde{\varphi}_\theta) > \hat{\Psi}(\hat{\varphi}_\theta)$), 높은 생산성을 바탕으로 해외생산의 고정비용을 상쇄할 수 있으므로 해외생산을 선택한다.
> (2) 반대로 기업의 생산성이 컷오프 이하라면($\Psi(\tilde{\varphi}_\theta) \leq \hat{\Psi}(\hat{\varphi}_\theta)$), 고정비용 부담을 감당하기 어려우므로 국내생산을 선택한다.

결과 3.2는 제1장 2절에서 살펴보았던, 생산성이 높은 기업일수록 해외진출 가능성이 높다는 수평적 오프쇼어링 모형의 결과와 일치한다. 그러나 단순한 오프쇼어링 모형과 달리 해외생산과 국내생산을 결정하는 컷오프 생산성 $\hat{\varphi}_\theta(e_\theta)$은 (3.12)에서 볼 수 있는 것처럼 본국 세무당국의 세무조사 노력 e_θ에 의해 결정되는 컷오프 생산성이라는 점에서 차이가 있다. 이는 조세 집행 강도가 기업의 탈세 전략뿐 아니라, 해외이전 여부에도 실질적인 영향을 줄 수 있음을 보여 준다.

한편, <그림 3.1>에서 볼 수 있는 것처럼 세무당국의 세무조사 노력이 $e < \hat{e}$이라면, 노력이 강화될수록 해외생산의 컷오프 생산성은 감소한다. 하지만 일단 $e = \hat{e}$인 수준에 이르게 되면 더 이상의 세무조사 노력은 해외생산 컷오프 생산성에 영향을 미치지 않는다. 이를 결과 3.2와 결합시키면, 다음과 같은 새로운 결과를 얻을 수 있다.

> **결과 3.3(세무조사와 생산입지 선택):** 세무당국의 세무조사 노력이 강화되면, 기업은 조세부담을 덜기 위해 해외이전을 선택할 가능성이 높아진다. 그러나 세무조사 노력이 일정 수준 $e_\theta = \hat{e}$을 넘어서게 되면, 추가적인 세무조사 노력은 기업의 해외이전 결정에 영향을 주지 않는다.

(2) 세무당국의 세무조사 강도(intensity) 결정: 2단계 게임

지금까지 살펴본 것처럼 기업의 생산입지 선택과 세무신고 전략은 세무당국의 세무조사 강도에 영향을 받는다. 달리 말하면, 주어진 게임에서 세무조사 노력(intensity of tax auditing)은 해외이전과 세전이윤의 축소 신고 같은 기업의 조세 회피 행태를 통제하기 위해 정부가 활용할 수 있는 전략이다. 그리고 게임의 2단계에서 정부(즉, 세무당국)는 사회후생을 극대화하기 위해 최적의 세무조사 노력을 선택한다.

그런데 세무조사 노력을 선택하는 과정에서 정부는 단순히 세수를 최대화하는 것만을 목표로 하지 않는다고 하자. 즉, 정부는 탈세를 억제하고 고용을 유지하려는 다중 목표를 가지고 최적의 세무 정책을 선택하며, 세무당국은 이를 반영하여 다음과 같은 사회후생함수(social welfare function)를 극대화하기 위해 기업 θ에 대한 세무조사 강도를 설정한다고 가정한다.

$$W(e_\theta) = \Pi_\theta(e_\theta) + wx_\theta(e_\theta) + \xi T_\theta(e_\theta) - e_\theta \tag{3.13}$$

이때 e_θ는 기업 θ에 대한 세무조사 노력의 강도를 의미하며, 나머지 항들은 각각 다음을 나타낸다. $\Pi_\theta(e_\theta)$는 세무조사 수준 e_θ하에서 기업이 얻는 세후이윤으로, 앞에서 살펴본 바와 같이 기업의 생산입지 선택과 탈세 전략에 따라 달라진다. $wx_\theta(e_\theta)$는 해당 기업이 (국내에서 생산한다면) 국내에서 고용하는 노동자의 임금소득으로, 국내 고용 유지 여부가 정부의 후생함수에 영향을 미친다는 점을 반영한다. $\xi T_\theta(e_\theta)$는 기업으로부터 실제로 거두는 조세수입 $T_\theta(e_\theta)$에 정부가 부여하는 가치 또는 효용을 반영한 항이다. 여기서 조세수입이 정부에게 단순한 재정 수단을 넘어서 더 큰 사회적 효용으로 연결될 수 있음을 감안하여 $\xi \geq 1$로 설정하였다. 마지막 항 e_θ는 세무조사 노력에 소요되는 비용으로서, 과도한 조사 노력은 세무당국의 효율성에 부정적인 영향을 줄 수 있음을 반영한다.

그런데 사회후생함수 $W(e_\theta)$는 기업의 생산입지 선택(즉, 국내생산 여부)에 따라 함수의 형태가 달라짐에 유의하자. 만일 정부가 설정한 세무조사 강도하에서 기업이 국내에서 생산하기로 결정한다면, 사회후생함수는 (3.13)의 형태를 가지게 될 것이다. 즉, 이 경우 당국은 국내 고용 유지에 따른 임금소득 효과, 탈세 억제에 따른 세후이윤 통제, 그리고 실제 조세수입 확보라는 세 가지 편익을 함께 실현할 수 있으며, 이 모든 요소가 e_θ의 함수로 작동하게 된다. 앞에서 구한 바 있는 국내생산 시 세후이윤 (3.8), 고용량 (3.2), 세수 (3.4)를 이용하여 사회후생함수 (3.13)을 다음과 같이 정리하도록 하자.

$$W_d(e_\theta) = \pi(\varphi_\theta)\big(1 + (\epsilon - 1)\varphi_\theta + \tau(\xi - 1)H(e_\theta)\big) - f_B - e_\theta \tag{3.14}$$

여기서 $\pi(\varphi_\theta)$는 식 (3.1)에서 정의한 운영이윤이며, $(\xi - 1)$은 세수의 활용으로 정부가 창출하는 추가 편익의 크기를 반영하는 파라미터이다. (3.10)의 사회후생함수에서 정부는 기업 θ의 생산성을 확률변수로만 인식하므로 생산성 변수가 실제 생산성 $\tilde{\varphi}_\theta$가 아닌 확률변수 φ_θ임도 주의하자.

한편 기업이 해외생산을 선택한다면, 국내 고용은 사라지고, 법인세 역시 해외 생산국의 조세당국에 귀속되기 때문에 세무당국은 더 이상 노동소득도, 세입도 확보할 수 없다. 또한 해외 조업 기업에 대해서는 국내 조세 권한이 적용되지 않으므로 세무조사 노력 자체도 무의미해지며 불필요한 비용을 들일 필요가 없어진다. 이 경우, 당국이 얻는 사회후생함수는 다음과 같이 단순화된다.

$$W_{off} = \Pi_{off} \tag{3.15}$$

여기서 Π_{off}는 기업이 해외에서 획득한 세후이윤이며, 국제 조세 조약상 이중과세 방지 원칙에 따라 법인세는 생산이 이루어지는 현지에서 한 번만 납부한다고 가정한다.

앞에서 잠시 언급한 것처럼 주어진 게임의 2단계에서 세무당국이 세무조사 강도 e_θ를 선택할 때, 해당 기업의 정확한 생산성 $\tilde{\varphi}_\theta$를 알지 못한다.[59] 이에 따라 세무당국은 기업의 생산성을 확률변수 φ_θ로 간주하고, 주어진 누적분포함수 $G(\varphi_\theta)$에 따라 기대후생 $EW(e_\theta)$을 최대화하는 e_θ를 선택하게 된다. 그리고 세무당국이 기업의 미래 선택, 즉 국내생산 여부를 사전에 확정적으로 판단할 수 없다면, 기대후생은 확률 가중합으로 표현된다. 즉, 앞의 (3.12)에서 정의된 컷오프 생산성 $\hat{\varphi}_\theta$(해외이전 임계값)에 따라, 세무당국은 기업이 국내에 남을 확률을 $G(\hat{\varphi}_\theta)$로, 해외로 이전할 확률을 $1 - G(\hat{\varphi}_\theta)$로 평가한다. 그리고 이러한 평가를 바탕으로 당국이 기대할 수 있는 기대 사회후생은 다음의 두 구간에 대한 확률 가중합이다.

$$EW(e_\theta) = \int_0^{\hat{\varphi}_\theta} \left[\pi(\varphi_\theta)\big(1 + (\epsilon - 1)\varphi_\theta + \tau(\xi - 1)H(e_\theta)\big) - f_B - e_\theta\right] dG(\varphi_\theta) + \int_{\hat{\varphi}_\theta}^{\varphi_{max}} [\pi(\varphi_\theta) - f_E]\, dG(\varphi_\theta) \qquad (3.16)$$

기대 사회후생함수 (3.16)에서 첫 번째 항은 기업이 국내에 남아 있을 확률에 따라 정부가 얻는 편익이며, 두 번째 항은 기업이 해외생산을 선택하는 경우 정부가 얻는 편익이다. 요컨대, 정부는 개별

---

59 실제 정책 현실에서도 정부는 기업의 유형, 업종, 과거 납세 기록 등은 알 수 있으나, 현재 생산성은 관찰 불가능한 사적 정보(private information)의 성격을 가진다.

기업의 생산성에 대한 불확실성을 전제로 하여 기대 사회후생함수를 극대화하기 위해 세무조사 강도 e_θ를 최적화하게 된다. 이는 단순한 비용-편익 비교가 아니라, 정보의 비대칭과 전략적 불확실성을 모두 내포한 확률적 최적화 문제이다. 분석의 편의를 위해 세무당국이 가지는 기업의 생산성에 대한 확률분포를 균등분포(uniform distribution)로 가정하기로 하자. 즉, $\varphi_\theta \sim U(0, \varphi_{max})$, $\varphi_{max} \in (0, \infty)$이다.

그런데 이렇게 도출한 기대 사회후생함수 (3.16)은 기업에게 해외생산의 선택지가 열려 있다는 전제를 바탕으로 하고 있다. 만일 기업이 해외로 생산을 이전할 수 없다면—즉, 제도적으로 오프쇼어링이 불가능하거나 정책적으로 금지되어 있다면—정부는 기업이 무조건 국내에 머물 것이라는 전제하에 세무조사 강도를 결정할 수 있다. 따라서 정부의 사회후생함수는 (3.16)의 기대 사회후생함수가 아니라 단순히 (3.14)의 확정적 사회후생함수이다. 이 경우를 기준 모형(benchmark model)으로 설정하도록 하자. 그리고 기준 모형에서 세무당국의 최적 세무조사 강도를 살펴볼 것이다.

그런 후 해외생산이 허용되어 세무당국의 사회후생함수가 (3.16)의 기대 사회후생함수가 되는 경우 세무당국의 최적 세무조사 강도가 기준 모형과 비교하여 어떻게 달라졌는지를 살펴보도록 한다. 이러한 접근은 세무 정책이 단순한 사후적 대응이 아니라, 기업의 전략적 행동을 유도하거나 억제하는 사전적 정책 수단으로 기능할 수 있음을 명확히 보여 준다.

3) 기준 모형: 해외생산이 허용되지 않는 경우의 세무조사 노력

먼저, 기준 모형으로서 기업들이 오직 국내에서만 생산할 수 있는 경우, 즉 해외생산이 제도적으로 불가능하거나 기술적으로 고려되지 않는 상황을 생각해 보자. 이 경우에는 기업의 입지 선택이 정부의 사회후생함수에 영향을 미치지 않으므로 세무당국은 해외생산 가능성이나 그에 따른 컷오프 생산성 등을 고려할 필요가 없다. 기업의 생산성은 여전히 정부에게 알려지지 않은 확률변수이지만, 기업이 항상 국내에 남아 있을 것으로 가정되므로 기대 사회후생함수는 다음과 같이 표현된다.

$$EW_d(e_\theta) = \int_0^{\varphi_{max}} \left[\pi(\varphi_\theta)\left(1 + \varphi_\theta + \tau(\xi - 1)H(e_\theta)\right)\right] dG(\varphi_\theta) - f_B - e_\theta \quad (3.17)$$

앞서 분석의 편의를 위하여 기업의 생산성 φ_θ가 균등분포 $U(0, \varphi_{max})$를 따른다고 가정하였으므로 기대 사회후생함수의 기대값은 다음과 같은 폐쇄형(closed form)으로 표현할 수 있다.

$$EW_d(e_\theta) = \pi(\varphi_{max})\left[\frac{1}{\varepsilon} + \frac{1}{\varepsilon}\tau(\xi - 1)H(e_\theta) + \frac{\epsilon - 1}{\varepsilon + 1}\varphi_{max}\right] - f_B - e_\theta \quad (3.18)$$

정부는 위의 기대 사회후생함수 $EW_d(e_\theta)$를 목적함수로 하여, 후생을 극대화하는 세무조사 강도 e_θ를 선택한다. 자세한 유도 과정은 본 절의 부록으로 미뤄 두고 세무당국의 최적 세무조사 노력 선택에 대한 결과만 제시하면 다음과 같다.

> **결과 3.4(해외생산이 허용되지 않는 경우의 최적 세무조사 노력):** 주어진 모형과 조건하에서, 해외생산이 허용되지 않는 경우 세무당국의 최적 세무조사 노력 e_θ^*는 다음과 같다.
>
> (1) 만일 $\hat{e} \le e_d$ 이면, 세무당국은 탈세를 최대한 억제하기 위해 강한 세무조사 노력을 선택하며, 이때 최적 선택은 $e^* = \hat{e}$이다.
>
> (2) 반면 $\hat{e} \ge e_d$ 이면, 세무조사에 필요한 비용으로 초래되는 후생 손실이 후생 이득보다 크므로 세무당국은 세무조사 노력을 기울이지 않고 탈세를 용인하며, 최적 선택은 $e^* = 0$이다.
>
> 여기서 임계값 e_d은 다음과 같다. $e_d \equiv \tau(\xi - 1)\bar{\pi}$이며 $\bar{\pi} = (1/\varphi_{max}) \int_0^{\varphi_{max}} \pi(\varphi_\theta) d\varphi_\theta$

결과 3.4는 세무당국의 최적 세무조사 노력 결정이 단지 조세수입이나 고용효과에만 의존하는 것이 아니라, 보다 근본적으로는 탈세를 억제하기 위한 기술적 능력, 즉 탈세 적발 기술의 효율성에 의해 좌우된다는 점을 명확히 보여 준다. 구체적으로 설명하면, 만일 탈세 적발 기술이 비교적 효율적이라서 기업의 탈세를 억제하기 위해 필요한 세무조사 노력의 수준이 크지 않다면($\hat{e} \le e_d$), 세무당국은 자원을 투입해 탈세를 억제하는 것이 비용에 대비해 충분한 이익이 된다고 판단하여 최대치의 세무조사 노력인 $e^* = \hat{e}$을 선택하게 된다. 반면, 세무당국의 기술이 비효율적이어서 탈세를 억제하기 위해 매우 많은 세무조사 노력이 요구된다면($\hat{e} \ge e_d$), 그에 따른 행정비용이 너무 커져 정부의 기대편익을 오히려 낮출 수 있다. 이때 세무당국은 현실적인 절충안을 택하게 되는데, 일정 정도의 탈세를 묵인하는 쪽이 오히려 더 효율적이기 때문이다. 이 경우 최적 선택은 세무조사를 아예 하지 않는 $e^* = 0$이 된다.

결과 3.4는 세무당국의 최적 세무조사 노력의 선택을 설명하며, 결과 3.1은 세무당국의 최적 세무조사 노력하에서 기업의 납세 전략을 설명한다. 따라서 두 결과를 하나로 결합한다면, 세무당국과 기업의 선택을 함께 기술할 수 있다.

> **결과 3.5(해외생산이 허용되지 않는 경우 부분게임 완전 내시균형):** 주어진 모형과 가정이 모두 만족되고 해외생산이 허용되지 않는 환경에서 세무당국과 기업의 선택은 다음과 같다.
> (1) 만일 $\hat{e} \le e_d$이면, 세무당국은 적극적인 세무조사 노력을 기울이고, 이에 대응하여 기업은 성실 납세를 선택한다. 즉, 최적 신고 생산성은 $\varphi_\theta^r = \tilde{\varphi}_\theta$이다.
> (2) 반면 $\hat{e} \ge e_d$이면, 세무당국은 세무조사의 실효성이 낮다고 판단하여 세무조사를 수행하지 않으며, 기업은 이를 기회로 삼아 완전한 탈세를 시도한다. 이 경우 최적 신고 생산성은 $\varphi_\theta^r = 0$이다.

이러한 결과는 세무당국의 세무조사 전략이 단순한 사후 대응이 아니라, 기업의 납세 행동을 미리 유도하는 역할을 할 수 있다는 점을 잘 보여 준다. 즉, 정부가 일정 수준 이상의 세무조사 노력을 실제로 투입할 것이라는 신호를 분명히 보인다면, 기업은 성실하게 세금을 납부하는 것이 자신에게 유리하다고 판단하게 된다. 반대로, 정부가 세무조사에 적극적으로 나서지 않는다면, 기업은 조사가 이루어질 가능성이 낮다고 보고 탈세를 해도 안전하다고 여길 수 있다. 나아가 결과 3.5는 기업의 조세 회피 문제를 해결하기 위해 정부가 단순히 세율을 조정하거나 처벌 수위를 높이는 것만으로는 부족하다는 점을 시사한다. 기업이 납세를 회피하지 않도록 만들려면, 세무조사가 실제로 어느 정도의 강도로 실행될 것인지를 예측 가능하게 하는 조세행정의 신뢰성이 중요하다. 기업이 정부의 감시 의지를 확실히 인식할 수 있을 때에만, 스스로 성실하게 세금을 납부하려는 유인이 형성된다.

4) 해외생산이 가능한 경우의 최적의 세무조사 전략

이제 분석의 범위를 확장하여, 기업이 국내생산뿐 아니라 해외생산도 선택할 수 있는 상황을 고려해 보자. 그리고 결과 3.2에서 살펴본 것처럼 기업의 생산입지는 기업의 생산성 수준에 따라 내생적으로 결정된다. 다시 말해, 생산성이 높은 기업일수록 해외로 생산을 이전할 유인이 커지고, 반대로 생산성이 낮은 기업일수록 국내에 남아 생산하는 경향을 보인다. 이전과 마찬가지로 세무당국이 인지하는 기업의 생산성이 균등분포를 따른다고 가정한다면, 여기서 주의할 것은 컷오프 생산성이 (3.12)와 같은 e_θ의 함수라는 점이다. 즉, 기업의 해외생산 여부는 당국이 선택한 세무조사 노력 수준 e_θ의 영향을 받는다. 그리고 해외생산이 허용되는 경우에 세무당국의 기대 사회후생함수는 (3.16)으로 표현됨을 이미 살펴본 바 있다.

정부는 (3.16)의 기대 사회후생함수 $EW(e_\theta)$를 목적함수로 하여, 후생을 극대화하는 세무조사 강도 e_θ를 선택한다. 자세한 유도 과정은 본 절의 부록으로 미뤄 두고 세무당국의 최적 세무노력 선택에 대한 결과만 제시하면 다음과 같다.

결과 3.6(해외생산이 허용되는 경우의 최적 세무조사 전략): 주어진 모형과 조건이 만족될 때, 해외생산이 가능한 환경에서 세무당국의 최적 세무조사 노력 수준 e^{**}은 다음과 같이 결정된다.

(1) 만일 시장 수요의 가격탄력성이 높아서 $\epsilon \geq 2$이라면, 기업은 과세부담을 덜기 위해 해외생산을 선택할 유인이 높기 때문에 세무당국은 해외이전을 막기 위해 세무조사를 수행하지 않고 $e^{**} = 0$을 선택한다.

(2) 만일 $1 < \epsilon < 2$ 이고 $e \leq e_{off}$ 이면, 세무당국은 탈세 억제를 위해 최대치의 세무조사 노력을 투입하며, $e^{**} = \hat{e}$이 된다.

(3) 반면 $1 < \epsilon < 2$이고 $\hat{e} \geq e_{off}$이면, 세무조사 노력을 기울이는 편익이 비용에 비해 부족하므로 세무당국은 세무조사를 수행하지 않고 $e^{**} = 0$을 선택하게 된다.

여기서 정책 임계값 e_{off}는 다음과 같이 정의된다.

$$e_{off} \equiv \tau\pi(\hat{\varphi})\left[\frac{\xi-1}{\epsilon} - \left(\frac{\varphi_{max}}{\hat{\varphi}} - 1\right)\right]$$

결과 3.6은 결과 3.4와 유사하며, 기업이 해외로 생산을 이전할 수 있는 선택지를 가진 상황에서도 세무당국의 최적 세무조사 전략은 탈세를 적발할 수 있는 기술의 효율성에 의해 결정됨을 보여 준다. 하지만 해외생산이 허용되지 않는 경우와 달리 세무조사 전략이 기업 상품에 대한 수요탄력성에도 영향을 받는다는 점이다. 만일 기업 θ의 상품시장이 가격탄력성이 높은 수요를 가지고 있다면, 해당 기업은 비용 인상에 더 민감하게 반응하게 된다. 따라서 조세부담을 덜기 위해 해외이전을 적극 고려하게 되므로, 세무당국은 적극적인 조세 정책을 펴기가 어렵다. 즉, 세무당국은 기업의 해외이전을 막기 위해 소극적인 세무조사 노력을 기울이게 된다.

하지만 수요의 가격탄력성이 높지 않다면, 세무당국의 세무조사 전략은 결과 3.4와 동일하다. 구체적으로 말해, 만일 세무당국의 탈세 적발 기술이 충분히 효율적이어서 탈세를 방지하는 데 필요한 세무조사 노력 수준이 그다지 크지 않다면(즉, $\hat{e} \leq e_{off}$가 성립한다면) 세무당국은 탈세를 억제하기 위해 적극적으로 조사에 나서는 것이 합리적이다. 이 경우 최적 세무조사 노력은 $e^{**} = \hat{e}$이 된다. 반대로, 탈세를 적발하는 기술적 수단이 비효율적이어서 탈세를 방지하려면 과도한 세무조사 노력이 필요한 경우(즉, $\hat{e} \geq e_{off}$) 세무당국은 오히려 조사비용을 감수하지 않고 기업의 탈세를 사실상 용인하게 된다. 이 경우 세무조사 노력은 $e^{**} = 0$으로 수렴한다. 이러한 결과는 기업의 납세 행태가 정부의 세무조사 전략에 반응하여 결정된다는 점에서도 기준 모형과 동일한 구조를 갖는다. 따라서 결과 3.6과 기업의 납세 전략인 결과 3.1을 결합하면, 해외생산이 허용된 경우에도 다음의 결과를 도출할 수 있다.

결과 3.7(해외생산이 허용되는 경우의 부분게임 완전 내시균형): 주어진 모형과 분석 조건이 모두 충족될 때, 기업들이 해외로 생산을 이전할 수 있는 선택지를 가진 환경에서도, 기업의 납세 전략은 세무당국의 세무조사 노력 수준에 따라 다음과 같이 결정된다.

(1) 만일 시장 수요의 가격탄력성이 높아서 $\epsilon \geq 2$이라면, 세무당국은 탈세를 묵인하며, 기업은 완전 탈세를 시도한다. 즉, 기업의 최적 탈세 수준은 $\varphi_\theta^r = 0$이다.

(2) 만일 $1 < \epsilon < 2$ 이고 $\hat{e} \leq e_{off}$이면, 세무당국은 충분한 세무조사 노력을 투입하게 되고, 이에 대응하여 기업은 성실 납세를 선택한다. 즉, 탈세 선택 수준은 $\varphi_\theta^r = \tilde{\varphi}_\theta$가 된다.

(3) 반면 $1 < \epsilon < 2$ 이고 $\hat{e} \geq e_{off}$이면, 세무당국이 조사를 포기하고 탈세를 묵인하는 상황이 되므로, 기업은 이를 기회로 삼아 완전한 탈세를 시도한다. 이 경우 최적 탈세 수준은 $\varphi_\theta^r = 0$이다.

결과 3.7은 해외생산이라는 회피 수단이 열려 있더라도, 세무당국의 감시 의지와 기술 수준이 기업의 조세 순응 여부를 실질적으로 결정한다는 결과 3.6을 다시 한번 강조한다. 기업은 단순히 법률의 조항에 따라 움직이지 않으며, 실제로 정부가 얼마나 강하게 조세 규율을 시행할지를 관찰하고 이에 따라 행동을 조정한다. 결국, 성실 납세를 유도하기 위해서는 예측 가능한 감시 강도와 실효성 있는 탈세 적발 능력이 필수적임을 시사하는 결과라 할 수 있다. 그리고 시장 수요의 가격탄력성도 세무 전략에 영향을 미치는 요인임을 보여 준다.

이제 기업의 생산지 선택도 함께 생각해 보자. 수요의 가격탄력성이 $\epsilon \geq 2$인 경우는 세무당국이 탈세를 용인하기 때문에 기업 θ의 과세부담은 사라지고 생산을 해외로 이전할 유인이 없어진다. 따라서 기업은 과세부담을 덜고 국내에서 생산을 이어 갈 것이다.

하지만 가격탄력성이 $1 < \epsilon < 2$이라면, 세무당국의 세무조사 노력 수준에 따라 기업은 해외생산을 선택할 수 있다. 앞서 두 결과가 보여 주는 바와 같이, 만일 세무조사를 통해 탈세를 억제하는 데 필요한 최소한의 노력 수준 $\hat{e}$이 당국의 세무조사 노력의 임계값 e_{off}보다 크다면(즉, $\hat{e} \geq e_{off}$) 세무당국은 세무조사 노력을 아예 기울이지 않게 되며, 이로 인해 기업은 완전한 탈세를 시도하는 것이 최적 전략이 된다. 이러한 상황에서는 기업의 국내생산에 대한 실질적인 과세부담이 사라지게 되며, 국내에서 생산을 선택하더라도 추가적인 세무적 제약이 없어진다. 따라서 기업 입장에서는 국내생산과 해외생산 간의 한계비용이 동일해지고, 고정비용 구조만이 선택에 영향을 주게 된다. 특히 해외생산에는 상당한 고정비용이 수반되는 반면, 국내생산은 이러한 비용이 없거나 낮기 때문에, 이 경우 기업은 자연스럽게 국내생산을 선호하게 된다.

반면, 가격탄력성이 $1 < \epsilon < 2$에 해당하며 당국의 세무조사가 상대적으로 효율적이어서 $\hat{e} \leq e_{off}$가 성립하는 경우, 세무당국은 실제로 세무조사 노력 $e^{**} = \hat{e}$을 투입하여 기업의 탈세를 억제할 수 있게 된다. 이 경우 기업은 성실 납세를 선택하게 되고, 국내생산에서 조세부담이 생긴다. 따라서 국내생산의 한계비용이 높아지게 되는데, 기업은 이 조세부담을 감안하여, 조세부담이 없는 해외생산 옵션과 비교하게 된다. 이처럼 기업은 국내생산에 따르는 높은 한계비용과 해외생산에 따르는 높은 고정비용 사이에서 균형을 판단한 후, 최종 생산입지를 선택하게 된다. 이때 생산성 수준이 해외생산 선택의 기준이 됨은 이미 확인한 바 있다. 즉, 생산성이 $\hat{\varphi}(\hat{e})$보다 낮은 기업은 국내생산을 선택하고, 반대로 생산성이 $\hat{\varphi}(\hat{e})$보다 높은 기업은 해외생산을 선택한다. 이처럼 해외생산이 가능할 경우 고정비를 감수하고 탈세를 회피할 수 있는 우회로가 열려 있기 때문에, 일정 수준 이상의 세무조사 노력은 기업의 해외이전을 유발할 수 있으며, 이는 오히려 정부의 후생을 악화시킬 수 있다.

마지막으로 해외생산 가능성에 따른 세무당국의 세무조사 전략을 비교해 보자. 이는 해외생산이 허용되지 않는 경우의 결과 3.4와 해외생산이 허용되는 경우의 결과 3.6을 비교하여 살펴볼 수 있다. 그리고 두 결과에서의 임계값 e_d와 e_{off}를 비교하면 $e_{off} \leq e_d$임을 확인할 수 있다. 따라서 두 결과를 $e_{off} \leq e_d$와 결합하여 정리하면 다음과 같은 결과를 얻는다.[60]

---

60 결과 3.8은 e_d와 e_{off}의 크기를 비교하면 바로 따라 나오는 결과이다. 두 경계값의 차이를 구하면 다음과 같다.

결과 3.8(해외생산 가능성이 세무조사 전략에 미치는 영향): 주어진 모형에서 $1 < \epsilon < 2$인 경우, $e_{off} \leq e_d$ 관계가 성립하며, 이에 따라 세무당국의 세무조사 노력 수준은 $\hat{e}$의 크기에 따라 다음과 같이 결정된다.

(1) $\hat{e} \in [0, e_{off}]$인 경우: 탈세를 억제하기 위해 요구되는 세무조사 노력 수준 $\hat{e}$이 충분히 작다면, 해외생산 가능성과 무관하게 세무당국은 적극적으로 세무조사에 나선다. 즉, 해외생산이 가능하든 불가능하든, 모든 경우에 $e^* = e^{**} = \hat{e}$이 된다.

(2) $\hat{e} \in [e_{off}, e_d]$인 경우: 이 구간은 해외생산 가능성에 따라 세무조사에 대한 정책이 달라진다. 해외생산이 허용되지 않는 경우에는 세무당국이 기업의 탈세만을 고려하면 되므로, 여전히 세무조사 노력 $e^* = \hat{e}$을 투입하게 된다. 그러나 해외생산이 가능할 경우에는, 세무조사 노력으로 인해 생산성이 높은 기업이 해외로 이전할 가능성이 있어서, 이를 우려한 세무당국이 조사 노력을 기울이지 않고 탈세를 용인한다. 따라서 이 구간에서는 $e^* = \hat{e}$이지만 $e^{**} = 0$이다.

(3) $\hat{e} \in [e_d, e_{max}]$인 경우: 탈세를 방지하기 위한 세무조사 노력이 과도하게 크기 때문에, 어떤 상황에서도 세무조사 편익이 비용을 초과하지 못한다. 따라서 세무당국은 조사에 나서지 않으며, 탈세를 묵인하는 전략을 선택하게 된다. 이 경우 $e^* = e^{**} = 0$이다.

결과 3.8은 수요의 가격탄력성이 아주 크지 않아서 기업이 비용부담에 상대적으로 덜 민감한 경우, 기업의 해외생산 가능성이 현 단계의 세무당국의 과세 노력 선택에 실질적인 영향을 미칠 수 있음을 보여 준다. 특히 이 결과는 경우에 따라 세무당국이 기업의 해외이전 가능성을 우려하여 세무조사 노력을 의도적으로 축소하거나 회피하는 전략, 즉 탈세를 묵인하는 선택을 하게 될 수 있음을 이론적으로 뒷받침한다. 이러한 전략의 채택 여부는 무엇보다도 탈세 적발 기술의 효율성, 다시 말해 세무조사 노력 대비 탈세 억제 효과에 의해 결

$e_{off} - e_d = -\frac{\tau(\xi-1)}{\epsilon}(\pi_{max} - \pi(\hat{\varphi})) - \tau\pi(\hat{\varphi})\left(\frac{\varphi_{max}}{\hat{\varphi}} - 1\right) \leq 0 \Rightarrow e_{ff} \leq e_d$

정된다. 예컨대, 탈세 적발 기술이 매우 비효율적이라면, 탈세를 방지하는 데 과도하게 큰 세무조사 노력이 요구되며, 이로 인해 세무당국은 해외생산 가능성과 무관하게 세무조사 자체를 포기하게 된다. 이는 결과 3.8의 세 번째 경우에 해당하며, 이때 최적 세무조사 노력은 $e^* = e^{**} = 0$으로 수렴한다. 반대로, 탈세 적발 기술이 매우 효율적이라면, 낮은 수준의 세무조사 노력만으로도 충분한 탈세 억제 효과를 기대할 수 있으므로, 세무당국은 해외생산 여부와 무관하게 일관되게 적극적인 조사 정책을 수행하게 된다. 이 경우는 결과 3.8의 첫 번째 경우에 해당하며, 최적 세무조사 노력은 $e^* = e^{**} = e_1$이다. 이처럼 세무조사의 효율성이 극단적으로 높거나 낮은 경우에는 세무정책의 방향이 명확하게 결정된다.

그러나 문제는 이 두 극단 사이의 구간이다. 탈세 적발 기술의 효율성이 어느 정도 수준은 되지만, 그렇다고 충분히 강력하지는 않은 경우, 세무당국은 보다 복잡한 판단을 해야 한다. 이때는 탈세를 억제하기 위해 상당한 세무조사 노력이 필요하지만, 동시에 그에 따른 조사비용뿐 아니라, 기업의 해외이전으로 인한 후생 손실이라는 기회비용도 고려해야 한다. 따라서 세무당국은 탈세 억제의 편익과 함께, 조사비용과 해외생산 유인을 통한 국내경제 파급효과를 함께 비교하여 최적의 세무조사 노력 수준을 결정하게 된다. 이러한 전략은 결과 3.8의 두 번째 경우에 해당한다. 이 경우 세무당국은 조세 정의 실현을 위한 엄격한 조사 정책이 오히려 기업의 해외이전을 자극하고, 결과적으로 국내의 고용, 생산, 세입 측면에서 손실을 초래할 수 있음을 우려하게 된다. 따라서 정부는 전략적으로 세무조사 노력을 낮추고 탈세를 묵인하는 소극적 조세 정책을 채택할 유인이 생긴다. 이는 조세행정이 단지 형평성 논리에만 기반하지 않고, 경제적 현실과 기업 반응에 대한 예측 가능성을 함께 고려한 전략적 결정임을 시사한다. 요컨대, 결과 3.8은 해외생산이 가능할 경우, 세무당국이 세무조사 노력을 유지하려면 더 높은 수준의 탈세 적발 기술 효율성이 요구된다는 점을 강조한다. 즉, 해외생산이라는 선택지가 열려 있는 상황에서는 동일한 수준의 세무조사 노력으로 더 강한 억제효과를 거둘 수 있어야만, 세무당국이 과세 노력을 정당화할 수 있다. 기술적 효율성이 충분히 높지 않다면, 세무당국은 기업의 해외이전 리스크를 회피하기 위해, 결과적으로 세무조사 노력을 줄이고 탈세를 용인할 수밖에 없게 된다. 이는 국제경제 통합이 진전될수록, 특히 개발도상국이나 중간소득국에서 세무행정이 독립적으로 운영되기 어려운 구조적 이유를 설명해 주는 이론적 단초가 되며, 탈세 대응 전략이 단지 세무조사의 기술적 문제를 넘어서 제도적·전략적 문제임을 암시한다.

5) 기업의 시장 진입과 독점적 경쟁균형: 1단계 게임[61]

이제 모형의 마지막 단계로서, 기업의 시장 진입과 그로부터 도출되는 독점적 경쟁시장 균형에 대해 간략히 살펴보자. 이 단계의 분석은 전체 모형의 균형을 완성하기 위한 구조적 요소를 제공한다. 다만,

61 기업들의 독점적 경쟁균형에 대한 고려는 모형의 시장균형을 도출할 수 있음을 보여 주며 분석의 마무리를 위해 필요하다. 하지만 본 절의 연구 목표인 세무당국의 해외생산 여부가 세무조사 노력에 미치는 영향에 대해서는 아무런 역할을 하지 않는다.

본 절의 핵심 초점은 세무조사 노력이 기업의 해외생산 선택 여부에 어떤 영향을 미치는지를 분석하는 데 있으므로, 시장균형 그 자체의 해석은 간략히 제시하는 데 그친다. 이를 위해 게임의 1단계에서 기업의 시장 진입 결정을 고려한다. 본 모형은 제1장 1절에서 살펴본 Krugman(1979)의 독점적 경쟁 모델을 응용한 구조로, 시장에 존재하는 모든 기업은 동일한 생산성 $\tilde{\varphi}$를 보유하고 있으며, 동일한 비용 구조를 갖는 것으로 가정한다. 이러한 동질적 기업들은 기대 세후이윤이 정상이윤(0)에 수렴할 때까지 시장에 진입하며, 그 결과 시장의 크기는 내생적으로 조정된다. 따라서 각 기업이 직면하는 수요의 규모 $\overline{A}$는 시장 내 진입 기업 수에 의해 조정되는 내생 변수이며, 이는 기업의 정상이윤 조건으로부터 결정된다. 독점적 경쟁균형하에서, 개별 기업의 세후 기대이윤이 0이 되는 조건은 다음과 같이 주어진다.

$$E\,\Pi^d(\tilde{\varphi}) = [1-\tau H(e^{\dagger})]\overline{A}\Psi(\tilde{\varphi})\left(\frac{1}{w}\right)^{\varepsilon-1} - f_B = 0 \tag{3.19}$$

여기서 $e^{\dagger}$는 앞에서 도출한 당국의 최적 세무조사 노력 수준이며, $\tau H(e^{\dagger})$는 탈세 억제 수준을 반영한 유효 과세율을 나타낸다. 이 식을 $\overline{A}$에 대하여 정리하면, 시장균형하의 개별 기업 수요 규모(또는 시장 크기)는 다음과 같이 주어진다.

$$\overline{A}^*(\tilde{\varphi}) = \frac{f_B}{\left(1-\tau H\left(e^{\dagger}\right)\right)\Psi(\tilde{\varphi})} w^{\varepsilon-1}$$

시장균형에서, 이 정상이윤 조건을 바탕으로 기업의 고용량(또는 생산량)과 세무당국의 과세수입은 각각 앞서 제시된 식 (3.2)와 식 (3.3)에 대입하여 계산할 수 있다. 뿐만 아니라, 세무당국의 최적 세무조사 노력 수준의 임계값들—즉, 해외생산 가능성과 무관하게 설정된 e_d, 그리고 해외생산 가능성을 고려한 e_{off}—도 위의 균형 조건 (3.19)를 토대로 다시 정식화할 수 있다. 이제 기업의 해외생산이 허용된 경우를 다시 고려해 보자. 앞서 확인한 바와 같이, $\hat{e} \leq e_{off}$가 성립하면 세무당국은 탈세를 억제하기 위한 조치를 실제로 수행하며, 이에 따라 해외생산을 위한 생산성 컷오프가 존재하게 된다. 이때 균형시장에서의 생산성 컷오프는 앞서 제시된 (3.11)의 $\widehat{\Psi}(\hat{e})$에 균형수요 규모 $\overline{A}^*(\tilde{\varphi})$를 대입함으로써 다음과 같이 표현된다.

$$\widehat{\Psi} = \left(\frac{f_E - f_B}{f_B}\right)\left(\frac{1-\tau}{\tau}\right)\Psi(\tilde{\varphi}) \tag{3.20}$$

(3.20)은 해외생산에 필요한 고정비용 f_E, 국내생산에 필요한 고정비용 f_B, 세율 τ, 그리고 공통 생산성 $\tilde{\varphi}$에 따라 해외생산을 선택할 기업들의 생산성 임계값을 보여 준다. 그리고 이 컷오프 생산성을 기준으로 기업의 입지 선택을 판단할 수 있다. 만일 $f_E \leq \mathrm{f}_B/(1-\tau)$이라면, 즉 해외생산에 따르는 고정비용 f_E가 조세부담을 반영한 국내생산의 실질적 고정비용 $f_B/(1-\tau)$보다 작거나 같다면, 시장균형 컷오프 생산성 $\hat{\psi}$는 기업의 실제 생산성 $\tilde{\psi}$보다 작아져 기업들은 해외생산을 선택한다. 반면 $f_E \geq f_B/(1-\tau)$라서 해외생산의 고정비용이 조세조정을 고려한 국내생산 비용보다 크다면, 균형에서의 컷오프 생산성은 기업의 실제 생산성보다 커지며, 이 경우 기업은 국내생산

을 선택하게 된다. 이는 기업의 생산입지가 단순히 조세 수준이나 고정비용에 따라 결정되는 것이 아니라, 조세 정책과 시장 구조가 상호작용하는 균형 조건하에서 도출되며, 정부의 세무조사 전략과 기업의 해외이전 가능성이 결합된 전략적 균형의 일부로 이해되어야 함을 보여 준다.

6) 결론 및 요약

본 절에서는 탈세 유인을 가진 기업들의 해외생산 가능성이 정부의 세무조사 전략에 어떤 영향을 미치는지를 이론적으로 살펴보았다. 그리고 이론적 고찰을 통해 다음과 같은 결과를 확인할 수 있었다.

기업이 해외생산이라는 대체 가능한 생산입지를 선택할 수 있는 상황에서는, 세무당국의 세무조사 노력이 단지 조세수입 극대화를 위한 수단일 뿐 아니라, 기업의 생산입지 결정에 영향을 주는 전략적 신호로 기능한다. 즉, 세무당국이 조세 회피를 억제하고자 강도 높은 세무조사 정책을 실시하는 경우, 기업은 이에 대응하여 상대적으로 조세부담이 낮은 해외생산을 선택할 가능성이 높아진다. 이와 같은 해외이전은 조세 기반을 잠식할 뿐 아니라 국내생산 및 고용 감소로 이어질 수 있으므로, 궁극적으로는 조세당국 자체의 기대후생을 저하시킬 수 있다.

따라서 세무당국은 세무조사 노력이 초래할 수 있는 기업의 해외이전 위험을 고려하여 소극적인 조세행정 전략, 즉 탈세를 일정 부분 용인하는 전략을 선택할 수 있다. 이는 표면적으로는 기업들의 성실납세를 저해하는 것처럼 보일 수 있으나, 실질적으로는 기업의 국내 잔류를 유도하고 조세 기반을 유지하기 위한 일종의 선택적 비집행 전략으로 해석될 수도 있다. 다시 말해, 세무당국의 최적 정책은 단순히 탈세 방지라는 일차적 목적을 넘어, 기업의 입지 선택과 국내 산업 유지라는 보다 복합적인 사회적 목표와 절충할 필요가 있다.

이러한 전략적 절충이 실제로 채택될 가능성은, 무엇보다도 세무당국이 보유한 탈세 적발 기술의 효율성에 의존한다. 본 절에서 도출한 바와 같이, 세무조사가 매우 효율적으로 수행된다면, 당국은 낮은 수준의 노력만으로도 효과적인 탈세 억제가 가능하므로, 기업의 해외이전 가능성과 무관하게 강도 높은 조세 집행이 지속될 수 있다. 반면 세무조사가 비효율적이라면, 탈세 억제를 위해 과도한 노력이 필요하고, 이는 곧 기업의 해외이전을 유발할 수 있으므로 세무당국은 오히려 적극적인 세무 정책을 단념할 수밖에 없다. 특히 이와 같은 비효율성이 존재하는 중간 구간에서는, 세무당국이 세무조사 노력에 따른 편익(과세수입)과 비용(세무비용+해외이전 유인으로 인한 후생 손실)을 비교하여, 경우에 따라 탈세를 묵인하는 것이 오히려 최적의 대응이 될 수 있다.

이러한 분석 결과는 최근 현실에서 점차 뚜렷해지는 조세 정책의 역설적 구조를 잘 보여 준다. 예컨대 글로벌 공급망(GVC)이 정착되고 디지털화된 다국적기업이 법인세 기피 전략을 더욱 정교하게 운용하는 현재의 조세 환경에서는, 국가 간 조세 경쟁(tax competition)이나 '조세 피난처(tax haven)' 문제가 구조화되고 있다. 이와 같은 환경에서는 단순히 세무조사 노력을 강화하는 것만으로는 조세 정의나 세수 확보라는 목표를 달성하기 어렵고, 오히려 적극적인 과세 정책이 기업이 해외로 이전하는 결과로 이어질 수 있다. 즉, 탈세 방지를 위한 세무조사 노력 자체가 기업의 오프쇼어링을 자극하는 잠재적 요인이 될 수 있다.

결과적으로, 세무당국은 조세 정책을 설계할 때 기업의 글로벌 이동성과 전략적 반응을 충분히 고려해야 하며, 이 경우 단순한 조세법 집행이나 고전적 조세최적화 이론을 넘는 새로운 정책적 균형이 요구된다. 특히 세무조사 기술(예: 디지털 감시, AI 기반 추적기술 등)이 혁신되지 않는 한, 조세 정책은 과도한 탈세 억제보다는 조세 기반 유지라는 현실적 목표와의 절충 속에서 운용될 가능성이 높다. 요컨대, 기업의 탈세 가능성과 해외이전 가능성이 동시에 존재하는 오늘날의 복잡한 조세 환경하에서, 세무당국은 단순한 수입 극대화가 아니라 전략적 유연성을 내포한 조세 거버넌스(tax governance)를 구축해야 할 것이다.

| 부록 |

1. 결과 3.4의 증명

해외생산이 허용되지 않는 경우 정부의 기대 사회후생함수는 (3.17)로 주어짐을 본문에서 살펴보았다.

$$EW_d(e_\theta) = \int_0^{\varphi_{max}} \left[\pi(\varphi_\theta)\left(1 + \varphi_\theta + \tau(\xi - 1)H(e_\theta)\right)\right] dG(\varphi_\theta) - f_B - e_\theta \tag{3.17}$$

이때 $\varphi_\theta \sim U(0, \varphi_{max})$인 균등분포를 따른다. 그리고 정부는 위의 기대 사회후생함수 $EW_d(e_\theta)$를 목적함수로 하여, 후생을 극대화하는 세무조사 강도 e_θ를 선택한다. 그리고 (3.17)의 1차 도함수로부터 최적 세무조사 강도를 구할 수 있다. 그런데 (3.17)에 포함된 유효 세율 함수 $H(e_\theta)$는 연속함수이기는 하지만 $e = \hat{e} \equiv e_{max}/k$에서 미분 가능하지 않다. 그러나 $e \in (0, \hat{e})$과 $e \in (\hat{e}, \infty)$의 구간에서는 $H(e_\theta)$가 매끄럽게 정의되어 있으므로 각각의 구간에서는 미분 가능하다. 그리고 각각의 미분 가능한 구간에서 기대 사회후생함수 (3.17)의 1차 도함수는 다음과 같다. 편의상 아래첨자 θ는 생략하자.

$$\frac{d}{de} EW_d(e) = \tau(\xi - 1)\bar{\pi}H' - 1 \tag{A3.1}$$

여기서 $\bar{\pi} = (1/\varphi_{max}) \int_0^{\varphi_{max}} \pi(\varphi) d\varphi = \pi_{max}/\epsilon$이며 기대이윤이다. 이때, $\pi_{max} = \pi(\varphi_{max})$이다.

이제 (A3.1)의 도함수를 구간별로 자세히 살펴보자. $e \in (\hat{e}, \infty)$인 구간에서는 $H(e) = 1$(즉, 상수)임을 본문에서 살펴본 바 있다. 따라서 해당 구간에서 $H'(e) = 0$이므로 도함수 (A3.1)의 값은 -1이다. 이는 해당 구간에서는 세무조사 노력 e를 줄이면 기대 사회후생이 증가함을 의미하므로 세무당국의 최적 세무조사 노력은 $e \to \hat{e}$이다. 즉, $e \in (\hat{e}, \infty)$인 구간에서는 최적 세무조사 노력이 $e = \hat{e}$이므로 결과적으로 기대 사회후생함수 극대화 문제의 해는 $e \in [0, \hat{e}]$ 범위 내에서 결정된다고 생각할 수 있다.

다음으로 $e \in [0, \hat{e}]$인 구간에서 최적 세무조사 노력을 살펴보자. 해당 구간에서는 $H(e) = e/\hat{e}$이며 $dH(e)/de = 1/\hat{e}$이다. 그리고 이 결과를 (A3.1)에 대입하면 기대 사회후생함수의 1차 도함수는 다음과 같이 나타낼 수 있다.

$$\frac{dEW_d(e)}{de} = \frac{1}{\hat{e}} \tau(\xi - 1)\bar{\pi} - 1 \tag{A3.2}$$

1차 도함수 (A3.2)는 e에 관계없이 상수이며, 이 값의 부호가 최적 세무노력 수준을 결정한다. 만일 (A3.2)가 양수라면, 세무 노력의 강도가 증가할수록 기대 사회후생이 증가하므로 가장 강도 높은 세무조사 노력인 $e = \hat{e}$을 선택하는 것이 정부의 최적 선택이다. 그리고 해당 조건은 $\hat{e} \le \tau(\xi - 1)\bar{\pi} \equiv e_d$이며, 바로 결과 3.4의 조건 (1)이다.

그러나 1차 도함수 (A3.2)가 음수라면, 세무조사 노력이 증가할수록 기대 사회후생이 감소하므로 가능한 한 가장 강도가 낮은 세무조사 노력인 $e = 0$이 최적 선택이 된다. 해당 조건은 $\hat{e} \geq \tau(\xi - 1)\bar{\pi} \equiv e_d$이며, 결과 3.4의 조건 (2)와 같다.

2. 결과 3.6의 증명

본문에서 살펴본 바와 같이 해외생산이 허용되지 않는 경우 정부의 기대 사회후생함수는 (3.16)과 같다.

$$EW(e_\theta) = \int_0^{\hat{\varphi}_\theta}\left[\pi(\varphi_\theta)\big(1 + (\epsilon - 1)\varphi_\theta + \tau(\xi - 1)H(e_\theta)\big) - f_B - e_\theta\right]dG(\varphi_\theta) + \int_{\hat{\varphi}_\theta}^{\varphi_{max}}[\pi(\varphi_\theta) - f_E]dG(\varphi_\theta) \tag{3.16}$$

이때 $\varphi \sim U(0, \varphi_{max})$인 균등분포를 따른다. 그리고 (3.16)의 1차 도함수로부터 최적 세무조사 강도를 구할 수 있다. 결과 3.4의 증명 과정에서 살펴본 것처럼 유효 세율 함수 $H(e)$는 연속함수이기는 하지만, $e = \hat{e} \equiv e_{max}/k$에서 미분 가능하지 않으므로 구간을 $e \in (0, \hat{e})$과 $e \in (\hat{e}, \infty)$으로 나누어 생각해 본다. 그리고 미분 불가능한 $\hat{e}$을 제외한 나머지 구간에서 기대 사회후생함수 (3.16)의 1차 도함수는 다음과 같다.

$$\frac{dEW_d(e)}{de} = -\frac{\hat{\varphi}}{\varphi_{max}}\frac{H'}{H}\left(\frac{1}{\epsilon - 1}\right)\left[\pi(\hat{\varphi})\left((\epsilon - 1)\hat{\varphi} + \left(\frac{1}{\epsilon}\right)\tau(\xi - 1)H\right) + f_E - f_B - e\right] - \frac{\hat{\varphi}}{\varphi_{max}} \tag{A3.3}$$

(A3.3)의 도함수를 구간별로 자세히 살펴보자. $e \in (\hat{e}, \infty)$ 인 구간에서는 $H(e) = 1$ 이며 $H'(e) = 0$ 이므로 도함수 (A3.3)은 음의 부호를 가진다. 이는 세무조사 노력 e를 줄이면 기대 사회후생이 증가함을 의미하므로 세무당국의 최적 세무조사 노력은 $e \rightarrow \hat{e}$ 이다. 따라서 결과 3.4의 증명과 마찬가지로 기대 사회후생함수 극대화 문제의 해는 $e \in [0, \hat{e}]$ 범위 내에서 결정된다.

다음으로 $e \in [0, \hat{e}]$ 인 구간에서 최적 세무조사 노력을 살펴보자. 이 구간에서 $H(e) = e/\hat{e}$ 이며 $dH(e)/de = 1/\hat{e}$ 임을 적용하여 기대 사회후생함수의 (A3.3) 1차 도함수를 구해 보자.[62]

$$\frac{dEW(e)}{de} = -\frac{\hat{\varphi}}{(\epsilon-1)\varphi_{max}e}\left[\pi(\hat{\varphi})\left((\epsilon-1)\hat{\varphi} + \frac{e}{\epsilon\hat{e}}\tau(\xi-1)\right) + f_E - f_B + (\epsilon-2)e\right] \quad \text{(A3.4)}$$

$\epsilon \geq 2$ 인 경우 (A3.4)의 1차 도함수는 항상 음의 값을 가짐에 주목하자. 따라서 세무조사 노력을 줄일수록 기대 사회후생이 증가하며, $e = 0$ 이 최적 선택이다. 즉, 가격탄력성이 큰 경우, 기업은 조세부담이 없는 해외생산의 유인이 높기 때문에 세무당국은 기업의 해외이전을 막기 위해 세무조사를 하지 않는 것이 최선의 선택이 된다.

다음으로 $1 < \epsilon < 2$ 인 경우를 살펴보자. 이 경우 1차 도함수 (A3.4)가 0이 되어 1차 조건을 만족하는 세무조사 노력 $e^{\dagger}$가 존재한다.

$$\hat{\pi}^{\dagger}\left((\epsilon-1)\hat{\varphi}^{\dagger} + \frac{e^{\dagger}}{\epsilon\hat{e}}\tau(\xi-1)\right) + f_E - f_B + (\epsilon-2)e^{\dagger} = 0 \quad \text{(A3.5)}$$

62 라이프니츠(Leibniz) 정리를 이용한다.

여기서 $\hat{\varphi}^{\dagger} = \hat{\varphi}(e^{\dagger})$ 이며 $\hat{\pi}^{\dagger} = \pi(\hat{\varphi}^{\dagger})$ 이다. 이제 2계 조건을 살펴보자. $EW(e)$의 2차 도함수를 구한 후 (A3.5)의 1계 조건을 적용해 보면 2차 도함수의 부호는 다음과 같다.

$$\frac{d^2 EW(e_\theta)}{de_\theta^2}\Big|_{e^{\dagger}} = \frac{\hat{\varphi}^{\dagger}}{(\epsilon-1){e^{\dagger}}^2 \varphi_{max}}[\epsilon\hat{\varphi}^{\dagger}\hat{\pi}^{\dagger} - (\epsilon-2)e^{\dagger}] > 0, \because 1 < \epsilon < 2$$

이처럼 1계 조건을 만족하는 해 $e^{\dagger}$는 사회후생을 극대화하는 내부해가 아니다. 따라서 구석해인 $EW(0)$과 $EW(\hat{e})$를 비교하여 사회후생을 극대화하는 세무조사 노력을 찾아야 한다. $EW(0)$과 $EW(\hat{e})$는 다음과 같다.[63]

$$EW(0) = \frac{\pi_{max}}{\epsilon} + \frac{\epsilon-1}{\epsilon+1}\varphi_{max}\pi_{max} - f_B$$

$$EW(\hat{e}) \\ = \frac{\pi_{max}}{\epsilon} - \frac{f_E}{\varphi_{max}}(\varphi_{max} - \hat{\varphi}) + \frac{\hat{\varphi}}{\varphi_{max}}\left[\pi(\hat{\varphi})\left(\frac{\tau(\xi-1)}{\epsilon} + \frac{\epsilon-1}{\epsilon+1}\hat{\varphi}\right) - f_B - \hat{e}\right]$$

그리고 $EW(\hat{e}) - EW(0)$ 를 계산해 보면 다음의 결과를 얻으며, $EW(\hat{e}) = EW(0)$이기 위한 조건은 다음과 같다.

$$EW(\hat{e}) - EW(0) = \frac{1}{\varphi_{max}}\left[\frac{\tau(\xi-1)}{\epsilon}\hat{\varphi}\pi(\hat{\varphi}) - \hat{e}\hat{\varphi} - \tau\pi(\hat{\varphi})(\varphi_{max} - \hat{\varphi})\right]$$

$$EW(\hat{e}) = EW(0) \Rightarrow \hat{e} = \tau\pi(\hat{\varphi})\left[\frac{\xi-1}{\epsilon} - \left(\frac{\varphi_{max}}{\hat{\varphi}} - 1\right)\right] \equiv e_{off} \qquad \text{(A3.6)}$$

63 (3.1)의 이윤식을 이용하면 부분적분을 통해 적분을 풀 수 있다.

따라서 $\hat{e} \le e_{ff}$ 이면 $EW(\hat{e}) \ge EW(0)$ 이므로 세무당국은 가장 강도 높은 세무조사 노력인 $e = \hat{e}$을 선택할 것이다. 반면, $\hat{e} \ge e_{ff}$ 이면 $EW(\hat{e}) \le EW(0)$이므로 세무당국은 가능한 한 가장 강도가 낮은 세무조사 노력인 $e = 0$을 선택한다.

2. 기업의 해외이전 위협과 환경 정책[64]

앞 절에서는 기업들의 해외생산 가능성이 정부의 적극적인 세무 정책에 제한을 가져올 수 있음을 살펴본 바 있다. 분석의 핵심은 적극적인 세무 정책이 기업의 비용부담으로 이어짐에 따라 기업은 조세부담이 더 적은 외국에서 생산할 유인을 가지게 된다는 점이었다. 그런데 기업들의 해외생산은 본국의 일자리 감소 등 후생 손실로 이어지기 때문에 정부는 언제나 기업의 해외이전을 염두에 두면서 최적의 세무 정책을 선택하게 된다.

유사한 논리는 다른 정책적 문제에도 적용될 수 있는데, 대표적인 경우가 환경 정책이다. 이미 잘 알려진 바와 같이 각국의 환경규제는 기업의 해외진출 결정에 잠재적으로 중요한 영향을 미칠 수 있는 요인이다. 적절히 설계된 환경규제는 사회적 후생을 높이지만, 그와 동시에 제조 원가를 상승시켜 기업이 더 관대한 규제 체계를 찾아 오프쇼어링(현지생산)을 검토하도록 유도할 수 있다. 다시 말해, 국내 환경규제가 강화되면 기업은 상대적으로 규제가 느슨한 다른 국가로 생산설비를 이전할 유인을 갖는다. 이른바 '오염 피난처(pollution haven) 가설'이 바로 이 관계를 설명하는 대표적 이론틀이다.

따라서 앞 절에서 살펴본 오프쇼어링 가능성이 정책적 선택에 미치는 영향을 환경규제에 그대로 적용시켜 본다면, 앞 절과 동일한 결

64 본 절의 주요 내용은 Kwon & Hwang(2021)을 정리한 것이다. 보다 자세한 논의는 해당 논문을 참고하라. 본 절은 저자들의 논문이 게재된 학술지 *International Economic Journal*(Taylor & Francis 출판사 발행)로부터 각색·해설 목적의 재사용 허락을 받아 작성되었다. 이에 깊이 감사드린다.

론에 도달할 수 있을 것이다. 즉, 정책 입안자는 환경규제를 설계할 때 오프쇼어링 위협을 반드시 고려할 필요가 있으며, 환경규제가 엄격해질수록 기업의 해외이전 위협이 더욱 커지기 때문에 오프쇼어링 가능성은 정부의 환경규제를 완화하는 강력한 요인이 될 수 있다.

본 절에서는 앞 절의 모형을 환경정책 선택의 문제로 확장하도록 한다. 즉, 오염물 배출량과 저감기술하에서 정부의 환경 정책 선택 모형을 표준적인 오프쇼어링 모형과 결합시켜 오프쇼어링 가능성이 환경 정책에 미치는 효과를 살펴보도록 한다.

1) 모형의 설정

(1) 소비자의 선호와 수요

본국(H)과 외국(F)으로 이루어진 세계를 고려해 보자. 본국의 대표 소비자는 제1장 2절의 식 (1.32)에서 주어진 준선형 효용함수를 가진다고 가정한다. 즉, 질량(전체 인구 규모) $\bar{L}$을 가진 본국의 대표 소비자는 연속적이며 차별화된 상품($\theta \in \Theta$)들에 대해 다음과 같은 준선형 효용함수를 갖는다. 이때, Θ는 차별화된 상품들의 집합이다.

$$u = x_0 + \frac{1}{\zeta} X^{\zeta},\ \zeta \in (0,1) \qquad (1.32)$$

여기서 x_0는 동질적인 상품이며 기준재이고, X는 차별화된 상품 $\theta \in \Theta$으로 이루어진 복합재이다. 그리고 Θ는 차별화된 상품의 집합이다. 그리고 ζ는 상품 x_0와 X 사이의 대체탄력성이다. 한편, 복합재 X는 다음과 같이 전형적인 CES 집합함수(aggregation function)로 정의된다.

$$X \equiv \left[\int_0^n x(\theta)^\beta d\theta\right]^{\frac{1}{\beta}},\ \beta \in (\zeta, 1) \tag{1.33}$$

β는 차별화된 상품 간의 대체탄력성이며, 차별화된 상품 집합 Θ 내의 각 상품들은 서로 유사성이 높으므로 $\beta \in (\zeta, 1)$라고 가정한다. 즉, 차별화된 상품 간의 대체성이 기준재와의 대체성보다 크다. 그리고 각 기업이 고유의 차별화된 상품을 생산한다고 가정할 때, n은 차별화된 상품의 종류이자 차별화된 상품시장 내의 기업의 수를 의미한다. 편의상 기업은 연속적으로 존재한다고 가정하자.

대표 소비자의 소득도 제1장 2절과 동일하게 y단위의 불로소득과 질량당 노동소득 w를 얻는다고 가정하자. 이 경우 전체 소비자 집단의 예산은 $R = y\bar{L} + wL$로 주어지며, 예산식은 $x_0 + \int_0^n p(\theta)x(\theta)d\theta = y\bar{L} + wL$ 로 나타낼 수 있다. 따라서 주어진 예산하에서 대표 소비자의 효용 극대화 문제는 (1.34)와 같으며, 그로부터 구할 수 있는 대표 소비자의 수요함수는 다음과 같다.

$$p(\theta) = X^{\zeta-\beta}x(\theta)^{\beta-1} \Leftrightarrow x(\theta) = X^{-\frac{\beta-\zeta}{\epsilon}}p(\theta)^{-\epsilon} \tag{1.35}$$

여기서 복합재의 수요 X는 $X = P^{-1/(1-\zeta)}$, $P \equiv \left[\int_0^n p(\theta)^{-(\epsilon-1)}d\theta\right]^{-1/(\epsilon-1)}$는 소위 CES 가격지수라고 불리는 차별화된 상품 가격의 가중합이다. 그리고 $\epsilon = 1/(1-\beta) \geq 1$이다. $p(\theta)$는 상품 θ의 가격이며, 기준재의 가격은 $p_0 = 1$로 정규화하였다. 앞으로 표현을 간단히 하기 위해 $p(\theta)$와 p_θ를 혼용해 쓰기로 한다. 유사하게 $x(\theta)$와 x_θ도 혼용해 쓸 것이다.

(2) 생산기술, 오염 저감기술 및 배출세

이제 상품의 생산기술을 살펴보자. 기준재 부문에서 기업들은 1단위의 노동만으로 동질적인 상품 1단위를 생산한다. 기준재 부문은 완전경쟁시장이며, 노동이 동질적인 상품과 차별화된 상품 부문 간에 자유롭게 이동할 수 있기 때문에, 시장임금도 자연스럽게 $p_0 = w = 1$로 정규화된다. 또한 기준재 부문은 오염이 없는 청정(clean) 부문이며, 해당 부문의 동질재는 국가 간 거래도 자유롭다고 가정하자(tradable goods).

차별화된 상품 부문에서는 본국 H에 위치한 여러 동일한 기업들이 각각 고유한 상품 $\theta \in \Theta$를 생산하며 본국 내에서 독점적 경쟁(monopolistic competition)을 한다. 이 부문의 생산기술은 다음과 같다. 기업 θ는 노동 $1/\varphi$단위를 투입하여 최종재 1단위를 생산한다. 여기서 φ는 우리에게 익숙한 기업의 노동생산성이다. 따라서 기업 θ가 x_θ만큼의 상품 θ를 생산할 때 필요한 노동량은 $l_\theta^p(x_\theta) \equiv x_\theta/\varphi$이고, 이때의 한계비용은 $1/\varphi$이다. 기준재와 달리 차별화된 상품은 국가 간 거래가 이루어지지 않는 비교역재(non-tradable goods)라고 가정하자.

한편, 차별화된 상품 θ의 생산은 오염물질(pollutants) 배출을 초래한다. 어떠한 배출 저감 노력도 없는 경우 차별화된 상품 1단위를 생산하면 오염물질 1단위가 배출된다고 가정하자. 즉, 기업이 x단위만큼의 상품을 생산하면 오염물질도 x단위만큼 배출된다. 하지만 기업은 추가적인 비용을 들여 오염물질 배출을 저감(abatement)할 수 있다고 하자. 여기서는 오염물질의 저감이 노동 투입 l^A를 통해 이루어진다고 가정한다. 이때 저감 노력을 반영한 총배출량은 $z(l^A, x) =$

$z^o(l^A)x$로 표시되며, 여기서 $z^o(l^A)$는 상품 1단위를 생산할 때 발생하는 단위당 오염물질량을 의미한다. 분석을 단순화하기 위해 $l^A \equiv \gamma l^p = \frac{\gamma x}{\varphi}$로 정의하자. 여기서 γ는 상품 1단위 생산에 필요한 노동량에 대한 저감 노력에 투입된 노동의 비율이다. 즉, 기업은 γ를 선택하여 저감 노력의 크기를 결정한다. 이에 따라 기업의 배출 오염물질량은 $z(\gamma, x) = z^o(\gamma)x$로 주어진다. 그리고 $z^o(\gamma)$는 다음과 같이 정의된다고 가정한다.[65]

$$z^o(\gamma) = (1+\gamma)^{-\frac{1}{\eta}}, \quad \eta > 0 \tag{3.21}$$

여기서 $1/\eta$는 오염 저감기술의 효율성을 나타낸다. η값이 매우 작아질수록 적은 저감 노력만으로도 오염물질을 거의 완전히 제거할 수 있고, 반대로 무한히 커질수록 오염 저감 기술이 사실상 효과를 발휘하지 못함을 의미한다. 그리고 주어진 오염 저감기술 함수는 $\partial z^o(\gamma)/\partial\gamma < 0$ 및 $\partial^2 z^o(\gamma)/\partial\gamma^2 > 0$를 만족한다. 나아가 (3.21)의 오염 저감기술 함수를 이용하면, 오염물질 감소량은 $\Omega(\gamma, x) \equiv x\big(1 - z^o(\gamma)\big)$로 표현할 수 있다.

마지막으로, 정부가 단위 오염물질 배출당 τ 크기의 배출세(emissions tax)를 부과한다고 가정하자. 다른 비용과 마찬가지로, 기업은 배출세를 노동을 통해 지불한다고 가정하면, 기업이 부담하는 배출세 비용은 추가 고용과 그에 따른 노동 소득의 형태로 대표 소비자에게 전가된다.

65 본문의 오염 저감기술 함수는 Li & Shi (2011)에서 인용한 것이다.

2) 기준 모형: 오프쇼어링이 허용되지 않는 경우의 환경 정책

아래에서는 우선 오프쇼어링이 허용되지 않는 기준 모형을 설정한 후, 오프쇼어링이 없는 경우의 환경 정책을 기준 사례로 설정할 것이다. 그런 다음 기준 모형을 오프쇼어링을 허용한 모형으로 확장하여, 오프쇼어링이 환경 정책 수립에 미치는 영향을 검토하도록 한다.

(1) 게임의 구조 및 독점적 경쟁균형

먼저 본국 내 기업들이 해외로 생산설비를 이전하지 못하는 경우를 가정해 보자. 그리고 주어진 수요와 기술하에서 본국의 환경 정책 입안자와 차별화된 상품 부문의 기업들은 다음과 같은 3단계의 동태적 게임을 수행한다고 하자.

1단계(환경규제 결정): 사회계획가(social planner)인 본국 정부는 사회후생을 극대화하기 위해 피구세(Pigouvian tax)인 배출세율 τ를 선택한다.
2단계(오염 저감 노력 선택): 1단계에서 선택된 배출세율하에서 기업들은 각자의 저감 노력을 선택하면서 차별화된 상품시장에 진입한다.
3단계(생산량 선택): 1단계에서 선택된 배출세율과 2단계에서 선택된 기업의 저감 노력 수준하에서 기업들은 생산을 위한 노동 투입량을 선택하여 독점적 경쟁시장에서 경쟁한다. 이때 차별화된 상품의 국내 생산은 불가역적인 고정비용을 발생시키며, 기업들은 이 고정비용을 f_B단위의 노동으로 지불한다고 가정한다.

주어진 3단계 게임을 후진귀납법으로 살펴보도록 하자. 주어진 생산기술과 저감기술하에 게임의 3단계에서 차별화된 상품 θ를 생산하는 기업 θ의 이윤 (γ, x)는 다음과 같이 기술할 수 있다.

$$\pi_\theta(\gamma, x) = p_\theta x_\theta - \left(l^p(x_\theta) + \gamma l^p(x_\theta)\right) - \tau x_\theta z^o(\gamma) - f_x$$
$$\equiv [p(\theta) - \overline{mc}(\gamma, \tau)]x_\theta - f_B \qquad (3.22)$$

여기서 $\overline{mc}(\gamma, \tau) \equiv \frac{(1+\gamma)}{\varphi} + \tau z^o(\gamma)$는 환경규제, 저감비용 및 생산비용을 고려한 유효 한계비용을 의미한다. 그리고 주어진 CES 수요를 적용하여 독점기업의 이윤 극대화 문제를 풀면, 다음의 독점 균형가격과 이윤을 얻을 수 있다.

$$p_{bm}(\theta) = \frac{\epsilon}{\epsilon-1}\overline{mc}(\gamma, \tau) \qquad (3.23)$$
$$\pi_{bm}(x_\theta) = \left[\frac{1}{\epsilon-1}\overline{mc}(\gamma, \tau)\right]x_\theta - f_B \qquad (3.24)$$

이때 아래첨자 bm은 기준 모형(benchmark)을 의미한다.

이제 게임의 2단계를 살펴보자. 개별 기업 θ는 한계비용을 최소화하는 저감 노력을 선택할 것이므로 최적의 저감 노력 $\gamma^*(\tau)$는 다음 1계 조건을 만족한다.[66]

$$\frac{\partial \overline{mc}(\gamma, \tau)}{\partial \gamma} \equiv \frac{1}{\varphi} + \tau\frac{\partial z^o(\gamma^*)}{\partial \gamma} = \frac{1}{\varphi} - \frac{\tau}{\eta}(1+\gamma)^{-\frac{(1+\eta)}{\eta}} = 0 \qquad (3.25)$$

$$\Rightarrow 1 + {\gamma_i}^* = \left(\frac{\tau\varphi}{\eta}\right)^{\frac{\eta}{(1+\eta)}} = \eta^{-\alpha}\tau^\alpha\varphi^\alpha \qquad (3.26)$$

---

66 비용 최소화를 위한 2계 조건도 역시 충족된다.
$$\left.\frac{\partial^2\overline{mc}(\gamma^*, \tau)}{\partial\gamma^2}\right|_{\gamma^*} == \frac{\tau}{\eta}\left(\frac{1+\eta}{\eta}\right)(1+\gamma)^{-1/\eta} \geq 0$$

여기서 $\alpha \equiv \eta/(1+\eta)$으로 정의되며 $\alpha \in [0,1]$이다. 더 나아가, 1계 조건을 이용하여 유효 한계비용을 τ의 함수로 고쳐 쓰도록 한다.

$$\overline{mc}(\tau) = \frac{1+\gamma^*}{\varphi} + \tau(1+\gamma^*)^{-\frac{1}{\eta}} = \frac{1}{\varphi}(1+\eta)\eta^{-\epsilon}\tau^{\epsilon}\varphi^{\epsilon} \equiv \frac{1}{\varphi}\Xi(\tau) \quad (3.27)$$

식 (3.27)에서 볼 수 있는 것처럼 배출세가 없는 경우의 한계비용은 $1/\varphi$임에 유의하라. $\Xi(\tau) \equiv (1+\eta)\eta^{-\epsilon}\tau^{\epsilon}\varphi^{\epsilon}$는 배출세가 한계비용에 미치는 영향을 나타낸다.

한편, 독점적 경쟁균형에서는 자유진입 조건도 만족해야 한다. 즉, 동질적인 기업들은 이윤이 정상이윤이 될 때까지 자유로운 시장 진입과 이탈이 이루어진다. 따라서 자유진입 조건으로부터 개별 기업 θ의 균형 생산량을 구할 수 있다.

$$\pi_{bm} = 0 \Leftrightarrow x_{bm}(\tau) = (\epsilon - 1)\frac{f_B}{\overline{mc}(\tau)} \quad (3.28)$$

그리고 나중에 활용하기 위해 식 (3.26), (3.27), (3.30)의 미분과 미분 결과의 부호를 참조 1로 정리하고 지나가도록 하자.

참조 1

$$\frac{d\left(1+\gamma^*(\tau)\right)}{d\tau} = \left(\frac{\alpha}{\tau}\right)\left(1+\gamma^*(\tau)\right) > 0$$

$$\frac{dz^O(\tau)}{d\tau} = -\left(\frac{1}{\eta}\right)\frac{\alpha}{\tau}z^O(\tau) < 0$$

$$\frac{d\overline{mc}(\tau)}{d\tau} = \frac{\alpha}{\tau}\overline{mc}(\tau) > 0; \ \frac{dx_{bm}(\tau)}{d\tau} = -\frac{\alpha}{\tau}x_{bm} \leq 0$$

다음으로 시장균형에서 차별화된 상품시장 Θ의 기업의 수 n_{bm}을 구해 보자. 이를 위해, 식 (3.23)과 (3.28)로부터 대표 소비자의 차별화된 상품에 대한 총지출액을 구하면 다음과 같다.

$$n_{bm}p(\tau)x(\tau) = n_{bm}\epsilon f_B \tag{3.29}$$

그런 후 식 (3.29)의 차별화된 상품에 대한 총지출액을 대표 소비자의 예산식에 대입하면, 대표 소비자의 기준재 소비지출액은 $c_o^{bm} = (y+1)\bar{L} - n_{bm}\epsilon f_B$과 같다. 기준재에 대한 지출액과 차별화된 개별 상품의 생산량(=수요량)을 대입하여 대표 소비자의 효용을 다음과 같이 고쳐 써 보자.

$$\begin{aligned} u(n_{bm}) &= c_o^{bm} + \tfrac{1}{\zeta}{X_{bm}}^{\zeta} \\ &= (y+1)\bar{L} - n_{bm}\epsilon f_B + \tfrac{1}{\zeta}{x_{bm}}^{\zeta}{n_{bm}}^{\frac{\zeta}{\beta}} \end{aligned} \tag{3.30}$$

이제 대표 소비자의 효용 극대화는 n_{bm}을 선택하여 두 부문에 대한 상대적 소비 규모를 선택하는 문제로 나타낼 수 있다. 그리고 대표 소비자의 효용 극대화를 통해 도출되는 n_{bm}은 다음과 같다.[67]

$$-\epsilon f_B + \frac{1}{\beta}{x_{bm}}^{\zeta}{n_{bm}}^{\frac{\zeta}{\beta}-1} = 0 \Rightarrow n_{bm}(\tau) = \left(\frac{x_{bm}(\tau)^{\zeta}}{(\epsilon-1)f_B}\right)^{\frac{\beta}{\beta-\zeta}} \tag{3.31}$$

---

67 2계 조건은 다음과 같이 언제나 성립한다.

$$\left.\frac{d^2u(n)}{dn^2}\right|_{n_{bm}} = \left(\frac{\zeta-\beta}{\beta}\right)\frac{{x_{bm}}^{\zeta}}{\beta}{n_{bm}}^{\frac{\zeta-\beta}{\beta}-1} < 0, \because \beta \le \zeta$$

그리고 (3.31)의 1계 조건을 이용하여 최적 선택에서의 간접효용 수준을 다음과 같이 나타내도록 하자.

$$u(\tau) = (y + 1)\bar{L} + \left(\frac{\beta}{\zeta} - 1\right) n_{bm}(\tau)\sigma f_B \tag{3.32}$$

식 (3.31)과 식 (3.32)는 배출세율 τ가 변할 때 균형 기업 수 $n_{bm}(\tau)$와 대표 소비자의 효용 $u(\tau)$가 어떤 방향으로 조정되는지를 보여 준다. 먼저, (3.31)에 따르면 τ가 상승하면 개별 기업의 한계비용이 증가하여 균형 산출량 $x_{bm}(\tau)$가 감소하고, 이로 인해 진입할 수 있는 기업 수 $n_{bm}(\tau)$ 또한 줄어든다. 이어서 (3.32)를 통해 확인할 수 있듯이, 기업 수가 감소하면 노동수요가 하락하고 기준재 소비가 축소되므로 전체 효용 수준 역시 하락 압력을 받는다. 요컨대, 더 강한 규제(높은 τ)는 오염 배출을 억제하는 효과가 있는 반면, 시장 다양성과 소비자 후생을 동시에 축소시킨다. 이러한 상충관계(trade-off)는 사회계획가가 최적 배출세율을 결정할 때 반드시 고려해야 하는 핵심 요소이다. 나중에 활용하기 위해 이 결과를 참조 2로 정리하고 지나가도록 한다.

참조 2

$$\frac{dn_{bm}(\tau)}{d\tau} = -\zeta\left(\frac{\beta}{\beta-\zeta}\right)\left(\frac{\alpha}{\tau}\right) n_{bm}(\tau) < 0$$

$$\frac{\partial u(\tau)}{\partial\tau} = \epsilon f_B\left(\frac{\beta}{\zeta} - 1\right)\frac{\partial n_{bm}(\tau)}{\partial\tau} < 0$$

(2) 최적 배출세율의 결정

이제 주어진 게임의 1단계를 살펴보자. 사회계획가인 본국 정부는 사회후생함수를 극대화하는 배출세율 τ의 크기를 결정한다. 이때 본국 정부의 사회후생함수는 대표 소비자의 효용, 기업의 이윤 및 오염물질 배출에 따른 후생 손실의 합으로 정의하도록 하자. 그런데 기준재 시장과 차별화된 상품시장은 각각 완전경쟁시장과 독점적 경쟁시장이므로 두 부문에 속한 기업의 이윤은 시장균형에서 정상이윤(=0)이다. 따라서 사회후생함수는 대표 소비자의 효용과 오염물질 배출로 인한 후생 손실로 간단히 나타낼 수 있다.

$$W_{bm}(\tau) = u(\tau) - n_{bm}(\tau)x_{bm}(\tau)z^{o}(\tau) \tag{3.33}$$

그리고 본국 정부는 (3.33)의 사회후생함수를 극대화하는 τ^*를 선택한다.

> **결과 3.9(최적 배출세율):** 오프쇼어링이 허용되지 않는 상황에서 사회후생함수 (3.33)을 극대화하는 최적 배출세율 τ^*는 다음과 같다.
> $\tau^* = \alpha\left(\zeta\left(\frac{\beta}{\beta-\zeta}\right) + \frac{1}{\alpha}\right)$

증명: 사회후생 극대화 문제를 풀기 위해 식 (3.33)을 미분한 1계 조건은 다음과 같다.

$$\left.\frac{dW_{bm}}{d\tau}\right|_{\tau^*} = \left[\frac{du}{d\tau} - z^{o}x_{bm}\frac{dn_{bm}}{d\tau} - n_{bm}z^{o}\frac{dx_{bm}}{d\tau} - n_{bm}x_{bm}\frac{dz^{o}}{d\tau}\right]\Bigg|_{\tau^*} = 0$$

그런 후 앞에서 언급한 참조 1과 2의 미분 결과들을 이용하면 1계 조건을 다음과 같이 나타낼 수 있다.

$$\text{FOC: } z^o(\tau^*)x_{bm}(\tau^*)\left[\zeta\left(\frac{\beta}{\beta-\zeta}\right)+\frac{1}{\alpha}\right]-(\epsilon-1)f_B=0 \tag{3.34}$$

식 (3.21), (3.26), (3.27) 및 (3.28)을 (3.34)에 대입하면 다음과 같은 최적 배출세율 τ^*을 얻는다.

$$\tau^*=\alpha\left(\zeta\left(\frac{\beta}{\beta-\zeta}\right)+\frac{1}{\alpha}\right) \tag{3.35}$$

나아가 τ^*는 2계 조건도 만족하는 후생 극대화 최적 배출세율이다.

$$\left.\frac{d^2W_{bm}}{d\tau^2}\right|_{\tau^*}=\left(\frac{\alpha}{\tau}\right)n_{bm}\left(\zeta\left(\frac{\beta}{\beta-\zeta}\right)+\frac{1}{\alpha}\right)\left.\left(z^o\frac{dx_{bm}}{d\tau}+x_{bm}\frac{dz^o}{d\tau}\right)\right|_{\tau^*}<0$$

마지막으로 독점적 경쟁시장 균형을 구해 보자. 독점적 경쟁시장은 (3.35)의 최적 배출세율 τ^* 하에서 차별화된 상품시장에서 개별 기업의 생산량 $x_{bm}(\tau^*)$과 균형 기업 수 $n_{bm}(\tau^*)$으로 기술되는 균형이다.

> **기준 모형의 시장균형**
> 기준 모형의 독점적 경쟁균형은 $(\tau^*, n_{bm}(\tau^*), x_{bm}(\tau^*))$인 균형이다.

3) 오프쇼어링하에서의 환경 정책

정부가 차별화된 상품 부문에서 해외이전(offshoring)을 허용한다고 가정하자. 그리고 외국(F)을 오염 피난처라고 가정하면 Θ부문의 기업들은 외국으로 생산설비를 이전할 경우 오염 배출세 부담 없이 상품을 생산할 수 있다. 제1장 2절에서 살펴봤던 오프쇼어링 모형과 마찬가지로 해외이전을 하게 되면 국내생산에 비해 더 큰 고정비용 $f_E > f_B$이 발생한다고 하자. 각 기업은 f_E 단위의 노동을 투입하여 이 비용을 지불한다. 기업이 해외이전을 결정하면 해당 기업의 노동자들은 경쟁시장인 기준재 부문 기업들에 고용되지만 모두가 일자리를 얻는 것은 아니다. 즉, 노동시장에 마찰이 있어 새 일자리를 구할 확률이 $1-\mu$라고 하자. 논의를 단순화하기 위해 임금률은 두 나라에서 같다고 가정하자($w_F = w_H = 1$).

정부의 해외이전 자유화를 포함시켜 기준 모형의 본국 정부와 기업 간 동태적 게임을 다음과 같이 수정하도록 하자.

1단계(환경 정책 개혁과 해외이전 자유화): 초기 상태에서 본국(H) 정부는 기준 균형의 최적 배출세율 τ^*을 부과하고 있다고 하자. 이후 차별화 상품 부문의 해외이전을 허용하고, 이 상황하에서 사회후생을 극대화하도록 배출세율을 τ^*에서 수정한다.

2단계(생산지 선택): 정부의 정책 개혁하에서, 각 기업은 본국생산을 유지할지, 외국(F)으로 이전할지 결정한다. 국내생산을 선택하면 이전과 마찬가지로 불가역적 고정비용 f_B가 든다. 반면, 해외이전을 선택하면 고정비용 f_E를 지불하고 외국에서 생산한 뒤 운송비 없이 본국으로 들여온다.

3단계(오염 저감 노력 선택): 만일 각 기업이 국내생산을 선택했다면, 1단계에서 선택된 배출세율하에서 기업들은 각자의 저감 노력 γ를 선택한다.

4단계(생산량 선택): 위 세 단계를 거친 후, 모든 기업은 노동 투입량을 선택하여 독점적 경쟁 방식으로 시장에서 경쟁한다. 만일 본국생산을 선택한 기업이라면, 국내생산은 불가역적인 고정비용을 부담하며, 이 고정비용을 f_B 단위의 노동으로 지불한다.

(1) 생산지 결정

먼저 기업의 생산입지 선택 문제를 살펴보자. 해외생산 자유화가 이루어지기 전의 시장균형은 기준 모형의 독점적 경쟁균형임을 기억하자. 그리고 기준 모형의 시장균형에서 기업들은 본국에서 생산하며, 균형이윤은 정상이윤이었다. 이를 본국생산 균형이라고 하자. 본국생산 균형에서 정부가 선택하는 배출세율은 (3.16)과 같으므로 최적 배출세율하에서의 유효 한계비용 (3.27)과 생산량 (3.28)을 이윤함수 (3.24)에 대입하면 본국에서 생산하는 개별 기업의 정상이윤을 다음과 같이 표현할 수 있다.

$$\pi_{bm} = \epsilon^{-\sigma}[\varphi(\epsilon - 1)]^{\epsilon-1} X^{-\frac{(\beta-\zeta)}{(1-\beta)}} \left(\frac{1}{\Xi(\tau)}\right)^{\epsilon-1} - f_B = 0 \tag{3.36}$$

그리고 (3.36)의 정상이윤 조건에서 다음과 같은 관계식을 구할 수 있다. 이 관계식은 본국생산 균형에서 균형시장 규모를 보여 주는 관계식이다.

$$\epsilon^{-\sigma}[\varphi(\epsilon - 1)]^{\epsilon-1} X^{-\frac{(\beta-\zeta)}{(1-\beta)}} = f_B \left(\frac{1}{\Xi(\tau)}\right)^{-(\epsilon-1)} \tag{3.37}$$

이제 본국생산 균형에서 개별 기업의 이탈 유인, 즉 해외이전으로 생산 방식을 전환할 유인을 생각해 보자. 만일 개별 기업이 해외(F국)로 생산거점을 옮기면 기업의 배출세(τ)가 0이고 오염 저감 노력(γ)도 필요 없으므로 저감비용이 완전히 사라진다. 따라서 해외생산으로 전환할 때의 한계비용은 본국생산의 유효 한계비용 $\overline{mc}(\gamma^*, \tau) = (1+\gamma^*)/\varphi + \tau z^0(\gamma^*)$보다 항상 낮은 $mc_{off} = (1/\varphi)w_F = 1/\varphi$이다. 독점적 경쟁시장의 독점조건인 독점가격은 $p = \big(\epsilon/(\epsilon-1)\big)mc$ 이므로 이를 해외 한계비용에 적용하면 다음과 같은 해외생산 시 독점가격(또는 독점조건)을 얻는다.

$$p_{off} = \left(\frac{\epsilon}{\epsilon-1}\right)\frac{1}{\varphi} \tag{3.38}$$

그리고 해외생산으로 얻을 수 있는 개별 기업의 독점이윤은 다음과 같다.

$$\begin{aligned}\pi_{off} &= \left(\frac{1}{\sigma-1}\right)\frac{1}{\varphi}x_{off} - f_E \\ &= \epsilon^{-\epsilon}[\varphi(\epsilon-1)]^{\epsilon-1}X^{-\frac{(\beta-\zeta)}{(1-\beta)}} - f_E = f_B\left(\frac{1}{\Xi(\tau)}\right)^{-(\epsilon-1)} - f_E\end{aligned} \tag{3.39}$$

(3.39)의 독점이윤은 차별화된 상품의 수요함수 (1.35)와 해외생산 독점가격 (3.38) 그리고 현재 균형인 본국생산 균형에서 개별 기업에 대한 균형시장 규모인 (3.37)을 해외생산 독점이윤 (3.39)에 대입하면 해외생산 독점이윤을 다음과 같이 나타낼 수 있다.

$$\pi_{off} = \epsilon^{-\epsilon}[\varphi(\epsilon-1)]^{\epsilon-1}X^{-\frac{(\beta-\zeta)}{(1-\beta)}} - f_E = f_B\Xi(\tau^*)^{\epsilon-1} - f_E \tag{3.40}$$

다른 절에서도 이미 살펴본 바와 같이 (3.39)는 개별 기업이 현재의 시장균형인 본국생산 균형에서 이탈하여 해외생산으로 전환할 때 얻을 수 있는 이윤이다. 그리고 개별 기업이 본국생산이 아닌 해외생산에 나서기 위해서는 $\pi_{off} \geq 0$이어야 하는데, 이를 정리하면 다음과 같은 결과를 얻는다.

> **결과 3.10(해외생산):** 기준 균형인 본국생산 균형에서 해외이전이 허용될 때, 차별화 상품 부문의 개별 기업은 $\Xi(\tau^*)^{\epsilon-1} \geq f_E/f_B$가 성립하면 해외로 생산설비를 이전(offshoring)하고, 이 부등식이 성립하지 않으면 본국에서 계속 생산한다.

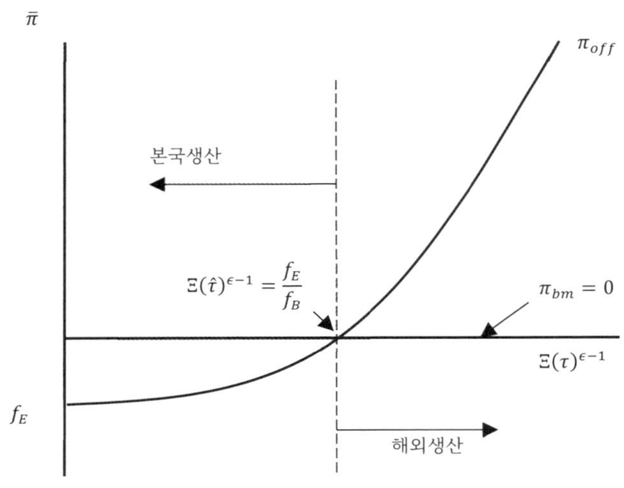

그림 3.3 생산지 선택

결과 3.10이 의미하는 바를 살펴보기 위해 먼저 $\Xi(\tau) \equiv (1+\eta)\eta^{-\epsilon}\tau^{\epsilon}\varphi^{\epsilon}$이 배출세가 한계비용에 미치는 영향임을 상기하자. 그리고 $d\Xi(\tau)/d\tau > 0$을 만족한다. 즉, $\Xi(\tau^*)^{\epsilon-1}$는 환경규제가 강할수록

늘어나는 한계비용을 반영한다. 그리고 f_E/f_B는 본국생산의 고정비용 대비 해외생산의 고정비용이다. 따라서 조건 $\Xi(\tau^*)^{\epsilon-1} \geq f_E/f_B$는 배출세로 인한 한계비용 부담이 해외생산의 고정비용 부담보다 큰 경우를 의미하며, 이런 경우 기업들은 본국생산 대신 해외생산을 선택함을 보여 준다.

결과 3.10은 해외생산에 필요한 고정비용의 상대적 크기에 따른 해외생산 여부를 보여 준다. 그런데 $\Xi(\tau)$이 본국 배출세율 τ의 함수이므로 결과 3.10은 본국 배출세율 크기에 따른 해외생산 여부를 보여 주는 결과이기도 하다. 이를 명확히 하기 위해 본국생산과 해외생산의 임계 배출세율을 구해 보자. 임계값 $\Xi(\tau)^{\epsilon-1}$과 대응하는 세율 $\hat{\tau}$는 두 이윤이 동시에 0이 되는 조건, 즉 $\pi_{bm}=0$, $\pi_{off=0}$에서 얻을 수 있다.

$$\pi_{off}(\hat{\tau}) = \pi_{bm} \Rightarrow \left(\frac{1}{\Xi(\hat{\tau})}\right)^{\epsilon-1} = \frac{f_B}{f_E} \tag{3.41}$$

또한 $\Xi(\tau)$의 정의를 대입하고 정리하면 다음과 같이 도출된다.

$$\hat{\tau} = \frac{\eta}{(1+\eta)^{\frac{1}{a}}\varphi}\left(\frac{f_E}{f_B}\right)^{\frac{1}{\epsilon(\epsilon-1)}} \tag{3.42}$$

따라서 $\Xi(\tau^*)^{\epsilon-1} \geq f_E/f_B$가 성립하면 $\pi_{off} > \pi_{bm} = 0$, 즉 해외생산이 국내생산보다 높은 이윤을 제공하므로 차별화 상품 부문의 기업들은 모두 해외이전을 선택한다. 반대로 부등식이 성립하지 않으면 해외이전의 이점이 사라져 기업들은 본국생산을 유지한다.

> **결과 3.11(배출세율과 해외생산):** 기준 균형이었던 본국생산 균형에서 오프쇼어링이 허용되면, 차별화 상품 부문의 개별 기업은 최적 배출세가 $\tau^* \in [\hat{\tau}, \infty]$ 범위에 속할 때 해외생산(오프쇼어링)을 선택한다. 반대로 $\tau^* \in [0, \hat{\tau}]$이면 본국에서 생산을 계속한다.

(2) 오프쇼어링 균형

앞에서 살펴본 바와 같이, 개별 기업은 해외이전으로부터 얻는 이윤이 국내생산 이윤보다 높을 경우 해외생산(즉, 오프쇼어링)을 선택한다. 그러나 이 모형에서는 모든 기업이 동일한 기술·선호·고정비를 가지는 동질적(homogeneous) 기업이므로, 한 기업이 해외이전을 결정하면 나머지 기업들도 동일한 전략을 취해 결국 동질 기업 간의 자유진입(monopolistic competition)의 새로운 균형이 형성된다. 그리고 자유진입 조건하에서는 해외생산 이윤이 제로가 될 때까지 진입이 계속되어 결국 새로운 오프쇼어링 균형에 이르게 되는데, 이는 다음과 같이 표현된다.

$$\pi_{off} = 0 \Rightarrow x_{off} = (\epsilon - 1)\varphi f_E \tag{3.43}$$

식 (3.43)은 해외생산을 택한 기업이 단위당 마크업 $1/(\epsilon - 1)$을 얻지만, 고정비 f_E를 상쇄하기 위해 판매량 x_{off}를 정확히 $(\epsilon - 1)\varphi f_E$만큼 맞춰야 함을 의미한다.

이제 오프쇼어링 균형에서의 기업 수를 구하기 위해 대표 소비자의 효용 극대화 문제를 살펴보자. 모든 기업이 해외로 이전하면 Θ 부문 전체 고용은 사라지고, 이때 실직한 노동자 중 $(1-\mu)$의 비율만이 경쟁적인 기준재(numeraire) 부문으로 이동해 재취업에 성공한다. 기준 모형의 본국생산 균형에서 Θ부문의 고용은 $L_{\Theta}=n_{bm}\epsilon f_B$였음을 기억하자. 그중 오프쇼어링으로 인한 실업이 $\mu n_{bm}\epsilon f_B$이므로, 오프쇼어링 균형에서의 국내 총고용은 $L_o=\bar{L}-\mu n_{bm}\epsilon f_B$이다. 한편, 해외에서 생산된 차별화된 상품에 대한 총지출액은 $n_{off}p_{off}x_{off}$이므로 (3.42)와 (3.43)을 이용하면 차별화된 상품에 대한 총지출액은 $n_{off}\epsilon f_E$이다. 따라서 기준재 소비량은 $c_o^{off}=(y+1)\bar{L}-\mu n_{bm}\epsilon f_B \; -n_{off}\epsilon f_E$ 이다. 이 모든 결과를 취합하여 대표 소비자의 준선형 효용함수에 대입하면, 다음과 같은 오프쇼어링 균형에서의 효용 수준을 얻는다.

$$u(n_{off})=c_o^{off}+\frac{1}{\zeta}X_{off}{}^{\zeta}$$
$$=(y+1)\bar{L}-\mu n_{bm}\epsilon f_B-n_{off}\epsilon f_E+\frac{1}{\zeta}x_{off}{}^{\zeta}n_{off}{}^{\frac{\zeta}{\beta}} \qquad (3.44)$$

여기서 X_{off}는 오프쇼어링 균형에서 차별화된 상품으로 구성된 복합재의 소비량이며 (1.33)으로 정의된 값이다. 그리고 x_{off}는 식 (3.43)으로 주어진 값이다.

효용 (3.44)는 n_{off}의 함수이며, 소비자는 소비하는 차별화된 상품의 수(즉, 차별화된 상품을 생산하는 기업의 수) n_{off}를 변동시키며 효용을 극대화한다. 이에 따른 1계 조건으로부터 오프쇼어링의 경우 시장에서 조업하는 기업의 수를 다음과 같이 도출할 수 있다.

$$-\epsilon f_E+\frac{x_{off}{}^{\zeta}}{\beta}n_{off}{}^{\frac{\zeta}{\beta}-1}=0\Rightarrow n_{off}=\left(\frac{x_{off}{}^{\zeta}}{(\epsilon-1)f_E}\right)^{\frac{\beta-\zeta}{\beta}} \qquad (3.45)$$

이 값을 (3.44)에 대입하면 오프쇼어링 균형에서의 최대 효용, 곧 사회후생이 얻어진다. 오프쇼어링 균형에서는 오염 배출이 없으므로 사회후생은 대표 소비자 효용과 일치하며, 식으로 정리하면 다음과 같다.

$$u_{off} = (y+1)\bar{L} - \mu n_{bm}\epsilon f_B + \sigma f_E n_{off}\left(\frac{\beta}{\zeta} - 1\right) = W_{off} \qquad (3.46)$$

(3) 해외생산 자유화에 따른 최적 환경규제 선택

결과 3.11로부터 기준 균형에서 기존의 최적 배출세 τ^*가 $\tau^* \in [0, \hat{\tau}]$에 있을 경우, 차별화 상품 부문의 기업들은 해외로 생산설비를 이전(offshoring)할 유인이 전혀 없음을 이해하자. 즉 τ^*가 이 범위에 속하면 기업이 본국생산을 유지하는 것이 더 이익이므로 해외이전을 선택하지 않는다. 따라서 오프쇼어링이 허용된 상황에서도 기준 모형의 균형을 동일하게 유지하며, 최적 배출세도 여전히 τ^*로 고정된다. 이처럼 $\tau^* \in [0, \hat{\tau}]$인 경우는 논리적으로 자명한 상황이므로 본 절에서는 보다 일반적인 다른 시나리오에 초점을 맞추어 논의를 진행한다.

이제 기준 균형에서의 최적 배출세가 $\tau^* \in [\hat{\tau}, \infty)$인 경우를 고려해 보자. 이 경우, 결과 3.11에서 확인한 바와 같이 오프쇼어링 자유화가 이루어지면 Θ 부문 기업들은 모두 해외에서 생산할 것이다. 즉, 국내의 환경규제가 강하기 때문에 기업들은 규제가 상대적으로 약한 외국에서 생산하여 비용을 절감하려고 하며, 기존 문헌에서 탄소 오프쇼어링 또는 탄소 누출(carbon leakage)이라고 부르는 해외생산이 발생한다. 이러한 상황에서는 배출세율 τ^*로 인해 본국의 고용이 감소하며 후생 변화가 발생하게 되므로 본국 정부의 최적 배출세율은 해외생산이 허용되지 않을 때와는 달라지게 된다. 그리고 오프쇼어링 자유화하에서의 새로운 배출세율을 $\tau^\dagger$라고 하자. 새로운 배출세율 $\tau^\dagger$은 해외생산을 본국생산으로 유도할 때만 의미가 있는 세율임에 유념하자. 따라서 $\tau^\dagger \in [\hat{\tau}, \infty)$이라면 아무런 의미가 없는 세율이며, 재부과되는 배출세 $\tau^\dagger$는 범위 $\tau^\dagger \in [0, \hat{\tau}]$ 내에서만 의미가 있다.

기존의 배출세가 $\tau^* \in [\hat{\tau}, \infty]$이었을 때, 오프쇼어링 자유화하에서 새로운 배출세 $\tau^\dagger$를 범위 $\tau^\dagger \in [0, \hat{\tau}]$로 설정한다면, 차별화된 상품 부문의 기업들은 해외생산 대신 본국에서 계속하여 생산할 것이다. 즉, 오프쇼어링 자유화하에서도 여전히 본국에서 고용이 발생하며, 실업도 발생하지 않는다. 이 경우, 본국의 후생함수는 (3.33)을 유지하지만, 기업에게 적용되는 배출세율은 $\tau^\dagger$이 된다.

$\tau^\dagger \in [0, \hat{\tau}]$에 대하여

$$W_{dp}(\tau^\dagger) = u(\tau^\dagger) - n_{bm}(\tau^\dagger) x_{bm}(\tau^\dagger) z^o(\tau^\dagger) \tag{3.47}$$

여기서 $u(\tau^\dagger)$는 대표 소비자의 효용 수준을 나타내며, (3.32)와 같다. 사회후생함수 (3.47)은 기준 모형의 사회후생함수 (3.33)과 동일한 함수이다. 하지만 오프쇼어링 자유화가 이루어지기 전후의 후생함수를 명확하게 하기 위해 편의상 자유화가 도입되기 전 모형의 사회후생함수를 $W_{bm}(\tau)$, 자유화가 도입된 후 모형의 사회후생함수를 $W_{dp}(\tau)$로 표기하기로 한다.

한편, 사회후생함수 (3.47)은 $\tau^{\dagger} \in [0, \hat{\tau}]$구간 내에서 오목한(concave) 형태를 가지며, $\tau^{\dagger}$가 증가할수록 후생이 증가한다는 특징이 있다. 따라서 본국 정부가 기업들을 오프쇼어링이 아닌 본국생산으로 묶어 놓으면서 도달할 수 있는 최대의 사회후생 수준은 $\tau^{\dagger} = \hat{\tau}$에서 실현되며, 그에 해당하는 사회후생 수준은 $W_{dp}(\hat{\tau})$로 표시된다. 따라서 기업들의 본국생산을 유도하면서 후생을 극대화할 수 있는 새로운 배출세율은 $\tau^{\dagger} = \hat{\tau}$이다. 이러한 결과는 본국 정부의 환경 정책 분석을 매우 쉽게 만들어 준다.

정리하자면, 본국 정부는 기존의 배출세율 $\tau^{*} \in [\hat{\tau}, \infty)$을 고수할 경우 기업들의 오프쇼어링이 발생하여 (3.46)의 후생수준 W_{off}를 얻을 수 있는 반면, 새로운 배출세율 $\tau^{\dagger} = \hat{\tau}$를 도입할 경우 본국생산을 유도하여 새로운 후생수준 $W_{dp}(\hat{\tau})$를 얻을 수 있다. 그리고 본국 정부는 두 후생수준 $W_{dp}(\hat{\tau})$와 W_{off}를 비교함으로써 오프쇼어링 허용 여부를 결정한다. 즉, 만약 $W_{dp}(\hat{\tau}) > W_{off}$라면, 정부는 오프쇼어링을 방지하기 위한 배출세율 $\hat{\tau}$를 부과함으로써 기업의 해외생산을 억제하고, $W_{dp}(\hat{\tau}) < W_{off}$라면 기존의 $\tau^{*} > \hat{\tau}$ 수준의 배출세를 유지함으로써 기업들의 오프쇼어링을 허용하는 정책을 선택할 것이다.

결과 3.12(본국생산 유도 배출세율 선택): 오프쇼어링이 자유화된 상황에서 다음의 두 조건을 모두 만족하는 경우, 본국 정부는 차별화된 상품 부문 내 기업들의 오프쇼어링을 방지하기 위하여 배출세율 $\hat{\tau}$를 선택한다.

(1) $\frac{1}{\varphi}\left(\frac{f_E}{f_B}\right)^{\frac{1+\eta}{\eta(\epsilon-1)}} \leq \left(\zeta\left(\frac{\beta}{\beta-\zeta}\right) + \frac{\eta}{1+\eta}\right)(1+\eta)^{\frac{1}{\eta}}$

(2) $\mu \geq \frac{\alpha\beta}{\hat{\tau}}\left(\frac{\tau^{*}}{\hat{\tau}}\right)^{\frac{\alpha\zeta(\beta-\zeta)}{\beta}}$

앞에서 설명한 바와 같이, $\tau^* \in [\hat{\tau}, \infty]$이고 동시에 $W_{dp}(\hat{\tau}) \geq W_{off}$인 경우에 본국 정부는 오프쇼어링을 방지할 수 있는 배출세율 $\hat{\tau}$를 선택한다. 그리고 조건 (1)은 단순히 $\hat{\tau} \leq \tau^*$라는 부등식에서 유도되는 조건이다.

$$\hat{\tau} \leq \tau^* \Rightarrow \frac{1}{\varphi}\left(\frac{f_E}{f_B}\right)^{\frac{1+\eta}{\eta(\epsilon-1)}} \leq \left(\zeta\left(\frac{\beta}{\beta-\zeta}\right) + \frac{\eta}{1+\eta}\right)(1+\eta)^{\frac{1}{\eta}}$$

조건 (2)는 $W_{dp}(\hat{\tau}) \geq W_{off}$를 정리하여 얻어지는 조건에 불과하다.[68]

$$W_{dp}(\hat{\tau}) \geq W_{off} \Rightarrow \mu \geq \frac{\alpha\beta}{\hat{\tau}}\left(\frac{\tau^*}{\hat{\tau}}\right)^{\alpha\zeta\frac{\beta-\zeta}{\beta}}$$

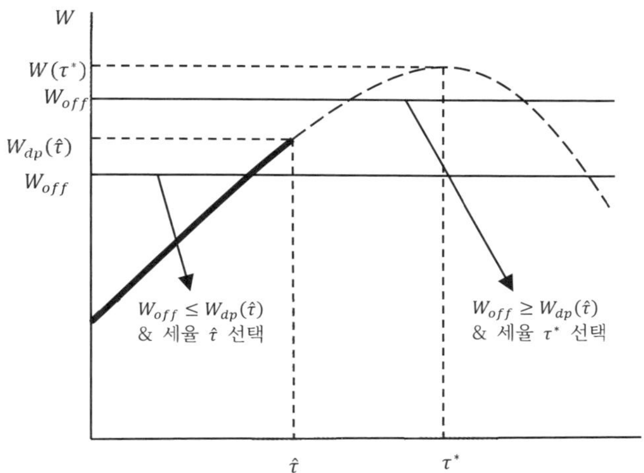

그림 3.4 배출세의 선택

68 조건 (2)를 유도하기 위해서 다음의 관계를 활용하였다.
$\frac{n_{off}}{n_{bm}(\hat{\tau})} = \frac{f_B}{f_E}$ & $\frac{n_{bm}(\tau^*)}{n_{bm}(\hat{\tau})} = \left(\frac{\hat{\tau}}{\tau^*}\right)^{\alpha\zeta\frac{\beta-\zeta}{\beta}}$

결과 3.12는 특정한 상황에서 오프쇼어링의 위협이 정부의 환경 정책 결정의 자유를 제약할 수 있음을 시사한다. 즉, 결과 3.12에서 제시된 두 조건이 모두 충족되는 경우, 기업들은 실제로 해외생산을 선택하지 않지만, 해외생산이라는 선택지가 존재한다는 사실만으로도 정부가 부과할 수 있는 배출세율을 낮추는 결과를 초래하게 된다. 이러한 효과는 곧 해외생산의 위협이 환경규제를 완화시키는 경향이 있음을 의미한다. 그리고 이는 오프쇼어링이 자유화된 상황에서 선택한 배출세율은 최선(first-best)의 배출세율이 아닌 차선(second-best)의 배출세율임을 의미한다.

한편, 결과 3.12의 두 조건을 더 자세히 살펴보자. 조건 (1)의 좌변은 기업의 생산성을 포함하고 있다. 이는 기업의 생산성 수준에 따라 본국 정부의 배출세율 결정이 달라짐을 의미한다. 즉, 기업의 생산성 φ가 증가하면, 조건 (1)의 좌변도 증가하게 되므로 조건 (1)을 만족시키기가 점점 더 어려워진다. 이는 제1장 2절의 오프쇼어링 모형에서 살펴본 바와 같이, 생산성이 높은 기업일수록 해외생산 유인이 높기 때문에 본국 정부는 환경 정책 선택에 더 큰 제약을 가짐을 뜻한다.

> **결과 3.13(기업의 생산성과 환경 정책):** 오프쇼어링 자유화 상황에서, 차별화된 상품 부문에 속한 기업들의 생산성이 증가할수록 오프쇼어링 위협이 더 커지며, 그에 따라 정부는 오프쇼어링을 방지하기 위해 최적 세율보다 낮은 수준의 배출세율을 선택할 가능성이 더욱 커진다.

마지막으로 결과 3.12의 조건 (2)를 살펴보자. 조건 (2)는 실업의 확률을 나타내는 계수 μ가 본국의 환경 정책 선택에 미치는 제약 조건이기도 하다. 즉, 실업 확률 μ가 증가하면, 조건 (2)의 좌변도 함께 증가하므로 조건 (2)를 만족시키기가 어려워진다. 앞서 논의한 바와 같이, 정부는 정책을 선택할 때 오프쇼어링을 방지하기 위한 배출세율하에서의 사회후생과, 오프쇼어링 균형하에서의 사회후생을 비교하게 된다. 전자는 실업은 적지만 오염물질 배출이 많고, 후자는 실업은 많지만 오염물질 배출이 없다. 따라서 정부가 오프쇼어링 자유화하에서 배출세율을 선택할 때는, 오프쇼어링으로 인해 발생하는 실업에 따른 사회후생 손실과 오염 배출 감소로 인한 사회후생 증가를 비교함으로써 정책을 결정하게 된다. 그리고 실업 확률이 높으면, 본국 정부는 환경 정책을 완화하여 기업이 본국에서 생산하도록 유도하려는 경향을 가진다.

결과 3.14(실업과 환경 정책): 오프쇼어링 자유화 상황에서, 만약 오프쇼어링이 상당한 실업을 초래한다면, 정부는 기업의 오프쇼어링을 막기 위해 최적 세율보다 낮은 배출세율을 선택할 가능성이 더욱 높아진다.

4) 결론 및 요약

환경규제는 본질적으로 외부불경제(externalities)의 교정을 목적으로 도입되는데, 그 대표적인 수단 중 하나가 피구세(Pigouvian tax)이다. 피구세는 오염물질을 배출하는 경제 주체에게 사회적 한계비용(social marginal cost)을 반영한 조세를 부과함으로써, 배출량을 사회적으로 바람직한 수준으로 조정하려는 정책이다. 그러나 이러한 조세는 기업 입장에서 보면 단순한 비용 증가 요인으로 작용하여 기업의 생산

결정에 실질적인 영향을 미친다. 특히, 세계화와 생산기지의 국제적 이전이 용이한 오늘날에는 환경규제로 인한 비용 증대가 기업의 생산입지 결정(location choice)에 중대한 변수로 작용할 수 있다.

이러한 맥락에서, 환경규제와 오프쇼어링(offshoring)의 관계는 일방적인 영향이 아니라 전략적 상호작용으로 이해할 필요가 있다. 다시 말해, 정부는 환경규제의 강도(즉, 세율)를 결정할 때 기업의 오프쇼어링 가능성을 고려해야 하며, 반대로 기업은 본국의 환경규제 수준에 따라 해외이전 여부를 전략적으로 판단할 수 있다. 이러한 상호작용은 특히 정부가 오프쇼어링에 수반되는 사회적 비용(예: 국내 고용 감소, 실업 증가 등)을 내부화하여 고려할 경우 더욱 복잡해진다. 그리고 오프쇼어링으로 발생하는 사회적 비용이 클 경우, 정부는 오프쇼어링을 방지하기 위하여 배출세의 세율을 조정할 필요가 있는데, 이때 정부가 오프쇼어링을 완전히 차단하고자 한다면 최초의 최적 세율(optimal tax rate)을 포기하고 차선의 세율(second-best tax rate)을 택해야 하는 딜레마에 직면하게 된다.

본 절에서 살펴본 것처럼 기업의 오프쇼어링 유인이 강할수록(즉, 높은 생산성을 보유하거나 오프쇼어링 비용이 낮을수록), 또는 오프쇼어링이 초래하는 사회적 손실(예: 국내 고용 감소로 인한 실업 증가)이 클수록, 정부는 오프쇼어링을 억제하기 위해 보다 낮은 세율의 환경규제를 선택할 유인을 가지게 된다. 이는 결과적으로 오프쇼어링이 실제로 일어나지 않더라도, 오프쇼어링의 위협만으로도 환경정책의 강도를 제약할 수 있음을 시사한다(위협효과).

요컨대, 이 분석은 오프쇼어링이라는 선택지가 존재할 때, 정부의 정책 결정 자유도(policy space)가 축소될 수 있으며, 이는 전통적인 피구세 논리가 현실적으로 적용되는 방식에 중대한 수정이 필요함을 보여 준다. 오염물 저감이라는 환경 목표와 국내 산업 보호 사이의 긴장이 존재할 때, 정부는 환경 정책을 단순히 외부성 조정 차원이 아니라, 국내 산업의 입지 결정과 전략적으로 연계된 정책 변수로 인식하고 조정해야 한다는 함의를 제공한다.

Offshoring, Reshoring, and Threat Effects
기업의 해외이전과 본국귀환의 위협효과

4

제4장_본국귀환의 위협효과

1. 잠재적 리쇼어링 위협과 재정 정책
2. 잠재적 리쇼어링 위협과 유치 정책
3. 오프쇼어링 기업에 대한 리쇼어링 정책의 유효성

1. 잠재적 리쇼어링 위협과 재정 정책[69]

다국적기업의 유치는 현지의 고용 증대, 노동자 및 관리자 숙련도 제고, 그리고 기술적 스필오버(spillover) 효과 등 여러 긍정적 효과를 가져올 수 있기 때문에, 많은 국가들은 해외직접투자(FDI)를 적극적으로 유치하고 있다. 이를 위해 각국 정부와 지자체는 감세 정책, 현금 지원, 토지 및 인프라 제공 등 다양한 재정 지원 정책을 통해 해외기업 유치에 나서고 있다.

그러나 다른 측면에서 생각해 보면, 여러 국가에 생산설비를 보유한 다국적기업(multinational)은 일종의 복수사업장 기업(multi-plant firms)으로서, 단일 국가에서 생산하는 기업에 비해 입지 선택에 상당한 유연성을 가진다. 지금까지 다양한 모형을 이용하여 살펴본 것처럼 이러한 유연성은 기업에게 생산지 이전을 전략적으로 활용할 수 있는 기회를 제공하며, 이는 유치국 정부와의 협상에서 기업에게 유리한 협상력(bargaining power)을 부여한다. 따라서 다국적기업이 한 국가의 생산설비를 타국으로 이전하겠다는 위협만 해도 현지 정부는 지역경제 침체 및 고용 축소의 위험을 회피하기 위해 추가적이고 때로는 과도한 수준의 재정적 지원을 제공할 수밖에 없는 상황에 놓이게 된다. 이와 같은 다국적기업의 생산지 이전 위협은 단순한 협상 카드 이상의 의미를 가진다. 기업이 생산설비를 철수하거나 이전할 수 있

69 본 절의 주요 내용은 권철우·황욱(2022)을 정리한 것이다. 보다 자세한 논의는 해당 논문을 참고하라. 본 절은 저자들의 논문이 게재된 학술지 『국제통상연구』(한국국제통상학회 발행)로부터 각색·해설 목적의 재사용 허락을 받아 작성되었다. 이에 깊이 감사드린다.

다는 위협은 유치국 정부의 장기적인 재정 정책에까지 영향을 미치며, 이를 통해 정부는 지속적이고 때로는 과도한 지원 정책을 유지할 수밖에 없는 압력을 받는다. 나아가 이러한 기업의 전략적 협상력 강화와 정부의 지속적인 지원에 대한 기대가 추가적인 외국기업의 진입을 촉진하는 도덕적 해이(moral hazard) 문제를 발생시킬 가능성도 배제할 수 없다.

이러한 배경에서 본 절은 다국적기업의 생산지 이전 가능성과 이에 따른 위협효과가 현지 정부의 지원 및 과세 정책 선택에 미치는 영향을 살펴본다. 구체적으로는 지금까지 활용했던 Jeon & Kwon(2018)의 위협효과 분석 모형을 기업과 정부 간 정책 협상으로 확장하여, 기업의 생산지 이전 위협으로 인해 정부가 최적 수준을 초과하는 과도한 보조금 및 감세 혜택을 제공하게 되는 현상을 분석하고, 이러한 정부의 과잉 지원 기대가 기업의 현지생산 결정에 미치는 효과를 이론적으로 심도 있게 살펴본다. 본 절의 분석은 정책 입안자에게 위협효과의 작동 메커니즘과 재정 정책 결정에 대한 심층적인 이해를 제공하는 동시에, 향후 유치 정책의 효율성과 지속 가능성을 높이기 위한 정책적 대응 방향을 제안한다.

1) 조세/보조금 협상에서의 위협효과 모형

(1) 수요, 생산기술 및 정부의 다국적기업 유치 정책

본국(H)과 외국(F)으로 이루어져 있는 세계를 고려해 보자. 각국의 소비자들은 유일한 소비재인 차별화된 상품($\theta \in \Theta$)을 소비하고 있다. 여기서 Θ는 차별화된 상품의 집합이다. 구체적으로, 국가 $i(i = H, F)$

의 소비재 θ에 대한 수요함수를 제1장 2절에서 설명한 바 있는 다음과 같은 CES 수요함수로 가정하자.

$$x_{\theta i} = A_i p_{\theta i}^{-\varepsilon},\ \varepsilon > 1 \tag{1.36}$$

다음으로 본국에 위치해 있고 차별화된 상품 $\theta \in \Theta$를 생산하는 기업 θ가 있으며, 해당 기업은 두 기간에 걸쳐서 생산한다고 가정하자. 본 절은 기업 θ와 동일한 n개의 기업들이 시장에서 경쟁하는 독점적 경쟁 모형을 염두에 두고 있으나, 분석의 편의를 위해 일단 여기에서는 기업 θ를 독점기업으로 생각한다. 그리고 먼저 독점기업 θ의 행태를 살펴본 후, 독점적 경쟁시장으로 확장하여 시장균형을 도출할 것이다. 기업 θ는 유일한 투입요소인 노동만을 이용하여 상품 θ를 생산하고 있으며, 1단위 상품을 생산하기 위해 1단위 노동을 이용한다고 하자. 따라서 생산량 x_θ를 생산하기 위한 해당 기업의 고용량(노동수요)은 $l_\theta^H(x_\theta) = x_\theta$이다. H국의 임금 수준이 w_H으로 주어져 있다고 할 때, 주어진 생산기술하에서 기업 θ가 본국에서 1단위 상품을 생산하는 한계비용도 w_H이다. 편의상 H국의 임금을 1로 정규화하자.

앞에서 언급한 바와 같이 기업 θ는 H국에 위치해 있으며, 외국인 F국에 수출 또는 현지생산을 통해 진입할 수 있다. 그리고 기업 θ가 F국에 진입한다면, 현지생산이냐 수출이냐와 무관하게 해당 기업은 일정한 해외시장 진입비용으로 고정비용 f_B를 부담해야 한다고 하자. 만일 해당 기업이 수출을 통해 F국에 진입한다면, 빙산형(iceberg type) 운송비용 $\tau \geq 1$가 발생한다. 이에 반해 현지생산(offshoring)을 선택할 경우에는 운송비용은 발생하지 않으나, 현지생산을 위한 추가적인 고정비용 f_E가 발생한다. 정리하자면, 기업 θ가 수출을 통하여 외국에 진입하면 고정비용 f_B가 발생하지만 해외생산을 선택하는 경우에는 고정비용 $f_E + f_x$가 발생하게 된다.[70]

F국 내 현지생산 시 생산기술도 H국 생산 시와 동일하고 F국의 임금 수준을 w_F라고 할 때, 현지생산의 한계비용과 현지 고용량은 각각 w_F과 $l_\theta^F(x_\theta^F) = x_\theta^F$이다. 편의상 F국의 임금도 H국과 동일하게 1로 정규화하자. 즉, 본 절의 논의에서는 두 국가 간의 임금 차이로 인한 해외생산 유인은 고려되지 않는다. 두 국가의 임금이 동일하게 정규화된다면, 기업 θ의 한계비용과 고용량은 생산지와 무관하게 각각 1과 $l_\theta^H(x_\theta) = l_\theta^F(x_\theta) = x_\theta$로 동일하다. 한편, 기업 θ가 H국 내 생산설비를 완전히 F국으로 이전하는 경우는 고려하지 않으며, F국 공급량 x_{Fh}를 현지생산하는 경우만 고려하도록 하자.

다음으로 F국의 후생에 대해 생각해 보자. F국은 상품 $\theta \in \Theta$를 생산하는 기업을 보유하고 있지 않으므로, H국에 위치한 독점기업 θ로부터 수입하거나, 독점기업 θ의 자국 내 현지생산을 통해서만 해당 상품을 소비할 수 있다. 그런데 기업 θ가 F국에서 현지생산을 하는 경우에는 F국 내 현지고용을 기대할 수 있기 때문에 F국의 입장에서는 기업 θ의 현지생산을 선호한다고 하자. 현지생산 시 기업 θ의 생

70 즉, 제1장 1절에서 살펴본 바 있는 전형적인 근접-집중 체계(Proximity-concentration framework: Brainard, 1993; Helpman et al, 2004)를 고려한다. 그리고 수출 시 발생하는 고정비용 f_x는 Melitz(2003) 등에서 흔히 나타나는 고정비용에 해당한다.

산량을 x_θ^F 라고 하면, 현지생산으로 발생하는 고용 창출의 규모는 $l_\theta^F(x_\theta^F)$이고 F국 노동자들의 임금 총합도 $w_F l_\theta^F(x_\theta^F) = x_\theta^F$이다.

이처럼 다국적기업이 외국에서 현지생산을 하면, 외국의 관점에서는 고용 창출 등으로 인한 후생 증가가 기대되므로 많은 경우 투자 유치국은 외국투자기업에 과세 혜택을 제공한다. 현실 경제를 살펴보면, 글로벌 기업을 유치하려는 국제적 경쟁이 치열해지는 가운데, 다국적기업에 대한 조세 정책은 이제 단순한 재정 수단을 넘어 전략적 정책 수단으로 작용하고 있다. 특히 투자 유치 초기에는 일정 기간 명목 세율을 적용하지 않는 비과세 혜택을 제공하는 경우가 많으며, 이는 외국인직접투자(FDI)를 유치하기 위한 인센티브로서 각국 정부가 널리 사용하는 방식이다. 그러나 비과세 기간이 종료된 이후, 해당 외국기업이 여전히 자국 내에 잔류하여 생산을 지속할 수 있도록 하기 위해, 정부는 보조금 형태의 추가 지원책을 선택하는 경우가 많다.

이를 고려하여 본 절에서는 투자 유치국인 F국이 본국에 거점을 두고 있는 기업 θ에게 두 기간에 걸친 조세 정책을 실시하는 경우를 살펴본다. 구체적으로, F국 정부는 1기에는 기업 θ에게 비과세 혜택을 제공하고, 2기부터는 실효 과세율에 해당하는 순(純) 조세율 $\hat{t}_2$를 재설정한다고 가정한다. 이때 실효 과세율 $\hat{t}_2$는 2기에 양자 협상 통해 결정되며, 협상 대상은 F국 정부와 현지에 생산설비를 둔 기업 θ이다. 실효 과세율은 명목 세율에서 단위생산량당 보조금 규모를 차감한 개념으로, 조세 순부담이 양(+)이면 과세로, 음(−)이면 순보조로 해석된다.

2기의 협상에서 중요한 점은, 기업 θ가 협상에 임할 당시 이미 F국 내 생산설비를 보유하고 있으나, 정부의 조세부담이 과도하다고 판단되면 철수하여 본국인 H국으로 귀환할 수 있는 선택권을 여전히 가지고 있다는 사실이다. 이러한 귀환 가능성은 고용 감소와 지역 경제 위축을 초래할 수 있으므로, F국 정부는 이를 현실적인 위협(threat)으로 받아들일 수밖에 없다. 이에 따라 기업 θ는 철수를 협상 카드로 활용하여 2기의 실효 과세율을 낮추거나, 심지어 순보조금 지급을 협상할 가능성도 있다. 이러한 행태는 앞에서 이미 살펴본 바 있는 '위협효과(threat effect)'의 전형적인 사례로 해석할 수 있다.

이 분석에서 또 하나의 핵심적인 가정은 조세 정책의 시간 비일관성(time inconsistency) 문제이다. 즉, 정부는 초기 유치 단계에서 비과세를 약속하더라도, 장기적으로는 조세 기반 확대를 위해 과세를 재개하려는 유인을 갖게 된다. 그러나 기업 입장에서는 장기적 과세 가능성을 인지하고 있고, 이에 따라 2기의 조세 정책은 기업의 철수 위협을 내포한 전략적 재협상 대상으로 인식한다. 이러한 상황은 실질적으로 불완전 계약(incomplete contract) 환경하에서 이루어지는 '암묵적 조세 계약'이라 볼 수 있으며, 이는 실효 과세율의 결정이 정부와 기업 간의 협상에 의해 내실화될 수밖에 없는 현실을 반영한다.

또한 이 절에서는 실효 과세율 협상이 반드시 명목 세율의 변화만을 의미하는 것은 아님을 명확히 한다. 실제로 현실에서는 조세 감면, 세액 공제, 투자보조금, 각종 인프라 지원 등 다양한 방식으로 실효 과세율이 조정된다. 따라서 본 분석에서는 실효 과세율 협상을 광의의 조세 지출 또는 보조금 정책으로 해석하며, 실효 과세율이 양수이면 '과세', 음수이면 '순보조'라 정의한다. 이와 같은 정의하에서 1기의 비과세 정책은 실질적으로 명목 세율에 상응하는 규모의 보조금이 제공되는 것으로 간주할 수 있으며, 이는 기업 유치를 위한 인센티브로 해석된다.

요컨대, 본 절에서는 외국기업의 철수 가능성을 고려하는 정부의 전략적 대응을 분석하기 위해 두 기간에 걸친 실효 과세율 협상을 명시적으로 도입하고, 이를 통해 위협효과가 정부의 과세 정책 및 보조금 결정에 어떤 영향을 미치는지를 정형화한다. 나아가 실효 과세율의 구조를 활용하여 조세 정책의 시간 비일관성, 기업의 전략적 협상력, 유치국 정부의 유인 구조를 체계적으로 분석하고자 한다.

(2) 동태적 게임의 순서와 2기 조세/보조금 협상

주어진 수요, 생산기술, 과세 정책하에서 H국에 위치한 독점기업 θ와 유치 희망국 F국과의 두 기간에 걸친 생산지 선택과 조세 협상을 분석하기 위해, 다음과 같은 4단계 동태적 게임 구조를 도입하자.

1단계(생산입지 선택): 본국인 H국에 기반을 두고 있는 기업 θ는 유치국 F국의 시장에 진입하기 위한 공급 방식을 결정한다. 구체적으로, 이윤 극대화 기업 θ는 수출과 현지생산이라는 두 가지 방식의 이윤 수준을 비교하여 최적의 생산입지를 선택한다.

2단계(1기 생산): 기업 θ는 1단계에서 선택한 공급 방식에 따라 1기의 생산량을 결정한다. 만일 수출을 선택했다면, 해당 기업은 H국에서 생산된 상품을 F국에 공급하며, 조세는 H국의 세율에 따르고 F국에서는 별도의 과세가 없다. 반면 현지생산을 선택했다면, 기업 θ는 F국 내 생산설비를 통해 생산하며, 1기에는 비과세 혜택이 적용된다.

3단계(2기 과세율 협상): 기업 θ가 1기에 현지생산을 선택한 경우, 2기의 시작과 함께 F국 정부와 실효 과세율 $\hat{t}_2$에 대해 협상을 한다. 2기 과세율 협상의 해는 기업 θ와 유치국 F 간의 내시협상해라고 하자.

4단계(2기 생산): 협상 결과 도출된 실효 과세율 $\hat{t}_2$하에서, 기업 θ는 2기의 생산량을 결정한다.

주어진 4단계 게임을 조금 더 자세히 살펴보자. 1단계에서 이윤 극대화 기업 θ는 본국인 H국에서 생산하여 수출하는 방식 또는 F국에서 현지생산하는 방식 중 하나를 선택하게 된다. 만일 수출을 선택한다면, 앞에서 설명한 것처럼 H국에서 생산하여 무역 장벽(운송비 등)을 감수하고 F국으로 수출한다. 반면 현지생산을 선택한다면, 생산설비를 F국 내에 설치하고 현지에서 직접 생산하여 공급하며, 운송비용은 발생하지 않는다. 하지만 현지생산은 더 높은 고정비용을 수반함을 염두에 두자.

다음으로 게임의 2단계에서 기업 θ는 자신의 생산지 선택 결과에 따라 1기 생산에 들어간다. 이때, 현지생산을 선택한 경우에는 유치 초기 인센티브의 일환으로 F국 정부는 1기에 명목 세율을 적용하지 않는데, 이는 외국기업의 진입을 유도하기 위한 유치국의 전략적 조세 정책이다.

3단계와 4단계는 2기에 해당하며, 3단계에서는 1기의 비과세 혜택이 종료된 후 기업 θ와 F국 정부 간에 과세협상이 발생한다. 이 협상은 비완전계약 상황을 반영하며, 1기 종료 이후 재협상(re-contracting)을 통해 과세 수준이 정해진다. 그리고 협상의 구조는 내시협상의 형태를 따르며, 협상의 결과는 양 당사자의 협상력과 위협점(threat point)에 따라 결정된다. 따라서 기업 θ는 본국귀환 또는 철수의 가능성을 협상 카드로 활용할 수 있는데, 이는 유치국 정부에게 실질적인 정책 압박으로 작용한다.

이와 같은 4단계 동태 게임 구조는, 외국인직접투자 유치를 위한 정부의 조세 정책이 시간이 지남에 따라 기업과의 전략적 협상을 통해 변화하고, 다국적기업은 이를 이용해 자신에게 유리한 조세 및 보조금 조건을 확보할 수 있음을 이론적으로 설명하기 위한 분석의 출발점이 된다. 특히, 3단계에서 나타나는 실효 과세율 협상은 기업의 철수 위협을 중심으로 한 위협효과(threat effect)가 정부 정책 결정에 실질적으로 반영되는 핵심 메커니즘이라 할 수 있다.

앞의 게임에서 언급한 것처럼 2기 실효 과세율 협상은 현지생산을 하는 기업 θ와 F국 정부 간의 내시협상(Nash bargaining)으로 나타난다. 이때, 기업 θ의 목적함수는 2기 이윤이며, F국 정부의 목적함수는 (1기에 고용된) 현지 노동자들의 노동소득과 과세수입의 합으로 생각하자. 따라서 2기 보조금 협상에서의 내시곱(Nash product)은 다음과 같다.

$$NP_{\theta} = [o\pi_{2F}(f_2) - \overline{o\pi}]^{\alpha}[W_F(f_2) - \overline{W}_F]^{1-\alpha} \quad (4.1)$$

여기서 $o\pi_{2F}$는 기업 θ가 외국에서 현지생산할 때 외국에서 발생하는 2기 운영이윤을 의미하며, $\overline{o\pi}$는 협상 결렬 시 기업 θ의 외부옵션(outside option)의 보수이다. α는 기업 θ의 협상력(bargaining power)이다. $W_F = l_{Fh}(f_2) + T_2$는 F국의 후생함수이며, T_2는 기업 θ로부터의 (순)과세수입이다.[71] 그리고 $\overline{W}_F$는 협상 결렬 시 F국의 외부옵션의 보수이다.

이제 2기 과세율에 대한 협상이 실제로 어떠한 조건하에서 이루어지는지를 분석하기 위해, 협상 당사자인 기업 θ와 F국 정부가 협상이 결렬될 경우 각자가 가지는 외부옵션에 주목할 필요가 있다. 협상이 타결되지 못하고 결렬되는 경우, 기업 θ는 유치국인 F국에서의 생산을 중단하고 본국인 H국으로 철수할 수 있으며, 이후 H국에서 생산된 상품을 F국에 수출하는 방식으로 시장에 계속 접근할 수 있다고 가정한다. 이 경우, 2기 협상에서 기업 θ의 외부옵션은 본국에서의 생산을 통한 수출이윤이 된다. 다시 말해, 협상이 실패하더라도 기업은 완전히 시장에서 퇴출되는 것이 아니라 대체적 생산 전략으로 전환함으로써 일정 수준의 이윤을 확보할 수 있다.

반면, 유치국 정부인 F국의 경우에는 상황이 다르다. 기업 θ가 본국으로 철수하면, 해당 기업이 1기 동안 고용하던 현지 노동자들은 더 이상 고용을 유지할 수 없게 되며, 이는 고용 수준의 급격한 하락을 의미한다. 본 절에서는 이러한 고용 감소가 정부의 사회후생에 미치는 부정적 영향을 외부옵션의 보수로 해석하며, 정부가 협상 실패

71 순과세수입은 과세수입에서 보조금 지출을 제외한 것으로 정의한다.

시 얻게 될 외부옵션은 0으로 설정한다. 즉, 기업의 철수는 해당 지역에 대한 생산적·재정적 기여뿐 아니라 고용 및 파생소득까지 손실을 초래하며, 이는 정부로 하여금 협상에서의 양보를 유도하는 중요한 유인으로 작용한다.

또한, 기업이 본국으로 철수하여 생산을 재개할 경우, 본국 정부의 조세 제도 역시 기업의 결정에 영향을 미칠 수 있다. 그러나 분석의 단순화를 위해 본 절에서는 본국인 H국의 과세율 t_H를 0으로 설정한다. 이는 곧, 협상 대상이 되는 F국의 실효 과세율이 H국의 과세 조건과 비교되는 상대적인 세부담으로 작용한다는 점에서 해석의 간명성을 제공한다. 다시 말해, F국이 제안하는 과세율 수준이 기업 입장에서 본국의 조세 환경보다 얼마나 불리한지를 판단하는 기준이 되는 것이다.

이러한 설정하에서, 협상 테이블 위에서 양측이 가지는 협상력은 각자의 외부옵션에 의해 결정된다. 기업의 경우, 본국 철수를 통해 확보할 수 있는 최소한의 수익이 존재하기 때문에 일정 수준 이상의 실효 과세율이 제시되지 않으면 협상을 거부할 유인이 존재한다. 반면 F국 정부는 협상 결렬 시 후생의 급격한 하락이라는 명확한 손실에 직면하기 때문에, 기업의 철수를 막기 위한 양보 압력에 놓이게 된다. 이와 같은 비대칭적인 외부옵션 구조는 내시협상해(Nash bargaining solution)에 결정적인 영향을 미치며, 특히 실효 과세율이 음의 값을 가지는 순보조금 영역까지도 도달할 수 있는 가능성을 설명하는 이론적 기반이 된다.

2) 기업의 최적 생산지 선택과 과세 정책

(1) 2기 과세율 협상

앞서 제시된 4단계 게임 구조에서 주목할 점은, 기업 θ가 본국인 H국에서는 항상 본국 내에 이미 보유하고 있는 생산설비를 통해 상품을 공급한다는 사실이다. 이러한 구조하에서는 본국에 대한 공급량 및 이에 수반되는 내수시장에서의 이윤 수준이 게임 전 시점에 걸쳐 일정하게 유지된다고 볼 수 있다. 다시 말해, H국에서의 생산 및 판매 활동은 기업의 해외입지 선택 또는 과세 정책 변화에 의해 영향을 받지 않는 외생적인 요소로 간주할 수 있다. 따라서 본 절의 분석에서는 기업 θ의 전체 이윤 중 본국시장에서 발생하는 내수이윤은 분석상 상수(constant)로 처리할 수 있으며, 균형 전략의 도출이나 후생 비교에 실질적인 영향을 주지 않기 때문에 이를 명시적으로 고려하지 않아도 무방하다. 이에 따라, 기업의 전략적 선택이 이루어지는 F국 시장에서의 활동—즉 수출 또는 현지생산에 따른 이윤 흐름—만을 중심으로 분석을 진행할 수 있다. 이와 같은 전제하에서, 우리는 4단계로 구성된 게임의 균형을 후진귀납법(backward induction)을 통해 체계적으로 도출할 것이다. 이를 위해 먼저 4단계에서의 기업의 생산결정을 살펴보고, 이어서 3단계 협상에서 도출되는 실효 과세율을 분석한다. 그다음으로 2기 생산을 전제로 한 1기의 선택 및 생산량 결정을 고찰하며, 마지막으로 기업이 초기에 선택하는 입지 결정(수출 또는 현지생산)의 조건을 규명함으로써 전체 게임의 부분게임 완전균형(Subgame Perfect Equilibrium)을 도출하게 될 것이다.

4단계: 2기 이윤

분석의 출발점으로서, 우리는 4단계—즉 2기의 생산결정 단계—에서 기업 θ가 실현하게 되는 해외이윤을 먼저 살펴본다. 이 단계에서 기업의 해외공급 방식은 1단계에서의 입지 결정에 따라 이미 정해진 상태이며, 선택 가능한 대안은 두 가지이다. 하나는 기업이 F국에 직접 생산설비를 설치하고 그곳에서 생산 활동을 지속하는 현지생산(local production) 방식이고, 다른 하나는 본국인 H국에서 생산한 후 F국에 상품을 공급하는 수출(export) 방식이다.

이 가운데 기업 θ가 1단계에서 현지생산을 선택하였고, 3단계 협상을 통해 일정한 실효 과세율하에서 2기에도 F국 내에서 생산을 지속하는 경우를 먼저 고려하자. 이 경우, 주어진 F국 내 시장 수요함수와 생산기술, 그리고 협상을 통해 결정된 실효 과세율 $\hat{t}_2$하에서, 해당 기업이 2기에 실현하는 세후 독점이윤(profit after tax)은 다음과 같다.

$$\pi_{2F}(\hat{t}_2) \equiv (1-\hat{t}_2)o\pi_F(s_2) = (1-\hat{t}_2)\frac{A_F}{\varepsilon}\left(\frac{\varepsilon-1}{\varepsilon}\right)^{\varepsilon-1}$$
$$\equiv (1-\hat{t}_2)A_F\Psi \tag{4.2}$$

여기서 $\pi_{2,F}$는 앞에서와 같이 F국에서 현지생산할 때 F국에서 발생하는 2기 이윤이며, $o\pi_F$는 현지생산의 세전 운영이윤(operating profit)을 지칭한다. 그리고 $\hat{t}_2$는 앞에서 정의한 2기 실효 과세율이다. 비가역적인 매몰성 고정비용은 1기에 모두 발생하였으므로 2기에는 추가 고정비용이 발생하지 않으며, 1기와 2기의 운영이윤은 동일함에 유의하자. 이후의 분석에 있어서 편의를 위해 $\Psi(\varphi_\theta) \equiv (1/\epsilon)$

$[\varphi_\theta(\varepsilon-1)/\epsilon]^{\varepsilon-1}$로 나타내도록 한다. 그리고 2기의 현지 고용량, F국의 과세수입은 각각 다음과 같다.

2기 현지 고용량: $l_F = x_F = A_F\Psi(\varepsilon-1)$ (4.3)

F국의 실효 과세수입: $T_2 = \hat{t}_2 \mathrm{A_F}\Psi$ (4.4)

투자 대상국인 F국 정부의 2기 총후생은 기업 θ의 현지생산 선택이 자국 경제에 미치는 여러 경로를 종합적으로 반영하여 정의된다. 구체적으로, 이는 다음 세 가지 주요 구성 요소로 이루어진다. 첫째, 동일한 상품을 본국에서 생산한 후 수출하는 경우와 비교했을 때, 현지생산을 통해 소비자가 추가로 향유하게 되는 소비자잉여 증가분 ΔCS이다. 이는 운송비 또는 수입시장 독점의 완화 등으로 인해 가격이 하락하거나 공급이 확대될 때 발생하는 후생의 증가분을 의미한다. 둘째, 현지생산 과정에서 F국의 가계가 노동 공급을 통해 얻게 되는 임금소득이다. 이는 기업의 현지생산 활동에 직접 참여한 노동자들의 소득을 의미하며, 고용 확대를 통한 내생적 후생 증가 요소로 작용한다. 셋째, 협상된 실효 과세율하에서 정부가 확보하게 되는 순재정수입(net fiscal revenue)이다. 이는 과세와 보조금 지급이 병행되는 경우 순과세 또는 순보조 형태로 나타날 수 있으며, 결과적으로 정부재정의 건전성 또는 재정 여력에 영향을 미친다.

이 세 가지 요소를 종합하면, F국 정부의 2기 총후생은 다음과 같이 정의할 수 있다.

$$W_2(\hat{t}_2) = \lambda \Delta CS + l_F + T_2 \quad (4.5)$$

여기서 λ는 소비자잉여 개선효과에 대한 F국 정부의 정책 선호를 반영하는 파라미터이다. 그런데 현지생산에 의한 소비자잉여의 개선은 실효 과세율과 무관하게 일정한 값이므로 소비자잉여 개선 효과를 제외하더라도 큰 틀에서 본 절의 논의는 변하지 않는다. 따라서 이후 분석의 편의를 위해, F국 정부는 기업 θ의 현지생산에 의한 소비자잉여 개선 효과는 정부후생에 포함시키지 않는다고 가정하자. 즉, $\lambda = 0$으로 가정한다. 따라서 투자 대상국 F국 정부의 2기 총후생은 다음과 같이 나타난다.

$$W_2(\hat{t}_2) = l_F + T_2 = \big((\varepsilon - 1) + \hat{t}_2\big)\mathrm{A_F}\Psi \tag{4.5´}$$

한편 기업 θ가 2기에 수출을 통해 F국에 공급하기로 했다면, 수출 시 운송비용이 발생하므로 기업의 이윤은 다음과 같다.

$$\pi_{2,H}(\tau) \equiv o\pi_H(\tau) = \frac{A_F}{\varepsilon}\left(\frac{\varepsilon-1}{\varepsilon}\right)^{\epsilon-1}\left(\frac{1}{\tau}\right)^{\epsilon-1} = A_F\Psi\left(\frac{1}{\tau}\right)^{\epsilon-1} \tag{4.6}$$

여기서 $\pi_{2,H}$는 H국에서 생산하여 수출할 때 F국에서 발생하는 2기 독점이윤이며, 별다른 고정비용은 발생하지 않는다.[72] 그리고 1기 수출 시에도 고정비용은 발생하지 않으므로 위의 2기 수출이윤은 1기 수출이윤과 동일하며, 운영이윤 $o\pi_H$로 나타낼 수 있다.

---

72 만일 1기에는 해외생산을 후 2기에 본국으로 철수할 때에도 이미 보유하고 있는 본국의 생산설비를 이용하여 생산할 수 있으므로 추가적인 고정비용은 발생하지 않는다고 가정한다.

이제 기업 θ의 2기 이윤 $\pi_{2,F}(\hat{t}_2)$와 $\pi_{2,H}(\tau)$를 비교해 보자. 여기서 $\pi_{2,F}(\hat{t}_2)$는 기업이 2기에 F국에서 현지생산을 지속할 때의 세후이윤이고, $\pi_{2,H}(\tau)$는 기업이 본국으로 철수한 후 동일한 상품을 수출 방식으로 F국에 공급할 때의 세후이윤이다. 만일 2기 실효 과세율 $\hat{t}_2$가 다음의 조건 $\hat{t}_2 \leq 1-(1/\tau)^{\varepsilon-1}$을 만족한다면, 기업 θ는 본국으로 철수하여 수출하는 것보다 현지에서 생산을 지속하는 것이 항상 더 높은 이윤을 보장받는다. 그 이유는 다음과 같다. 첫째, 현지생산을 유지할 경우에는 수출에 비해 운송비를 절감할 수 있어 조달비용 측면에서 유리하다. 둘째, 해외생산 방식에 수반되는 고정비용은 1기에 이미 지출되어 매몰(sunk)된 상태이기 때문에, 2기에는 추가적으로 고정비용이 발생하지 않는다. 따라서 2기 의사결정에서 기업은 한계이윤만을 비교하게 되며, 과세부담이 과도하지 않은 한 기존의 현지 설비를 활용하는 편이 효율적이다. 요컨대, 위 조건하에서는 기업 θ가 1기에 이미 현지생산을 선택한 경우, 2기에도 동일한 입지를 유지할 유인이 존재한다. 이는 과세율이 일정 수준 이하로 유지되기만 한다면, 기업 입장에서는 수출로 전환하기보다 현지에서 지속적으로 생산하는 것이 더 합리적인 선택이 됨을 이론적으로 시사한다.

3단계: 2기 과세율 협상

이제 기업 θ가 1기에 F국에서 현지생산을 선택하고, 2기에 접어들면서 투자 유치국인 F국 정부와 실효 과세율에 대한 협상을 진행하는 상황을 고려하자. 반대로, 만일 기업 θ가 1기에 수출 방식을 선택하였다면, 2기에는 과세율 협상이 발생하지 않고, 동일한 수출 방식을 유지하면서 식 (4.6)으로 주어진 수출 이윤을 획득하게 된다.

앞서 논의한 바와 같이, 2기 협상에서 기업 θ의 외부옵션은 F국에서의 현지생산을 포기하고 본국으로 철수한 후 수출 방식으로 전환하는 경우에 획득하게 되는 수출이윤 π_{2H}이며, 반면 F국 정부의 외부옵션은 기업 철수로 인해 고용 및 조세 기반이 상실되기 때문에 0으로 간주된다. 따라서 2기 과세율 협상의 내시곱 (4.1)은 다음과 같이 나타낼 수 있다.

$$NP_\theta(\hat{t}_2) = A_F \Psi \left[(1-\hat{t}_2) - \left(\frac{1}{\tau}\right)^{\varepsilon-1}\right]^\alpha [(\varepsilon-1)+\hat{t}_2]^{1-\alpha} \quad (4.1')$$

위의 내시곱의 1계 조건으로부터 다음과 같은 2기 협상 과세율을 도출할 수 있다.

$$\hat{t}_2{}^*(\tau;\alpha) = 1 - \alpha\varepsilon - (1-a)\left(\frac{1}{\tau}\right)^{\varepsilon-1} \quad (4.7)$$

협상 과세율: 주어진 가정과 모형에서 기업 θ와 F국 정부의 2기 협상 과세율은 $\hat{t}_2{}^*(\tau;\alpha)$이다.

증명: 본문에서 증명

주어진 협상 모형에서 도출되는 2기의 협상 실효 과세율(식 (4.7))은 기업의 협상력의 크기와, 본국인 H국에서 F국으로 수출할 경우 발생하는 운송비용의 수준에 따라 그 부호가 양(+) 또는 음(−)이 될 수 있다는 점에 주목할 필요가 있다. 만일 협상의 결과로 결정된 실효 과세율이 양(+)의 값이면, 이는 기업이 2기 동안 순수하게 과세를 부담하는 상황을 의미하며, 반대로 음(–)의 값이면, 실질적으로는 기업이 과세를 부담하는 것이 아니라 정부로부터 순보조금(net subsidy)을 받는 결과를 의미한다.

즉, 협상 과세율의 부호는 단순히 조세 정책의 방향성뿐만 아니라, 기업의 위협효과(threat effect)에 대응하는 정부의 재정 정책이 보조금 지급으로 전환되는지를 결정짓는 핵심 변수로 작용한다. 이러한 결과는 다국적기업의 협상력이 충분히 클 경우, 해당 기업이 조세를 회피하는 수준을 넘어서 오히려 순보조금을 유도할 수 있음을 시사한다. 이는 곧 다국적기업의 철수 위협이 현실적인 정책 부담으로 귀결될 수 있다는 점에서, 투자 유치국 정부의 재정 정책 운용에 있어 중요한 전략적 고려 요소가 됨을 보여 준다.

결과 4.1(2기 과세/보조금): 주어진 모형과 가정하에서, 협상 결과로 결정되는 2기 실효 과세율의 부호는 다음과 같은 조건에 따라 달라진다.

(1) 만일 기업의 협상력 파라미터 α가 수요의 가격탄력성의 역수보다 작거나 같아 $\alpha \leq \frac{1}{\varepsilon}$를 만족할 경우, 운송비용 τ가 임계값 $\tau^{\dagger}$ 이하($\tau \in [1, \tau^{\dagger}]$)이면 F국 정부는 기업 θ에게 순보조금을 지급하게 되며, 반대로 τ가 임계값을 초과하는 경우($\tau \geq \tau^{\dagger}$)에는 순과세가 가능하다.

(2) 반대로, 기업의 협상력 계수가 수요의 가격탄력성의 역수보다 크면, 즉 $\alpha \geq \frac{1}{\varepsilon}$인 경우에는 운송비용의 수준과 관계없이 F국 정부는 항상 기업 θ에게 순보조금을 지급하게 된다.

여기서 $\tau^{\dagger} = [(1 - \alpha\varepsilon)/(1 - \alpha)]^{-\frac{1}{\varepsilon - 1}}$이다.

증명: 앞서 도출된 식 (4.7)에 따라, 2기 협상 실효 과세율 $\hat{t}_2{}^*(\tau)$는 운송비 계수 τ에 대한 연속적인 단조 증가함수이다. 이 함수의 극한값은 다음과 같이 정리할 수 있다.

$$\lim_{\tau \to 1} \hat{t}_2{}^*(\tau) \to -(\varepsilon - 1)\alpha < 0 \text{이고 } \lim_{\tau \to \infty} \hat{t}_2{}^*(\tau) \to 1 - \alpha\varepsilon$$

먼저, $\alpha \geq \frac{1}{\varepsilon}$ 인 경우를 고려하자. 이때는 극한값으로부터 유도되는 바와 같이 $\hat{t}_2{}^*(\tau) \leq 0$가 모든 $\tau \in [1, \infty]$에서 항상 성립한다. 이는 운송비의 수준에 관계없이 기업이 협상 과정에서 순보조금을 받을 수 있음을 의미한다. 반면 $1 - \alpha\varepsilon \geq 0 \Leftrightarrow \alpha \leq 1/\varepsilon$ 인 경우에는, $\hat{t}_2{}^*(\tau)$가 증가함수이므로 음(−)의 값에서 출발하여 τ가 증가함에 따라 점점 커지다가, 일정 임계값 $\tau^{\dagger}$에서 0이 되는 점이 존재하게 된다. 이때의 임계 운송비 $\tau^{\dagger}$는 다음의 방정식을 만족한다.

$$\left(\frac{1}{\tau^{\dagger}}\right)^{\varepsilon-1} = \frac{1-\alpha\varepsilon}{1-\alpha} \iff \tau^{\dagger} = \left(\frac{1-\alpha\varepsilon}{1-\alpha}\right)^{-1/(\varepsilon-1)} \tag{4.8}$$

따라서 $\tau \in [1, \tau^{\dagger}]$) 구간에서는 $\hat{t}_2{}^*(\tau) \leq 0$ 이므로 협상의 결과는 순보조금 지급이며, 반대로 $\tau \geq \tau^{\dagger}$인 경우에는 $\hat{t}_2{}^*(\tau) \geq 0$이 되어 순과세가 가능해진다.

결과 4.1은 다국적기업과 정부 간의 협상 과정에서 기업의 협상력이 높거나, 운송비용이 낮은 경우에 정부가 순과세를 유지하기 어렵고, 오히려 순보조금의 형태로 재정 지원을 제공할 가능성이 높아짐을 시사한다. 이는 기업의 철수 위협이 신뢰 가능할수록 정부의 협상력이 약화되고, 그 결과 과세수입 확보보다는 기업 유지를 위한 보조금 지급으로 정책이 전환될 수 있음을 보여 준다.

또한 결과 4.1은 기업의 협상력 및 외부옵션이 협상 결과에 미치는 영향을 직관적으로 제시한다. 우선, 기업의 협상력이 충분히 강한 경우, 즉 $\alpha \geq 1/\varepsilon$인 경우에는, 유치국 정부는 과세 정책을 통해 해당 기업으로부터 실질적인 세수를 확보하기 어렵다. 이는 본국 철수로 인한 고용 감소 및 지역경제 위축을 우려한 정부가 협상 과정에서 과세가 아닌 순보조금을 제공할 유인이 항상 존재함을 의미한다. 즉, 기업이 보유한 외부옵션이 지나치게 강력할 경우, 과세는 실현 가능하지 않으며 정부는 사실상 역조세적 조건을 감수할 수밖에 없다. 반면, 기업의 협상력이 그리 강하지 않은 경우, 즉 $\alpha \leq 1/\varepsilon$이라면, 유치국 정부는 협상을 통해 순과세를 실현할 수 있는 가능성이 존재한다. 그러나 이 경우에도 협상의 결과는 기업이 보유한 외부옵션의 실질적 유효성에 따라 달라진다. 만일 본국 철수가 기업 입장에서 실질적으로 실행 가능한 선택지라면, 예컨대 수출 시 운송비용이 충분히 낮아 상대적으로 손실이 크지 않은 경우, 기업은 이를 협상 지렛대로 활용하여 실효 과세율을 낮추거나 아예 순보조금을 유도할 수 있다. 반대로 수출 시 운송비용이 지나치게 높아 본국 철수가 비현실적인 선택지에 가깝다면, 유치국 정부는 협상을 통해 실질적인 과세권을 행사할 수 있다.

이러한 분석을 바탕으로, 본 절에서는 본국 철수의 위협이 유치국 정부의 재정 정책, 특히 조세 및 보조금 정책 결정에 미치는 영향을 명확히 할 것이다. 이를 위해 본국 철수 위협이 존재하지 않는 경우를 기준 모형으로 하고, 이 기준 모형하에서 도출되는 최적 조세·보조금 수준을 비교 기준으로 삼는다. 이후, 본국 철수 위협이 존재할 때 유치국 정부가 이 기준에 비해 더 높은 보조금(또는 더 낮은 조세)을 제공하게 되는 경우를 과잉 보조금(또는 과소 조세)이라 정의하고, 반대로 더 낮은 보조금(또는 더 높은 조세)을 제공하는 경우를 과소 보조금(또는 과잉 조세)이라 부르기로 한다. 이러한 비교는 기업의 위협효과가 실질적인 재정 정책 왜곡을 유발하는지를 이론적으로 판별할 수 있는 분석틀을 제공한다.

> **결과 4.2(위협효과):** 주어진 모형과 파라미터하에서, 본국 철수에 대한 위협이 존재할 경우, 유치국 정부가 결정하는 2기 실효 보조금은 벤치마크(위협이 부재한 경우)보다 높은 수준의 과잉 보조금이며, 해당 실효 과세율은 벤치마크보다 낮은 과소 과세율이다.

증명: 본국 철수 위협이 존재하지 않는 경우, 기업 θ의 외부옵션은 0이 되며, 이때의 협상 실효 과세율은 식 (4.7)에서 외부옵션 항을 제거한 형태와 동일하다. 이 경우, 수송비 $\tau \to \infty$의 극한에서 도출되는 협상 실효 과세율은 다음과 같다($\lim_{\tau \to \infty} \hat{t}_2^*(\tau) \to 1 - \alpha\varepsilon$).

반면, 본국 철수에 대한 위협이 존재하는 경우, 기업 θ의 외부옵션은 수출을 통한 이윤 $\pi_{2,H}(\tau)$이며, 이로 인해 기업의 협상력이 강화된다. 이는 식 (4.7)의 협상 실효 과세율을 통해 확인할 수 있으며, 주어진 τ하에서 $\hat{t}_2^*(\tau; \alpha) < 1 - \alpha\varepsilon$가 항상 성립한다. 즉, 동일한 파라미터 조건하에서 본국 철수 위협이 존재할 경우 협상 실효 과세율은

위협이 부재한 경우보다 항상 더 낮다. 이는 곧 유치국 정부의 조세 정책이 과소 과세되는 것이며, 동치적으로 해석하면 실효 보조금이 기준치보다 더 많이 제공된다는 의미에서 과잉 보조금에 해당한다.

결과 4.2는 협상 결과 F국 정부가 2기에 순과세를 시행하는 경우에도, 본국 철수라는 기업의 위협이 존재한다면 실효 과세율이 효율적 수준보다 낮게 설정될 수밖에 없음을 이론적으로 보여 준다. 특히 주목할 점은, F국 정부가 제공하는 2기의 실효 보조금이 본질적으로 불필요한 보조금일 수 있다는 점이다. 다시 말해, 본국 철수의 위협이 존재하지 않았다면 정부는 해당 보조금을 지급할 유인이 전혀 없었을 것이다.

이를 보다 명확히 이해하기 위해, 협상균형상 보조금이 지급되지만, 실제로 세금 부과나 보조금 지급이 모두 이루어지지 않는 상황(즉, 실효 과세율이 정확히 0인 상황)을 가정해 보자. 이 경우 기업 θ의 2기 현지생산 이윤은 식 (4.2′)에 따라 다음과 같이 주어진다($\pi_{2,F} = A_F\Psi$). 반면, 본국 철수를 선택하여 H국에서 생산 후 수출하는 경우의 이윤은 운송비를 고려하여 $\pi_{2,H}(\tau) = (1/\tau)^{\varepsilon-1}A_F\Psi$로 표현된다. 주어진 $\tau \geq 1$에 대해 항상 $(1/\tau)^{\varepsilon-1} \leq 1$이므로 $\pi_{2,F}(= A_F\Psi) \geq \pi_{2,H}(= (1/\tau)^{\varepsilon-1}A_F\Psi)$가 성립한다. 이는 곧 아무런 정책 지원이 없어도 기업 θ는 자발적으로 F국 내 현지생산을 지속하는 것이 합리적 선택임을 의미한다. 그럼에도 불구하고 F국 정부는 협상 과정에서 본국 철수라는 외부옵션의 위협에 직면하여 실효 과세율을 낮추거나, 심지어 양의 순보조금을 제공하는 경우가 발생할 수 있다.

이와 같은 상황은 정부가 효율적 정책 수준을 벗어나 과잉 보조금을 제공하게 되는 전형적인 사례로 해석될 수 있다. 특히 기업이 위협적으로 활용하는 외부옵션이 실제로는 실행 가능성이 낮고, 정부 입장에서 실질적인 철수 위험이 크지 않음에도 불구하고, 협상 구조상 비효율적인 정책 선택이 유도된다는 점에서 중요한 정책적 시사점을 제공한다.

다음으로, 2기 협상균형에서 도출된 실효 과세율 $\hat{t}_2^{\,*}(\tau)$하에서 투자 유치국 F의 후생을 살펴보자. F국 정부의 후생함수는 이전에 정의한 바와 같이 기업 θ의 현지생산으로 인해 유발되는 소비자잉여의 개선, 고용에 따른 임금소득, 그리고 순과세수입의 합으로 구성되며, 이는 다음과 같은 식으로 표현된다.

$$W_2^{\,*} = (1-\alpha)\left[\varepsilon - \left(\frac{1}{\tau}\right)^{\varepsilon-1}\right] A_F \Psi > 0 \tag{4.9}$$

식 (4.9)는 모든 $\tau \geq 1$ 에 대해 $(1/\tau)^{\varepsilon-1} \leq 1$ 이므로 $\epsilon - (1/\tau)^{\epsilon-1} > 0$이고, 협상력 파라미터 $\alpha < 1$하에서는 항상 $W_2^{\,*} > 0$임을 보장한다. 다시 말해, F국 정부는 협상을 통해 외국기업에게 일정 수준의 세금을 감면해 주거나 심지어 순보조금을 제공하더라도, 해당 기업의 현지생산 유인을 유지함으로써 얻는 후생 증가가 그 비용을 상회하게 된다.

이는 투자 유치국 정부가 전략적 협상을 통해 본국 철수 위협을 무력화하고, 자국 내 생산 활동을 지속시키는 것이 후생 극대화에 기여함을 보여 주는 결과이다. 특히 협상 결과로 인해 F국 정부가 부담하게 되는 재정적 지원이 있음에도 불구하고, 고용 유지 및 소비자후생의 개선을 통해 총후생이 여전히 양(+)이라는 점은 정책적 의미가 크다.

(2) 최적 생산입지 선택

1단계와 2단계: 1기 생산입지 선택

이제 주어진 CES 수요함수하에서, 기업 θ가 1기에 투자 대상국 F에서 획득할 수 있는 독점이윤을 살펴보자. 이윤의 크기는 기업 θ가 선택한 1기의 생산 방식—즉, F국 내에서 직접 생산(현지생산)을 하는지, 아니면 본국 H에서 생산한 후 수출을 통해 F국에 공급하는지—에 따라 달라지게 된다. 먼저, 기업 θ가 1기에 F국 내에서 현지생산을 선택하는 경우를 고려하자. 이 경우, F국 정부는 정책적으로 현지생산을 유도하기 위해 1기 동안 해당 기업에 대해 과세를 면제한다고 가정하였으므로, 기업 θ는 조세부담 없이 이윤을 획득하게 된다. 따라서 1기 동안 F국에서의 현지생산을 통해 기업 θ가 얻게 되는 독점이윤은 다음과 같다.

$$\pi_{1,F} = o\pi_F - f_E - f_B \tag{4.10}$$

여기서 $\pi_{1,F}$는 F국에서 현지생산할 때 F국에서 발생하는 1기 이윤을 의미한다. 그리고 f_E는 해외생산 시 발생하는 비가역적인 초기 투자 고정비용이며, f_B는 생산 방식과 무관하게 발생하는 해외시장 진입을 위한 고정비용이다. 1기 현지생산 운영이윤이 2기 현지생산 세전 운영이윤과 동일하므로 1기 현지 고용량은 앞서 살펴보았던 2기 고용량과 동일하게 l_F 이다. 따라서 F국의 1기 후생은 $W_1(f_1) = l_F$이다.

한편, 기업 θ가 1기에 수출을 통해 F국에 상품을 공급하는 경우에 해당 기업의 이윤은 다음과 같다.

$$\pi_{1,H}(\tau) = o\pi_H(\tau) - f_B \tag{4.11}$$

여기서 $\pi_{1,H}$는 기업 θ가 본국인 H국에서 생산한 후, 수출을 통해 F국 시장에 진입할 경우 얻게 되는 1기 이윤을 의미한다. 앞서 가정한 바와 같이, 본 모형에서는 수출에 수반되는 고정비용 중 유통망 구축이나 정보 탐색 등에 수반되는 진입비용 f_X는 발생하지만, 단순히 수출과 관련된 정액 고정비용 f_{ex}는 분석의 편의를 위해 0으로 설정한다(즉, $f_{ex} = 0$). 따라서 기업 θ는 수출을 통해 F국 시장에 상품을 공급할 수 있으나, 이는 F국 내의 고용을 창출하지 않으므로 이 경우 F국의 후생은 0이 된다.

이제 앞에서 도출한 기업 θ의 1기 이윤—현지생산 시의 이윤 $\pi_{1,F}$ 식 (4.10)과 수출 시의 이윤 $\pi_{1,\mathrm{H}}$ 식 (4.11)—에 더하여, 각각의 방식에 따른 2기 이윤—현지생산 시의 이윤 $\pi_{2,F}(\hat{t}_2)$ 식 (4.2)와 수출 시의 이윤 $\pi_{2,H}(\tau)$ 식 (4.6)—을 종합함으로써 기업의 생산입지 선택 문제를 분석할 수 있다. 이는 본 절에서 제시한 4단계 게임 중 1단계에 해당하는 결정으로, 기업 θ는 두 시점의 이윤 흐름을 비교하여, F국에서 현지생산을 지속할 것인지, 아니면 본국 H국에서 생산하여 수출하는 전략을 선택할 것인지 결정한다.

구체적으로, 기업 θ가 1단계에서 F국 내 현지생산을 선택하는 경우, 1기에는 과세 면제를 받으며 현지생산 이윤 $\pi_{1,F}$을 획득하고, 2기에는 F국 정부와의 협상을 통해 결정된 실효 과세율 $\hat{t}_2$하에서 현지생산 이윤 $\pi_{2,F}(\hat{t}_2)$을 획득하게 된다. 반면, 수출을 선택할 경우 기업은 1기와 2기 모두에서 수출이윤 $\pi_{1,H}$ 및 $\pi_{2,H}(\tau)$을 각각 획득하게 된다. 이에 따라 두 방식의 누적 이윤은 다음과 같이 정의된다.

현지생산:

$$\Pi_{off} = \pi_{1,F} + \pi_{2,F} - f_E - f_X = \left(2 - \hat{t}_2{}^*(\tau)\right) A_F \Psi - f_E - f_B \quad (4.12)$$

수출:

$$\Pi_{exp}(\tau) = \pi_{1,H}(\tau) + \pi_{2,H}(\tau) - f_x = 2A_F \Psi \left(\frac{1}{\tau}\right)^{\varepsilon-1} - f_B \quad (4.13)$$

여기서 $\Psi \equiv (1/\varepsilon)((\varepsilon-1)/\varepsilon)^{\varepsilon-1}$이다.

기업 θ는 향후 두 기간의 총이윤이 높은 생산지에서 생산하므로 기업 θ의 F국 현지생산 조건은 $\Pi_{off} \geq \Pi_{exp}$이다. 이 조건은 다음과 같이 나타낼 수 있다.

$$\Pi_{off} \geq \Pi_{exp} \Leftrightarrow \left[(1+\alpha\varepsilon) - (1+\alpha)\left(\frac{1}{\tau}\right)^{\varepsilon-1}\right] A_F \Psi \equiv \overline{f}_E(\tau) \geq f_E \quad (4.14)$$

또한 기업 θ가 수출을 하기 위해서는 수출이윤이 0보다 커야 할 것이다. 따라서 내수 공급에 머물지 않고 F국에 수출을 하기 위한 조건은 다음과 같다.

$$\Pi_{exp} \geq 0 \Leftrightarrow f_B \leq 2A_F \Psi \left(\frac{1}{\tau}\right)^{\varepsilon-1} \equiv \overline{f}_B(\tau) \quad (4.15)$$

여기에서는 기업 θ가 수출을 하지 않고 내수에만 머물러 있는 단순한 경우를 배제하기 위해 (4.15)가 항상 성립한다고 가정한다.

결과 4.3(1기 생산입지 선택): 주어진 가정과 본 모형의 설정하에서 기업 θ는 수출 시 발생하는 해외시장 진입 고정비용이 $f_B \leq 2\Omega(1/\tau)^{\varepsilon-1}$를 만족한다고 가정하자. 이 경우, 기업의 생산입지 선택은 현지생산에 필요한 고정비용 f_o의 크기에 따라 다음과 같이 결정된다.

(1) $f_E \geq \overline{f}_E(\tau)$인 경우, 해당 기업은 수출을 통해 F국에 공급한다. 이는 고정비용 부담이 지나치게 크기 때문에, 수출로 인한 운송비 부담을 감수하더라도 수출 시 순이윤이 더 높기 때문이다.

(2) $f_E \leq \overline{f}_E(\tau)$인 경우, 해당 기업은 F국 현지생산을 선택한다. 이 경우, 1기 과세 면제 및 2기 실효 과세 협상을 통한 보조금 지원 가능성을 고려할 때, 현지생산이 수출 대비 유리한 선택지가 된다.

증명: 본문에서 증명

결과 4.3은 제1장 1절에서 살펴본 전형적인 근접-집중(proximity-concentration) 모형의 핵심 논리를 반영한다. 즉, 기업은 현지생산을 위해 고정비용(f_E)을 부담하되 운송비를 절약할지, 아니면 고정비용 없이 본국에서 생산하여 운송비(τ)를 부담하고 수출할지를 선택하게 된다. 본 모형에서 제시된 한계조건 $\overline{f}_E(\tau)$는 바로 이러한 선택의 경계를 결정짓는다.

구체적으로, 운송비용 τ가 높을수록 수출에 따른 가변비용이 커지므로, 동일한 수준의 고정비용이라 하더라도 현지생산이 상대적으로 유리해지고, 이에 따라 $\overline{f}_E(\tau)$가 증가한다. 다시 말해, 운송비가 충분히 높다면 기업은 일정 수준 이상의 고정비용을 부담하더라도 현지생산을 선택할 유인이 존재한다. 반대로 운송비가 충분히 낮으면 수출의 비용부담이 상대적으로 줄어들면서, 기업은 비교적 낮은 고정비용에도 불구하고 현지생산보다 수출을 선호하게 된다.

이러한 분석은 운송비와 고정비용 간의 상충관계를 통해 다국적기업의 입지 선택을 설명하는 근접-집중 프레임워크의 직관을 이론적으로 재확인하며, 글로벌 공급망(global value chain)의 재편 또는 리쇼어링 정책 분석에도 직접적으로 응용될 수 있는 함의를 제공한다.

결과 4.4(크림 스키밍 오프쇼어링): 주어진 가정과 모형하에서, 만일 수출을 위한 고정비용이 $f_B \leq 2\Omega(1/\tau)^{\varepsilon-1}$ 을 만족하고, 해외생산을 위한 고정비용이 $f_E \in [\overline{f}_E^{nt}(\tau), \overline{f}_E(\tau)]$의 구간에 속한다면, 기업 θ는 수출보다 현지생산을 선택하며, 이때 F국 정부로부터의 정책적 지원을 기대하는 전략적 유인을 갖는다. 여기서 $\overline{f}_E^{nt}(\tau) \equiv [(1+\alpha\varepsilon) - 2(1/\tau)^{\varepsilon-1}]A_F\Psi$는 기업이 어떠한 정책적 지원도 받지 않고 F국 내 현지생산을 자발적으로 선택할 유인을 가지는 최소 고정비용 경계값이다.

증명: 우선 본국 철수의 위협이 존재하지 않는 경우를 고려하자. 이때 기업 θ는 F국 정부와의 협상에서 외부옵션의 협상력이 없으므로 2기 협상 실효 보조금은 $1-\alpha\varepsilon$이 된다. 따라서 본국 철수 위협이 없는 상황에서 기업이 수출보다 F국 현지생산을 선택하는 조건은 다음과 같다.

$$\Pi_{off} \geq \Pi_{exp} \Leftrightarrow \left[(1+\alpha\varepsilon) - 2\left(\frac{1}{\tau}\right)^{\varepsilon-1}\right]A_F\Psi \equiv \overline{f}_E^{nt}(\tau) \geq f_E$$

여기서 $\overline{f}_E^{nt}(\tau)$는 본국 철수 위협이 없는 경우 현지생산을 정당화할 수 있는 최대 허용 고정비용(cutoff fixed cost)이다. 이 값은 위협효과가 존재하는 경우의 컷오프 $\overline{f}_E(\tau)$ 보다 작다. 이는 $\alpha \in (0, 1)$이므로 $\overline{f}_E^{nt}(\tau) < \overline{f}_E(\tau)$가 항상 성립함을 의미한다.

이제 $f_E \in \left[\overline{f}_E^{\,nt}(\tau), \overline{f}_E(\tau)\right]$인 경우를 살펴보자. 이 범위에서는, 본국 철수 위협이 존재하지 않으면 기업의 고정비용 f_E 는 $\overline{f}_E^{\,nt}(\tau) < \overline{f}_E(\tau)$이므로 기업은 수출을 선택한다. 반면, 본국 철수 위협이 존재하는 경우, 같은 고정비용 수준에서도 $f_E \leq \overline{f}_E(\tau)$가 되어 현지생산을 선택하게 된다.

결과적으로, 이 구간에 해당하는 기업들은 수출이 더 이익인 상황임에도 불구하고, F국 정부의 정책적 지원을 전략적으로 기대하며 현지생산을 선택한다. 이는 위협효과(threat effect)가 정책 결정에 실질적인 영향을 미칠 수 있는 범위를 식별하는 데 핵심적인 논거를 제공한다.

결론 4.4를 자세히 논의해 보도록 하자. 만일 본국 철수의 위협이 존재하지 않는다면, 기업 θ가 F국에서 현지생산을 선택하기 위한 필요충분조건은 고정비용 f_E가 다음의 컷오프값을 만족하는 조건이다($f_E \leq \overline{f}_E^{\,nt}(\tau)$). 여기서 $\overline{f}_E^{\,nt}(\tau)$는 본국 철수 위협이 없는 상황에서 기업이 수출보다 현지생산을 선택할 수 있는 최대 고정비용을 나타낸다. 따라서 $f_E \in [\overline{f}_E^{\,nt}(\tau), \overline{f}_E(\tau)]$에 해당하는 경우, 고정비용이 과도하게 높기 때문에 기업은 F국 현지생산보다 H국에서 생산한 후 수출을 선택하는 것이 이윤 극대화 관점에서 우월하다. 그러나 본국 철수 위협이 존재하는 상황에서는 기업 θ가 F국에 진입한 후, 2기에 낮은 실효 과세율 또는 실질적인 보조금 혜택이 제공될 것을 예상할 수 있다. 이 경우, 동일한 고정비용 $f_E \in [\overline{f}_E^{\,nt}(\tau), \overline{f}_E(\tau)]$일지라도, 기업의 입장에서는 본국 철수라는 외부옵션을 협상에 활용할 수 있으므로 현지생산의 기대이윤이 수출보다 더 커지게 된다.

즉, 고정비용 $f_E \in [\overline{f}_E^{\,nt}(\tau), \overline{f}_E(\tau)]$인 경우, 고정비용의 부담이 커서 기업이 자발적으로 현지생산을 선택할 유인이 없다. 그러나 현지생산을 선택하게 되면, 현지 정부의 추가적인 지원을 통해 더 높은 순이익을 기대할 수 있기 때문에 정책 지원을 끌어내기 위한 전략적 입지 선택을 하게 된다. 이와 같은 상황은 정부의 보조금이나 세제 혜택을 유도하려는 위협효과(threat effect)가 현실적으로 작동할 수 있는 경제적 조건을 의미한다.

요컨대, 이러한 구간에 속하는 기업들은 본국 철수 위협이 없었다면 수출을 선택했을 상황이지만, 정부와의 재협상에서 발생할 수 있는 잠재적 보조금 혜택을 기대하며 F국에 현지생산 방식으로 진입하게 된다. 이는 혜택을 얻기 위해 해외생산을 선택하는 경우이며, 크림 스키밍(cream skimming) 오프쇼어링 유인이라고 할 수 있을 것이다. 그리고 결과 4.4는 본국 철수 위협이 기업의 생산입지 결정뿐만 아니라, 투자 유치국의 정책 설계에도 실질적인 영향을 미칠 수 있음을 보여 주는 대표적 사례로 해석될 수 있다.

3) 시장균형: 독점적 경쟁시장

이제까지 살펴본 단일 독점기업 θ의 행동을 출발점으로 하여, 보다 일반적인 시장균형 분석으로 확장해 보자. 이를 위해, θ와 동일한 기술과 선호하에서 운영되는 다수의 대칭적인 기업들이 존재하는 시장을 상정한다. 구체적으로, 이들 기업은 모두 동일한 상품군 Θ 내에서 품질 또는 특성 면에서 차별화된 상품을 생산하는 이종상품 생산자들로서, 각기 본국에 생산설비를 보유한 상태에서 외국시장인 F

국에 진입하고자 한다.

F국에 진입한 이후 이들 기업은 서로 완전한 대체관계를 가지지 않는 상품을 생산하는 구조하에서, 독점적 경쟁(monopolistic competition)시장을 형성하게 된다. 각 기업은 가격 설정력을 가지되, 시장 진입의 자유로 인해 장기적으로는 정상이윤(zero-profit condition)에 수렴하게 된다. 따라서 각 기업의 행태는 앞서 분석한 독점기업 θ의 분석과 본질적으로 동일하며, 해당 기업의 이윤 극대화 조건 및 생산입지 선택 조건 역시 그대로 적용된다. 단, 이제는 시장 내 다수 기업의 존재로 인해 개별 기업이 직면하는 수요 함수의 규모(즉, 수요 변수 A_F)가 내생적으로 결정된다는 점이 다르다. 특히, 장기균형에서는 자유진입의 결과로 개별 기업의 이윤이 고정비용을 정확히 보상하는 수준에서 0이 되므로, 이 조건을 통해 시장에서의 균형 수요 수준이 결정된다. 만일 모든 기업이 해외생산(현지생산)을 선택하고 있다면, 개별 기업의 장기 정상이윤 조건을 다음과 같이 표현할 수 있으며, 이 조건을 통해 균형에서의 개별 기업 수요 ${A_F}^{off}$를 도출할 수 있다.

$$\Pi_{off}(\psi) = \left(2 - {\hat{t}_2}^{*}(\tau)\right) o\pi_F(A^{off}) - f_E - f_B$$
$$= \left(2 - {\hat{t}_2}^{*}(\tau)\right) A_F \Psi - f_E - f_B = 0$$
$$\Rightarrow A^{off} = \frac{f_E + f_X}{(1+\alpha\varepsilon+(1-\alpha)(1/\tau)^{\varepsilon-1})\Psi} \tag{4.16}$$

여기서 $\Psi \equiv (1/\varepsilon)((\varepsilon-1)/\varepsilon)^{\varepsilon-1}$이다. 한편, 현지생산이 균형생산 전략이 되기 위해서는 수출 시 이윤이 현지생산 이윤보다 낮아야 하

므로, 현지생산 균형이 존재하기 위한 조건은 $\Pi_{exp}(A^{off}) \leq 0$과 같다. 그리고 이 조건과 (4.16)의 정상이윤 조건을 결합하면 현지생산 균형이 존재하기 위한 조건을 다음과 같이 나타낼 수 있다.

$$\Pi_X(A^{off}) \leq 0 \Leftrightarrow 2A^{off}\Psi\left(\frac{1}{\tau}\right)^{\varepsilon-1} \leq f_B$$
$$\Leftrightarrow \frac{f_E}{f_B} \leq \left(\frac{1}{2}\right)[(1+\alpha\varepsilon)\tau^{\varepsilon-1} - (1-\alpha)] \equiv \left(\frac{f_E}{f_B}\right)^{threat} \quad (4.17)$$

그리고 이제 앞의 결과 4.3의 내용을 시장균형에서 다시 기술할 수 있다.

결과 4.5(독점적 경쟁시장 균형): 주어진 가정과 설정된 모형하에서, 기업들이 대칭적이고 동일한 구조를 가지며 외국시장(F국)에서 독점적 경쟁(monompolistic competition)을 형성하고 있는 경우, 기업들의 생산입지 선택과 그에 따른 시장균형은 고정비용과 운송비용의 상대적 크기, 그리고 협상 구조에 의해 다음과 같이 결정된다.

(1) 만일 기업의 해외 현지생산 고정비용 대비 수출 고정비용의 비율이 임계값보다 작거나 같다면, 즉 $f_E/f_B \leq (f_E/f_B)^{threat}$이라면, 모든 기업들은 외국시장인 F국에 진입할 때 현지생산(offshoring) 방식을 선택하는 것이 시장균형이다. 이 경우, 기업들과 F국 정부 간의 2기 협상에서 도출되는 실효 과세율은 내시협상해에 해당하는 $\hat{t}_2^*(\tau;\alpha)$이다.
(2) 반대로, 만일 $f_E/f_B \geq (f_E/f_B)^{threat}$이라면, 기업들은 현지생산 대신 본국에서 생산하여 수출(export)을 통해 F국 시장에 진입하는 것이 시장균형이다.

여기서 $(f_E/f_B)^{threat} \equiv [(1+\alpha\varepsilon)\tau^{\varepsilon-1} - (1+\alpha)]/2$이다.

증명: 본문에서 증명

결과 4.3은 해외직접투자와 수출 간의 선택이 단지 비용 요인뿐 아니라 정책 협상력(α) 및 운송비용(τ)에도 의존한다는 점을 분명히 하며, 본국 철수 위협이 기업의 입지 선택에 결정적인 영향을 미칠 수 있음을 보여 준다. 즉, 현지생산의 고정비용($f_E/f_B \le (f_E/f_B)^{threat}$)이 작다면, 기업들은 현지생산을 선택하는 것이 시장균형이 된다. 그리고 수출 시 발생하는 운송비용이 크다면, 기업들은 본국에서 생산하여 수출하는 방식보다는 외국시장(F국) 내에서의 현지생산 방식을 선택하는 것이 시장균형이 된다. 이러한 균형 선택은 기업들이 상대적으로 높은 운송비용을 회피하는 동시에 현지생산을 통해 시장 접근성과 소비자 반응을 직접적으로 확보할 수 있기 때문이다. 이에 반해 현지생산의 고정비용이 크다면, 기업들이 수출을 통해 F국에 공급하는 것이 시장균형이다.

한편, 1기에 현지생산을 선택한 기업들은 2기에 이르러 F국 정부와의 협상을 통해 실효 과세율을 재조정하게 되며, 협상 결과로서 실효 과세율 $\hat{t}_2^*(\tau;\alpha)$ 을 부담하거나, 경우에 따라서는 실효 보조금(subsidy)을 지원받는 결과로 이어질 수 있다.

결과 4.6(2기 과세율): 주어진 생산기술과 수요 조건하에서 시장에 존재하는 다수의 동일한 기업들이 독점적 경쟁을 형성하고 있으며, 각 기업의 고정비용이 $f_E/f_B \le (f_E/f_B)^{threat}$를 만족한다고 하자. 즉, 1기에 기업들이 현지생산을 선택하였다면,

(1) 기업의 협상력이 상대적으로 크지 않으며(즉, $\alpha \le 1/\varepsilon$) 운송비용이 비교적 낮은 $\tau \in [1, \tau^{\dagger}]$인 경우, 기업의 철수 위협이 신뢰성을 가지므로 F국 정부는 기업의 철수를 막기 위해 순보조금을 제공하게 된다.

(2) 기업의 협상력이 상대적으로 크지 않고($\alpha \le 1/\varepsilon$) 운송비용이 충분히 높은 $\tau \in [\tau^{\dagger}, \infty]$인 경우, 본국 철수의 외부옵션이 약화되므로 F국 정부는 순과세를 부과할 수 있게 된다.

(3) 기업의 협상력이 매우 강한 경우(즉, $\alpha \ge 1/\varepsilon$)에는 운송비용 수준에 관계없이 기업의 외부옵션이 매우 강력하게 작용하므로 F국 정부는 항상 순보조금을 지급한다.

여기서 $\tau^{\dagger} = [(1-\alpha\varepsilon)/(1-\alpha)]^{-1/(\varepsilon-1)}$ 는 순보조와 순과세의 경계(cutoff)를 결정하는 값이다.

증명: 본문에서 증명

결과 4.6은 독점적 경쟁시장하에서 F국 정부가 2기에 현지생산 기업들에 대해 어떠한 과세 또는 보조금 정책을 채택하게 되는지를 명시적으로 보여 준다. 1기에 현지생산을 선택하게 되면, 각 기업들은 2기에 F국 정부와 협상을 통해 실효 과세율을 결정하게 되는데, 협상 결과는 기업의 협상력(α)과 외부옵션—즉 본국으로의 철수 가능성—에 따라 달라진다. 그리고 운송비용의 크기(τ)는 외부옵션인 본국으로부터의 수출이윤에 영향을 미치는 요인이므로 위협효과의 효력을 결정짓는 핵심 요인으로 작용한다.

결과 4.6은 앞서 제시된 결과 4.1과 본질적으로 동일한 내용을 담고 있다. 다만 이 결과는 시장 내에 다수의 동일한 기업들이 존재하고, 이들이 독점적 경쟁을 형성하고 있을 경우에도 동일하게 적용된다는 점에서 차이가 난다. 특히 결과 4.6은 각 기업들이 $f_E/f_B \leq (f_E/f_B)^{threat}$라는 일정 조건을 만족하는 고정비용 구조를 가지고 있다면, 이들 기업이 F국 내에서 현지생산을 선택하게 되며, 이 선택에 따라 결과 4.1에서 도출된 F국 정부의 보조금 및 과세 정책 결과가 시장균형의 형태로 실현될 수 있음을 보여 준다.

더 나아가 이 결과는 독점기업에 대한 분석에서 이미 확인된 바와 같이, 현지생산과 수출 간의 선택을 결정짓는 고정비용의 컷오프값인 $(f_E/f_B)^{threat}$가 본국 철수 위협이 존재하지 않는 경우에 비해 높아진다는 점을 시사한다. 이는 본국 철수 위협이 기업의 협상력을 높임으로써 현지 정부로부터 더 많은 보조금 또는 더 낮은 과세율을 이끌어낼 수 있다는 전략적 함의를 갖는다.

결과적으로, 특정 구간에 속한 고정비용을 가진 기업들—즉, $f_E/f_B \in [(f_E/f_B)^{nt}, (f_E/f_B)^{threat}]$ 구간에 위치한 기업들—은 본국 철수 위협이 없었다면 수출을 선택했을 것이나, 본국 철수 가능성을 지렛대로 삼아 F국 정부의 지원을 기대하며 현지생산을 선택하는 전략을 구사하게 된다. 이러한 기업들은 형식적으로는 경쟁시장에 참여하고 있지만, 실질적으로는 본국 철수 위협이라는 협상전략을 활용하여 정부의 산업 정책을 유리하게 유도하는 전략적 행위자로 볼 수 있다.

> **결과 4.7(크림 스키밍):** 주어진 가정과 모형에서 동일한 기업들이 독점적 경쟁을 형성하고 있을 때, $f_E/f_B \in [(f_E/f_B)^{nt}, (f_E/f_B)^{threat}]$인 경우에 기업들은 F국 정부의 지원을 기대하면서 F국 현지생산을 선택한다. 여기서 $(f_E/f_B)^{nt} = (1/2)(1+\alpha\varepsilon)\tau^{\varepsilon-1} - 1$이다.

증명: 우선, 기업이 F국에 진입하여 현지생산을 할 것인지 결정하는 것은 해당 선택이 수출보다 얼마나 유리하냐에 달려 있다. 그런데 이 유리함은 기업이 향후 협상을 통해 받을 수 있는 기대 보조금에 따라 달라질 수 있으며, 특히 본국 철수 위협이 존재하느냐에 따라 협상의 조건은 크게 달라진다.

먼저 본국 철수 위협이 존재하지 않는 경우를 살펴보자. 이때 기업은 향후 F국 정부로부터 받게 될 보조금에 대한 기대가 낮기 때문에, 2기 협상에서 정부가 제공하는 실효 보조금은 ${s_2}^{nt} = 1 - \alpha\varepsilon$에 그친다. 이를 바탕으로, 기업이 현지생산을 선택했을 때의 기대이윤은 다음과 같은 균형이윤 수준으로 정리된다(${\Omega_{off}}^{nt} = (f_E +$

$f_B)/(1+\alpha\varepsilon))$. 이로부터, 기업이 현지생산을 선택하기 위한 고정비용 비율의 컷오프값은 다음과 같이 유도된다.

$$\left(\frac{f_E}{f_B}\right)^{nt} = \left(\frac{1}{2}\right)(1+\alpha\varepsilon)\tau^{\varepsilon-1} - 1$$

이 컷오프값은 기업이 아무런 협상력 없이 정부와 대면할 경우에만 유효하다. 하지만 실제로는, 기업이 2기에 본국 철수라는 강력한 위협을 바탕으로 정부를 압박할 수 있다고 가정하면, 협상에서 더 유리한 실효 과세율을 이끌어 낼 수 있다. 즉, 기업의 외부옵션이 강화되면서 정부는 보다 후한 조건의 보조금 혹은 낮은 과세율을 제시하게 된다. 이때 새롭게 결정되는 고정비용 컷오프는 다음과 같다.

$$\left(\frac{f_E}{f_B}\right)^{threat} = \left(\frac{1}{2}\right)\left((1+\alpha\epsilon)\tau^{\epsilon-1} - (1+\alpha)\right)$$

이 두 컷오프 사이의 구간 $[(f_E/f_B)^{nt}, (f_E/f_B)^{threat}]$은 $\alpha \in (0,1)$이고 $(f_E/f_B)^{nt} < (f_E/f_B)^{threat}$이므로 비공집합이다. 따라서 이 구간에 속한 고정비용을 가진 기업은, 정부와의 협상에서 본국 철수 위협을 통해 기대 보조금을 확보할 수 있다면 현지생산을 선택하지만, 협상력이 없는 상황에서는 수출을 선택하게 된다. 즉, $f_E/f_B \geq (f_E/f_B)^{nt}$이므로 본국 철수 위협이 없을 때는 기업들이 수출을 선택한다. 하지만 동시에 $f_E/f_B \leq (f_E/f_B)^{threat}$이므로 본국 철수 위협이 존재하는 경우에 기업들은 현지생산을 선택한다. 따라서 $f_E/f_B \in [(f_E/f_B)^{nt}, (f_E/f_B)^{threat}]$의 범위에 속한 고정비용을 가질 때 기업들은 2기 정부의 지원을 기대하며 해외생산을 선택한다.

먼저 결과 4.7의 조건을 살펴보자. 동일한 생산기술을 갖는 다수의 기업들이 독점적 경쟁시장하에서 활동하고 있을 때, 기업들의 현지 생산 고정비용 대비 수출 고정비용의 비율인 f_E/f_B는 $f_E/f_B \in [(f_E/f_B)^{nt}, (f_E/f_B)^{threat}]$이며, 기업들은 수출 대신 현지생산을 선택하게 된다. 여기서 컷오프값인 $(f_E/f_B)^{nt} = (1/2)(1+\alpha\varepsilon)\tau^{\varepsilon-1} - 1$은 본국 철수 위협이 존재하지 않는 상황에서 기업이 자발적으로 현지생산을 선택하기 위한 최소 조건을 나타내며, $(f_E/f_B)^{threat}$은 본국 철수 위협이 존재하는 경우의 임계값이다.

이 구간에 속하는 기업들은 본국 철수 위협을 전략적으로 활용함으로써, 실제로는 과도한 고정비용을 부담함에도 불구하고 현지 정부로부터의 지원을 기대하면서 현지생산을 감행하는 행태를 보인다. 본질적으로 이들은 정상적인 이윤 극대화 조건만으로는 현지생산을 선택하지 않을 기업들임에도 불구하고, 정부와의 협상을 통해 추가적인 보조금 지원이나 과세 경감을 얻어 낼 수 있다는 점에서 리쇼어링이나 유턴 기업과는 구별되는 전략적 입지 선택자로 해석된다.

이러한 결과는 기업들이 정부와의 협상에서 본국 철수 위협을 전략적으로 활용함으로써, 본래의 비용 구조하에서는 선택하지 않았을 현지생산을 감행할 수 있음을 보여 준다. 다시 말해, 이 구간의 기업들은 정부의 2기 지원—보조금 지원 또는 과세 경감—을 기대하면서 현지생산을 선택하며, 이는 정책적 측면에서도 투자 유치 경쟁에서 발생할 수 있는 전략적 유도효과의 일례로 해석될 수 있다.

나아가 이러한 기업들의 존재는 정책적으로 중요한 시사점을 던진다. 즉, 정부의 투자 유치 정책이 실제로는 자발적 투자 유치가 불가능했던 기업들을 '인위적으로' 유치하는 결과를 초래할 수 있으며, 이는 한편으로는 고용 유지 등 긍정적 효과를 기대할 수 있지만, 다른 한편으로는 재정적 부담 증가 및 효율성 저하의 가능성 또한 동반하게 된다는 점에서 정책적 판단이 요구된다.

4) 결론 및 요약

최근 수십 년간 기업들의 해외생산이 확대됨에 따라, 다국적기업의 현지생산이 가져올 수 있는 다양한 경제적 편익—특히 고용 창출, 생산성 전이효과(spillovers), 산업 클러스터 형성—에 대한 기대가 높아져 왔다. 이에 따라 많은 국가들은 다국적기업의 생산거점을 유치하기 위해 조세 감면, 현금 지원, 인프라 제공 등 다양한 유인책을 경쟁적으로 제시하고 있으며, 실제로 외국인직접투자(FDI)를 경제성장의 주요 수단으로 간주하는 정책 기조도 확산되고 있다.

그러나 본 절의 논의는 이처럼 긍정적 측면만을 강조한 기존 유치 정책 담론과는 달리, 해외생산을 하는 기업이 생산입지 이전의 전략적 선택권을 보유하고 있다는 점에 주목하였다. 다시 말해, 이러한 기업은 본국에 생산설비를 유지한 채, 특정 투자 대상국에 진입하여 생산을 하거나 철수할 수 있는 복수사업장 기업(multi-plant firms)의 특성을 가지며, 이로 인해 유치국 정부와의 정책 협상에서 높은 협상력을 행사할 수 있는 구조적 조건을 가진다. 특히 본국으로의 철수 가능성을 전략적으로 활용할 경우, 기업은 유치국 정부로부터 협상을 통해 과도한 세제 혜택이나 재정 지원을 이끌어 낼 수 있는 유인(incentive)을 가진다.

이에 본 절에서는 앞의 노동시장에서의 위협효과 모형을 정책협상의 영역으로 확장하여, 외국기업과 유치국 정부 사이에 발생하는 조세 및 보조금 지원 정책의 협상 구조에 본국 철수 위협이 어떠한 영향을 미치는지를 분석하였다. 특히 2기 구조의 동태적 협상 모형을 통해, 본국 철수 위협이 존재하는 경우와 그렇지 않은 경우를 비교함으로써 위협 전략의 실질적 효과를 규명하였다.

분석 결과, 외국기업이 본국으로 철수할 가능성을 내세울 수 있을 경우, 유치국 정부는 해당 위협에 반응하여 협상 후에도 추가적인 보조금이나 감세 혜택을 제공할 수 있는데, 이는 명백히 과잉 지원(over-subsidization)의 형태를 띠게 된다. 이때 본국 철수 위협이 존재하지 않을 경우에는 동일한 수준의 고정비용을 감당하는 기업이 수출을 선택할 가능성이 높음에도 불구하고, 위협이 존재할 경우에는 기대 보조금을 고려하여 현지생산을 선택하게 되는 전략적 왜곡이 발생할 수 있음을 이론적으로 보였다.

또한 본 절에서는 이러한 전략적 상호작용이 단일 기업의 수준을 넘어 동일 기업이 다수 존재하는 독점적 경쟁시장하에서도 일반화된다는 점을 보여 주었다. 특히 시장균형 분석을 통해, 일정 범위의 고정비용을 가진 기업들은 본국 철수 위협을 전략적으로 활용하여 현지생산을 선택하고, 정부로부터 보조금을 확보할 수 있다는 것을 이론적으로 확인하였다. 이는 투자 유치 경쟁이 단순한 경제적 편익의 유치가 아니라 정치경제적 협상 과정이며, 기업의 전략적 선택과 정부의 대응이 상호의존적으로 구성되어 있음을 의미한다.

2. 잠재적 리쇼어링 위협과 유치 정책[73]

제4장 1절에서는 다국적기업의 생산지 이전 가능성과 이에 따른 위협효과가 현지 정부의 지원 및 과세 정책 선택에 미치는 영향을 살펴보았다. 앞 절의 분석 결과, 외국기업이 본국으로 철수할 가능성을 내세울 수 있을 경우, 투자 유치국 정부는 해당 위협에 반응하여 협상 후에도 추가적인 보조금이나 감세 혜택을 제공할 수 있으며, 이는 명백히 과잉 지원(over-subsidization)의 형태를 띤다는 것을 보여 주었다. 그리고 이러한 과잉 지원으로 말미암아 해외생산의 유인이 부족한 기업들도 보조금 지원을 목적으로 해외생산에 나서는 크림 스키밍 해외생산이 발생할 수 있음을 살펴보았다. 하지만 앞 절에서는 투자 유치국 정부의 본격적인 유치 정책은 고려하지 않았으며, 현지생산을 결정한 기업이 현지생산을 지속하도록 하는 투자 유치국의 재정 정책에 초점을 맞추었다.

그런데 현실에서 많은 국가들은 다국적기업의 유치로 인한 긍정적인 효과를 기대하며, 적극적인 유치 정책을 통해 해외직접투자(FDI)를 유치하고 있다. 이러한 각국 정부와 지자체의 유치 정책은 감세 정책, 현금 지원, 토지 및 인프라 제공 등 다양한 재정 지원 정책을 포괄하고 있다. 그런데 본국 철수 위협효과가 존재하는 경우 이와 같은 유치 정책이 어떤 효과로 이어질 수 있을까? 적극적인 유치 정책

73 본 절의 주요 내용은 Kwon & Hwang(2024)을 정리한 것이다. 보다 자세한 논의는 해당 논문을 참고하라. 본 절은 저자들의 논문이 게재된 학술지 *Journal of Institutional and Theoretical Economics*(Mohr Siebeck 출판사 발행)로부터 각색·해설 목적의 재사용 허락을 받아 작성되었다. 이에 깊이 감사드린다.

이 과연 유치국이 원하는 긍정적인 효과로 이어질 수 있을까?

이에 본 절에서는 제4장 1절의 모형을 유치 정책을 포괄하도록 확장하여, 본국 철수 위협이 존재하는 경우에 있어서 유치 희망국의 외국기업 유치 정책을 고찰해 본다. 유치 희망국이 제공하는 투자 보조금과 같은 지원 정책은 해외생산에 나설 가능성이 낮은 기업들의 해외생산을 촉진할 수 있다. 나아가 재정적 지원을 통해서 유치한 기업은 단지 그것으로만 끝나는 것이 아니라, 본국 철수 위협으로 야기되는 과잉 지원과 결합하여 유치국의 지속적인 재정부담으로 이어질 가능성이 있다.

1) 본국귀환 위협하에서의 기업 유치 모형

제4장 1절의 모형을 다시 상기해 보자. 두 기간 모형이었던 제4장 1절의 모형은 1기에는 본국에 위치한 기업이 해외생산 여부를 선택하고, 2기에 유치국 정부와 해외생산 기업 간의 실효 과세율에 대한 협상을 고려하였음을 기억하자. 이때 1기에는 유치국 정부가 해외생산을 선택한 기업에 대해 비과세 혜택을 제공하는 것으로 간주하였다. 본 절의 모형에서는 1기 비과세 혜택을 일반화시켜서 최적의 유치 인센티브 선택으로 확장하도록 한다. 따라서 본 절에서는 1기 보조금 선택을 제외하고는 제4장 1절의 모형과 동일한 모형을 고려한다.

(1) 수요와 생산기술

제4장 1절과 동일하게 본 절에서도 본국(H)과 외국(F)으로 이루어

진 임의의 세계를 고려한다. 국가 $i(i = H, F)$의 소비자들은 두 기간 동안 다음과 같은 수요함수에 따라 한 가지 종류의 차별화된 상품 $(\theta \in \Theta)$을 소비한다고 하자.

$$x_{\theta i} = A_i p_{\theta i}^{-\epsilon},\ \epsilon > 1 \tag{1.36}$$

여기서 수요함수는 제1장 2절에서 살펴본 CES 수요함수이며, 각 기별 수요함수이다. 그리고 Θ는 차별화된 상품의 집합이다.

다음으로 H국에 위치해 있으며 차별화된 상품 θ를 생산하는 기업 θ를 생각하자. 기업 θ는 유일한 투입요소인 노동을 이용하여 상품 θ를 생산하고 있으며, 해당 기업의 노동생산성을 φ_θ라고 하자. 따라서 국가 H의 임금 수준이 w_H으로 주어져 있다고 한다면, 주어진 생산기술하에서 기업 θ가 본국에서 1단위 상품을 생산하는 한계비용은 $mc_\theta = w_H/\varphi_\theta$이다. 편의상 국가 H의 임금을 1로 정규화한다면, 생산량 x_θ를 생산하기 위한 해당 기업의 고용량(노동수요)은 $l_\theta(x_\theta) = x_\theta/\varphi_\theta$으로 간략히 나타낼 수 있다.

한편, 전술한 바와 같이 기업 θ는 H국에 위치해 있으며, 수출 또는 현지생산을 통해 F국에 진입할 수 있다고 하자. 만일 해당 기업이 수출을 통해 F국에 진입한다면, 운송비용 $\tau \geq 1$가 발생하며 수출 시 고정비용 f_X도 발생한다. 여기서 $\tau \geq 1$는 지금까지 다른 절에서도 가정했던 빙산형(iceberg type) 운송비용이며, 수출에 따른 고정비용 f_X는 제1장 1절과 2절 등 무역 모형과 오프쇼어링 모형에서 이미 살펴본 바 있는 고정비용이다. 분석의 편의를 위해 수출 시 고정비용

$f_X = 0$이라고 하자. 이에 반해 기업 θ가 F국에서 현지생산(offshoring)을 선택할 경우에는 당연히 운송비용은 발생하지 않지만, 높은 고정비용 $f_E > 0 = f_X$이 발생한다고 하자. F국의 임금 수준을 w_F라고 할 때, 주어진 생산기술하에서 현지생산에 따른 한계비용과 현지 고용량은 각각 w_F/φ_θ과 $l_\theta(x_\theta) = x_{F\theta}/\varphi_\theta$이다. 여기서 $x_{F\theta}$는 기업 θ가 F국에서 현지생산할 때의 생산량을 지칭한다. 그리고 편의상 F국의 임금도 H국과 동일하게 1로 정규화하여 두 국가 간의 임금 차이에 의한 해외생산 유인을 배제하도록 한다. 이처럼 두 국가의 임금이 동일하게 정규화된다면, 기업 θ의 한계비용과 고용량은 생산지와 무관하게 각각 $1/\varphi_\theta$와 x_θ/φ_θ로 동일해진다. 그리고 본 절에서는 기업 θ가 수출하거나, 현지에 자회사를 추가로 설립하여 현지생산하는 경우만을 고려하고, 해당 기업이 H국 내 생산설비를 F국으로 완전히 이전하는 경우는 고려하지 않기로 한다. 또한 개별 기업 θ의 생산방식(즉, 수출, 현지생산, 내수 공급)과 무관하게 생산에 따르는 공통의 고정비용 $f_B > 0$가 발생한다고 하자. 따라서 수출시 고정비용은 f_B이고 현지생산 시 고정비용은 $f_B + f_E$이다.

마지막으로 시장에서는 기업 θ와 동일하지만 서로 다른 차별화된 상품을 생산하는 기업들이 독점적 경쟁시장을 형성하고 있다고 하자. 따라서 다른 절에서와 마찬가지로 본 절에서도 독점기업 θ의 이윤극대화 선택들을 먼저 살펴본 후, 동일한 기업들로 구성된 독점적 경쟁시장 균형을 차례로 살펴본다.

이상의 모형은 제4장 1절과 완전히 동일한 형태이다.

(2) 유치국 정부의 다국적기업 유치 정책

이제 F국의 외국기업 유치 정책에 대해 생각해 보자. F국은 상품 θ를 생산하는 기업을 보유하지 않는다고 가정한다. 따라서 F국 소비자는 독점기업 θ로부터 상품 θ를 수입하거나, 독점기업 θ의 본국 내 현지생산을 통해서만 해당 상품을 소비할 수 있다. 그런데 기업 θ가 F국에서 현지생산을 하는 경우에는 F국 내 현지고용을 기대할 수 있기 때문에 F국의 입장에서는 기업 θ의 현지생산을 유치할 유인이 존재한다. 이에 F국 정부는 외국기업의 자회사 유치를 통한 자국 내 고용 창출을 위해, 적절한 1기 보조금 S_1를 통해 기업 θ의 자회사를 유치하려 한다고 하자. 일단 1기 보조금을 통해 기업 유치에 성공하면, 2기에는 유치기업에 대해 보조금 지원을 이어 가든지 보조금 혜택을 중단하고 과세로 전환할 수 있다고 하자. 이때 2기 과세/보조금은 제4장 1절에서 살펴보았던 유치국과 기업 간의 과세/보조금 협상에 의해 결정된다고 하자. 제4장 1절에서 언급한 바와 같이, 1기와 2기를 분리하여 각 기별 정책을 결정하는 이유는 유치국 정부와 해당 기업이 협의하는 지원/과세 정책이 불완전 계약이기 때문이다. 따라서 양측은 1기와 2기 유치 보조금과 2기 재정 정책을 묶어서 한 번에 협상할 수 없으며, 1기 보조금 지급이 완료된 시점에서 재협상을 통해 2기 재정 정책이 결정된다. 제4장 1절과 마찬가지로 2기 그리고 2기 보조금이 음의 값을 가지는 경우는 2기 과세로 해석하기로 한다.

이제 구체적으로 다음과 같은 F국의 외국기업 지원 정책을 살펴보자. 먼저, 1기의 시작 시점에서 F국 정부는 기업 θ의 현지 자회사를 유치하기 위해 총액보조금(lump-sum subsidy) S_1 지급을 고려하고 있다고 하자. 즉, F국 정부는 H국에 소재하고 있는 기업 θ에게 S_1의 총액보조금을 제시하여 유치를 시도한다. 유치 노력의 결과로 F국이 1기에 기업 θ의 유치에 성공했다면, 2기에는 기업 θ와 협상하여 현지생산을 시작한 기업 θ에 대해 과세하거나 계속해서 보조금을 지급할 수 있다. 그런데 F국 정부가 H국에 소재한 기업 θ를 유치하기 위해 보조금을 선택하여 제시한 1기와 달리, F국과 보조금 재협상을 하는 2기에 기업 θ는 이미 F국에 생산설비를 보유하고 현지생산을 하고 있는 기업임에 유의하자. 따라서 2기에 기업 θ는 우리에게 익숙한 위협효과를 활용할 여지가 있다. 즉, 기업 θ는 F국으로부터 언제라도 생산설비 철수가 가능하므로 이를 적극 활용하여 2기 보조금에 대한 협상을 시도할 것이다.

이 과정에서 F국 정부의 i기 후생함수 W_{iF}를 기업 θ의 자회사에 의해 고용되는 자국민의 총임금소득 $l_{iF\theta}(x_{iF\theta})$에서 과세수입 T_i을 합산한 값으로 정의하도록 한다.

$$W_{iF} = w_F l_{iF\theta}(x_{iF\theta}) + T_i = \frac{x_{iF\theta}}{\varphi_\theta} + T_i,\ \mathrm{i} \in \{1,2\} \qquad (4.18)$$

후생함수 자체는 제4장 1절의 후생함수와 동일하다. 단지 본 절에서는 1기의 유치국 후생도 고려하며, 1기에는 보조금이 제공되므로 음의 과세수입(즉, $T_1 \leq 0$)이라는 점이 다르다.

(3) 게임의 순서와 2기 보조금 협상

주어진 수요, 생산기술, F국의 유치 정책하에서 H국에 위치한 잠재적 현지생산 기업들과 해당 기업의 자회사를 유치하고자 하는 F국 정부는 다음과 같은 4단계 동태적 게임을 수행한다. 동질적인 개별 기업과 F국 정부와의 게임을 생각하고 있으므로 기업 θ를 지칭하는 아래첨자 θ는 생략하도록 한다.

1단계(유치 보조금 선택): 유치 희망국 F는 잠재적 현지생산 기업 θ에 대한 유치 보조금 S_1을 선택하여 초기 투자비용을 지원한다. 이때 유치 희망국 F는 최소의 비용(보조금)으로 자국 내 고용을 창출하는 유치 보조금 S_1을 선택한다.

2단계(생산입지 선택과 1기 생산): 기업 θ는 F국의 보조금 제안을 받은 후 F국에 대한 공급 방식을 선택하여 F국 시장 진입 여부와 진입 형태를 결정한다. 구체적으로 해당 기업은 (1) F국에 진입하지 않고 본국인 H국의 내수시장에만 공급하거나(내수 공급), (2) 내수 공급과 더불어 수출을 통해 F국에 진입하거나(수출), (3) 내수 공급과 더불어 현지생산을 통해 F국에 진입(현지생산)하는 선택지 중 하나를 선택한다. 그리고 주어진 보조금 S_1과 선택한 공급방식에 따라 이윤 극대화 1기 생산량을 선택하여 상품을 공급한다. 그리고 기업 θ는 동질적인 다른 기업들과 독점적 경쟁시장에서 경쟁한다고 하자.

3단계(2기 과세율 협상): 개별 기업 θ가 1기에 현지생산을 선택하였다면, 해당 기업은 2기의 시작 시점에 유치국 F와 개별적으로 2기 보조금 S_2를 협상한다. 2기 보조금 협상은 개별 기업과 유치국 F 간의 내시협상 게임을 통해 이루어진다고 하자.

4단계(2기 생산): 협상된 2기 보조금 S_2하에서 기업 θ는 2기 생산량을 선택하여 공급하며, 역시 독점적 경쟁시장에서 다른 기업들과 경쟁한다.

위의 게임에서 언급한 것처럼 3단계의 2기 보조금 협상은 현지생산을 하는 개별 기업 θ와 F국 정부 간의 내시협상을 통해 이루어진다. 여기서 개별 기업 θ의 목적함수는 2기 이윤이며, F국 정부의 목적함수는 (4.18)에서 정의한 바와 같이 (1기에 고용된) 현지 노동자들의 총임금소득에서 보조금 지급액을 차감한 후생함수이다. 따라서 2기 보조금 협상에서의 내시곱(Nash product)은 다음과 같다.

$$NP_h = [\pi_{2F}(S_2) - \bar{\pi}]^{\alpha}[W_{2F} - \bar{W}_F]^{1-\alpha} \quad (4.19)$$

여기서 π_{2F}는 F국에서 현지생산하는 경우 F국에서 발생하는 개별 기업 θ 자회사의 2기 이윤을 의미하며, $\bar{\pi}$는 협상 결렬 시 기업 θ의 외부옵션(outside option)에서 획득하는 이윤이다. 그리고 $\alpha \in (0,1)$는 기업 θ의 협상력(bargaining power)이다. 국가 F의 후생함수는 $W_{2F} = l_{2F}(S_2) - S_2$이며, $\bar{W}_F$는 협상 결렬 시 국가 F의 외부옵션에서 획득하는 사회후생이다.

다음으로 양측의 외부옵션에 대해 생각해 보자. 만일 양자 간 보조금 협상이 결렬되면, 기업 θ는 현지생산을 포기하고 본국으로 철수하면서 현지생산을 수출로 전환할 수 있다고 하자. 따라서 2기 보조금 협상에서 기업 θ의 외부옵션은 2기 수출이윤이다. 그리고 양자 간 2기 보조금 협상이 결렬되면, 기업 θ가 본국으로 철수하게 되면서 현지 고용 노동자들은 2기에 전원 실업 상태에 빠진다고 하자. 따라서 2기 보조금 협상이 결렬될 경우 F국 정부의 후생은 0이 된다.

2) 기업의 생산지 선택과 유치국의 정책 선택

주어진 게임에서 1기 유치 보조금을 제외한 게임의 나머지 부분은 제4장 1절의 게임과 동일하므로 2기의 결과는 제4장 1절과 같다. 따라서 2기의 보조금 협상균형은 제4장 1절의 내용을 다시 언급하는 것으로 대체하도록 한다. 그리고 1기 유치 보조금 선택에 초점을 맞추어 살펴보도록 하자.

(1) 2기: 2기 보조금(과세율) 협상

4단계: 2기 이윤

먼저 마지막 단계인 4단계에서 생산성 φ_θ를 가진 개별 기업 θ가 해외에서 획득 가능한 2기 이윤을 생각해 보자. 이 단계에서 기업 θ의 해외공급 방법은 앞선 단계에서의 생산지 선택에 따라 해외생산과 본국생산 후 수출(이하 수출) 두 가지 방법이 있다. 만일 기업 θ가 1기에 해외생산을 선택하였으며 2기에도 지속적으로 해외생산을 한다면, 주어진 수요함수와 2기 협상 실효 과세율[74] $\hat{t}_2$하에서 해당 기업의 F국에서의 2기 독점이윤은 (4.2)와 동일하며 다음과 같다.

$$\pi_{2F}(\hat{t}_2) = (1-\hat{t}_2)o\pi_F(s_2) = (1-\hat{t}_2)\frac{A_F}{\varepsilon}\left(\frac{\varepsilon-1}{\varepsilon}\right)^{\varepsilon-1}$$
$$\equiv (1-\hat{t}_2)A_F\Psi(\varphi) \qquad (4.20)$$

---

74 일반적으로 한 국가의 세율은 법으로 정해지기 때문에 협상의 대상이 아니다. 하지만 보조금을 포함한 실효 과세율은 협상을 통해 결정될 수 있다. 실효 과세율에 대한 논의는 제4장 1절을 참고하라.

여기서 π_{2F}는 앞에서와 같이 F국에서 현지생산할 때 F국에서 발생하는 2기 이윤이며, $o\pi_{2F} \equiv A_F\Psi(\varphi)$는 현지생산으로 인한 운영이윤(operating profit)이다. 제4장 1절과 마찬가지로 분석에 있어서 편의를 위해 $\Psi(\varphi) \equiv (1/\varepsilon)[\varphi(\varepsilon-1)/\varepsilon]^{\varepsilon-1}$로 나타내자. 그리고 $\hat{t}_2$는 제4장 1절에서 정의한 F국의 2기 협상 실효 과세율이다. 비가역적인 매몰성 고정비용은 1기에 모두 발생하였으므로 2기에는 추가 고정비용은 발생하지 않는다. 나아가 2기의 현지 고용량과 F국의 후생은 각각 다음과 같으며, 역시 제4장 1절의 (4.3) 및 (4.5′)과 동일하다.

2기 F국 고용량: $l_F = x_F = A_F\Psi(\varphi)(\epsilon-1)$ (4.21)

F국의 사회후생: $W_2(\hat{t}_2) = l_F + T_2 = \big((\varepsilon-1)+\hat{t}_2\big)A_F\Psi(\varphi)$ (4.22)

반면, 기업 θ가 2기에 현지생산 대신 수출을 통해 F국에 공급하기로 한다면, 수출 시 빙산형 운송비용 τ이 발생하므로 기업의 2기 이윤은 다음과 같다.

$$\pi_{2H} = o\pi_H = \frac{A_F}{\epsilon}\left(\frac{\epsilon-1}{\epsilon}\right)^{\epsilon-1}\left(\frac{\psi_h}{\tau}\right)^{\epsilon-1} = A_F\Psi(\varphi)\left(\frac{1}{\tau}\right)^{\epsilon-1} \quad (4.23)$$

여기서 π_{2H}는 기업 θ가 H국에서 생산하여 수출할 때 F국에서 발생하는 2기 독점이윤이며, 고정비용이 발생하지 않으므로 운영이윤과 동일하다. 즉, $\pi_{2H} = o\pi_H$이다. 그리고 1기에 해외생산한 후에 2기에 본국으로 철수할 때에도 이미 보유하고 있는 본국의 생산설비를 이용하여 생산할 수 있으므로 추가적인 고정비용은 발생하지 않는다고 가정한다.

그리고 제4장 1절에서 검토해 보았던 다음의 내용을 상기하도록 하자. 외국에 이미 생산시설을 보유하고 있는 기업은 2기에 조세 또는 보조금이 전혀 부과되지 않을 경우 본국으로 생산거점을 회귀할 유인이 존재하지 않는다.

3단계: 2기 보조금(과세율) 협상

이제 3단계의 2기 과세율 협상을 살펴보도록 하자. 제4장 1절에서 살펴본 것과 같이 2기에 F국과 기업 θ 간 2기 과세율 협상의 내시해와 협상에서 도출되는 2기 협상 과세율은 다음과 같다.

$$NP(s_2) = A_F\Psi(\varphi)\left[(1-\hat{t}_2) - \left(\frac{1}{\tau}\right)^{\epsilon-1}\right]^{\alpha}[(\epsilon-1)-\hat{t}_2]^{1-\alpha} \quad (4.19')$$

$$\hat{t}_2^*(\tau;\alpha) = 1 - \alpha\varepsilon - (1-a)\left(\frac{1}{\tau}\right)^{\varepsilon-1} \quad (4.24)$$

2기 협상 과세율 (4.24)는 협상 보조금 지급률이 기업 θ의 생산성에 의존하지 않음을 보여 준다. 그리고 협상 보조금 지급률은 양수 또는 음수 모두 가능하며, 이는 2기에는 F국 정부가 보조금을 지급할 수도 있지만, 과세할 수도 있음을 의미한다. 그리고 과세 및 보조금 지급 여부는 현지생산 기업 θ의 협상력 α과 운송비용 τ에 의존함을 제4장 1절의 결과 4.2에서 확인한 바 있다. 결과 4.2의 내용을 조금 수정해서 협상력과 과세/보조금 간의 관계를 다음과 같이 정리하도록 하자.

결과 4.8(협상력과 과세/보조금 정책): 주어진 모형하에서 F국 정부의 과세 및 보조금 선택은 다음의 규칙을 따른다.

(1) 만일 현지생산 기업의 협상력이 낮다면($\alpha \in [0, \bar{\alpha}]$), F국 정부는 기업 θ에게 과세한다.

(2) 하지만 현지생산 기업의 협상력이 높다면($\alpha \in [\bar{\alpha}, 1]$), F국 정부는 기업 θ에게 보조금을 지급한다.

여기서 $\bar{\alpha} \equiv (\tau^{\epsilon-1} - 1)/(\epsilon\tau^{\epsilon-1} - 1)$이다.

결과 4.8은 결과 4.2를 운송비용이 아닌 협상력 α의 크기 관계에 대해서만 정리한 것이다. 결과 4.8은 최적 보조금 지급률 (4.24)의 부호와 기업 θ의 협상력 α와의 관계에서 직접적으로 유도된다. 그런데 여기서 결과 4.2와 근본적으로 같은 내용을 협상력에 대한 관계로 재정리한 이유는 나중에 알게 되겠지만, 협상력에 따른 시장균형을 묘사하고자 하기 때문이다. 결과 4.8이 의미하는 바는 다음과 같다. F국 정부는 현지생산 기업의 본국 철수로 인한 일자리 손실 위협을 상대적으로 미미한 위협으로 인식한다. 따라서 F국 정부는 현지생산 기업에 보조금을 지급하는 대신 과세할 수 있다. 반면, 기업의 협상력이 높다면 2기 보조금 협상에서 해당 기업의 본국 철수 위협은 유치국 정부에게 더 큰 위협이 되며, F국 정부는 현지생산 기업의 본국 철수로 인한 일자리 손실을 우려하여 2기에도 보조금을 지급하여 고용을 유지하려고 한다.

한편, 아무리 기업의 협상력이 약하다고 하더라도 현지생산 기업의 본국 철수 위협은 그러한 위협이 존재하지 않는 경우보다 기업에게 더 유리한 결과를 가져다준다. 따라서 제4장 1절의 결과 4.3에서 논의한 바와 같이 본국 철수 위협이 존재하는 상황에서 얻어진 협상 결과는 위협효과를 반영하고 있어 과소 조세 또는 과잉 보조금이다. 결과 4.3에 따르면 위협효과로 인해 F국 정부는 굳이 제공할 필요가 없는 2기 보조금을 현지생산 기업에 제공하며, 낮춰 줄 필요가 없는 감세 혜택을 제공한다. 하지만 이렇게 과잉 보조금을 제공하고 과소 과세를 함에도 불구하고, F국에게는 현지생산 기업을 계속 유치하는 것이 기업을 잃는 것보다 후생 면에서 유리하다. 따라서 F국 입장에서는 과잉 보조금과 과소 과세를 하더라도 현지생산 기업을 계속 유치할 유인이 존재하는 셈이다. 이는 제4장 1절의 식 (4.9)에서 2기 협상 과세율하에서 유치국 F의 후생이 언제나 양의 값을 가짐을 통해 확인한 바 있다. 나중에 이용하기 위해 식 (4.9)의 2기 F국 후생을 다시 가져와서 써 보도록 하자. 그리고 2기 협상 과세율하에서 F국 정부의 과세수입도 함께 기술하도록 한다.

$$W_2^*(\hat{t}_2^*) = (1-\alpha)\left[\varepsilon - \left(\frac{1}{\tau}\right)^{\varepsilon-1}\right] A_F \Psi > 0 \tag{4.25}$$

$$T_2^* \equiv t_{2F}^* o \pi_F(\varphi) = \left(1 - \alpha\epsilon - (1-\alpha)\left(\frac{1}{\tau}\right)^{\epsilon-1}\right) A_F \Psi(\varphi) \tag{4.26}$$

다음으로 넘어가기 전에 2기 유치국 F의 후생은 현지생산 기업의 생산성 $\Psi(\varphi)$에 비례함을 짚고 가도록 하자. 즉, 유치국 F는 생산성이 더 높은 기업을 유치할수록 더 높은 후생을 얻는다. 이는 생산성이 높은 기업이 더 많은 고용을 창출할 수 있기 때문이다. 또한 유치국 F의 후생은 H국과 F국 간의 운송비용이 높을수록 증가하는데, 이는 높은 운송비용이 현지생산 기업의 본국귀환 위협을 약화시키기 때문이다.

(2) 1기: 생산입지 선택과 독점적 경쟁

지금까지 살펴본 2기까지의 유치국 정부와 현지생산 기업 θ 간 게임의 결과는 제4장 1절과 완전히 동일한 결과였다. 하지만 1기에는 잠재적 해외생산 기업 θ의 생산입지 선택이 유치 희망국이 제시하는 유치 보조금에 영향을 받으며, 유치 보조금 또한 F국의 정책적 선택 변수라는 점에서 제4장 1절과 차이를 보인다. 이제 주어진 게임의 2단계와 1단계를 살펴보자.

2단계: 1기 생산입지 선택

주어진 게임의 2단계에서 개별 기업 θ는 F국에 상품을 공급하기 위한 생산설비의 입지를 본국과 F국 중 어디에 둘 것인지 선택한다. 이윤 극대화 기업 θ의 입지 선택 문제를 살펴보기 위해, 생산입지에 따른 F국에서의 1기 독점이윤을 생각해 보자.

먼저 1기에 투자 대상국 F에서 해외생산을 선택한다면 기업 θ가 얻을 수 있는 이윤을 생각해 보자. 해외생산 선택 시, 기업 θ의 1기 이윤 π_{1F}은 다음과 같다.[75]

$$\pi_{1F}(S_1;\varphi_h) = o\pi_F(\varphi_h) - (f_E - S_1)$$
$$= A_F\Psi(\varphi) - f_E - f_B + S_1 \tag{4.27}$$

75 1기 보조금도 2기 보조금과 마찬가지로 기업 θ의 1기 현지생산 운영이윤에 대한 비율 s_1으로 나타낼 수 있다. 하지만 내시곱을 고려해야 하는 2기 보조금 도출에서는 운영이윤에 대한 비율로 보조금을 나타내는 것이 편리하지만, 1기 보조금 분석에서는 내시곱을 고려할 필요가 없으므로 총액보조금 S_1으로 나타내는 것이 더 편리하다.

앞의 식 (4.27)의 현지생산(오프쇼어링) 이윤은 기업이 해외 자회사를 설립하기 위해 부담하는 비가역적 고정비용 f_E, 생산을 위한 고정비용 f_B, 그리고 유치국 정부가 기업에 제공하는 유치 보조금 S_1을 포함한다. 현지생산이 이루어지게 되면 기업 θ의 한계비용은 기별 차이가 존재하지 않으므로 1기와 2기가 모두 동일하다. 따라서 해당 기업이 얻는 운영이윤은 1기와 2기 모두 $o\pi_F(\psi_h) = A_F\Psi(\varphi)$로 동일하며, 고용량 또한 1기와 2기 모두 $l_F(\psi_h)$로 동일하다. 따라서 유치국 정부의 1기 사회후생은 다음과 같이 표현된다.

$$W_1(S_1) = l_F(\psi_h) - S_1 \tag{4.28}$$

반면, 기업 θ가 1기에 본국 H에서 생산하여 수출을 통해 외국 F에 공급한다면, 해당 기업의 1기 이윤 π_{1H}은 다음과 같다.

$$\pi_{1H}(\varphi;\tau) = o\pi_H(\varphi;\tau) - f_{exp} - f_x = A_F\Psi(\varphi)\left(\frac{1}{\tau}\right)^{\epsilon-1} - f_x \tag{4.29}$$

앞서 가정한 것처럼 수출의 고정비용 $f_{exp} = 0$으로 가정하였다.

이제 앞에서 얻은 기업 θ의 이윤 (4.27)과 (4.29)를 이용하여 해당 기업의 생산입지 선택 문제를 고려해 보자. 만일 기업 θ가 F국에서의 현지생산을 선택한다면 해당 기업은 향후 두 기간 동안 현지생산 이윤을 획득할 수 있으며, 수출을 선택한다면 향후 두 기간 동안 수출이윤을 획득한다. 기업 θ의 두 기간 동안 현지생산 이윤과 수출이윤은 다음과 같다.

현지생산 이윤: $\Pi_{off}(\varphi)$

$$= 2A_F\Psi(\varphi) - f_E - f_B + S_1 - T_2^*(\varphi) \quad (4.30)$$

수출이윤: $$\Pi_{exp}(\psi_h) = 2A_F\Psi(\varphi)\left(\frac{1}{\tau}\right)^{\epsilon-1} - f_B \quad (4.31)$$

이때 1기와 2기 이윤에서 할인율을 고려할 수도 있으나, 분석의 편의를 위해 할인율은 고려하지 않았다.

기업 θ는 향후 두 기간 동안 F국에서 더 높은 총이윤을 획득할 수 있는 생산 방법을 선택할 것이므로 기업의 생산입지 선택에 대한 다음과 같은 결과 4.9를 얻을 수 있다.

결과 4.9(생산입지 선택): 주어진 가정과 모형에 따르면, 생산성 수준이 φ인 기업 θ가 외국시장에 상품을 공급하기 위해 선택하는 생산 방식은 다음 기준에 따라 결정된다.[76]

(1) $f_E \leq \Lambda\Psi(\varphi) + S_1$이면, 기업 θ는 F국에 직접 생산시설을 설립하여 현지생산을 수행한다.

(2) $f_E \geq \Lambda\Psi(\varphi) + S_1$이면, 기업 θ는 본국에서 생산한 후 F국에 수출하는 방식을 선택한다.

여기서 $\Lambda \equiv [1 + \alpha\epsilon - (1+\alpha)(1/\tau)^{\epsilon-1}]A_F$이다.

결과 4.9는 제1장 2절에서 살펴본 근접-집중 모형의 결과를 반영하고 있을 뿐 아니라 제4장 1절의 결과 4.3과 대응되는 내용을 담고 있다. 하지만 결과 4.3은 단순한 해외생산 고정비용의 크기에 따른 생산입지 선택만 담고 있는 데 반해, 결과 4.9는 1기 유치 보조금 S_1이 포함되어 있다는 점에서 차이가 있다. 즉, 잠재적 해외생산 기업

76 현지생산 선택 조건은 $\Pi_{off} \geq \Pi_{exp}$에서 얻어지며, 본국에서 수출 조건은 $\Pi_{off} \leq \Pi_{exp}$에서 얻어진다.

θ는 유치 희망국 F의 유치 보조금을 해외생산 고정비용 감소로 인식한다.

한편 제4장 1절에서는 생산입지 선택 조건의 우변을 $\Lambda\Psi(\varphi) \equiv \overline{f_E}(\tau)$와 같이 고정비용의 형태로 해석한 데 반해 본 절에서는 생산성과의 관계를 강조하기 위해 $\Lambda\Psi(\varphi)$로 표기하고 있음에 주의하자. 이는 이후 논의에서 개별 기업 생산성이 중요한 역할을 하기 때문에 도입한 표기법이다.

이제 결과 4.9를 생산성 φ에 따른 입지 선택 결정으로 바꾸어 보자. 이는 결과 4.9의 조건 $f_E \gtreqless \Lambda\Psi(\varphi) + S_1$를 생산성과의 관계인 $\Psi(\varphi) \lesseqgtr (f_E - S_1)/\Lambda$로 고쳐 쓰면 된다.

> **결과 4.10(생산성과 생산입지 선택):** 주어진 가정과 모형에 따르면, 생산성 수준이 φ인 기업 θ가 외국시장에 상품을 공급하기 위해 선택하는 생산 방식은 다음 기준에 따라 결정된다.
>
> (1) $\Psi(\varphi) \geq \widehat{\Psi}(S_1)$이면, 기업 θ는 F국에 직접 생산시설을 설립하여 현지생산을 수행한다.
>
> (2) $\Psi(\varphi) \leq \widehat{\Psi}(S_1)$이면, 기업 θ는 본국에서 생산한 후 F국에 수출하는 방식을 선택한다.
>
> 여기서 $\widehat{\Psi}(S_1) \equiv (f_E - S_1)/\Lambda$이다.

$\Psi(\varphi)$은 기업 θ의 생산성 φ의 단조 증가함수임을 기억하자. 따라서 결과 4.10은 새로운 것은 아니며, 제1장 2절에서 살펴본 Helpman el al.(2004) 모형의 결과와 같이 본 절의 모형에서도 생산성이 높은 기업이 해외생산을 선택함을 보여 준다. 그리고 다음의 <그림 4.1>은 결과 4.9에서 유도된 결과 4.10을 보여 준다.

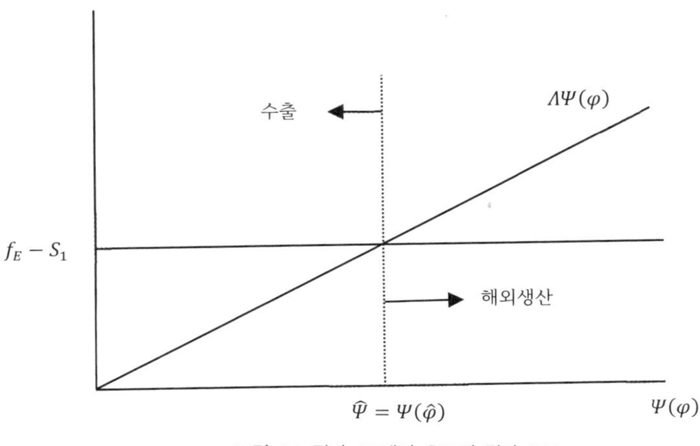

그림 4.1 결과 4.9에서 유도된 결과 4.10

2단계: 시장균형과 진입 조건

지금까지 개별 독점기업 θ의 해외생산 선택을 살펴보았다. 그런데 주어진 게임의 2단계에서 동질적인 기업들이 F국 시장에 대한 생산입지 선택을 하는 동시에 독점적 경쟁시장을 형성하는 것으로 가정하고 있다. 따라서 이제 동일한 기업들로 구성되어 있는 독점적 경쟁시장에서 기업들이 해외생산을 선택하는 현지생산 균형이 존재하는 조건을 고려해 볼 시점이다. 우리의 관심은 기업들이 F국에서 현지생산을 하고 2기에 본국 철수의 위협효과가 존재하는 경우에 맞춰져 있으므로 독점적 경쟁시장의 균형이 현지생산 균형인 경우를 고려한 후, 현지생산 균형이 유지될 조건을 찾도록 하자.

지금까지 다른 절에서도 여러 번 살펴본 것처럼 현지생산 균형이 독점적 시장균형이 되기 위해서는 정상이윤 조건 $\Pi_{off}(\varphi) = 0$을 만족해야 한다.[77] 또한 현지생산 균형이 시장균형으로 유지되기 위해서는 각 기업이 현지생산에서 수출로 생산 방법을 전환할 유인이 없어야 하므로 $\Pi_{exp}(\varphi) \leq \Pi_{off}(\varphi) = 0$인 조건도 동시에 만족해야 한다.

먼저 첫 번째 조건인 정상이윤 조건을 살펴보자. 독점적 경쟁균형에서 개별 기업들의 이윤이 정상이윤이 될 때까지 기업들의 진입과 이탈이 발생하며, 그로 인해 개별 기업의 차별화된 상품에 대한 수요가 조정된다. 따라서 정상이윤 조건으로부터 균형에서 각 기업의 개별 수요의 크기 A_F^*를 얻을 수 있다.

$$\Pi_{off}(\varphi) = \left(1 + \alpha\epsilon + (1-\alpha)\left(\frac{1}{\tau}\right)^{\epsilon-1}\right) A_F^* \Psi(\varphi) - f_E - f_B + S_1 = 0$$
$$\Rightarrow A_F^*(S_1; \varphi) = \frac{f_E + f_B - S_1}{(1+\alpha\epsilon+(1-\alpha)(1/\tau)^{\epsilon-1})\Psi(\varphi)} \tag{4.32}$$

그리고 균형 수요 크기 (4.32)를 만족하는 동시에 현지생산 균형에서 이탈 유인도 없어야 하므로 $\Pi_{exp}(\varphi) \leq \Pi_{off}(\varphi) = 0$도 만족해야 한다. 이 조건을 정리하면 다음과 같은 현지생산 시장균형 조건을 얻는다.

$$\frac{f_E - S_1}{f_B} \leq \frac{1}{2}\left((1+\alpha\epsilon)\tau^{\epsilon-1} - (1+\alpha)\right) \equiv \hat{Z} \geq 0 \tag{4.33}$$

즉, (4.33)의 조건을 만족하는 경우에 현지생산 시장균형은 독점적 경쟁시장 균형이다.

---

77 독점적 경쟁균형의 또 다른 조건인 독점조건은 독점기업을 고려하는 과정에서 이미 적용하였다.

결과 4.11(시장균형): 주어진 가정과 분석 모형, 그리고 동질적 생산성 수준 φ을 가진 기업들로 구성된 독점적 경쟁시장 구조하에서, 산업 전체가 선택하게 되는 균형 생산 방식은 다음과 같은 조건에 따라 결정된다.

(1) $(f_E - S_1)/f_B \leq \hat{Z}$이면, 모든 기업이 외국에 진출하여 현지에서 생산(offshoring)하는 균형이 독점적 경쟁시장 균형이 된다.

(2) $(f_E - S_1)/f_B \geq \hat{Z}$이면, 모든 기업이 본국에서 생산하고 외국으로 수출(exporting)하는 것이 독점적 경쟁시장 균형이 된다.

여기서 $\hat{Z} \equiv (1/2)\big((1+\alpha\epsilon)\tau^{\epsilon-1} - (1+\alpha)\big)$이다.

결과 4.11은 결과 4.8과 마찬가지로, 제1장 2절에서 살펴본 집중 모형의 전형적인 함의를 반영한다. 다시 말해, 해외진출에 필요한 실질적 고정비용인 $f_E - S_1$이 해외진출을 위한 고정비용 f_B에 비해 충분히 낮다면, 기업들은 산업균형하에서 본국에서 생산하여 수출하기보다는 해외에 진출하여 현지에서 생산하는 방법을 선택하게 된다. 그리고 해당 결과는 기업이 시장 접근(proximity)과 규모의 경제(concentration) 사이의 절충 속에서 입지 전략을 결정한다는 결과와 함께, 정부의 보조금 정책이 f_E를 실질적으로 낮추는 역할을 함으로써 기업의 오프쇼어링 유인을 강화할 수 있음을 보여 준다.

1단계: F국의 유치 보조금 선택

게임의 1단계에서, 유치국 F의 정부는 외국기업의 현지생산을 유도하기 위해 최적의 유치 보조금 수준을 제안한다. 그리고 유치국 F의 1기 후생은 보조금 S_1의 규모가 커지면 감소했음을 기억하자. 따라서 F국 정부가 제시하는 최적 유치 보조금은 결과 4.11에서 제시된 현지생산 시장균형 조건을 만족시키는 최소한의 보조금 수준으로 정의된다. 다시 말해, 유치국 정부는 유치 보조금이 과도하지 않도록 하면서도, 모든 기업이 외국에서 생산하도록 유도하는 시장균형을 실현할 수 있는 최소 수준의 유치 보조금을 설정한다.

이제 결과 4.11의 현지생산 시장균형의 조건 $(f_E - S_1)/f_B \leq \hat{Z}$를 살펴보자. 해당 조건의 좌변은 유치 보조금 S_1에 대해 단조 감소함수이다. 따라서 현지생산 시장균형 조건을 만족하는 최적 유치 보조금 수준 $S_1^*(\psi)$은 현지생산 시장균형 조건을 만족하는 최소한의 보조금이다($(f_E - S_1^*)/f_B = \hat{Z}$). 그리고 해당 조건을 정리하여 최적 유치 보조금 수준을 구하면 다음과 같다.

$$S_1^* = f_E - \frac{f_B}{2}\big((1+\alpha\epsilon)\tau^{\epsilon-1} - (1+\alpha)\big) \tag{4.34}$$

그리고 나중에 활용하기 위해 최적 유치 보조금 수준 S_1^*를 현지생산 시장균형에서의 (4.32)에 대입하여 균형 수요의 크기를 다음과 같이 표기하자.

$$A_F^*(S_1;\varphi) = \frac{f_X\tau^{\epsilon-1}}{2\Psi(\varphi)} \tag{4.35}$$

그런데 (4.34)의 유치 보조금은 두 가지 제약을 가지고 있다. 그중 하나는 정의상 유치 보조금이 음수가 될 수 없다는 제약이다. 즉, (4.34)는 $S_1^* \geq 0$의 구간으로 제한되며, 해당 제약 조건은 다음과 같은 조건으로 정리되는데, 유치국 F가 현지생산 균형을 유도하려 할 때 유치 보조금을 고려하는 f_E/f_B의 하한을 제시한다.

$$S_1^* \geq 0 \Leftrightarrow \frac{f_E}{f_B} \geq \frac{1}{2}\big((1+\alpha\epsilon)\tau^{\epsilon-1} - (1+\alpha)\big) \equiv \underline{F} \quad (4.36)$$

다시 말하지만, 위 조건 (4.36)은 기업이 F국으로 생산기지를 이전할 때, F국 정부가 최적의 유치 보조금을 제공하게 되는 상대적인 고정비용 비율 f_E/f_B의 하한선을 제시한다. 이 조건의 함의를 이해하기 위해 조건을 만족하는 경우와 만족하지 않는 경우를 비교해 보자. 만약 $f_E/f_X \geq \underline{F}$ 하여 조건 (4.36)을 만족하는 경우라면, F국 정부는 $S_1^*(\varphi) \geq 0$인 유치 보조금을 제공함으로써, H국에 있는 기업을 유치할 수 있다. 따라서 $S_1^*(\varphi)$는 유치 희망국 정부가 현지생산 균형을 얻기 위해 제공하는 최적 수준의 유치 보조금을 의미한다. 반면 $f_E/f_B \leq \underline{F}$인 경우는 음(-)의 유치 보조금이 필요한 경우이며, 이는 유치 보조금을 제공하지 않더라도 본국기업을 자국으로 유치할 수 있음을 의미한다. 따라서 조건 (4.36)을 만족하지 않는다면, 유치 보조금은 필요하지 않다.

한편 F국 정부는 H국 기업의 현지생산을 유도하여 얻을 수 있는 두 기간 동안의 후생이 0보다 큰 경우에만 유치 보조금을 제공할 것이다. 즉, 1기 유치 보조금 S_1은 다음의 조건을 만족하는 보조금이다.

$$\begin{aligned} &W_F(S_1^*, T_2^*; A_F^*) \\ &= W_1(S_1^*; A_F^*) + W_2(T_2^*; A_F^*) = 2l_F(\varphi; A_F^*) - S_1^* + T_2^* \geq 0 \\ &\Leftrightarrow S_1^* \leq \frac{f_B}{2}[(\epsilon-1)\tau^{\epsilon-1} + (1-\alpha)(\epsilon\tau^{\epsilon-1} - 1)] \equiv S_1^{max} \quad (4.37) \end{aligned}$$

여기서 $W_F(S_1^*, T_2^*; A_F^*)$은 유치국 F의 두 기간에 걸친 총사회후생을 나타내며, $A_F^*(S_1; \varphi)$는 (4.35)의 현지생산 균형 수요 규모이고 T_2^*는 (4.26)의 F국의 2기 과세수입이다. 주목할 점은, 조건 (4.37)은 유치국 정부가 제공할 수 있는 유치 보조금의 최대 허용 한계를 명시한다는 것이다. 최적 유치 보조금 S_1^*가 조건 (4.37)을 만족해야 하므로, 이는 정부의 재정 제약 또는 사회후생 극대화 조건하에서의 정책 실행 가능성을 제한하는 경계로 볼 수 있다. 나아가 식 (4.34)의 최적 유치 보조금을 식 (4.37)의 재정적 상한 조건에 대입하면, 유치국 정부가 유치 보조금을 제공할 수 있는 고정비용 비율 f_E/f_B의 상한값을 다음과 같이 도출할 수 있다.

$$S_1^*(\psi) \leq S_1^{max} \Leftrightarrow \frac{f_E}{f_X} \leq \epsilon\tau^{\epsilon-1} - 1 \equiv \bar{F} \tag{4.38}$$

만일 위 조건 (4.38)이 충족되지 않는다면, 유치국 정부는 기업 유치를 위한 최적 보조금 $S_1^*(\varphi)$을 재정적으로 감당할 수 없다. 다시 말해, 해당 보조금 수준은 정부가 설정할 수 있는 유치 보조금의 한계 S_1^{max}를 초과하므로, F국 정부는 유치 보조금을 통해 H국의 기업들을 유치할 수 없게 된다. 이 경우, 기업의 입지 선택은 현지생산 대신 본국생산 및 수출로 귀결되며, 시장균형은 수출균형이다.

이제 이상의 논의를 종합해 보자. 간단한 대수를 통해 확인할 수 있는 것처럼 $\bar{F} \geq \underline{F}$임을 이용하면,[78] 유치국 정부가 선택할 수 있는

78 $\bar{F} - \underline{F} = \frac{1}{2}[(\epsilon - 1)\tau^{\epsilon-1} + (1-\alpha)(\epsilon\tau^{\epsilon-1} - 1)] \geq 0$

최적 유치 보조금 $S_1^*(\varphi)$과 그에 따라 결정되는 시장균형의 구조를 다음과 같이 정리할 수 있다.

> **결과 4.12(현지생산 고정비용과 유치 정책):** 주어진 가정과 모형, 그리고 생산성 φ를 공유하는 동질적 기업들로 구성된 독점적 경쟁시장하에서, 유치국인 F국 정부의 유치 보조금 제공 여부 및 이에 따른 시장균형의 형태는 고정비용 비율 f_E/f_B의 크기에 따라 다음과 같이 결정된다.
>
> (1) $f_E/f_B \in [0, \underline{F}]$라면, 기업의 현지생산 고정비용이 충분히 낮으므로 F국 정부는 추가적인 유치 보조금을 제공할 필요가 없으며, 시장균형은 자발적 현지생산 균형이다.
>
> (2) $f_E/f_B \in [\underline{F}, \bar{F}]$라면, F국 정부는 최적 유치 보조금 $S_1^*(\varphi)$을 제공함으로써, 기업들이 외국 현지생산을 선택하도록 유도할 수 있다. 그리고 시장균형은 유도된 현지생산 균형이다.
>
> (3) $f_E/f_B \in [\bar{F}, \infty]$라면, 요구되는 보조금 $S_1^*(\varphi)$이 정부의 재정적 한계를 초과하므로 보조금 제공이 불가능하며, 결과적으로 기업은 본국에서 생산하여 수출하는 방식을 선택하게 된다. 이 경우 시장균형은 수출균형이다.

결과 4.12는 근접-집중 모형에서 현지생산 고정비용의 크기에 따른 해외생산 선택을 유치 보조금과 결합한 것이다. 즉, 현지생산에 필요한 고정비용이 낮다면, 기업들은 높은 현지생산 유인을 가지기 때문에 유치국은 별다른 유치 정책이 필요하지 않다. 반면, 현지생산 고정비용이 매우 높다면 기업들은 수출을 선택할 유인이 매우 높으므로 이 경우에 유치 희망국이 보조금을 제공해서 기업들을 유치하려면 너무 많은 보조금이 필요할 것이다. 따라서 시장균형은 수출균형이 될 것이다. 하지만 두 극단의 사이에 현지생산 고정비용이 존재하는 경우, 유치 희망국은 적절한 유치 보조금을 제공하여 현지생산을 유도할 수 있다. <그림 4.2>는 결과 4.12를 시각화해서 보여 준다.

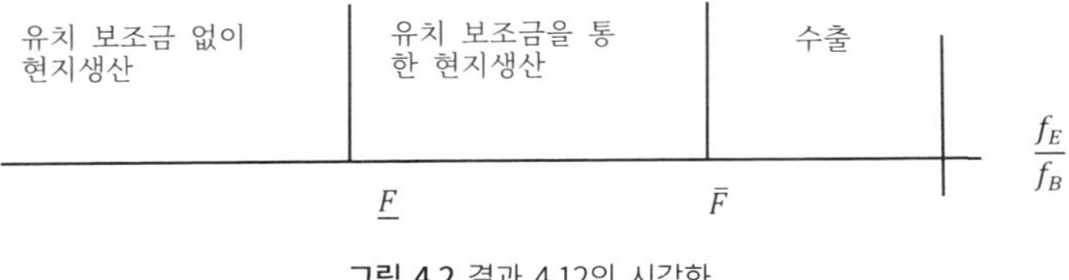

그림 4.2 결과 4.12의 시각화

또 하나 결과 4.12에서 주의해서 볼 점은 기업들의 현지생산에 생산성이 영향을 미치지 않는다는 점이다. 제1장 2절의 Helpman et al.(2004) 등에서 알려진 것처럼 생산성은 기업의 해외생산 선택에 영향을 미치는 중요한 요인이다. 그런데 왜 결과 4.12에서는 생산성의 영향이 나타나지 않는 것일까? 그 이유는 유치 희망국이 제공하는 유치 보조금 $S_1^*(\varphi)$이 기업의 생산성에 반비례하기 때문이다. 즉, 생산성이 높은 기업은 보조금이 낮아도 해외생산을 할 유인이 높지만, 생산성이 낮은 기업은 높은 보조금을 제공받아야만 해외생산에 나설 수 있다. 따라서 유치 보조금은 생산성이 낮은 기업들도 현지생산에 나설 수 있게 한다.

> **결과 4.13(유치 보조금의 역효과):** 1기 유치 보조금으로 인해 비교적 생산성이 낮은 기업도 현지생산에 나설 수 있는데, 그로 인해 생산성이 높은 기업의 해외생산 유인은 사라진다.

2)절에서 생산성이 높은 기업을 유치할 경우 유치국의 후생수준이 높아짐을 살펴본 것을 기억하자. 결과 4.13은 유치 보조금은 후생개선 효과가 크지 않은 생산성이 낮은 기업들을 유치하는 결과로 이어질 수 있음을 보여 준다.

3) 1기와 2기 보조금의 정책 조합

이제 투자 유치국 F의 1기 유치 보조금과 2기 과세/보조금의 정책 조합(policy mix)에 대해 살펴보도록 하자. 결과 4.12에서는 1기에 유치국 정부가 유치 보조금을 제공할 것인지 여부와, 기업들이 제시된 보조금에 응하여 외국에서 생산을 수행할지 여부는 현지생산 고정비용의 상대적 크기를 기준으로 결정된다는 것을 살펴보았다. 또한 결과 4.8에서는 2기에 유치국 정부가 현지생산 기업에 대해 보조금을 지급할지 혹은 과세할지를 결정하는 것은 기업의 협상력에 좌우된다는 점을 보여 준다. 따라서 유치국인 F국 정부의 외국기업 정책을 1기의 유치 보조금과 2기의 보조금/과세 정책의 조합으로 생각한다면, 두 결과는 F국의 최적 정책 조합이 외국기업의 비용 구조와 협상력에 따라 달라짐을 의미한다. 두 결과를 결합하여 유치국의 1기와 2기 정책 조합을 나타내면 다음과 같이 정리할 수 있다.

결과 4.14(정책 조합): 주어진 가정과 모형 및 생산성 φ를 보유한 동질적 기업들로 구성된 독점적 경쟁시장하에서, 유치 희망국인 F국 정부의 두 기간 최적 정책 조합(policy mix)과 이에 따른 시장균형은 다음과 같이 특정할 수 있다.

(1) (영역 A) $\alpha \in [0, \bar{\alpha}]$이며 $f_E/f_B \in [0, \underline{F}]$라면, F국은 1기와 2기 모두 보조금을 제공하지 않으며, 기업들은 자발적으로 현지생산을 선택하므로 시장균형은 현지생산 균형이다.

(2) (영역 B) $\alpha \in [0, \bar{\alpha}]$이며 $f_E/f_B \in [\underline{F}, \bar{F}]$라면, F국은 1기에만 보조금을 제공하며, 기업은 현지생산만 수행하므로 시장균형은 현지생산 균형이다.

(3) (영역 C) $\alpha \in [\bar{\alpha}, 1]$이며 $f_E/f_B \in [0, \underline{F}]$라면, F국은 1기에는 보조금을 제공하지 않으며 2기에는 생산성이 높은 기업에 대해 보조금을 제공하므로 시장균형은 현지생산 균형이다.

(4) (영역 D) $\alpha \in [\bar{\alpha}, 1]$이며 $f_E/f_B \in [\underline{F}, \bar{F}]$라면, F국은 1기와 2기 모두 보조금을 제공하며, 기업은 오프쇼어링을 선택하므로 시장균형은 현지생산 균형이다.

(5) $f_E/f_B \in [\bar{F}, \infty]$라면, 요구되는 보조금이 정부의 재정 한계를 초과하여 보조금은 제공되지 않으며, 기업은 본국생산 후 수출을 선택하므로 시장균형은 수출 균형이 된다.

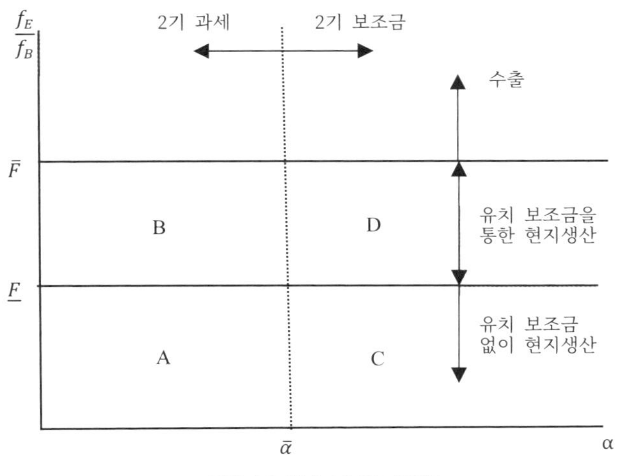

그림 4.3 결과 4.14의 시각화

<그림 4.3>은 결과 4.14를 $(\alpha, f_E/f_B)$ 공간에서 도식적으로 보여준다. <그림 4.3>은 <그림 4.1>과 <그림 4.2>를 하나의 그림으로 결합한 것임을 인지하자. 이렇게 두 그림을 결합함으로써 $(\alpha, f_E/f_B)$ 공간을 네 개의 오프쇼어링 정책 영역(영역 A~D)과 수출 영역으로 나누었는데, 이를 통해 정부의 보조금 전략과 기업의 입지 선택을 해당 공간에서 일목요연하게 볼 수 있다.

결과 4.14의 함의를 자세히 살펴보자. 먼저, (1)은 <그림 4.3>의 영역 A에 해당한다. 이 경우, 잠재적 현지생산 기업들의 협상력은 낮고 상대적으로 현지생산 고정비용도 낮다($\alpha \in [0, \bar{\alpha}]$ & $f_E/f_B \in [0, \underline{F}]$). 즉, 현지생산 고정비용이 낮기 때문에 유치 희망국 정부의 유치 보조금 없이도 기업들은 현지생산을 선택하며, 일단 현지생산을 선택한 이후에는 낮은 협상력으로 인해 위협효과가 크지 않다. 따

라서 F국은 유치 보조금 없이도 기업들의 현지 자회사를 유치할 수 있으며, 2기에는 순과세로 전환할 수 있다.

영역 B에 해당하는 (2)는 잠재적 현지생산 기업의 협상력은 여전히 낮으나, 현지생산의 고정비용은 다소 높은 경우이다($\alpha \in [0, \bar{\alpha}]$ & $f_E/f_B \in [\underline{F}, \bar{F}]$). 현지생산 고정비용이 비교적 높아 유치 보조금이 없다면 기업들은 현지생산을 할 유인이 없지만, 고정비용이 아주 높지는 않아서 적절한 유치 보조금을 제공한다면 유치 희망국 F는 기업들의 현지생산을 유도할 수 있다. 그리고 기업들의 협상력이 낮아 일단 현지에서 생산을 시작한 기업들의 본국 철수 위협이 크지 않기 때문에 2기에 유치국은 현지생산 기업에 대해 과세로 전환할 수 있다.

영역 C에 해당하는 (3)은 잠재적 현지생산 기업의 현지생산 고정비용은 낮으나, 기업들의 협상력이 높은 경우이다($\alpha \in [\bar{\alpha}, 1]$ & $f_E/f_B \in [0, \underline{F}]$). 이 경우, 현지생산 고정비용이 낮아 기업들은 별다른 유치 보조금이 없어도 F국에서 현지생산을 하게 된다. 하지만 기업들의 높은 협상력이 야기하는 본국 철수 위협으로 인해 F국은 현지생산 기업을 유지하기 위해 오히려 2기에 보조금을 제공해야 한다. 즉, 유치 과정에서는 별다른 보조금이 필요하지 않지만, 유지를 위해서는 보조금을 지급해야 하는 상황이 발생한다.

영역 D에 해당하는 (4)는 기업들의 현지생산 고정비용이 비교적 높은 편이며 협상력도 강한 경우이다($\alpha \in [\bar{\alpha}, 1]$ & $f_E/f_B \in [\underline{F}, \bar{F}]$). 이 경우, 현지생산의 고정비용이 비교적 높아 기업들은 유치 보조금 없이는 현지생산에 나서지 않는다. 따라서 유치 희망국은 1기 유치 보조금을 제공하여 기업들의 현지생산을 유도하게 된다. 그런데 이들 기업은 충분한 협상력을 보유하고 있기 때문에 유치국 F에게 본국 철수 위협효과가 크게 작용한다. 따라서 유치국은 현지생산 기업을 유지하기 위해 2기에도 보조금을 지급하게 된다. 즉, 영역 D에서는 유치국 정부가 1기와 2기 모두 보조금을 제공한다.

마지막으로 (5)는 현지생산의 고정비용이 아주 높아서, H국 기업이 보조금 유무와 무관하게 현지생산에 나서지 않는 경우이다.

이상의 다섯 가지 경우에서 눈여겨볼 필요가 있는 것은 세 번째와 네 번째 경우일 것이다. 앞에서 언급한 바와 같이 세 번째는 외국기업의 유치 과정에는 보조금이 필요하지 않지만, 이후에 유지를 위해 보조금이 제공되어야 하는 경우이며, 네 번째는 유치와 유지를 위해 지속적으로 유치 희망국이 보조금을 제공해야 하는 경우이다. 두 경우 모두 유치국은 외국기업을 유치한 이후 지속적인 본국 철수 위협에 노출되면서 외국기업에 의한 현지 고용을 유지하기 위해 정부의 지원을 계속해야 한다. 특히, 네 번째는 더 극단적인 경우에 해당하는데, 보조금 없이는 현지생산을 하지 않을 기업이 유치 보조금을 통해 현지생산을 시작하고 고용 유지 보조금을 통해 현지생산을 유지하는 경우이다. 즉, 영역 D에 속하는 기업들은 순수하게 보조금을 지원받기 위해 현지생산에 나서는 기업이다.

결과 4.15(보조금 추구 해외생산): 유치 희망국이 유치하려는 기업의 협상력이 강한 경우, 현지생산 기업의 유치 및 유지를 위해 유치국은 지속적으로 보조금을 지급해야 할 수도 있다. 나아가 유치 희망국의 유치 보조금으로 인해 현지생산이 가능하지 않은 기업들도 해외생산에 나설 수 있으며, 이러한 기업들은 유치 후에도 현지생산 유지를 위해 지속적으로 보조금을 제공해야 할 수도 있다.

결과 4.15를 결과 4.13과 결합하여 생각해 보자. 결과 4.13은 유치 보조금으로 인해, 생산성이 낮아 후생효과가 크지 않은 기업을 유치하는 결과가 발생할 수 있음을 보여 준다. 그리고 결과 4.15는 생산성이 낮아 후생효과가 크지 않은 기업을 유치하는 데만 그치지 않고, 기업을 유지하기 위해서도 지속적인 지원이 필요함을 보여 준다.

4) 결론 및 요약

앞 절에서도 살펴본 바와 같이 다국적기업의 현지생산은 유치국에 다양한 편익을 제공할 수도 있으나, 생산설비의 본국 철수 위협으로 인해 유치국의 재정 정책에 부담으로 작용할 수 있다. 본 절에서는 해당 모형을 다국적기업에 대한 유치 정책으로 확장하여 본국 철수 위협이 유치 희망국의 재정 정책과 유치 정책에 미칠 수 있는 영향을 살펴보았다.

다국적기업은 현지의 생산설비를 필요하다면 언제든지 본국 및 원하는 지역으로 이전할 수 있는 능력을 보유하고 있다. 따라서 유치국은 항상 다국적기업의 철수 가능성에 노출되어 있으며, 앞 절과 본 절의 모형은 이를 막기 위해 필요 이상의 과잉 보조금을 제공하거나, 상대적으로 낮은 과세부담을 설정하는 경향이 있음을 보여 준다.

또한 유치 희망국의 유치 보조금으로 인해, 생산성이 충분하지 않아서 투자 유치국의 후생 개선 효과가 크지 않은 기업도 보조금을 제공하여 유치하는 결과를 초래할 수 있다. 나아가 유치국의 재정부담은 이러한 기업을 유치한 데에만 그치지 않으며, 일단 유치한 기업의 현지생산을 유지하는 데에도 본국 철수 위협으로 인한 재정부담이 이어질 수 있다.

본 절에서 얻을 수 있는 정책적 시사점 역시 중요하다. 본 절의 분석은 해외직접투자를 적극적으로 유치하려는 유치국 정부들이 단기적인 고용효과나 투자 유입에만 집중할 경우, 장기적으로는 과도한 지원의 지속이라는 정책의 포획(policy capture) 문제에 직면할 수 있음을 보여 준다. 특히 생산성이 낮거나 고정비용이 높은 기업이 본국 철수 위협을 통해 지속적인 지원을 확보할 경우, 이는 정부 재정의 비효율적 사용일 뿐 아니라, 국내기업에 대한 역차별로 인식될 수 있다. 이는 산업 정책의 정당성, 조세의 공평성, 그리고 시장의 왜곡 가능성 측면에서 심각한 문제를 야기할 수 있다.

또한 협상 가능성에 의존하는 기업 유치 전략은 정치적 비대칭성을 심화시킬 수 있다. 경제적 효과가 모호함에도 불구하고 유권자에게 가시적인 효과를 선전할 수 있는 유치 정책은 정치적으로 매력적이지만, 실제로는 높은 사회적 기회비용을 수반할 수 있다. 따라서 본국 철수 위협이 존재하는 상황에서의 기업 유치 결정은, 단순한 비용-편익 분석을 넘어 기업의 협상력 구조와 정책 설계의 인센티브를 종합적으로 고려하여 접근할 필요가 있다.

종합하자면, 본 절은 해외직접투자 유치에 있어 외국기업의 전략적 행태와 협상 구조를 중심으로 정부의 보조금 및 과세 정책이 어떻게 왜곡될 수 있는지를 이론적으로 분석하였다. 이러한 분석은 단순한 유치 성공 여부를 넘어, 정책의 지속 가능성과 시장의 공정성이라는 보다 근본적인 문제에 대한 성찰을 요구하며, 향후 해외기업 유치 정책에 있어 보다 정교하고 체계적인 정책 설계가 필요함을 시사한다.

3. 오프쇼어링 기업에 대한 리쇼어링 정책의 유효성[79]

제4장 1절과 2절에서는 리쇼어링 위협이 존재하는 경우 유치국 또는 유치 희망국의 유치 정책과 재정 정책을 살펴보았다. 그리고 리쇼어링 위협은 유치국 및 유치 희망국의 재정부담을 늘릴 수 있으며, 유치국의 지원을 바라는 해외직접투자를 늘림으로써 원하지 않는 손실을 초래할 수 있음도 살펴보았다. 본 절에서는 동일한 시각을 확장해서 리쇼어링과 리쇼어링을 추구하는 본국의 정책을 살펴볼 것이다.

최근 우리는 영원히 계속될 것만 같았던 오프쇼어링의 흐름에 반해 리쇼어링이라는 반대 현상이 대두되고 있음을 목도하고 있다. 미국을 비롯한 여러 국가의 정부는 자국의 고용 증대, 공급망의 안정성 확보 등 다양한 이유를 내세우며 자국기업의 본국귀환, 즉 리쇼어링(reshoring)을 적극적으로 권장하고 있다. 이처럼 본국 정부가 자국기업의 귀환을 유도하는 정책을 실행에 옮기는 상황에서, 자연스럽게 하나의 질문이 제기된다. 바로 해외에 이미 생산거점을 보유하고 있는 다국적기업은 과연 이러한 정책에 어떻게 반응할 것인가이다. 이는 단순히 민간기업의 전략 차원의 문제를 넘어서, 각국 정부간의 유치 경쟁 및 그로 인한 사회적 비용과 편익이라는 보다 복합적인 구조 속에서 이해되어야 한다. 실제로 많은 경우, 본국 정부는 귀환을 유도하기 위해 보조금과 같은 직접적 인센티브를 제공하고,

79 본 절의 주요 내용은 Kwon & Hwang(2023)을 정리한 것이다. 보다 자세한 논의는 해당 논문을 참고하라. 본 절은 저자들의 논문이 게재된 학술지 *International Economic Journal*(Taylor & Francis 출판사 발행)로부터 각색·해설 목적의 재사용 허락을 받아 작성되었다. 이에 깊이 감사드린다.

이에 대해 유치국 정부는 자국 내 잔류를 설득하기 위한 다양한 방안을 제시한다. 기업은 이 양자 사이에서 자신에게 가장 유리한 조합을 선택하게 되는데, 이 과정에서 나타나는 협상의 구조는 단순한 협상이 아니라 게임이론적으로 분석 가능한 전략적 상호작용의 장을 형성한다.

본 절에서는 바로 이 지점을 살펴볼 것이다. 구체적으로 오프쇼어링을 통해 외국에 생산거점을 보유한 다국적기업이 본국과 유치국 양측 정부의 정책적 유인을 고려하여 최적의 입지를 선택하는 과정을 이론적으로 살펴볼 것이다. 또한 본국의 리쇼어링 정책과 유치국의 외국기업 유치 정책이 충돌하는 지점에서 양국의 사회후생에 어떤 결과가 나타나는지도 살펴볼 것이다.

1) 본국귀환 위협하에서의 기업 유치 모형

제4장 1절과 2절의 모형을 다시 이용하도록 하자. 앞의 두 절의 모형은 2기 모형이었음에 반해, 본 절에서는 동일한 형태의 1기 정책 협상 모형을 고려하도록 한다. 그리고 1기 정책 모형을 동일 기간 동안 해외에 위치한 자국의 기업을 귀환시키려는 본국 정부와, 현지 생산을 유지하려는 외국 정부 간의 보조금 지급 게임으로 확장하도록 한다.

(1) 수요와 생산기술

본 절에서도 앞의 두 절과 같이 본국(H)과 외국(F)으로 이루어진 임의의 세계를 고려한다. 그리고 각국의 소비자들은 다음과 같은 수요함수에 따라 유일한 소비재인 차별화된 상품($\theta \in \Theta$)을 소비한다. 국가 $i(i = H, F)$의 소비재 θ에 대한 수요함수는 서로 동일하다고 하자.

$$x_{\theta i} = A_i p_{\theta i}^{-\epsilon}, \quad \epsilon > 1 \tag{1.36}$$

여기서 A_i는 국가 i의 시장 수요의 크기를 나타낸다.

기업의 생산기술도 제4장 1절과 2절의 생산기술과 동일하다고 가정하자. 즉, 기업 θ는 유일한 투입요소인 노동을 이용하여 상품 θ를 생산하고 있으며, 해당 기업의 노동생산성을 $\varphi_\theta(> 0)$라고 하자. 따라서 국가 i의 임금 수준이 w_i으로 주어져 있다고 한다면, 주어진 생산기술하에서 기업 θ가 본국에서 1단위 상품을 생산하는 한계비용은 w_i/φ_θ이다. 본 절에서도 양 국가의 임금이 동일하게 1로 정규화되어 있다 가정하면, 생산량 x_θ를 생산하기 위한 해당 기업의 고용량은 양국에서 동일하게 $l_\theta(x_\theta) = x_\theta/\varphi_\theta$이다.

한편, 본국에 위치해 있는 기업들의 해외생산 선택을 살펴봤던 이전의 모형과 달리, 본 절에서는 개별 기업 θ가 본국인 H국뿐 아니라 외국인 F국에도 이미 생산설비를 가지고 차별화된 상품 $\theta \in \Theta$를 현지생산하고 있다고 하자. 즉, 기업 θ는 F국에 자회사를 가지고 있는 다국적기업이다. 이처럼 기업 θ는 H국과 F국 양국에 위치하고 있으나, 상황에 따라서 F국에서 철수하여 본국인 H국에서 생산한 후 수출을 통해 F국에 공급할 수 있다고 하자. 본 절에서는 이러한 기업 θ의 생산지 변화를 본국귀환(home-returning) 또는 리쇼어링(reshoring)이라고 부르도록 한다. 만일 기업 θ가 본국귀환을 선택한다면, 해당 기업은 수출을 통해 F국에 공급하며, 수출은 빙산형 운송비용 $\tau > 1$을 수반한다고 하자. 이에 반해 기업 θ가 현지생산(offshoring)을 지속할 경우에는 당연히 운송비용이 발생하지 않는다.

또한 다국적기업 θ가 이미 현지생산을 하고 있기 때문에 현지생산을 지속할 경우 추가적인 고정비용이 발생하지 않는다고 하자. 그리고 본국귀환을 선택할 경우에도 이미 본국에 가지고 있는 생산설비를 활용하기 때문에 추가적인 고정비용이 발생하지 않는 것으로 가정한다. 하지만 현지생산 지속 및 본국귀환과 무관하게 생산 활동에 수반되는 일련의 고정비용 f_B는 발생한다고 하자.

마지막으로 각국 시장에서는 기업 θ와 동일하지만 서로 다른 차별화된 상품을 생산하는 기업들이 독점적 경쟁시장을 형성하고 있다고 하자. 따라서 본 절에서는 독점기업 θ의 이윤 극대화 선택들을 먼저 살펴본 후, 동일한 기업들로 구성된 독점적 경쟁시장 균형을 살펴볼 것이다.

(2) 양국의 다국적기업 정책 및 사회후생

다음으로 다국적기업 θ에 대한 H국과 F국의 정책에 대해 생각해 보자. 앞에서 언급한 바와 같이 기본적으로 본 절에서는 다국적기업 θ가 현재 F국에서 현지생산하고 있는 경우를 가정한다. 그리고 H국 정부는 본국기업인 기업 θ를 본국으로 귀환시켜 일자리를 창출하는 본국귀환 정책(reshoring policy)을 고려하고 있다고 하자. 이를 위해 H국 정부는 기업 θ가 본국으로 귀환할 경우 보조금 S_H 지급을 고려하고 있으며, 보조금 S_H의 규모는 H국 정부와 기업 θ 간의 보조금 협상을 통해 결정된다고 하자.

본국 H의 후생은 본국기업인 기업 θ의 이윤, 기업 θ의 본국귀환 시 발생하는 고용소득, 그리고 보조금 지출로 이루어져 있다고 가정하자. 기업 θ는 본국귀환 여부와 무관하게 언제나 본국 내 생산설비와 고용을 통해 본국에 상품을 공급하고 있음을 상기하자. 따라서 기업 θ의 본국귀환 결정과 무관하게 해당 기업의 본국이윤과 본국공급을 위한 H국 내 고용은 언제나 일정하다. 그러므로 본국귀환 보조금 S_H 선택을 위한 본국 H의 후생함수는 기업 θ의 본국생산과 본국고용을 고려할 필요가 없으며, 본국귀환으로 발생하는 해당 기업의 이윤 변화와 고용 창출만 고려하면 된다. 즉, 본국 H의 사회후생함수는 다음과 같다.

$$W_H = \begin{cases} \lambda w_H l_\theta + (1-\lambda)\pi_\theta - S_\theta = \lambda l_\theta - S_\theta & \text{기업 } \theta\text{의 본국귀환} \\ 0 & \text{기업 } \theta\text{의 현지생산 유지} \end{cases} \tag{4.39}$$

(4.39)의 후생함수는 제4장 1절과 2절에서 살펴본 정부의 후생함수와 기본적으로 동일한 형태를 가지고 있다. 단, 파라미터 λ를 포함하고 있다는 점이 다른데, $\lambda(>0)$는 H국 정부가 고용 창출과 기업의 이윤 중 어느 것을 중요시하는지를 반영하는 정책 선호 파라미터이다. 그런데 앞에서 가정한 것처럼, 기업 θ는 독점적 경쟁시장에서 경쟁하는 기업이므로 기업 θ의 이윤은 언제나 균형에서 정상이윤(즉, $\pi_\theta = 0$)이므로 후생함수에서는 이를 고려하지 않아도 된다.

한편, F국 정부의 정책도 생각해 보자. 여기서 유의할 점은 만일 H국이 자국기업의 본국귀환 정책을 고려하지 않는다면, F국도 기업 θ의 자회사에 대한 보조금을 고려할 필요가 없다는 점이다.[80] 하지만 본국 H가 본국귀환 보조금을 도입한다면, F국도 기업 θ의 자회사를 잔류시키기 위해 본국귀환 보조금에 상응하는 지원 보조금 S_F을 고려해야만 한다. H국 정부와 마찬가지로 F국 정부의 사회후생은 기업 θ의 현지생산으로 인한 F국의 고용소득과 해당 기업에 대한 보조금 지출로 이루어져 있다고 하자. 여기서 기업 θ는 F국이 아닌 H국의 기업이므로 F국 정부가 기업 θ의 이윤 변화에는 신경 쓸 이유가 없음에 유의하자. 따라서 F국이 고려하는 사회후생함수는 다음과 같다.

$$W_F = \begin{cases} w_F l_\theta - S_F = l_\theta - S_F & \text{기업 } \theta\text{의 현지생산 유지} \\ 0 & \text{기업 } \theta\text{의 본국귀환} \end{cases} \tag{4.40}$$

여기서 H국 정부와 달리 F국 정부는 타국의 기업 θ의 이윤을 고려할 필요가 없으므로 임금소득에 대한 선호를 반영하는 파라미터를 특별히 도입할 필요가 없다.

한편, 기업 θ가 본국으로 귀환하는 경우 F국에 대한 공급가격의 변화로 인해 H국의 소비자잉여가 감소할 수 있다. 하지만 특별한 경우를 제외하고는 수많은 상품을 소비하는 경제에서 한 기업이 공급

80 물론 제4장 1절과 2절에서 살펴본 것처럼 본국귀환 위협이 존재하는 경우 유치국 정부가 자국 내 현지생산을 유지하기 위해 보조금을 제공할 수도 있다. 하지만 여기에서는 본국귀환 보조금의 효과에 초점을 맞추기 위해, 본국 정부가 본국귀환 정책을 도입하지 않는다면, 유치국 정부와 현지생산 기업 간의 정책 협상이 필요하지 않은 것으로 단순화하도록 한다.

하는 상품 가격 변화로 인한 소비자 후생 변화까지 정부가 고려하는 경우는 흔하지 않다. 따라서 F국 정부의 후생에서 기업 θ 자회사의 본국귀환으로 인한 소비자잉여 변화는 제외하고, 다국적기업의 본국귀환과 일자리 감소로 인한 후생 변화에만 집중하도록 하자. 물론 이러한 단순화는 분석의 편의를 위한 것이기도 하다.

(3) 보조금 협상을 위한 게임의 순서

주어진 수요, 생산기술하에서 F국에서 현지생산을 하고 있는 다국적기업 θ와 유치국 정부 F 및 본국 정부 H가 수행하는 다음의 3단계 동태적 게임을 생각해 보자.

1단계(보조금 정책 선택): 본국 H는 F국에서 현지생산 중인 자국기업 θ에게 본국귀환 보조금을 제시해 본국귀환을 유도할지(리쇼어링 정책)를 선택한다. 동시에 외국 정부 F는 현지생산 중인 다국적기업 θ의 본국귀환을 막고 현지생산을 지속하도록 유인하기 위한 보조금 정책(현지생산 지원 정책)을 채택할지를 선택한다.
2단계(보조금 협상 및 생산입지 선택): 만일 본국이 리쇼어링 정책을 선택한다면, F국에서 현지생산 중인 자국기업 θ와 협상을 하여 본국귀환 보조금 S_H를 제시한다. 동시에 유치국 F는 현지생산 지원 정책을 선택하여, 기업 θ와 협상을 해 본국귀환을 막기 위한 지원 보조금 S_F를 제시한다. 이때 양국의 보조금 규모는 기업과 정부 간의 내시협상을 통해 독립적으로 결정된다.
(1) 본국귀환: 만일 기업 θ가 본국귀환 보조금을 지원받으며 F국에서 철수하기로 한다면, 해당 기업은 본국에서 생산하고 F국에 수출한다.
(2) 현지생산: 그렇지 않다면, 기업 θ은 유치국 F로부터 지원 보조금을 제공받고 계속 현지생산을 한다.
3단계(생산량 선택): 본국귀환 여부와 각국이 제공하는 보조금하에서 기업 θ는 F국에 대한 공급량을 선택한다.

주어진 게임에서 언급한 것처럼 게임의 두 번째 단계에서 이루어지는 보조금 협상은 기업 θ와 각국 정부 간의 독립적인 내시협상을 통해 이루어진다. 즉, 개별 기업 θ는 본국 정부 및 외국 정부와 두 가지 독립적인 보조금 협상을 동시에 수행한다. 이는 제1장 3절에서 기업이 숙련노동자 및 저숙련노동자와 독립적인 임금협상을 수행했던 것과 동일한 구조이며, 전형적인 내시 안의 내시(Nash-in-Nash) 게임에 해당한다.

본국 정부와 기업 θ 간의 본국귀환 보조금(S_H) 협상을 조금 더 구체적으로 살펴보자. 편의상 기업 θ와 본국 정부가 동일한 협상력을 가진다고 하면, 해당 보조금 협상에 대한 내시곱은 다음과 같은 형태로 나타낼 수 있다.

$$NP_{Hh} = [\pi_{H\theta}^{us}(S_H) - \bar{\pi}_{H\theta}][W_H - \bar{W}_H] \tag{4.41}$$

여기서 $\pi_{H\theta}^{us}(S_H)$는 본국인 H국으로 귀환 시 기업 θ가 획득하는 F국으로의 수출이윤이며, 본국귀환 보조금 S_H을 포함하는 이윤이다. 즉, 아래첨자 $H\theta$는 기업 θ의 생산지가 본국(H)임을 의미하며, 위첨자 us는 보조금을 포함(under subsidy)하는 이윤임을 나타낸다. 그리고 W_H는 본국귀환이 이루어졌을 때 본국 정부의 사회후생으로, 식 (4.39)와 같다. $\bar{\pi}_{H\theta}$와 $\bar{W}_H$는 각각 보조금 협상이 결렬될 경우 기업 θ와 본국 H가 획득하는 대안의 보수이다.

보조금 협상에서 외부옵션의 보수를 살펴보자. 본국귀환 보조금 협상이 결렬되면, 기업 θ는 F국에서 현지생산을 이어 갈 것이므로 기업의 외부옵션 보수인 $\bar{\pi}_{H\theta}$은 현지생산의 이윤이다. 이때 현지생산 이윤 $\bar{\pi}_{H\theta}$은 F국 정부의 지원 보조금을 포함한 이윤이라는 점에 유의하자. 반면, (4.39)에서 살펴본 것처럼 기업 θ의 본국귀환이 이루어지지 않는 경우에 본국 정부의 사회후생은 0이므로 본국 정부의 외부옵션의 보수는 0이다.

다음으로 외국 정부와 기업 θ 간의 지원 보조금(S_F) 협상을 생각해 보자. 본국귀환 보조금 협상과 마찬가지로 기업 θ와 외국 정부가 동일한 협상력을 가지는 대칭적 내시협상을 고려하여 다음의 내시곱을 생각하자.

$$NP_{F\theta} = [\pi_{F\theta}^{us}(S_F) - \bar{\pi}_{F\theta}][W_F - \bar{W}_F] \tag{4.42}$$

(4.41)에서와 유사하게 $\pi_{F\theta}^{us}(S_F)$는 기업 θ가 F국에서 현지생산을 계속할 때 F국에서의 현지생산 이윤이며, F국 정부의 지원 보조금 S_F를 포함하는 이윤이다. 그리고 W_F는 식 (4.40)에서 정의한 외국 정부의 사회후생이며, $\bar{\pi}_{F\theta}$와 $\bar{W}_F$는 각각 지원 보조금 협상이 무산될 경우 기업 θ와 외국 F가 획득하게 되는 외부옵션이다. 지원 보조금 협상 결렬 시 기업 θ의 외부옵션은 본국으로 귀환하여 본국의 보조금 지원을 받으며 F국에 수출하여 획득하는 수출이윤이며, 외국 F의 외부옵션은 (4.40)에서 살펴본 바와 같이 0이다.

기업 θ는 본국 정부 및 외국 정부와 보조금 협상을 동시에 진행한다고 하자(내시 안의 내시 게임). 따라서 균형 보조금 (S_H, S_F)는 (4.41)과 (4.42)에서 도출되는 두 내시협상해를 연립하여 얻어지는 보조금 조합이다(내시 안의 내시균형). 여기에서 유의할 점은 제1장 3절에서 살펴본 바와 같이 내시협상해에서의 보수가 대안인 외부옵션의 보수보다 작지 않아야 한다는 점이다. 즉, 본국 정부와의 본국 귀환 보조금 협상이 내시협상해를 가지려면 $\pi^{us}_{H\theta}(S_H) \geq \bar{\pi}_{H\theta}$ 이어야 하며, 외국 정부와의 지원 보조금 협상이 내시협상해를 가지려면 $\pi^{us}_{F\theta}(S_F) \geq \bar{\pi}_{F\theta}$ 을 만족해야만 한다. 따라서 두 조건 중 하나만 만족한다면, 두 보조금 협상 중 조건을 만족하는 협상만 합의에 도달하고 다른 한 협상은 결렬된다. 이에 대해서는 추후에 다시 자세히 논의하기로 하자.

그런데 기업 θ에게 있어서 본국귀환의 대안은 현지생산이며, 현지생산의 대안은 본국귀환임을 염두에 두자. 즉, $\bar{\pi}_{H\theta} = \pi^{us}_{F\theta}(S_F)$ 이며, $\bar{\pi}_{F\theta} = \pi^{us}_{H\theta}(S_H)$이다. 이는 기업 θ의 본국귀환 이윤과 현지생산 이윤이 동일한 경우, 두 보조금 협상이 모두 합의에 이르기 위한 조건을 만족함을 의미한다($\pi^{us}_{H\theta}(S_H) = \pi^{us}_{F\theta}(S_F) = \bar{\pi}_{H\theta} = \bar{\pi}_{F\theta}$). 이렇게 두 보조금 협상에서 모두 합의가 이루어지는 경우에는 기업 θ가 동전 던지기를 해서 생산지를 선택한다고 가정하자. 즉, 합의한 본국귀환 보조금과 현지생산 지원 보조금하에서 기업 θ의 이윤이 동일한 경우 해당 기업은 1/2의 확률로 본국에 귀환하며, 1/2의 확률로 외국에서 현지생산을 계속한다.

2) 다국적기업의 본국귀환 결정과 양국의 보조금 정책

(1) 기업 θ의 F국에서의 이윤과 양국의 사회후생

먼저 생산성이 φ_θ인 기업 θ가 F국에서 획득하는 이윤을 살펴보자. 해당 기업의 F국에서의 이윤은 선택한 생산입지(즉, 본국귀환 또는 현지생산)에 따라 상이하다. 만일 기업 θ가 본국귀환 대신 현지생산을 지속하기로 한다면, 기업 θ는 F국 정부로부터 지원 보조금 S_F를 지원받고 현지생산 이윤을 획득할 것이다. 지원 보조금 S_F하에서 기업 θ의 현지생산 이윤 $\pi_{F\theta}^{us}(S_F)$는 다음과 같다.

$$\pi_{F\theta}^{us}(S_F) = A_F\Psi(\varphi_\theta) + S_F - f_B \equiv o\pi_{F\theta} + S_F - f_B \tag{4.43}$$

여기서 $\Psi(\varphi_\theta) \equiv (1/\varepsilon)[\varphi_\theta(\varepsilon - 1)/\varepsilon]^{\varepsilon-1}$이며 수식의 단순화를 위해 지금까지 계속 사용했던, 생산성에 비례하는 값이다. 그리고 $o\pi_{Fh} \equiv A_F\Psi(\varphi_\theta)$는 기업 θ의 F국에서의 운영이윤이다. 본 절에서는 기업 θ가 자회사를 통해 이미 F국에서 현지생산을 하고 있는 상황을 고려하고 있으므로 현지생산을 지속하기 위해서 추가로 발생하는 고정비용은 존재하지 않음에 유의하자.

주어진 생산성하에서 기업 θ의 운영이윤 (4.43)은 언제나 일정한 값을 갖는다. 이를 이용하여 투자 대상국 F가 제공하는 보조금 S_F를 현지생산 운영이윤의 비율로 나타내기로 하자($S_F \equiv s_F o\pi_{F\theta} = s_F A_F \Psi(\varphi_\theta)$, $s_F \in [0,1]$). 이는 순전히 분석의 편의를 위한 것이며 제4장 1절과 2절에서도 동일한 방법으로 보조금을 표현한 바 있다. 앞으로는 모든 형태의 보조금을 운영이윤의 비율로 표기하기로 한다. 이를 통해 보조금 선택을 총액 S 선택이 아닌 이윤 대비 보조금 비율 s 선택으로 대체할 것이다. 그리고 기업 θ의 F국 현지생산 이윤은 다음과 같이 고쳐 쓰도록 하자.

$$\pi_{F\theta}^{us}(S_F) = (1 + s_F)A_F\Psi(\varphi_\theta) - f_B \tag{4.43´}$$

또한, 생산성이 φ_θ인 기업 θ의 현지생산량은 $x_{Fh} = (\epsilon - 1)A_F \Psi(\varphi_\theta)\varphi_\theta$이며, $x_{F\theta}$단위의 상품을 생산할 때 고용량은 $l_{F\theta} = x_{F\theta}/\varphi_\theta$이므로 해당 기업이 현지생산을 지속할 때 F국의 사회후생 (4.40)은 다음과 같다.

$$W_F = \frac{x_{F\theta}}{\varphi_\theta} - S_F = A_F \Psi(\varphi_\theta)[(\epsilon - 1) - s_F] \tag{4.40´}$$

한편, 기업 θ가 현지생산 대신 본국귀환을 선택했다면, 기업 θ는 본국 H로부터 본국귀환 보조금 S_H를 지원받으며, 본국에서 생산해 F국으로 수출할 것이다. 따라서 본국귀환 시 기업 θ의 F국 이윤은 다음과 같은 수출이윤 $\pi_{H\theta}^{us}$이다.

$$\pi_{H\theta}^{us}(S_H) = A_F \Psi(\varphi_\theta) \left(\frac{1}{\tau}\right)^{\epsilon - 1} + S_H - f_B \equiv o\pi_{H\theta} + S_H - f_B \tag{4.44}$$

(4.43)에서와 마찬가지로 $o\pi_{H\theta}$는 기업 θ가 수출을 통해 F국에서 얻는 운영이윤이다. 이때 해당 기업이 본국으로 귀환해서 F국으로 수출하는 경우, 해당 기업은 본국 생산설비를 그대로 이용하기 때문에 추가적인 고정비용이 존재하지 않는다. 그리고 여기서도 본국 H가 제공하는 보조금 S_H를 수출 운영이윤 $A_F \Psi(\varphi_\theta)(1/\tau)^{\epsilon - 1}$의 비율로 나타내기로 하자($S_H \equiv s_H o\pi_{H\theta} = s_H A_F \Psi(\varphi_\theta)$, $s_H \in [0,1]$). 이를 이용하면, 본국귀환 시 기업 θ의 수출이윤은 다음과 같이 간략히 나타낼 수 있다.

$$\pi_{H\theta}^{us}(S_H) = (1 + s_H) A_F \Psi(\varphi_\theta) \left(\frac{1}{\tau}\right)^{\epsilon - 1} - f_B \tag{4.44´}$$

한편, 본국귀환 후 수출 시 기업 θ의 생산량은 $x_{H\theta} = (\epsilon - 1)\varphi_\theta A_F \Psi(\varphi_\theta)(1/\tau)^\epsilon$ 이다. 따라서 기업 θ의 본국귀환으로 창출된 고용량은 $l_{H\theta} = x_{H\theta}/\varphi_\theta = (\epsilon - 1)A_F \Psi(\varphi_\theta)(1/\tau)^\epsilon$ 이므로 본국 H의 사회후생 (4.39)는 다음과 같다.

$$W_H = \lambda \frac{x_{H\theta}}{\varphi_\theta} - S_H = A_F \Psi(\varphi_\theta)\left(\frac{1}{\tau}\right)^{\epsilon-1}\left(\frac{\lambda(\epsilon-1)}{\tau} - s_H\right) \quad (4.39')$$

앞에서 설명한 바와 같이 파라미터 λ는 F국이 자국의 고용량에 두는 가중치에 비하여 H국이 자국의 고용량에 두는 상대적인 정책적 가중치이다. 외국의 정책 가중치가 0임을 고려하면, λ는 H국이 기업 θ를 본국으로 귀환시켰을 때, 본국의 고용 1단위 증가가 창출한 (외국 정부와 비교한) 상대적인 한계적 사회후생 증가분으로도 이해할 수 있다.

(2) 기업 θ의 양국 정부와의 보조금 협상

본국귀환 보조금 협상

이제 기업의 이윤함수와 양국 정부의 후생함수를 이용하여 기업 θ와 양국 정부 간의 보조금 협상을 살펴보도록 하자. 이미 언급한 바와 같이 기업 θ는 본국 정부와 본국귀환 보조금에 대한 협상을 진행하는 동시에 F국 정부와 현지생산 지속 여부에 대한 지원 보조금 협상을 진행한다.

먼저 본국 정부와 기업 θ간의 본국귀환 보조금 협상을 살펴보자. 앞에서 논의한 것처럼 양측의 본국귀환 보조금 협상은 내시곱 (4.41)

로 특정되는 내시협상이다. 협상이 성공적으로 진행되어 기업 θ가 본국으로 귀환할 때 기업 θ의 수출이윤과 본국 H의 사회후생은 각각 (4.44´)과 (4.39´)이다. 그리고 협상이 결렬되면 기업 θ는 계속해서 F국에서 현지생산을 하므로 협상 결렬 시 기업 θ의 이윤과 H국의 후생은 각각 (4.43´)과 0이 된다. 따라서 기업 θ와 본국 정부 간 본국귀환 보조금 협상의 내시곱은 다음과 같이 다시 나타낼 수 있다.

$$NP_{H\theta} = A_F\Psi(\varphi_\theta)\left(\frac{1}{\tau}\right)^{\epsilon-1}[(1+s_H)-(1+s_F)\tau^{\epsilon-1}]\left[\frac{\lambda(\epsilon-1)}{\tau}-s_H\right] \quad (4.41´)$$

이제 본국귀환 보조금의 협상해를 구해 보자. 그런데 앞에서 살펴본 것처럼 (4.41´)의 본국귀환 보조금 협상이 협상해에 이르기 위해서는 $\pi_{H\theta}^{us}(s_H^*, s_F^*) \geq \bar{\pi}_{H\theta} = \pi_{F\theta}^{us}(s_H^*, s_F^*)$을 만족해야 한다. 해당 조건을 만족하는 협상 본국귀환 보조금 $s_H^*(s_F^*)$는 다음과 같다.[81]

$$1+s_H^*(s_F^*) = \frac{1+s_F^*}{2}\tau^{\epsilon-1} + \lambda\left(\frac{\epsilon-1}{2}\right)\left(\frac{1}{\tau}\right) + \frac{1}{2},$$
$$\text{only if } 1+s_H^* \geq (1+s_F^*)\tau^{\epsilon-1} \quad (4.45)$$

여기서 s_F^*는 기업 θ와 외국 정부 간의 지원 보조금 협상에서 도출된 현지생산 지원 보조금으로, 추후 살펴볼 것이다. 그런데 (4.45)의 전제 조건은 협상된 본국귀환 보조금이 만족해야 하는 조건이다. 따라서 협상된 보조금을 보조금이 만족해야 할 조건에 대입해 넣으면,

81 $\pi_{H\theta}^{us}(s_H^*, s_F^*) \geq \bar{\pi}_{H\theta} = \pi_{F\theta}^{us}(s_H^*, s_F^*)$의 등가조건이 $1+s_H^* \geq (1+s_F^*)\tau^{\epsilon-1}$임은 쉽게 확인할 수 있다.

협상이 이루어질 조건을 다음과 같이 나타낼 수 있다.

$$s_F^* \leq \frac{\lambda(\epsilon-1)}{\tau^{\epsilon}} + \left(\frac{1}{\tau}\right)^{\epsilon-1} - 1 \equiv \hat{s}_F$$

이 조건은 본국귀환 보조금 협상이 이루어지기 위한 조건을 외국과 기업 θ 간의 지원 보조금이 만족해야 하는 조건으로 다시 나타낸 것이다. 이 조건을 이용하여 (4.45)를 나타내면 다음과 같다.

$$1 + s_H^*(s_F^*) = \frac{1+s_F^*}{2}\tau^{\epsilon-1} + \lambda\left(\frac{\epsilon-1}{2}\right)\left(\frac{1}{\tau}\right) + \frac{1}{2},$$
$$\text{only if } s_F^* \leq \hat{s}_F \quad (4.45')$$

이렇게 정리된 (4.45′)의 조건은 본국귀환 보조금 협상은 외국 정부와 협의된 지원 보조금이 너무 높지 않은 경우($s_F^* \leq \hat{s}_F$)에만 성공할 수 있음을 보여 준다. 반면, 외국 정부가 제시하는 보조금이 해당 임계치 $\hat{s}_F$를 초과하여 $1 + s_F^* > 1 + \hat{s}_F$인 경우, 귀환 협상은 실패하게 될 것이다. 이윤 추구 기업이 더 나은 조건을 제시하는 국가에서 생산할 것이기 때문에 이는 너무나도 당연한 조건이다.

나아가 (4.45′)의 조건은 본국 정부가 제시하는 최대 귀환 보조금의 규모도 내포하고 있다. 즉, (4.45′)에서 허용하는 외국 정부의 최대 지원 보조금은 $s_F^* = \hat{s}_F$이므로 본국 정부는 $s_H^*(\hat{s}_F)$ 이상의 보조금을 제시할 이유가 없다. 따라서 본국 정부가 제시할 보조금의 상한은 다음과 같다.

$$\bar{s}_H = s_H^*(\hat{s}_F) = \frac{\lambda(\epsilon-1)}{\tau} \quad (4.46)$$

여기서 (4.46)은 $\hat{s}_F$의 정의를 이용하여 정리한 상한 귀환 보조금이다.

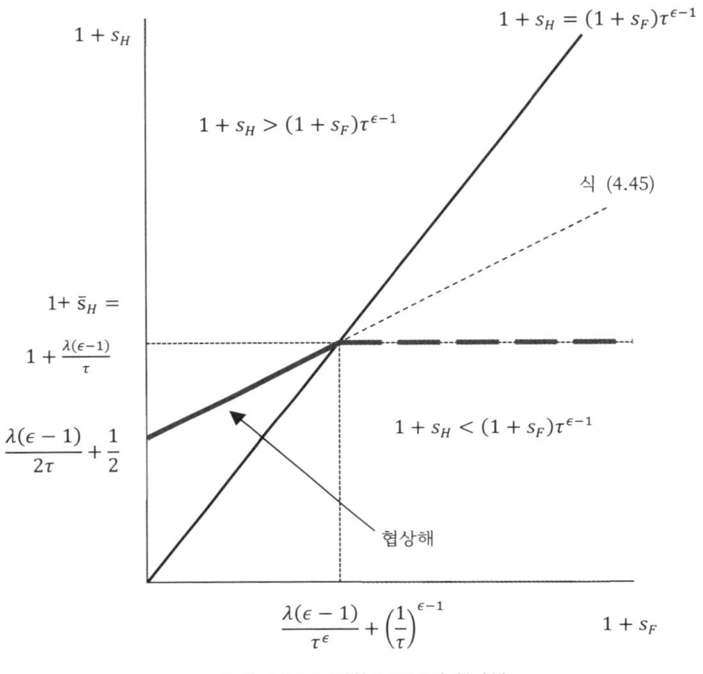

그림 4.4 본국귀환 보조금의 협상해

<그림 4.4>는 본국귀환 보조금 협상해를 $(1+s_F,\ 1+s_H)$ 공간에 나타낸 것이다. 본국귀환 보조금 협상해가 존재하려면 $1+s_H^* \geq (1+s_F^*)\tau^{\epsilon-1}$ 를 만족해야 하므로 협상해는 직선 $1+s_H^*=(1+s_F^*)\tau^{\epsilon-1}$의 위쪽 영역으로 제한된다. 그리고 본국귀환 보조금의 상한은 $\bar{s}_H$ 이므로 협상해는 $1+\bar{s}_H$ 보다 작은 영역으로 제한된다. 그리고 해당 영역에서 협상해 (4.45)는 $1+s_F$ 에 대한 증가함수이다. 한편,

$1+s_H^* < (1+s_F^*)\tau^{\epsilon-1}$인 영역에서는 협상에 실패하며, 본국이 제시하는 귀환 보조금은 상한값인 $1+\bar{s}_H$으로 제한된다. 즉, 본국은 제시할 수 있는 최대 보조금인 $\bar{s}_H$를 제시하지만, 외국 정부의 보조금 제시액보다 적기 때문에 협상은 결렬되며, 기업 θ는 외국 정부의 보조금 제안을 받아들이게 된다. 따라서 본국귀환 보조금의 협상 결과는 <그림 4.4>의 굵은 실선과 같이 나타난다.

현지생산 지원 보조금 협상

다음으로 외국 정부와 기업 θ 간의 지원 보조금 협상을 살펴보자. 지원 보조금 협상은 (4.42)로 특정되는 내시협상이며, 기업 θ의 현지생산 이윤 (4.43′)과 외국 정부의 후생 (4.40′)을 이용하면 내시곱 (4.42)를 다음과 같이 나타낼 수 있다.

$$NP_{F\theta} = A_F\Psi(\varphi_\theta)\left[(1+s_F)-(1+s_H)\left(\frac{1}{\tau}\right)^{\epsilon-1}\right][(\epsilon-1)-s_F] \tag{4.42′}$$

이제 지원 보조금의 협상해를 구해 보자. 이 경우에도 앞에서 살펴본 것처럼 지원 보조금 협상이 타결되려면 $\pi_{F\theta}^{us}(s_H^*, s_F^*) \geq \bar{\pi}_{F\theta} = \pi_{H\theta}^{us}(s_H^*, s_F^*)$를 만족해야 한다. 이 조건을 만족하는 협상 보조금은 다음과 같다.[82]

$$1+s_F^*(s_H^*) = \frac{1+s_H^*}{2}\left(\frac{1}{\tau}\right)^{\epsilon-1} + \frac{\epsilon}{2}, \text{ only if } 1+s_H^* \leq (1+s_F^*)\tau^{\epsilon-1} \tag{4.47}$$

---

82 $\pi_{F\theta}^{us}(S_F) \geq \bar{\pi}_{F\theta}$의 등가조건이 $1+s_H^* \geq (1+s_F^*)\tau^{\epsilon-1}$임은 쉽게 확인할 수 있다.

협상 본국귀환 보조금 도출 과정에서 살펴본 것과 마찬가지로 도출된 협상 보조금을 (4.47)의 전제 조건에 대입하면, 현지생산 지원 보조금 협상이 타결되기 위한 조건을 본국귀환 보조금 s_H^*의 형태로 나타낼 수 있다.

$$1 + s_F^*(s_H^*) = \frac{1+s_H^*}{2}\left(\frac{1}{\tau}\right)^{\epsilon-1} + \frac{\epsilon}{2},$$
$$\text{only if } s_H^* \le \hat{s}_H \equiv \epsilon\tau^{\epsilon-1} - 1 \qquad (4.47')$$

(4.47′)의 조건은 외국 정부의 현지생산 지원 보조금 협상이 타결되기 위해서는 본국 정부가 제안하는 본국귀환 보조금이 너무 높지 않고 일정 한계값 이하여야 함을 보여 준다($s_H^* \le \hat{s}_H$). 나아가 (4.47′)의 조건은 외국 정부가 제시하는 지원 보조금의 상한도 보여 준다. 즉, 본국 정부가 제시할 수 있는 최대 본국귀환 보조금이 $\hat{s}_H$이기 때문에 외국 정부는 $s_F^*(\hat{s}_H)$의 보조금을 제시할 유인이 없다. 따라서 외국 정부가 제시하는 지원 보조금의 상한은 다음과 같다.

$$s_F^*(\hat{s}_H) = \bar{s}_F = \epsilon - 1 \qquad (4.48)$$

<그림 4.5>는 현지생산 지원 보조금의 협상해를 <그림 4.4>와 마찬가지로 $(1+s_F,\ 1+s_H)$ 공간에 나타낸 것이다. 현지생산 지원 보조금 협상해가 존재하려면 $1+s_H^* \le (1+s_F^*)\tau^{\epsilon-1}$를 만족해야 하므로 협상해는 직선 $1+s_H^* = (1+s_F^*)\tau^{\epsilon-1}$의 아래쪽 영역으로 제한된다. 그리고 지원 보조금의 상한은 $\bar{s}_F$이므로 협상해는 $1+\bar{s}_F$보다 작

은 영역으로 제한될 것이다. 그리고 해당 영역에서 협상해 (4.47)은 $1+s_H$에 대한 증가함수이다. 한편, $1+s_H^* > (1+s_F^*)\tau^{\epsilon-1}$인 영역에서는 협상에 실패하며, 외국이 제시하는 지원 보조금은 상한값인 $1+\bar{s}_F$으로 제한된다. 즉, 외국은 제시할 수 있는 최대 보조금인 $\bar{s}_F$를 제시하지만, 본국 정부의 본국귀환 보조금 제시액보다 적기 때문에 협상은 결렬되며, 기업 θ는 본국 정부의 보조금 제안을 받아들여서 본국으로 철수하게 된다. 따라서 현지생산 지원 보조금의 협상 결과는 <그림 4.5>의 굵은 실선과 같이 나타난다.

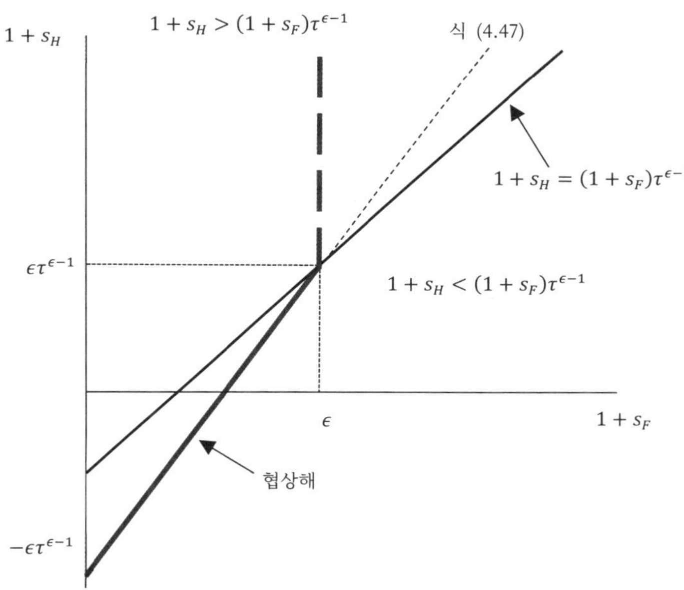

그림 4.5 현지생산 지원 보조금의 협상해

내시 안의 내시협상균형

이 모형에서는 다국적기업 θ가 본국 정부 H, 외국 정부 F와 각각 동시에 보조금 협상을 진행한다고 가정한다. 이러한 동시 다수 협상 구조에서는 두 협상이 각각의 내시협상(Nash bargaining) 형태를 따르되, 두 협상이 동시에 균형을 이루는 해가 존재한다. 이처럼 다수의 양자 협상이 동시에 균형을 형성하는 구조를 Horn-Wolinsky(1988)가 제안한 바에 따라 Horn-Wolinsky 균형 또는 보다 일반적으로 내시 안의 내시(Nash-in-Nash) 균형이라고 부른다(제1장 4절 참조).

이제 본 게임에서 내시 안의 내시균형이 어떻게 도출되는지를 살펴보자. 이를 위해 앞서 살펴본 <그림 4.4>와 <그림 4.5>를 다시 참조할 필요가 있다. 이들 그림은 각각 본국귀환 보조금 협상과 현지생산 지원 보조금 협상에서 도출되는 협상해를 시각적으로 보여준다.

특히 <그림 4.5> 및 식 (4.47)에서 알 수 있듯이, 외국 정부와의 협상에서 도출되는 현지생산 지원 보조금의 협상해는 본국 정부의 정책 파라미터 λ에 의존하지 않는다. 여기서 λ는 본국 정부가 고용에 부여하는 중요도, 즉 사회후생 계산 시 고용 증가를 얼마나 가치있게 평가하는지를 나타내는 정책 선호도이다. 그러나 외국 정부와의 협상 결과는 이러한 본국 정부의 정책 의도와는 무관하게 오직 외국 정부와 기업 간의 이익 배분 구조에 의해 결정된다.

반면, <그림 4.4>와 식 (4.45)에 따르면, 본국 정부와의 본국귀환 보조금 협상에서는 협상 결과가 λ에 명시적으로 의존한다. 즉, 본국 정부가 고용 증가를 얼마나 중요하게 평가하는지에 따라, 기업에 제시하는 보조금 수준이 달라지고, 이에 따라 협상 결과도 달라진다. 다시 말해, 본국 정부의 정책 선호도 λ는 기업이 어느 협상(귀환 또는 잔류)을 선택할지를 결정짓는 핵심 변수가 된다.

결국 기업 θ는 두 정부가 각각 제안한 보조금 조건을 비교하여 총편익이 더 큰 쪽을 선택하게 되며, 이 선택은 λ의 크기에 따라 달라진다. 이 구조는 정부 간 전략적 유치 경쟁과 기업의 입지 결정이 동시에 균형적으로 결정되는 내시 안의 내시협상 구조의 본질을 잘 보여 준다.

결과 4.16(보조금 협상 균형): 본국 정부의 정책 파라미터 λ가 주어진 경우 기업 θ는 본국 정부 H 및 외국 정부 F와 동시에 보조금 협상을 진행하며, 협상의 결과는 정책 파라미터 λ에 따라 다음과 같이 결정된다.

(1) $\lambda > \bar{\lambda}$ 이면, 기업 θ는 외국 정부 F와의 보조금 협상이 결렬되고, 본국 정부로부터 본국귀환 보조금을 받고 본국으로 귀환한다.

(2) $\lambda = \bar{\lambda}$이면, 기업 θ는 본국 정부와 외국 정부 모두와의 협상에서 동시에 보조금 합의에 도달하여, 본국귀환과 현지 잔류 중 어느 쪽도 선택할 유인 격차가 없다. 이 경우 기업은 양 입지를 각각 50% 확률로 선택한다.

(3) $\lambda < \bar{\lambda}$이면, 기업 θ는 본국 정부 H와의 협상이 결렬되고, 외국 정부가 제안한 보조금을 수용하여 해외생산을 계속한다.

여기서 임계값 $\bar{\lambda} = \tau(\epsilon\tau^{\epsilon-1} - 1)/(\epsilon - 1) > 1$이다.

결과 4.16을 엄밀하게 보이는 과정은 다소 복잡하므로 여기에서는 <그림 4.4>와 <그림 4.5>를 결합하여 개략적으로 설명하기로 한다.[83]

83 보다 정확한 증명을 보고 싶다면 Kwon & Hwang(2023, *International Economic Journal*)을 참고하라.

먼저 두 보조금 협상이 모두 합의에 도달하는 (2)의 경우를 생각해 보자. 앞에서 설명한 것처럼 두 협상이 모두 성공하려면 $1+s_H^* = (1+s_F^*)\tau^{\epsilon-1}$의 조건을 만족해야 한다. 이는 <그림 4.6>의 경우 (2)에 해당하며, 귀환 보조금 협상해와 지원 보조금 협상해는 각각 최댓값인 $\tilde{s}_H$와 $\tilde{s}_F$이다. 이 경우, 기업 θ에게는 두 보조금 지원의 혜택 규모가 동일하므로 본국귀환과 현지생산 중 하나를 선택하게 된다. 이 경우에 해당하는 정책 파라미터값 λ는 $1+s_H^* = (1+s_F^*)\tau^{\epsilon-1}$에서 얻어진다.

$$1+s_H^* = (1+s_F^*)\tau^{\epsilon-1} \Rightarrow \lambda = \frac{\tau(\epsilon\tau^{\epsilon-1}-1)}{\epsilon-1} \equiv \bar{\lambda}$$

이제 $\lambda \neq \bar{\lambda}$인 경우를 고려해 보자. <그림 4.5>에 나타난 현지생산 지원 보조금의 협상해는 본국의 정책 파라미터 λ와 무관하지만, <그림 4.4>의 본국귀환 보조금 협상해는 λ의 변화에 따라 다름을 기억하자. 그리고 본국귀환 보조금 협상해 (4.45)의 기울기는 λ와 무관하며 $1+s_H$축의 절편은 λ에 비례한다. 또한 본국귀환 보조금의 최댓값 $1+\tilde{s}_H$도 λ가 증가할수록 커지는데, 증가율은 협상해 절편의 증가율보다 크다. 이처럼 본국귀환 보조금 협상해는 $\lambda < \lambda$인 경우에는 $\lambda = \bar{\lambda}$인 경우보다 아래에 위치하는 (3)과 같은 형태이며, $\lambda > \lambda$인 경우에는 $\lambda = \bar{\lambda}$인 경우보다 위에 위치하는 (1)과 같은 형태이다(<그림 4.6>).

만일 본국 정부가 기업 θ의 본국귀환으로 발생하는 고용후생에 부여하는 가중치가 $\lambda > \bar{\lambda}$라면, 해당 본국 정부는 고용 창출에 큰 정책적 가중치를 두기 때문에 높은 본국귀환 보조금을 제공하더라도 기업 θ를 본국으로 데리고 오려고 할 것이다. 따라서 기업 θ의 입장에서는 높은 본국귀환 보조금을 받고 돌아오는 것이 현지생산을 계속하는 것보다 이윤 면에서 더 유리하며, 외국 정부와의 협상은 결렬된다.

반대로 본국 정부의 고용후생 가중치가 $\lambda < \bar{\lambda}$라면, 해당 정부는 기업 θ가 본국으로 돌아올 때 발생하는 고용에 높은 정책적 가중치를 두지 않기 때문에 낮은 수준의 본국귀환 보조금만 제시한다. 따라서 기업 θ는 외국 정부의 (상대적으로) 높은 지원 보조금을 받고 현지생산을 계속하는 것이 더 높은 이윤을 얻는 방법이며, 본국 정부와의 본국귀환 보조금 협상은 결렬된다.

마지막으로 $\lambda = \bar{\lambda}$의 경우는 경계 상황으로, 기업 θ와 두 국가 정부 간의 보조금 협상이 모두 결렬되지 않고 내시협상해에 이르는 경우에 해당한다. 하지만 이 경우 기업은 본국귀환과 현지생산 지속에서 얻는 이윤이 동일하기 때문에 어떤 선택을 하든지 관계가 없을 것이다. 이러한 경계 상황에서는 양국과의 협상이 모두 성사되며, 기업은 어느 쪽 입지를 선택하든 경제적으로 동일한 결과를 얻는다. 따라서 기업은 본국귀환 혹은 외국 잔류를 각각 50% 확률로 선택할 수 있는데, 이는 정부 입장에서 정책의 미세한 조정이 기업 결정에 중대한 영향을 미칠 수 있는 민감한 균형점임을 의미한다.

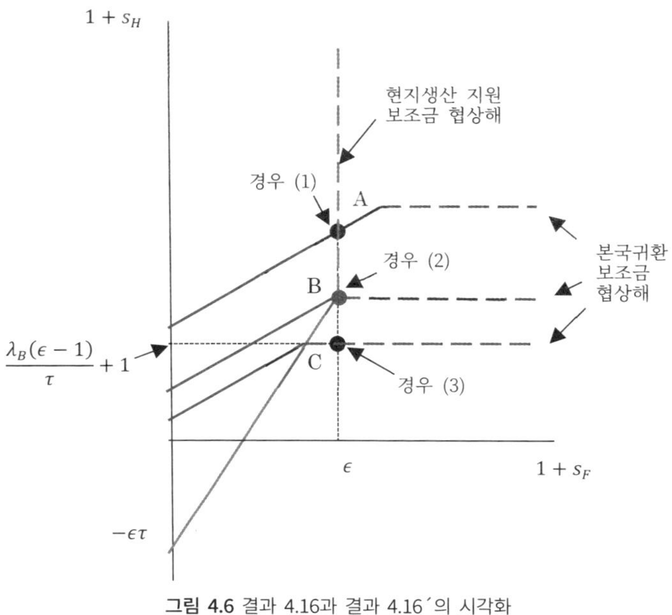

그림 4.6 결과 4.16과 결과 4.16´의 시각화

나아가 <그림 4.6>에서 볼 수 있는 것처럼 각 경우에 해당하는 균형 보조금은 내시협상해 (4.45)와 (4.47) 그리고 보조금의 상한선인 (4.46)과 (4.48)에서 얻을 수 있다. 먼저 $\lambda = \bar{\lambda}$인 경우부터 살펴보자. 이 경우 본국귀환 보조금 협상해와 현지생산 보조금 협상해가 모두 얻어지며, <그림 4.6>의 점 B가 내시균형이다. 즉, 본국과 외국 모두 제안할 수 있는 최대 보조금을 제안한다. 다음으로 $\lambda > \bar{\lambda}$인 경우를 살펴보자(점 A). 이 경우 외국은 제안할 수 있는 최대 보조금 $\bar{s}_F$를 제안하지만, 본국이 제안하는 본국귀환 보조금이 더 높으며, 이때의 본국귀환 보조금은 다음과 같다.

$$s_H^{\dagger} = s_H^*(\bar{s}_F) = \frac{\lambda(\epsilon-1)}{2\tau} + \frac{\tau^{\epsilon-1}\epsilon}{2} - \frac{1}{2} \tag{4.49}$$

반대로 $\lambda < \bar{\lambda}$인 경우, 본국은 제안할 수 있는 최대 보조금 $\bar{s}_H$를 제안하지만, 외국이 제안하는 현지생산 보조금이 더 높다. 이 경우의 현지생산 보조금은 다음과 같다.

$$s_F^{\dagger} = s_F^*(\bar{s}_H) = \left(\frac{1}{\tau}\right)^{\epsilon}\left(\frac{\lambda(\epsilon-1)+\tau}{2}\right) + \frac{\epsilon}{2} - 1 \tag{4.50}$$

이렇게 구한 균형 보조금을 결과 4.16과 결합하면 다음과 같은 보다 상세한 결과를 얻을 수 있다.

결과 4.16´(보조금 협상 균형): 본국 정부의 정책 파라미터 λ가 주어진 경우 기업 θ는 본국 정부 H 및 외국 정부 F와 동시에 보조금 협상을 진행하며, 협상의 결과는 정책 파라미터 λ에 따라 다음과 같이 결정된다.

(1) $\lambda > \bar{\lambda}$이면, 기업 θ는 외국 정부 F와의 보조금 협상이 결렬되고, 본국 정부로부터 본국귀환 보조금 $s_H^{\dagger}$를 받고 본국으로 귀환한다.

(2) $\lambda = \bar{\lambda}$이면, 기업 θ는 본국 정부와 외국 정부 모두와의 협상에서 동시에 보조금 합의에 도달하여, 본국귀환과 현지 잔류 중 어느 쪽도 선택할 유인 격차가 없다. 이 경우 기업은 양 입지를 각각 50% 확률로 선택하며, 합의된 보조금은 $\bar{s}_H$와 $\bar{s}_F$이다.

(3) $\lambda < \bar{\lambda}$이면, 기업 θ는 본국 정부 H와의 협상이 결렬되고, 외국 정부가 제안한 보조금 $s_F^{\dagger}$를 수용하여 해외생산을 계속한다.

결과 4.16과 4.16´은 본국 정부의 정책 선호 파라미터 λ가 단지 수치적인 변수에 그치지 않고, 각국 정부의 전략적 유치 경쟁과 기업의 입지 선택에 핵심적이고 결정적인 역할을 한다는 사실을 강조한다. 특히 본국 정부가 고용 창출의 사회적 편익을 높게 평가할수록(즉, λ가 클수록), 기업 귀환을 위한 적극적인 정책을 펼칠 가능성이 높아진다. 반대로 고용 편익에 대한 가중치가 낮다면(즉, λ가 작을수록), 기업은 외국에서 제공하는 보조금을 받아들이고 현지생산을 지속할 가능성이 커진다.

(3) 독점적 경쟁시장 균형

지금까지의 논의에서는 특정 다국적기업 θ와 본국 정부 H, 외국 정부 F 사이에서 이루어지는 동시 보조금 협상 게임에 대한 내시 안의 내시균형을 살펴보았다. 그러나 이 연구의 기본 전제는, 기업 θ와 동일한 특성을 지닌 다수의 기업이 존재하며, 이들이 동질적인 생산 기술과 비용 구조를 가진 상태에서 독점적 경쟁시장(monopolistic competition)에 참여하고 있다는 점이다. 따라서 개별 기업의 협상균형만으로는 전체 산업의 결과를 완전하게 설명할 수 없으므로 시장 전체의 산업균형(industry equilibrium)을 추가로 규정해야 한다.

동질적인 독점적 경쟁시장에서 시장의 산업균형은 모든 기업이 본국에 귀환하는 본국귀환 균형(return-home equilibrium)과 모든 기업이 외국에서 현지생산을 지속하는 현지생산 균형(foreign production equilibrium)이 존재한다. 그리고 결과 4.16과 4.16′은 본국의 정책 파라미터 λ의 크기에 따라 두 균형이 모두 가능함을 보여 준다.

본국귀환 균형

먼저, 본국 정부의 정책 선호 파라미터가 임계값 이상인 경우, 즉

$\lambda \geq \bar{\lambda}$인 상황을 고려하자. 앞서 결과 4.16과 4.16´에서 살펴본 바와 같이, 이 경우 기업 θ는 외국 정부가 제시한 보조금 제안을 거절하고, 본국 정부가 제안하는 귀환 보조금 $s_H^{\dagger}$를 수용하며 본국으로 귀환하게 된다. 나아가, 기업 θ와 동일한 특성을 가진 다른 모든 기업들 역시 동일한 유인을 기반으로 동일한 결정을 내리게 되며, 이는 본국귀환이 시장 내의 균형 상태가 될 것이다. 두 국가가 제시한 보조금하에서 본국귀환 균형 기업이윤을 살펴보자. 본국귀환 균형에서 개별 기업은 본국 정부가 제시한 보조금 $s_H^{\dagger}$을 받고 본국에서 생산하여 외국으로 수출한다. 따라서 (4.44´)의 수출이윤은 다음과 같다.

$$\pi_H^{us}\left(s_H^{\dagger}\right) = \left(\frac{\lambda(\epsilon-1)}{2\tau} - \frac{\tau^{\epsilon-1}\epsilon}{2} + \frac{1}{2}\right) A_F \Psi(\varphi_\theta) \left(\frac{1}{\tau}\right)^{\epsilon-1} - f_B \tag{4.51}$$

그리고 다른 절의 예에서 이미 여러 번 살펴본 것처럼 본국귀환 균형이 독점적 경쟁시장 균형이 되기 위해서는 자유진입 조건(free-entry condition)을 만족해야 한다. 즉, $\pi_H^{us}\left(s_H^{\dagger}\right) = 0$의 조건을 만족해야 하며, 자유진입 조건에서 균형 수요 크기 $A^{\dagger}$가 결정된다.

$$\begin{aligned} &\left(\frac{\lambda(\epsilon-1)}{2\tau} - \frac{\tau^{\epsilon-1}\epsilon}{2} + \frac{1}{2}\right) A^{\dagger} \Psi(\varphi_\theta) \left(\frac{1}{\tau}\right)^{\epsilon-1} - f_B = 0 \\ &\Leftrightarrow A^{\dagger} = \frac{2 f_B \tau^{\epsilon}}{\Psi(\varphi_\theta)(\lambda(\epsilon-1) - \tau^{\epsilon}\epsilon + \tau)} \end{aligned} \tag{4.52}$$

한편, 본국귀환 균형이 시장균형이 되기 위해서는 (4.52)를 만족할 때 어떠한 개별 기업도 외국 현지생산으로 이탈할 유인이 없어야 한다. 즉, $\pi_H^{us}\left(s_H^{\dagger}, \bar{s}_F\right) = 0 \geq \pi_F^{us}\left(s_H^{\dagger}, \bar{s}_F\right)$을 만족해야 한다. 그런데 본국

귀환 보조금 협상에서 협상해가 얻어질 조건은 본국귀환을 선택한 기업이 외국에 잔류하는 경우보다 항상 더 높은 이윤을 얻을 조건이었음을 기억하자. 이는 균형에서 이탈하지 않을 조건인 $\pi_H^{us}(s_H^\dagger, \bar{s}_F) \geq \pi_F^{us}(s_H^\dagger, \bar{s}_F)$를 포함하는 조건이다. 따라서 본국귀환 균형은 $\lambda \geq \bar{\lambda}$만 성립하면 언제나 시장균형이 될 수 있다.

현지생산 균형

이제 기업들이 외국의 생산거점을 계속 유지하는 현지생산 균형을 살펴보자. 결과 4.16과 4.16′에서 논의된 바와 같이, 정책 선호 파라미터가 $\lambda \leq \bar{\lambda}$인 경우, 기업 θ는 외국 정부 F로부터 현지생산 지원 보조금 $s_F^\dagger$를 수령하면서 외국 현지에서 계속해서 생산한다. 동일한 구조를 가진 다른 기업들 역시 모두 같은 선택을 하게 되므로, 모든 기업이 외국생산을 지속하는 현지생산 균형이 시장균형이 된다.

독점적 경쟁시장에서 현지생산 균형이 시장균형이 되기 위해서는 역시 자유진입 조건을 만족해야 하는데, 이는 현지생산 이윤 (4.43′)이 정상이윤이 되는 조건이다. 그리고 자유진입 조건에서 현지생산 시장균형에서 균형 수요 규모 $A^{\dagger\dagger}$를 구할 수 있다.

$$\pi_F^{us}(s_F^\dagger) = \left(\left(\frac{1}{\tau}\right)^\epsilon \frac{\lambda(\epsilon-1)+\tau}{2} + \frac{\epsilon}{2}\right) A^{\dagger\dagger} - f_B = 0$$
$$\Leftrightarrow A^{\dagger\dagger} = f_B \left(\frac{2\tau^\epsilon}{\lambda(\epsilon-1)+\tau+\epsilon\tau^\epsilon}\right) \tag{4.53}$$

한편, 현지생산 균형이 시장균형으로 유지되려면 어느 한 기업도 본국귀환으로 전환할 유인이 없어야 하며, 이는 $\pi_F^{us}(s_F^{\dagger\dagger}, \bar{s}_H) \geq$

$\pi_H^{us}(s_F^{\dagger\dagger}, \bar{s}_H)$을 만족해야 함을 의미한다. 그런데 현지생산 지원 보조금 협상에서 살펴본 것처럼 협상해가 존재하기 위한 전제 조건이 현지생산 이윤이 본국귀환 이윤보다 높을 조건이었으므로 $\pi_F^{us}(s_F^{\dagger\dagger}, \bar{s}_H) \geq \pi_H^{us}(s_F^{\dagger\dagger}, \bar{s}_H)$는 언제나 성립한다. 즉, $\lambda \leq \bar{\lambda}$라는 조건하에서는 모든 기업이 외국 정부가 제안하는 보조금을 받아들이고 현지에 잔류하는 선택을 하게 되며, 현지생산 균형은 안정적인 시장균형이 된다.

3) 양국의 균형 정책 선택과 사회후생

지금까지 두 국가가 모두 보조금 지원 정책을 선택하는 경우, 두 보조금 협상 게임의 내시 안의 내시균형을 살펴보았다. 그리고 두 국가와 기업 간의 보조금 동시 협상에서 본국생산 균형과 현지생산 균형이 모두 시장균형이 될 수 있으며, 본국 정부의 정책 파라미터 λ의 크기에 따라 둘 중 하나가 시장균형이 됨도 살펴보았다.

그런데 지금까지의 논의는 모두 본국 정부는 본국귀환 보조금을 제공하는 리쇼어링 정책을 선택하고, 외국 정부는 현지기업의 계속 조업을 지원하기 위한 현지생산 지원 정책을 선택한다는 전제를 깔고 있었다. 그러나 주어진 게임의 1단계에서 양국은 리쇼어링 정책과 현지생산 지원 정책을 선택할 수 있다. 이제 게임의 1단계에서 이루어지는 두 국가 간의 보조금 정책 선택을 살펴보도록 한다.

(1) 양국의 정책 선택과 시장균형

앞에서 살펴본 바와 같이 본국과 외국이 모두 보조금 정책을 선택한 경우는 외생적으로 주어진 본국의 정책 파라미터 λ에 따라 본국

생산 균형 또는 현지생산 균형 중 하나로 귀결된다. 이는 주어진 게임의 1단계를 분석함에 있어서 2단계와 3단계를 일일이 고려할 필요가 없으며, 전체 게임을 두 국가 간의 동시 정책 선택 게임으로 환원할 수 있음을 뜻한다.

1단계에서 본국 정부 H는 두 가지 정책 선택지, 즉 리쇼어링 추진(Reshoring, R) 또는 리쇼어링 미추진(No Reshoring, NR) 중 하나를 고를 수 있다. 이와 동시에 외국 정부 F 역시 두 가지, 즉 현지생산 지원 정책 시행(Support, S) 또는 지원 정책 미시행(No Support, NS) 중 하나를 선택한다. 이러한 정책 조합에 따라 시장 내에서 어떤 균형이 도출되는지는, 앞서 분석한 바와 같이 정책 선호 파라미터 λ의 크기에 따라 달라진다.

만약 본국 정부 H가 리쇼어링을 추진(R)하고 외국 정부 F도 현지생산 지원 정책을 시행(S)하는 경우, 앞서 도출된 결과에 기인한 λ의 크기에 따라 두 가지 중 하나의 균형이 발생한다. 즉, $\lambda \geq \bar{\lambda}$이면 기업은 본국으로 귀환하고 본국귀환 균형(return-home equilibrium)이 발생하며, $\lambda < \bar{\lambda}$ 이면 기업은 외국에 잔류하고 외국생산 균형(foreign production equilibrium)이 도출된다.

반면, 본국 정부가 리쇼어링을 추진(R)하되 외국 정부가 별도의 지원 정책을 시행하지 않는 경우(NS), 기업은 외국에서 보조금을 받을 수 없으므로 상대적으로 본국귀환의 유인이 높아지고, 균형은 항상 본국귀환 쪽으로 수렴한다. 그 반대의 경우, 즉 본국 정부가 리쇼어링을 추진하지 않고(NR) 외국 정부가 현지생산 지원 정책을 시행(S)하는 경우, 기업은 별다른 귀환 유인을 가지지 않으므로 균형은 외국생

산(현지생산) 지속 쪽으로 귀결된다

마지막으로, 양국 정부 모두 어떠한 정책도 시행하지 않는 경우(NR, NS), 기업은 기존의 생산거점을 유지할 동기가 있으며, 따라서 시장균형은 자연스럽게 외국생산 지속 쪽으로 수렴한다.

이는 두 국가가 동시에 정책을 선택하는 단순한 순수전략 동시선택 게임에 해당하는데, [표 4.1]은 두 국가의 전략 선택에 따른 시장균형을 보여 준다.

표 4.1 양국의 정책 선택과 그에 따른 시장균형

		외국	
		지원 정책 시행(S)	지원 정책 미시행(NS)
본국	리쇼어링(R)	본국귀환 균형($\lambda \geq \bar{\lambda}$) or 현지생산 균형($\lambda < \bar{\lambda}$)	본국귀환 균형
	오프쇼어링(NR)	현지생산 균형	현지생산 균형

(2) 시장균형에서의 각국의 사회후생

이제 두 국가가 동시에 정책을 선택하는 게임을 분석하기 위해 각 균형에서 양국이 얻을 수 있는 보수(즉, 각국의 후생)를 살펴보자.

(R, S) 프로필하의 사회후생

본국 정부(H)가 리쇼어링을 추진하고, 외국 정부(F) 역시 자국 내 생산 유지를 위해 지원 정책을 시행하는 경우, 앞에서 살펴본 바와 같이 시장균형은 정책 파라미터 λ의 크기에 따라 달라진다.

만약 λ가 일정 임계값 $\bar{\lambda}$ 이상이라면($\lambda \geq \bar{\lambda}$), (R, S)에서 시장균형은 본국귀환 균형이며, 본국의 사회후생은 (4.39)의 $W_H(s_H)$에서 구할

수 있다. 이때 결과 4.16´에서 살펴본 것처럼 본국이 제공하는 보조금이 $s_H^\dagger$이며, 시장균형에서 균형 수요 규모가 (4.52)의 $A^\dagger$임을 이용하면 본국의 사회후생은 다음과 같다.

$$W_H^{R,S}(s_H^\dagger) = f_B\left(\frac{\lambda(\epsilon-1)+\tau-\epsilon\tau^\epsilon}{\lambda(\epsilon-1)+\tau+\epsilon\tau^\epsilon}\right) > 0 \tag{4.54}$$

반면, 본국귀환 균형에서 현지생산 기업이 외국에서 철수하게 되면, 외국 내에서 고용이 사라지고 생산 활동 역시 중단되므로 외국 정부의 사회후생은 0이다($W_F^{R,S} = 0$).

그러나 본국 정부의 정책 선호도가 충분히 높지 않아 $\lambda \leq \bar{\lambda}$인 경우에는 사정이 달라진다. 이때는 시장균형이 현지생산 균형이 되며, 본국기업의 귀환에 실패한 본국의 후생은 0이다($W_H^{R,S} = 0$). 반면, 결과 4.16´에서 살펴본 것처럼 외국 정부는 $s_F^\dagger$의 지원 보조금을 제공하여 현지생산 기업을 계속 유지할 수 있으며, 이때 외국 정부의 후생은 (4.39)의 $W_F(s_F^\dagger)$이다. 그리고 현지생산 시장균형에서 균형 수요 규모는 (4.53)의 $A^{\dagger\dagger}$이므로 이를 이용하면 다음과 같은 외국 정부의 사회후생을 얻는다.

$$W_F^{R,S}(s_F^\dagger) = f_B\left(\frac{\epsilon\tau^\epsilon-\lambda(\epsilon-1)-\tau}{\epsilon\tau^\epsilon+\lambda(\epsilon-1)+\tau}\right) > 0 \tag{4.55}$$

(R, NS) 프로필하의 사회후생 분석

이번에는 본국 정부(H)가 리쇼어링 정책(R)을 선택하고, 외국 정부(F)는 자국 내 생산 유지를 위한 지원 정책을 시행하지 않는 경우, 즉

(R, NS)에서 양국의 보수를 살펴보자. 이 상황에서는 기업에 대한 본국귀환 보조금 협상만 이루어지며, 외국 정부로부터는 어떠한 보조금 제안도 이루어지지 않는다. 다시 말해, 이 협상은 본국귀환 보조금 협상으로 한정되며, 협상의 상대는 오직 본국 정부이다.

이와 같은 단일 보조금 협상에서 기업의 외부옵션은 외국에 그대로 잔류하면서 어떠한 보조금도 받지 않는 경우이며, 해당 대안의 이윤은 외국 현지생산을 통해 획득할 수 있는 무보조금 이윤이다. 따라서 본국 정부와 기업 간의 본국귀환 보조금 협상의 내시곱은 다음과 같다.

$$NP_H = A_F \Psi(\varphi) \left(\frac{1}{\tau}\right)^{\epsilon-1} \left[(1+s_H) - \tau^{\epsilon-1}\right] \left[\frac{\lambda(\epsilon-1)}{\tau} - s_H\right] \quad (4.56)$$

그리고 이 내시곱을 최대화하는 보조금 수준 $s_H^{R,NS}$는 다음과 같다:

$$1 + s_H^{R,NS} = \frac{\lambda(\epsilon-1)+\tau+\tau^{\epsilon}}{2\tau} \quad (4.57)$$

(R, NS)에서 시장균형은 협상 보조금 $s_H^{R,NS}$를 지원받고 본국으로 귀환하는 본국귀환 균형이다. 이 본국귀환 균형이 시장균형이 되려면 다음과 같은 자유진입 조건을 만족해야 하며, 해당 조건으로부터 균형 수요 규모도 얻을 수 있다.

$$\pi_H^{R,NS}\left(s_H^{R,NS}\right) = \left(1+s_H^{R,NS}\right) A^{R,NS} \Psi(\varphi) \left(\frac{1}{\tau}\right)^{\epsilon-1} - f = 0$$
$$\Rightarrow A^{R,NS} = \frac{2f\tau^{\epsilon}}{\Psi(\varphi)(\lambda(\epsilon-1)+\tau+\tau^{\epsilon})} \quad (4.58)$$

이제 최적 보조금 $s_H^{R,NS}$와 균형 수요 $A^{R,NS}$를 본국 정부의 사회후생함수 (4.39)에 대입하면, 최종적으로 다음과 같은 본국 정부의 사회후생을 구할 수 있다.

$$W_H^{R,NS}\left(s_H^{R,NS}\right) = f_B\left(\frac{\lambda(\epsilon-1)+\tau-\tau^{\epsilon}}{\lambda(\epsilon-1)+\tau+\tau^{\epsilon}}\right) \tag{4.59}$$

반면, (R, NS)에서 지원 보조금 정책을 도입하지 않은 외국 정부는 현지생산하던 외국기업을 잃기 때문에 사회후생은 0으로 줄어든다 ($W_F^{R,NS} = 0$).

(NR, S) 프로필하의 사회후생분석

이번에는 반대의 경우, 즉 본국 정부는 리쇼어링 정책을 시행하지 않고(NR), 외국 정부는 자국 내 생산을 유지하기 위한 보조금 정책(S)을 시행하는 전략 조합을 고려하자. 이 경우에는 외국 정부와 기업 간의 보조금 협상만 진행되며, 본국 정부는 어떠한 개입도 하지 않는다. 이와 같은 조건하에서 외국 정부와 기업 간의 보조금 협상은 다음과 같은 내시곱을 극대화하는 협상해를 가지게 된다.

$$NP_F = A_F\Psi(\varphi)\left[(1+s_F) - \left(\frac{1}{\tau}\right)^{\epsilon-1}\right]\left[(\epsilon-1) - s_F\right] \tag{4.60}$$

그리고 이 내시곱을 극대화하는 최적 보조금과 현지생산 균형이 시장균형이 되기 위한 자유진입 조건에서 얻어지는 균형 수요는 다음과 같다.

$$1 + s_F^{NR,S} = \frac{1}{2}\left(\left(\frac{1}{\tau}\right)^{\epsilon-1} + \epsilon\right) \tag{4.61}$$

$$A^{NR,S} = \frac{2f_B}{\Psi(\varphi)(\tau^{1-\epsilon}+\epsilon)} \tag{4.62}$$

그리고 외국 정부의 사회후생은 (4.61) 및 (4.62)를 만족하는 후생 (4.40)이며, 다음과 같다.

$$W_F^{NR,S}\left(s_F^{NR,S}\right) = f_B\left(\frac{2\epsilon\tau^{\epsilon-1}}{\epsilon\tau^{\epsilon-1}+1} - 1\right) \tag{4.63}$$

한편, 리쇼어링 정책을 선택하지 않은 본국 정부의 후생은 0이다 ($W_H^{NR,S} = 0$).

(NR, NS) 프로필하의 사회후생 분석

마지막으로, 본국 정부(H)와 외국 정부(F) 모두 어떠한 정책도 시행하지 않는 경우, 즉 전략 조합 (NR, NS)를 고려해 보자. 이 경우 두 정부 모두 기업 θ에 대해 보조금을 제공하지 않으므로 기업은 기존의 외국 현지생산 방식을 그대로 유지하게 된다. 이 상황에서는 어떠한 협상도 성립하지 않으며, 시장은 외생적으로 주어진 무보조금 상태에서의 현지생산 균형이 된다.

이와 같이 보조금이 전혀 없는 상태에서도 기업은 진입 여부를 판단해야 하며, 이때도 역시 자유진입 조건은 성립되어야 한다. 그리고 아무런 보조금 없는 현지생산 균형이 시장균형이 되기 위한 균형 시장 수요 규모는 다음과 같다.

$$A^{NR,NS} = \frac{f_B}{\Psi(\varphi)} \tag{4.64}$$

즉, (NR, NS)에서는 균형 시장 규모 (4.64)하에서 보조금 $s_F = 0$이며, 이 경우 (4.40)에서 구해지는 외국 정부의 후생은 다음과 같다.

$$W_F^{NR,NS} = f_B(\epsilon - 1) \tag{4.65}$$

이때, 본국 정부는 어떠한 정책적 개입도 하지 않았기 때문에 사회후생은 발생하지 않는다($W_H^{NR,NS} = 0$).

(3) 순수전략 내시균형과 정책 선택의 사회후생효과

지금까지 [표 4.1]에서 두 국가의 전략 프로필별 시장균형을 살펴보았고, 각 시장균형에서 양국이 얻는 보수인 사회후생도 구해 보았다. 이제 지금까지의 결과를 바탕으로 두 정부 간의 정책 선택 게임의 균형을 살펴보도록 한다.

우선, 본국 정부 H의 정책 선호도(λ)가 임계값 $\bar{\lambda}$ 이상인 경우($\lambda \geq \bar{\lambda}$)를 고려하자. 이 경우, (R, S)에서 얻어지는 시장균형은 본국귀환 균형이며, 본국과 외국의 후생은 앞에서 살펴본 바와 같이 각각 (4.54)와 0이다. 아래의 [표 4.2]는 이를 토대로 구성한 정책 선택 게임의 보수 행렬이다.

표 4.2 $\lambda \geq \bar{\lambda}$ 경우 정책선택 게임의 보수 행렬

$\lambda \geq \bar{\lambda}$		외국	
		지원 정책 시행(S)	지원 정책 미시행(NS)
본국	리쇼어링(R)	$f_B\left(\frac{\lambda(\epsilon-1)+\tau-\epsilon\tau^{\epsilon}}{\lambda(\epsilon-1)+\tau+\epsilon\tau^{\epsilon}}\right), 0$	$f_B\left(\frac{\lambda(\epsilon-1)+\tau-\tau^{\epsilon}}{\lambda(\epsilon-1)+\tau+\tau^{\epsilon}}\right), 0$
	오프쇼어링(NR)	$0, f_B\left(\frac{2\epsilon\tau^{\epsilon-1}}{\epsilon\tau^{\epsilon-1}+1}-1\right)$	$0, f_B(\epsilon-1)$

[표 4.2]에 제시된 보수 행렬을 고려하면, 본국 정부 H에게는 R(리쇼어링 정책 시행)이 강우월한 전략(strictly dominant strategy)이 된다. 즉, 외국 정부 F의 전략 선택과 관계없이 본국 정부 H는 R을 선택하는 것이 항상 더 높은 사회후생을 보장한다. 실제로 본국 정부 H가 R을 선택하면, 기업 θ는 본국으로 귀환하게 되어 본국 내 생산과 고용이 창출되며, 외국 정부는 기업의 철수로 인해 사회후생이 0이 된다. 이때 외국 정부가 보조금을 제안하든 제안하지 않든 결과는 동일하므로, 외국 정부의 전략은 기업의 입지 결정에 영향을 미치지 못한다.

이와 같은 상황에서는 두 개의 순수전략 내시균형이 존재한다. 하나는 (R, S)로, 두 정부가 모두 정책을 시행하는 경우이고, 다른 하나는 (R, NS)로, 본국 정부 H만이 리쇼어링 정책을 선택하고 외국 정부 F는 개입하지 않는 경우이다. 두 조합 모두에서 본국 정부 H는 기업을 성공적으로 유치하며, 외국 정부 F는 후생을 실현하지 못한다.

이제 반대로, 정책 선호도 λ가 임계값 $\bar{\lambda}$ 이하인 경우($\lambda \leq \bar{\lambda}$)를 살펴보자. 이 경우, (R, S)에서 얻어지는 시장균형은 현지생산 균형이며, 본국과 외국의 후생은 각각 0과 (4.55)이다. 따라서 이 경우의 정책 선택 게임의 보수 행렬은 [표 4.3]과 같다.

표 4.3 $\lambda \leq \bar{\lambda}$ 경우 정책 선택의 보수 행렬

$\lambda \geq \bar{\lambda}$		외국	
		지원 정책 시행(S)	지원 정책 미시행(NS)
본국	리쇼어링(R)	$0, f_B\left(\frac{\epsilon\tau^{\epsilon} - \lambda(\epsilon-1) - \tau}{\epsilon\tau^{\epsilon} + \lambda(\epsilon-1) + \tau}\right)$	$f_B\left(\frac{\lambda(\epsilon-1) + \tau - \tau^{\epsilon}}{\lambda(\epsilon-1) + \tau + \tau^{\epsilon}}\right), 0$
	오프쇼어링(NR)	$0, f_B\left(\frac{2\epsilon\tau^{\epsilon-1}}{\epsilon\tau^{\epsilon-1} + 1} - 1\right)$	$0, f_B(\epsilon - 1)$

[표 4.3]을 살펴보면, 본국 정부(H)의 우월전략(dominant strategy)은 여전히 R(리쇼어링 정책 시행)임을 확인할 수 있다. 즉, 외국 정부(F)의 전략 선택과 무관하게 본국 정부 H는 R을 선택하는 것이 항상 더 높은 사회후생을 제공한다. 이러한 조건하에서 본국 정부 H가 R을 선택하면, 외국 정부 F의 최적 반응은 S(보조금 정책 시행)가 된다. 왜냐하면 외국 정부 F가 보조금 정책을 시행하지 않을 경우, 기업은 무보조 상태에서 본국귀환을 고려하게 되는데, 이는 외국 정부 입장에서는 고용 감소와 후생 상실을 의미하기 때문이다. 반면, S를 선택할 경우 기업이 외국에 잔류하게 되어 일정한 수준의 사회후생을 확보할 수 있다.

따라서 [표 4.3]에서 나타난 바와 같이, 두 정부가 각각 R과 S를 선택하는 전략 프로필인 (R, S)는 유일한 내시균형이며, 동시에 두 정부 모두의 우월전략 균형으로 성립한다.

위 두 가지 게임의 결과는 다음과 같이 정리할 수 있다.

결과 4.17(보조금 경쟁의 내시균형): 두 정부(H국과 F국) 간의 정책 선택 게임에서 순수전략 내시균형은 다음과 같다.

(1) $\lambda \geq \bar{\lambda}$인 경우, 본국 정부(H)는 항상 리쇼어링 정책(R)을 선택하며, 외국 정부(F)는 자국 내 생산 유지를 위한 보조금 정책(S)을 선택할 수도 있고 선택하지 않을 수도 있다. 즉, 외국 정부의 전략 선택에 따라 (R, S)와 (R, NS) 두 가지 순수전략 내시균형이 존재한다.

(2) $\lambda \leq \bar{\lambda}$인 경우, 자국 정부(H)는 여전히 리쇼어링 정책(R)을 선택하며, 이에 대응하여 외국 정부(F)는 자국 내 생산 유지를 위한 보조금 정책(S)을 선택한다. 즉, (R, S) 프로필이 유일한 순수전략 내시균형이다.

결과 4.17이 제시하는 함의는 다음과 같다. 첫째, 본국 정부(H)는 항상 리쇼어링 정책을 선택할 유인을 갖는다. 이는 자국기업의 귀환을 통해 본국 내 고용이 창출되고, 그로 인한 사회적 후생이 증가하기 때문이다. 특히 정책 선호도가 $\lambda \geq \bar{\lambda}$인 경우, 본국 정부는 고용 창출의 중요성에 높은 가중치를 부여하기 때문에, 외국 정부(F)는 기업의 현지생산을 유지하기가 어렵다. 다시 말해, 본국 정부는 상당한 수준의 보조금 지급을 감수하더라도 기업의 귀환을 적극적으로 유도하려 하며, 결과적으로 외국 정부는 어떤 정책을 선택하더라도 후생 개선 효과를 얻을 수 없다. 이 경우 외국 정부의 지원 정책은 비용만 발생할 뿐 유효한 정책 수단이 되지 못한다.

반면, $\lambda \leq \bar{\lambda}$인 경우에는 상황이 달라진다. 본국 정부가 고용 창출에 상대적으로 낮은 가치를 부여하기 때문에, 외국 정부가 보조금 정책을 선택함으로써 현지생산 기업을 자국에 잔류하도록 설득할 수 있다. 따라서 이 경우 외국 정부는 항상 현지생산 유지를 위한 지원 정책을 선택할 유인을 가지며, 이를 통해 실제로 자국 내 생산과 고용을 유지함으로써 후생을 향상시킬 수 있게 된다.

여기서 눈여겨볼 점은 내시균형에서 양국의 정책 선택에 따라 후생수준이 영향을 받는다는 점이다. 먼저 $\lambda \geq \bar{\lambda}$인 경우를 생각해 보자. 이 경우에는 두 가지 내시균형 (R, S)와 (R, NS)가 존재하며, 두 균형 모두에서 기업들은 공통적으로 본국으로 귀환하는 선택을 하게 된다. 그리고 두 균형에서 본국 정부(H)의 사회후생은 각각 다음과 같다.

$$\text{(R, S)}: \ W_H^{R,S}\left(s_H^{\dagger}\right) = f_B\left(\frac{\lambda(\epsilon-1)+\tau-\epsilon\tau^{\epsilon}}{\lambda(\epsilon-1)+\tau+\epsilon\tau^{\epsilon}}\right)$$

$$\text{(R, NS)}: \ W_H^{R,NS}\left(s_H^{R,NS}\right) = f_B\left(\frac{\lambda(\epsilon-1)+\tau-\tau^{\epsilon}}{\lambda(\epsilon-1)+\tau+\tau^{\epsilon}}\right)$$

이 두 후생수준을 비교하면 $\epsilon > 1$ 이므로 $W_H^{R,S} < W_H^{R,NS}$ 임을 알 수 있다. 이는 외국 정부가 자국 내 생산 유지를 위해 보조금 정책을 선택해도 기업의 귀환 결정을 막을 수 없으며, 오히려 본국 정부의 후생만 더 감소한다는 것을 의미한다. 다시 말해, 외국 정부의 정책 개입은 기업의 결정을 바꾸지 못한 채 본국의 사회후생만 감소시키는 결과를 낳는다. 이는 (R, S) 전략 프로필에서 외국 정부가 아무런 실질적 성과도 얻지 못하고 단지 재정적 부담만을 감수하게 됨을 의미한다.

그러나 $\lambda \leq \bar{\lambda}$인 경우, 유일한 내시균형이 (R, S)이며, 기업은 외국에 잔류하여 생산을 계속한다. 그러나 외국 정부의 입장에서 보면, 본국 정부가 리쇼어링 정책을 도입하지 않았던 전략 조합 (NR, S)하에서의 사회후생이 (R, S)보다 오히려 더 크다. 두 경우의 후생 차이를 계산하면 다음과 같다.

$$W_F^{R,S} - W_F^{NR,S} = -\frac{2f_B\lambda\tau(\epsilon-1)}{(\epsilon\tau^{\epsilon}+\tau)(\epsilon\tau^{\epsilon}-\lambda(\epsilon-1)+\tau)} < 0$$

즉, 본국 정부가 기업의 귀환을 유도하기 위해 리쇼어링 정책을 선택하더라도, 기업은 선택을 바꾸지 않고 외국에 잔류하게 된다. 하지만 이 과정에서 외국 정부의 후생은 줄어들게 된다. 다시 말해 본국 정부의 정책 개입이 실효성을 가지지 못한 채 외국 정부의 후생만 침해하는 결과로 이어지는 것이다.

이러한 결과는 두 정부의 정책적 상호작용이 단순한 일방향 효과를 넘어서서, 상대 정부의 전략 선택이 자국의 후생에도 실질적인 영향을 미칠 수 있음을 보여 준다. 즉, 전략적 보조금 정책은 경쟁국의 대응을 고려할 때 그 효과가 부분 상쇄되거나 왜곡될 수 있다.

결과 4.18(정책 선택 게임의 균형과 후생 변화): 두 정부 간 정책 선택 게임의 균형과 양국의 후생 변화는 다음과 같이 정리할 수 있다.

(1) $\lambda \geq \bar{\lambda}$인 경우, 본국 정부(H)는 리쇼어링 정책을 통해 기업 θ의 귀환을 성공적으로 유도할 수 있다. 그러나 이때 외국 정부(F)가 자국 내 생산 유지를 위한 보조금 정책을 추진할 경우, 본국 정부가 기대하는 리쇼어링의 후생 효과는 감소할 수 있다. 즉, 외국 정부의 대응 정책은 본국의 귀환 유도 효과를 약화시키는 방향으로 작용할 수 있다.

(2) $\lambda \leq \bar{\lambda}$인 경우, 외국 정부(F)는 지원 정책을 통해 기업 θ의 귀환을 저지하고 자국 내 생산을 유지할 수 있다. 그러나 이때 본국 정부(H)가 리쇼어링 정책을 동시에 추진할 경우, 기업의 의사결정이 왜곡되거나 협상력이 변동되면서 외국 정부가 확보할 수 있는 후생 이익이 오히려 감소할 수 있다.

결과 4.18에서 특히 주목할 점은, 만약 리쇼어링에 대한 본국 정부의 정책 선호도(λ)가 상대적으로 낮은 경우, 오히려 리쇼어링 정책을 시행하지 않는 편이 사회후생 측면에서 바람직할 수 있다는 점이다. 이는 적극적인 정책 개입이 반드시 더 큰 후생을 보장하는 것은 아니라는 점을 보여 준다.

그러나 반대로, 본국 정부가 리쇼어링을 강하게 선호하는 경우에는 외국 정부가 어떠한 보조금 정책을 펼치더라도 기업의 귀환을 막을 수 없다. 이런 상황에서는 외국 정부 입장에서 불필요한 보조금 지출을 피하는 것이 후생 측면에서 더 합리적인 선택이다.

이러한 결과들은 이론적으로는 파레토 개선(Pareto improvement)의 여지를 내포하고 있지만, 현실적으로는 양국 정부 간의 비협조적 정책 경쟁이라는 구조적 제약 때문에 실제로 구현되기는 어렵다. 다시 말해, 두 정부가 협조적인 방식으로 정책을 조율하지 않는 한, 각자의 최적 반응은 종종 전체적인 사회후생을 저해하는 결과로 이어질 수 있다. 이는 국가 간 보조금 경쟁이 종종 내시균형(Nash equilibrium)의 형식으로 수렴하더라도, 파레토 최적과는 괴리될 수 있음을 보여준다.

4) 결론 및 요약

리쇼어링(reshoring)은 더 이상 단순한 생산입지의 재조정 문제가 아니다. 오늘날 그것은 산업 정책, 복지 정책, 국가안보, 심지어는 지정학적 전략이 교차하는 복합적인 정책 결정의 쟁점으로 부상하고 있다. 특히 COVID-19 팬데믹, 기후 위기, 미중 패권 경쟁, 우크라이나 전쟁, 공급망 교란, 그리고 보호무역주의의 재부상과 같은 일련의 글로벌 충격들은 국제 생산 네트워크의 안정성과 회복탄력성에 대한 문제를 전면에 제기하였다. 이러한 배경 속에서 본 절은 다국적기업, 본국 정부, 그리고 외국 유치국 정부 간의 전략적 상호작용을 이론적으로 모형화하고, 리쇼어링 정책이 사회후생과 기업의 생산입지 선택에 어떠한 영향을 주는지를 분석하였다.

핵심적으로, 우리는 귀환 유인을 가지는 본국 정부와 유치 유인을 가지는 외국 정부가 동일한 다국적기업과 동시에 보조금 협상을 벌인다는 가정하에서, 기업의 생산입지 결정과 각국의 사회후생이 어떻게 달라지는지를 내시 안의 내시(Nash-in-Nash) 구조로 분석하였다. 분석 결과, 정부 간 보조금 협상이 단순히 기업 유치에 그치지 않고,

전략적으로 비효율적인 정책 경쟁으로 귀결될 수 있음이 확인되었다. 특히 본국 정부가 고용 창출에 높은 가중치를 두는 경우($\lambda \geq \bar{\lambda}$), 외국 정부가 아무리 유치 보조금을 제시해도 기업은 본국으로 돌아오게 되며, 외국 정부는 보조금만 지출하고 후생을 전혀 얻지 못하게 된다. 반대로 본국 정부가 고용 창출에 높은 가중치를 두지 않는 경우($\lambda \leq \bar{\lambda}$), 외국 정부는 유치 보조금을 제안함으로써 성공적으로 기업을 유치할 수 있으나, 본국 정부의 보조금 제안은 결과적으로 외국 정부의 후생을 낮추는 협상 카드로만 작용하게 된다. 즉, 보조금 정책이 자국 후생을 높이기보다는 상대국의 후생을 줄이는 '이웃을 곤궁하게 만들기(Beggar-thy-Neighbor)' 형태로 작동할 수 있다는 것이다.

결론

지난 수십 년간 기업 활동의 세계화로 인한 해외생산, 이른바 오프쇼어링(offshoring)을 통한 글로벌 공급망(GVC)의 확대는 현대 국제무역 구조에서 가장 두드러진 변화 중 하나였다. 생산공정이 국경을 넘어 분업화되면서 각국의 무역 패턴이 재편되었고, 이에 따른 국내노동시장의 충격—일자리 이동, 임금 변화, 숙련노동·저숙련노동 간 격차—은 자연스럽게 국제경제학과 노동경제학의 핵심 연구 주제가 되었다. 한편 최근에는 미중 무역갈등, 팬데믹발 공급망 교란 등을 계기로 주요 국가들이 제조업 리쇼어링(reshoring), 즉 해외진출 기업의 본국귀환을 장려하기 시작하면서 세계무역 질서에 새로운 변수가 등장하고 있다.

글로벌 생산 네트워크의 심화와 재편이 교차하는 이러한 환경에서, 기업의 이동성 그 자체가 갖는 의미는 더욱 중요해졌다. 이제는 기업이 실제로 해외로 이전했는지 여부를 떠나, 해외이전의 '위협'만으로도 국내경제에 영향을 미칠 수 있다는 점이 부각되고 있다. 이른바 '위협효과'란 기업이 생산거점을 해외로 옮길 수 있다는 가능성을 지렛대 삼아 노사협상이나 정책 결정에 영향을 주는 효과를 말한다. 실제로 Freeman(1995) 등의 연구는 기업이 저임금 국가로 공장을 옮기겠다는 위협만으로도 서구의 저숙련노동자가 임금 삭감을 받아들이게 만들 수 있음을 지적한 바 있다. 다시 말해 무역이나 해외직접투자가 현실화되지 않아도, 개방경제하에서는 위협 자체만으로도 임금이 억제되고 고용 형태가 달라질 수 있다는 것이다.

이러한 위협효과는 세계화 시대에 노동자의 교섭력 약화와 임금 정체의 원인 중 하나로 거론되어 왔으며, 나아가 국가 입장에서도 기업 유치를 위한 세제·규제상의 양보를 이끌어낼 수 있다는 점에서 현재 무역 정책과 노동시장 분석의 교차 지점에서 핵심적인 의미를 지닌다. 따라서 현대 국제무역 구조를 이해하고자 한다면, 글로벌 기업의 위협 카드가 어떠한 파급효과를 가져오는지를 파악하는 것이 필수적이다.

기존의 논의에도 이러한 위협효과에 대한 문제의식은 분명 존재했지만, 학술적으로 충분히 조명되지 못한 부분이 많았다. 오프쇼어링의 경제적 영향에 관한 선행연구들은 주로 직접적인 효과—예컨대 해외생산 증가로 인한 본국의 평균임금 변화나 고용 감소 또는 무역 확대에 따른 숙련노동 수요 변화—에 초점을 맞추곤 했다. 반면 기업의 전략적 행위로서의 해외이전 위협이 가져오는 간접적 효과에 대해서는 이론적으로 몇몇 논의가 있을 뿐, 실증적 분석은 극히 미흡하였다. 특히 대부분의 연구가 노사 간 임금협상에서의 위협효과만을 다루고 있으며, 그마저도 기업 단위 자료를 활용한 정밀한 검증은 드문 실정이었다. 또한 기업의 이동성이 정부 정책에 미치는 영향—이를테면 투자 유치를 위한 각국의 조세 경쟁이나 규제 완화 압력—을 위협효과 관점에서 조명한 연구는 찾아보기 어려웠다. 글로벌 기업의 위협이 노동시장뿐 아니라 정책 결정과 국제 협상에까지 어떤 영향을 미치는지에 대해 보다 체계적인 접근이 필요했던 것이다.

이 책은 이러한 연구 격차를 메우려는 노력의 일환으로 기획되었으며, 저자들이 지난 10여 년간 논문으로 발표했던 관련 주제의 연구 결과들을 취합하여 자세히 소개하고자 하였다. 따라서 단편적으로 발표되었던 논문들을 하나의 분석틀 내에서 체계화함으로써 기업의 해외이전과 본국귀환을 둘러싼 위협효과의 메커니즘과 귀결을 학문적으로 엄밀하면서도 종합적으로 분석하였다. 특히, 국제무역이론과 노동 및 공공경제 분석을 연결하는 새로운 시각을 통해, 위협효과가 작동하는 경로를 이론적으로 규명하고 그 함의를 살펴보는 것이 이 책의 연구 접근법이다. 이를 통해 기존 문헌이 부분적으로 다뤄온 논점을 하나의 큰 그림으로 통합하고, 지금의 무역 질서하에서 위협효과가 지니는 함의를 한층 명확하게 제시하고자 하였다.

먼저 제1장에서는 연구의 이론적 토대를 구축하였다. 본 연구의 이론적 토대는 현대 국제무역이론의 정교한 발전 위에 구축되었다. 이에 이 책에서는 규모의 경제에 기반한 무역 모형인 Krugman 모형과 Melitz 모형을 소개하는 한편, 수평적 오프쇼어링(horizontal offshoring)과 수직적 오프쇼어링(vertical offshoring)의 동인에 대한 모형들도 소개하였다.

이 책에서는 위협효과를 규명하기 위해 전통적 무역이론에 협상이론을 접목함으로써 새로운 통찰을 제시하고 있다. 제1장의 나머지 부분에서는 이를 위한 이론적 기반을 제공하기 위해 내시균형(Nash equilibrium) 및 내시협상해(Nash bargaining solution)에 기반한 협상 모형을 소개하였다. 특히 다수의 협상이 동시에 진행되는 경우에 적용되는 '내시 안의 내시(Nash-in-Nash)' 균형 개념을 원용하여, 기업이 여러 이해 당사자와 동시 협상할 때 나타나는 균형도 고찰하였다. 예컨대 한편으로는 본국 노동자와 임금협상을 벌이면서, 다른 한편으로는 해외 정부와 투자 조건을 협상하는 상황을 상정할 수 있는데, 이러한 다중협상은 각각의 협상이 다른 협상의 결과를 암묵적으로 고려하는 상호연계 균형으로 나타나게 된다.

다음으로 제2장에서는 제1장에서 구축한 이론적 토대를 바탕으로 위협효과가 노동시장에 미치는 영향을 규명하였다. 이를 위해 전통적인 오프쇼어링 모형과 협상 모형을 결합함으로써 노동시장에서의 위협효과를 2단계 또는 다단계 게임으로 형식화하였다. 구체적으로, 1단계에서 기업과 노동자가 임금협상을 진행하고, 2단계에서 협상 결렬 시 기업이 생산입지를 해외로 이전할지 말지를 결정하는 순차적 게임으로 모델링함으로써, 이른바 '위협효과'의 미시적 기반을 자세히 설명하였다. 이 협상 게임에서 내시협상해를 적용하면, 노동자와 기업 모두 협상 결렬 시 대안을 고려하여 임금을 타결하게 된다. 협상이 결렬되면 기업의 경우 해외에 생산시설을 설립해 운영이윤을 얻을 수 있는 옵션이 있으며, 노동자의 경우 국내의 다른 산업에서 경쟁임금을 받는다는 대안이 존재한다. 이러한 대안들의 존재는 협상 결과에 직접 반영되어, 해외이전 옵션이 있는 경우 기업의 협상력(bargaining power)이 커지고 결과적으로 임금 타결치가 낮아지는 효과가 발생할 수 있다.

위협효과가 나타나는 메커니즘에 대해 부언하자면 다음과 같다. 기업이 해외진출 옵션을 보유한 경우 노사는 임금협상 결렬 시 발생할 결과를 재평가하게 된다. 해외이전 옵션이 존재하지 않을 때에는 협상 결렬 시 기업이 얻을 이윤이 '0'(생산 중단)으로 가정되므로, 노조는 기업이 협상 결렬을 피하기 위해 어느 정도 임금인상을 수용할 것으로 기대할 수 있다. 반면 해외이전 옵션이 있을 때에는 협상 결렬 시 기업이 해외에서 얻을 수익이 양(+)의 값으로 존재하므로, 기업은 보다 낮은 임금에도 협상을 타결 지을 유인이 생긴다. 결과적으로 협상 타결 임금은 경쟁균형임금보다는 높지만, 해외이전 옵션이 없을 때의 임금보다는 낮은 수준으로 결정된다. 이처럼, 해외이전 가능성은 기업의 협상력을 높여 노동자의 협상임금을 하향 압박하게 되며, 기업은 실제로 해외로 나가지 않고도 국내에서 더 낮은 임금으로 생산을 지속함으로써 이윤을 증대시킬 수 있다. 다시 말해, 해외이전의 '위협' 자체가 임금 결정에 영향을 미쳐 노동자의 몫을 줄이고 기업의 몫을 늘리는 효과가 발생할 수 있다. 이러한 효과는 특히 저숙련노동자에게 두드러지게 나타나며, 결과적으로 숙련노동자와 저숙련노동자 간의 임금격차 확대 요인 중 하나가 될 수 있음을 이 책에서 확인하였다.

나아가 제1장에서는 기업이 위협효과를 노린 해외이전을 시도할 가능성도 제기하였다. 즉 단순한 비용 절감 목적이 아니라 노사협상에서의 협상력 강화 자체를 목적으로 기업이 일부 생산공정을 해외로 이전하는 전략이 실제로 합리적일 수 있음을 이론적으로 입증해 보였다. 이러한 관점은 오프쇼어링에 대한 통념에 새로운 시각을 제공하며, 위협효과가 기업의 행태를 적극적으로 규정하는 요인임을 부각시켰다.

이러한 위협효과는 노동시장 성과 여러 측면에 중요한 함의를 지닌다. 먼저 평균임금 수준에 대한 영향으로서, 기업의 해외진출 가능성이 높아지면 국내 노동자의 임금인상 폭이 제한되고 교섭임금이 억제될 수 있다. 이는 지난 수십 년간 진행된 세계화 속에서 선진국 노동자의 실질임금 정체 또는 하락 현상을 부분적으로 설명해 주는 메커니즘이다. 실제로 기존에 제기된 '노동자 착취 동기(sweatshop motive)' 논쟁에서는 다국적기업의 글로벌 이동성이 임금인하 압력으로 작용할 수 있음을 지적하였으나, 이 책은 이를 체계적 이론 모형 속에서 위협효과 개념으로 정립하였다. 또한 위협효과는 고용과 노동조합 측면에도 파급된다. 기업이 해외이전을 쉽게 고려할 수 있는 환경에서는 노조의 교섭력이 저하되고, 노조 활동이 위축됨으로써 노동자 보호나 임금 프리미엄 확보가 어려워질 수 있다. Bronfenbrenner(2000, 2001)의 미국 사례 연구는 실제로 해외이전 위협이 노조 조직화와 협상에 부정적 영향을 미쳤음을 보여 주었으며, Choi(2001)는 미국 산업별 자료를 분석해 노조 임금 프리미엄이 해외직접투자 유출로 유의하게 감소함을 밝혔다. 이 책에서 소개하고 있는 것처럼 Jeon & Kwon(2018)도 한국 제조업의 미시자료를 이용하여 해외이전 위협이 존재하는 사업장의 임금협상 결과가 통계적으로 유의하게 낮게 나타난다는 사실을 보고하며, 이러한 위협효과의 실재를 검증하였다. 이처럼 제한적이지만 일치된 실증연구들은 해외생산의 위협이 임금의 하방 압력으로 작용한다는 이 책의 이론적 결론을 뒷받침한다.

앞에서 잠시 언급한 바와 같이 이 책의 제2장에서 특히 심도 있게 다루고 있는 것은 위협효과와 임금 불평등(wage inequality) 문제이다. 1980년대 이후 여러 선진국에서 공통적으로 숙련 프리미엄(skill premium), 즉 저숙련노동자 대비 숙련노동자의 임금 비율이 상승하는 현상이 관찰되어 왔다. 기존 문헌은 이에 대한 원인으로 크게 두 가지를 제시했는데, 하나는 각국 노동시장 내부의 기술진보 편향이나 교육·훈련 불균형 등의 노동경제학적 요인이고, 다른 하나는 무역 및 해외직접투자의 확대에 따른 국제경제학적 요인이다. 후자와 관련하여 무역론 분야에서는 무역 자유화가 각국의 기술 변화를 유도하여 숙련노동 수요를 높였다는 설명과, 다국적기업의 해외직접투자와 오프쇼어링이 본국에서 숙련노동에 대한 상대수요를 증가시켰다는 설명이 대표적이다(Feenstra & Hanson, 1996b; Slaughter, 1999 등). 이 책의 논의는, 실제 해외이전이 일어나지 않더라도 그 '가능성'만으로 숙련 프리미엄에 영향을 줄 수 있음을 이론적으로 밝혔다는 점에서 의의가 있다. 즉, 세계화 과정에서 기술진보나 실제 오프쇼어링의 진행뿐 아니라, '오프쇼어링을 할 수도 있다'는 기업의 위협 자체가 숙련노동에 유리한 임금 구조 변화를 야기할 수 있다는 통찰을 제시함으로써, 숙련 프리미엄 상승의 원인에 관한 학술 논쟁에 중요한 단서를 제공한 것이다.

정리하면, 제2장에서는 해외이전 위협효과가 임금 수준의 하락과 임금격차의 변화를 초래하는 메커니즘을 이론적으로 통합하고 실증적 논거를 제시하였다. 그 결과 노동경제학과 국제무역학의 교차 지점에서 오랫동안 논쟁적이었던 '세계화와 국내 노동자 후생' 문제에 대해, 이 책의 논의는 협상력의 재분배라는 관점에서 일관된 설명을 제시하였다. 즉, 글로벌 시장에서 활동하는 기업의 협상력이 강화됨에 따라 노동자의 몫이 체계적으로 줄어들 수 있으며, 특히 그 영향이 노동 숙련도에 따라 다르게 나타남으로써 숙련노동자와 저숙련노동자 사이의 격차가 벌어질 수 있음을 밝혔다. 이러한 위협효과 접근법은 전통적인 무역이론이 간과했던 전략적 협상 행동의 결과를 조명함으로써, 노동시장 불평등에 대한 새로운 이해를 제공한다는 점에서 학술적 의의가 크다.

이어지는 제3장에서는 분석의 시야를 노동시장에서 정부 정책으로까지 확대하여, 해외이전 위협효과가 국가 정책 결정에 미치는 영향을 살펴보았다. 기업이 '떠날 수 있다'고 엄포를 놓을 때 정부가 어떻게 대응하느냐 하는 문제에서, 이 책의 모형 분석은 기업의 글로벌 이동성이 높은 시대에 각국 정부가 투자 유출을 막기 위해 법인세를 인하하거나 규제를 완화하는 전략적 양보를 할 유인이 커진다는 것을 보여 주었다. 즉, 기업의 해외이전 위협은 노동시장뿐만 아니라 정부의 조세 및 규제 정책에도 영향을 미칠 수 있다는 문제의식에서 출발한 것이다. 전통적으로 다국적기업의 이동성은 각국 정부 간에 일종의 정책 경쟁이나 규제 경감 압력을 유발하는 것으로 알려져 있다. 이 책에서는 이를 조세 정책과 환경 정책으로 나누어, 기업 위협 전략과의 전략적 상호작용을 모형화하고 그 균형 결과를 도출하였다.

먼저 세무 정책 측면에서, 조세 회피 유인이 있는 기업과 정부의 세무조사 노력 간의 게임을 구성하였다. 정부는 조세 징수를 극대화하기 위해 기업의 탈세를 색출하려 노력하지만, 그와 동시에 지나치게 엄격한 과세가 기업의 해외이전(본국 법인세 회피를 위한 역외이전)을 초래할 수 있다는 딜레마에 직면한다. 이 책의 독점적 경쟁시장 기반 모형 분석에 따르면, 기업의 해외이전 가능성이 존재할 때 정부의 최적 세무조사 강도는 낮아질 수 있다. 즉, 기업의 해외탈출 옵션이 있을 경우 해외생산이 허용되지 않는 경우에 비해 정부는 세무조사를 소극적으로 운영할 가능성이 커진다는 것이다. 적극적인 과세로 탈세를 완전히 차단하려다 오히려 기업이 국내생산을 포기하고 조세부담이 낮은 국외로 이전해 버리면 국내 고용과 세수가 모두 감소하는 후생 손실이 발생하기 때문이다. 따라서 합리적인 정부라면, 탈세 감시 기술의 효율성 등에 따라 다르지만, 어느 범위에선 일정 수준의 탈세를 용인하는 낮은 과세 노력을 균형 전략으로 선택할 수 있음을 보였다. 이는 곧 기업의 해외이전 위협이 정부 조세 정책의 제약 요인으로 작용함을 의미하며, 다국적기업의 이동성이 큰 경제 환경에서 각국 정부가 높은 법인세나 강력한 조세 집행을 주저하는 현상을 이론적으로 설명해 준다. 요컨대, 해외이전 위협 때문에 정부가 의도적으로 세원을 일부 포기하거나 느슨한 세무조사를 선택하는 전략적 유인이 존재하며, 이는 국가 간 조세 경쟁(tax competition) 또는 이른바 '바닥을 향한 경주(race to the bottom)' 현상의 미시적 근거를 제공한다.

한편 환경규제 정책 측면에서도 유사한 전략 현상이 관찰된다. 엄격한 환경규제가 기업의 비용을 증가시켜 생산시설의 해외이전을 유인할 수 있다는 견해는 오래전부터 오염 피난처 가설(pollution haven hypothesis)로 알려져 왔다. 구체적으로, 선진국에서 환경규제를 강화하면 오염물질 배출비용이 상승하여 기업들이 규제가 느슨한 국가로 생산을 이전하려는 경향이 생길 수 있다는 것이다. 기존 연구들(Markusen et al., 1993; Pflüger, 2001 등)은 자본이동이 자유로운 두 국가 간 환경세 경쟁을 이론적으로 모형화하여, 때로 각국이 비효율적으로 낮은 환경세를 선택할 수 있음을 보인 바 있다. 그러나 이러한 연구는 대개 자본의 완전이동을 전제한 상태에서 환경 정책의 국제적 상호작용만을 다루었을 뿐, 기업의 개별적 오프쇼어링 결정과 정책 간의 전략적 연계를 명시적으로 다루지는 않았다. 우리는 Brainard(1993) 및 Helpman et al.(2004) 등의 오프쇼어링 이론으로부터 출발하여, 환경규제가 기업의 비용 구조를 바꾸어 오프쇼어링 결정에 피드백을 준다는 점에 주목하였다. 그리고 앞선 세무 정책의 경우와 마찬가지로, 정책 입안자들은 규제로 인한 편익(환경 개선)과 규제로 인한 비용(기업 이탈 및 실업)을 저울질하여 의사결정을 내리게 됨을 모형화하였다. 그리고 이 책에서 제시하는 분석 결과는 실업에 민감한 정부일수록 기업의 해외이전 위협에 더 크게 영향을 받아 최적보다 느슨한 환경 정책을 선택할 가능성이 있음을 보여 주었다. 즉, 엄격한 환경세를 부과해 얻는 공해 저감 편익보다, 그로 인해 일부 산업이 국외로 이전함으로써 발생하는 국내 실업과 생산 손실의 비용이 더 크게 우려되는 경우, 정부는 환경규제 강도를 완화하는 편을 택하게 된다. 이는 결과적으로 환경 정책마저도 기업의 위협효과에 종속될 위험을 시사한다. 물론 규제 완화로 인한 환경 악화와 장기적 사회비용을 고려하면, 이러한 균형은 사회후생 최적치에 못 미칠 수 있다.

이 책에서 제시하는 논의의 함의는, 오프쇼어링 위협이 존재하는 한 선의로 디자인된 정책도 원하는 목표치보다 약화될 수 있음을 경고하는 데에 있다. 실제 정책 당국은 규제 도입 시 기업의 반응(이탈 여부)을 면밀히 고려할 수밖에 없는데, 기후변화 대응이나 노동규제 강화 등 다양한 영역에서 이러한 현상이 나타나고 있다. 이 책에서는 이러한 현상을 공식화하여, 정책 입안자들도 오프쇼어링 '위협'을 고려한 비용-편익 분석이 필요함을 강조한다. 특히 기업의 전략적 위협이 실제 해외이전(actual offshoring) 못지않게 정책 결정에 선행하여 영향력을 행사할 수 있으므로, 정부는 이를 전제로 사전적 대응 전략을 마련해야 한다는 점을 시사한다.

정책적 상호작용 분석의 결과, 기업-정부 간 협상관계라는 새로운 시각에서 글로벌화 시대의 정책 설계를 이해할 수 있게 된다. 다국적 기업은 각국의 조세 및 규제 수준 차이를 이용해 규제 차익(regulatory arbitrage)을 노릴 수 있고, 각국 정부는 자국 투자 유치와 국내 후생 보호를 위해 때로는 자국의 정책 목표를 완화하는 양보를 하게 된다. 이러한 전략적 양상은 국제 조세협력이나 환경협약의 중요성을 방증하기도 한다. 왜냐하면 개별 국가 차원에서 보면 합리적 대응(기업 이탈 방지를 위한 낮은 세금·규제)이 세계적 차원에서는 모두가 차선의(sub-optimal) 균형에 빠지는 집단적 하향 평준화를 초래할 수 있기 때문이다. 따라서 이 책의 분석은 다자간 정책 공조의 경제학적 필요성을 뒷받침하는 근거를 제공한다. 그와 동시에 국내 정책을 수립하는 데 있어서, 기업의 위협 전략에 휘둘리지 않으면서도 기업 활동의 국내 잔류를 유도할 정교한 인센티브 설계가 요구됨을 시사한다.

결론적으로 제3장에서는 이러한 조세 정책 및 환경 정책상의 위협 효과를 체계적으로 모형화하고, 그 결과 국제적 정책 조정의 부재하에서 기업 이동성이 어떻게 각국 정책을 제약하는지를 밝혀낸다. 이는 기존 문헌에서 거의 다루지 않은 부분으로, 이 책의 논의를 통해 비로소 정부 정책 영역에서도 위협효과의 중요성이 부각되었다고 할 수 있다.

마지막으로 제4장에서는 본국귀환(reshoring) 위협이라는 새로운 국면을 다루었다. 최근 글로벌 경제 환경 변화—이를테면 2008년 글로벌 금융 위기의 충격, 2020년대 COVID-19 팬데믹으로 인한 공급망 교란, 미중 갈등 및 지역 분쟁 등으로 인한 지정학적 불안정—는 기업들로 하여금 해외로 나갔던 생산기지를 다시 본국으로 '리쇼어링'하려는 움직임을 촉발시켰다. 동시에 각국 정부는 팬데믹 이후 자국 내 생산 기반 회복과 공급망 안정성 강화를 명분으로 자국기업의 본국귀환을 장려하는 정책을 경쟁적으로 내놓고 있다. 이러한 추세는 제2장과 제3장에서 분석한 전통적 위협효과와는 역방향의 전략적 상호작용을 낳는다. 즉, 과거에는 기업이 '떠날 수도 있다'는 위협을 통해 본국 노동자나 정부를 압박했다면, 이제는 '돌아갈 수도 있다'는 위협이 현지(해외)의 이해 당사자들을 압박하는 수단으로 부상하고 있는 것이다. 제4장의 논의는 바로 이 리쇼어링 위협 전략의 구조를 해부하고, 이에 대응하는 정책적 함의를 도출하는 데 초점을 맞추었다.

제4장의 전반부는 해외에 진출한 다국적기업과 투자 유치국(현지국) 정부 사이의 전략적 협상을 모델링하였다. 해외생산을 하는 기업은 하나의 생산거점을 폐쇄하고 본국이나 제3국으로 이전할 수 있는 복수입지 옵션을 보유하기 때문에, 해당 현지 정부와의 협상에서 상당한 우위를 갖게 된다. 현지 정부 입장에서는 다국적기업의 철수(즉

생산 중단 및 본국귀환)가 현실화될 경우 지역 고용 감소와 경기 위축이라는 부정적 결과를 감수해야 하므로, 기업의 잔류를 유도하기 위해 추가적인 인센티브를 제공할 동기가 생긴다. 제4장에서는 이를 2단계 게임으로 분석하였다. 1기에는 투자 유치국 정부가 외국기업을 유치하기 위해 일정 기간 세제 혜택이나 보조금을 약속하고, 2기에는 그 혜택 기간 종료 이후 기업이 남을지 철수할지를 다시 협상하게 된다. 핵심적인 분석 결과는 다음과 같다. 기업의 철수 위협이 신뢰성을 가질수록, 현지 정부는 2기 협상에서 기업에 과도한 추가 지원(tax break 연장이나 보조금)을 제공하는 균형이 성립할 수 있다. 이는 유치 당시 약정한 지원이 종료된 이후에도 정부가 위협에 굴복하여 '과잉 지원'을 지속하게 될 가능성을 의미한다. 특히 기업이 지역경제에서 차지하는 고용 비중이 크거나 대체 투자자가 부족한 경우, 현지 정부는 해당 기업의 철수를 막기 위해 기존 약속을 넘어선 추가 혜택을 부여할 유인을 갖게 된다.

이러한 균형행동은 이미 서론에서 언급했듯이 실제 사례로도 뒷받침된다. GM사의 군산공장 철수 사건(2018)이 전형적인 예로, GM은 한국 정부와 산업은행을 상대로 국내 생산시설 철수 위협을 제기하여 추가 자금 지원과 세제 혜택을 이끌어 냈다. 이 사례는 다국적기업이 리쇼어링 위협을 지렛대로 현지 정부로부터 양보를 얻어 낸 현실 세계의 단면을 잘 보여 주며, 이 책의 이론적 분석 결과와도 맥을 같이한다.

우리 모형은 나아가 이러한 과잉 지원의 동태적 변화가 장기적으로 가져올 왜곡을 지적하였다. 현지 정부가 위협에 반복적으로 굴복하여 지원을 연장해 줄 것이라는 기대가 퍼지게 되면, 애초부터 그 지원을 노리고 현지 투자를 결정하는 '도덕적 해이'에 빠진 기업 행태가 나타날 수 있다. 실제로 논의에서는 일부 기업이 '크림 스키밍(cream-skimming)' 동기, 즉 현지 보조금과 감세 혜택만을 취한 후 철수하는 전략을 취할 가능성을 이론적으로 제시하였다. 이는 정부 입장에서 보면 외국기업 유치 정책의 효율성을 저해하고 재정 손실을 초래하는 바람직하지 않은 균형이다. 그렇지만 개별 기업으로선 충분히 합리적인 선택일 수 있다.

예를 들어 기술 기업들이 여러 국가나 미국의 주정부를 상대로 어디에 시설을 세울지 경쟁을 붙여 최대한의 인센티브 패키지를 끌어낸 뒤, 일정 기간 혜택만 누리고 철수하거나 위협을 되풀이하는 사례들은 잘 알려져 있다. 이 책의 논의에서는 이러한 사례들을 체계화하여, 리쇼어링 경쟁 시대에 직면한 유치국(host country)들의 정책적 딜레마를 부각시켰다.

분석의 연장선에서, 이 책은 기업과 현지 정부 간 세제 협상에 관한 정량적 결과도 도출하였다. 기업이 2기에 현지 정부와 세율을 재협상한다고 할 때, 협상 결렬 시 기업은 본국으로 귀환하여 수출로 대체하고, 현지 정부는 세수를 잃고 실업이 발생하는 상황을 고려하였다. 이 게임의 내시협상균형에서 현지 정부는 위협의 신뢰성에 따라 어떤 경우에는 보조금(음(−)의 세율)까지 제공하게 되며, 반대로 위협이 크지 않은 경우에는 일정 수준의 양(+)의 법인세를 부과할 수도 있다. 중요한 점은, 위협의 크기가 작더라도 기업은 협상을 통해 무협상 상황보다 낮은 세율을 확보한다는 사실이다. 이는 다국적기업이 '암시적인 귀환 가능성'만으로도 협상에서 이득을 취함을 보여준다. 한편 현지 정부 입장에서는 기업 철수로 인한 고용 감소 위험이 작을수록 (예: 기업 규모가 작거나 대체 산업이 있는 경우) 기업에 굳이 보조금을 줄 필요 없이 과세를 할 수도 있지만, 그럼에도 협상을 거치면 초기 약정 세율보다는 낮은 수준으로 조정되는 결과가 나타난다.

이러한 분석 결과는 Egger, Strecker & Zoller(2020) 등의 최근 연구와도 맥락을 같이한다. 이들에 따르면, 두 국가 간에 자본이동 가능성과 협상이 존재할 때 정부의 균형 조세 정책은 과도하게 낮거나 보조금 형태를 띨 수 있다고 하는데, 이 책에서는 구체적인 다단계 게임 모형을 통해 그 현상을 재확인하고 확장하였다. 특히 과도한 보조금과 전략적 저과세라는 결과가 나타나는 조건을 면밀히 규명함으로써, 기존 문헌에서 충분히 다루지 않은 다국적기업의 위협에 대한 유치국의 재정 전략을 분석하였다. 이는 다국적기업의 협상력과 현지국 조세 정책 간의 복잡한 상호작용을 밝혀 정책 입안자에게 유용한 통찰을 제시한다는 점에서, 리쇼어링 논의에 대한 중요한 학술적 시각을 제공한다.

제4장의 마지막 절에서는 리쇼어링 시대에 자국기업의 본국귀환을 원하는 본국 정부와 해외기업을 계속 유치하려는 외국 정부 간의 새로운 전략적 정책 게임을 살펴보았다. 이 과정에서 다국적기업, 본국 정부, 현지 정부 사이에는 기업의 본국귀환 여부를 둘러싼 역동적인 협상이 벌어지고, 그 과정에서 기업은 본국귀환 가능성을 활용해 자신에게 유리한 조건을 이끌어 낸다. 이에 대응해 현지 정부는 고용을

유지하고 지역경제를 지키기 위해 추가 양보를 하고, 본국 정부는 기업을 불러들이기 위해 별도의 인센티브를 경쟁적으로 제공하는 양상이 나타나기도 한다. 이러한 다자 협상 구조는 제1장에서 제3장까지의 양자 협상 상황을 넘어서는 복잡성을 지니지만, 우리는 이를 단계별 교섭균형 분석으로 분해하여 이해 가능한 형태로 제시하였다. 그 결과, 리쇼어링 경쟁의 시대에 정부가 직면한 정책 과제와 기업의 전략적 행동 양태를 일관성 있게 파악할 수 있었다. 이는 향후 글로벌 정책 조율 및 국내 산업전략 수립에 있어 중요한 시사점을 제공한다.

정리하자면, 이 책은 국제무역이론의 발전 흐름 속에서 위협효과라는 다소 간과되고 있던 현상을 다양한 측면에서 규명하는 학술적 기여를 하고 있다. 전통적인 무역이론은 비교우위와 규모의 경제에 따른 교역 패턴을 설명하는 데 주력해 왔고, 1990년대 이후에는 기업 이질성과 글로벌 공급망 분업을 모형화하는 방향으로 진화해 왔다. 그러나 그러한 모형들은 대체로 노동시장이나 정부와의 전략적 상호작용을 내생화하지 않은 채, 기업이 처한 임금이나 세율 등의 제도적 환경을 주어진 매개변수로 취급하였다. 이 책의 논의들은 이러한 틀을 한 단계 확장하여, 기업의 행동과 노동시장·정부 정책 간의 상호영향을 하나의 통합적 모형 속에서 분석하고자 하였다. 특히 기업의 협상 행동을 무역이론 모형에 접목시킨 것이 분석의 핵심을 이룬다. 기존 무역 모형에서는 임금이든 세율이든 간에 시장균형이나 정책을 통해 외생적으로 결정되고, 기업은 이에 반응하여 입지를 선택하는 수동적 행위자로 간주되었다. 반면 이 책에서는 기업을 협상의 주체로 재조명하고, 게임이론적 균형 개념을 통해 그 결과를 도출하였다.

이를 통해 국제무역 환경에서 '보이지 않는 협상'이 어떻게 이루어지고 가격 및 정책 변수에 영향을 미치는지를 자세히 설명하였다.

나아가 이 책은 부분적으로 분리되어 발전해 온 여러 경제이론을 통합적 시각에서 연결하였다. 예컨대 제1장에서는 독점적 경쟁하의 수평적 FDI 모형과 내시협상 모형을 결합했고, 제2장에서는 위협효과 모형과 숙련·저숙련노동의 대체 가능성에 대한 무역이론(예: Grossman & Rossi-Hansberg, 2008)을 결합했으며, 제3장에서는 FDI 입지경쟁 모형과 조세·환경 정책 게임을 결합하는 한편, 제4장에서는 FDI 입지경쟁 모형과 기업에 대한 지원 정책 게임을 결합하였다.

또한 숙련 프리미엄과 노동시장 불평등에 대한 새로운 설명을 제시함으로써, 무역과 노동의 접점 분야에도 기여하고 있다. 과거 무역자유화나 오프쇼어링 확대가 숙련노동자에 대한 상대적 수요를 높여 임금격차를 벌렸다는 해석이 주류였으나, 이 책에서는 실제 해외이전이 없어도 발생하는 위협효과라는 경로를 추가로 규명하였다. 이는 정책 입안자와 학계 모두에게 시사하는 바가 크다. 예컨대 한 나라의 숙련노동-저숙련노동 임금격차가 확대되었을 때, 그 원인을 파악하기 위해 단순히 기술 변화나 교역량 지표만 볼 것이 아니라, 기업의 해외직접투자 옵션 유무와 노사협상 구조를 함께 살펴봐야 할 수 있다. 특히 노조 조직률 저하나 노동자 교섭력 약화와 병행하여 숙련 프리미엄이 상승하는 패턴이 관찰된다면, 이는 위협효과 관점에서 해석할 수 있음을 본 연구는 시사한다. 요컨대 숙련 프리미엄에 대한 이 책의 설명은 '글로벌화로 인한 협상력 이동'이라는 새로운 시각을 제공하며, 이는 기존 이론들이 충분히 설명하지 못한 현상들 —이를테면 실제 기술 수준 변화로 설명되지 않는 임금격차 확대—을 이해하는 데 활용될 수 있다.

마지막으로, 리쇼어링 경쟁 시대의 정책 설계에 있어 이 책의 논의가 제공하는 통찰은 보다 현실적인 함의를 가진다. 현재 세계 각국은 자국 산업을 보호·육성하고 글로벌 공급망 재편에 유리한 고지를 선점하기 위해 기업 유치와 유턴 지원에 힘쓰고 있다. 그러나 분석에서 보았듯이, 각국의 파격적인 인센티브 경쟁은 기업의 전략적 대응을 불러와서 기대와 다른 결과를 낳을 수 있다. 즉, 국가 간 보조금 경쟁은 기업들에게만 유리한 결과(과잉 지원)로 귀착되고 정작 국내 투자나 고용 유치는 오래가지 않을 위험이 있다. 그러므로 정책 설계에 있어서 조건부 지원이나 사후 모니터링 같은 장치를 마련하여, 기업이 단순히 위협을 남발하며 지원만 편취하지 못하도록 해야 한다. 예를 들어, 일정 기간 내 철수 시 지원금을 환수하거나, 고용 유지 목표를 달성하지 못하면 감면 혜택을 축소하는 조항 등을 포함하는 식이다. 더 나아가 국제적으로는 이러한 보조금 경쟁을 완화하기 위한 협력이 요구된다. 최근 OECD 차원의 글로벌 최저 법인세율 합의처럼, 다자간 합의를 통해 기업의 '정책 혜택 쇼핑'을 제한하면 개별 국가들이 직면한 협상력 열세를 보완할 수 있을 것이다.

본 연구의 결과는 특히 환경 정책 측면에서도, 기후변화 대응을 위한 국제 공조의 필요성을 암시하고 있다. 어느 한 나라가 탄소 감축을 위해 엄격한 규제를 도입하면 기업이 다른 나라로 이동해 버리는 탄소 누출 문제가 발생하는데, 이는 결국 모두가 규제를 느슨하게 가져가는 상황을 만들 우려가 있다. 따라서 위협효과를 상쇄하려면 다자적 정책 조율과 국내 보완 대책이 중요함을 알 수 있다.

이 책은 이러한 정책 논의를 경제이론적으로 뒷받침하면서, 정부가 언제 어떻게 위협효과에 대응해야 하는지에 대한 가이드라인을 제시하고 있다. 예컨대 우리 모형에서 탈세 단속 기술이 매우 효율적이거나 매우 비효율적일 때 위협효과에 개의치 않고 본래 최적 정책을 시행할 수 있었지만, 중간적 상황에서는 위협에 굴복하는 균형이 나왔다. 이 결과는 현실에서 정부의 제도 역량 강화(예: 세무조사 기술 향상)를 통해 기업 위협의 실효성을 낮출 수 있음을 시사한다. 마찬가지로 환경기술 혁신이나 산업전환 지원을 통해 기업이 규제로 인해 떠날 유인이 줄어들도록 만들 수 있을 것이다. 이처럼 정교한 정책 설계와 국제협력을 통해 위협효과에 대응하는 전략은, 리쇼어링 경쟁이 심화되는 시대에 정부들이 고려해야 할 중요한 과제이다.

이 책의 논의는 다음과 같은 새로운 질문들을 남기며, 이는 앞으로의 연구과제로 이어질 것이다. 첫째, 위협효과의 실증 검증을 더욱 풍부하게 할 필요가 있다. 현재까지 위협효과를 직접적으로 포착한 실증연구는 일부 국가의 사례에 국한되어 있다. 향후 연구에서는 보다 다양한 국가와 산업에서 미시자료를 활용한 위협효과 식별을 시도할 수 있을 것이다. 예컨대 기업 수준의 패널데이터와 노조교섭 정보를 결합하여, 해외직접투자 옵션이 임금협상 결과나 고용조정에 미친 영향을 정교하게 추정하는 연구가 필요하다. 또한 사례 연구를 통해 위협효과의 존재를 검증하는 접근도 유용할 것이다.

둘째, 동태적 관점에서의 위협효과 분석이 요구된다. 이 책의 모형은 대부분 1회성 또는 2회성 협상을 가정하였으나, 현실에서는 기업과 노동자(혹은 정부) 간 관계가 반복적으로 이어지고 시간에 따라 신뢰가 형성되거나 전략이 진화할 수 있다. 따라서 반복게임이나 명성(reputation)효과를 고려한 모델링을 통해, 시간이 지남에 따라 위협의 신뢰성이 어떻게 변하고 균형임금이나 정책이 어떻게 조정되는지 살펴볼 수 있다. 이러한 동태적 접근은 위협이 빈발하면 그 위협의 신뢰도가 떨어지는지 또는 한 번 양보하면 다음에도 양보를 끌어낼 수 있는지 등을 이해하는 데 도움이 될 것이다.

셋째, 여러 국가 간 다자 협상으로 범위를 넓히는 것도 흥미로운 방향이다. 제4장에서 간략히 다룬 바와 같이, 기업이 본국과 여러 해외 후보지 사이에서 동시다발 협상을 펼치는 상황은 내시 안의 내시 균형 개념으로 접근할 수 있다. 이를 더 발전시켜 세 나라 이상으로 일반화하면, 글로벌 기업과 각국 정부 간 다자 교섭의 균형 구조, 이를테면 어떤 국가가 가장 큰 양보를 하게 되고 어떤 국가가 기업을 유치하거나 놓치게 되는지 등이 분석될 수 있다. 이러한 연구는 국제적인 보조금 경쟁이나 법인세 조정 논의와도 직결된다는 점에서 학술·정책 양면으로 의미가 있을 것이다.

넷째, 기업 이질성과 위협효과의 관계도 추가 연구가 필요한 부분이다. 이 책에서는 기업의 이질성을 일부에서만 언급하고 있으나, 현실에서는 오직 거대 다국적기업만이 강력한 위협효과를 행사할 수 있고 중소기업은 그러지 못할 수 있다. 따라서 기업 규모나 시장 지배력에 따른 위협효과의 차별적인 영향, 그리고 여러 기업들이 집합적으로 위협할 때 노동시장이나 정부가 보이는 대응(예: 산업 전체의 해외이주 위협에 직면한 정부의 정책)이 어떻게 달라지는지 분석할 필요가 있다.

마지막으로, 정책 대안의 모색도 중요한 미래 연구과제이다. 위협효과로 인한 부정적 결과—노동자 후생 저하나 정책적 후퇴—를 완화하기 위해 어떠한 제도적 장치가 있을 수 있는지 살펴봐야 한다. 노사 간 협상구조 개선(예: 다단계 교섭에서 사회적 대화로 전환), 국제 간 정책공조 메커니즘(예: 글로벌 최저세 도입, 다자간 노동협약), 기업에 대한 유인 설계(예: 리쇼어링 시 세액 공제, 국내 고용 유지 조건부 지원) 등 다양한 방안들의 효과를 모델을 통해 평가해 볼 수 있을 것이다.

종합하면, 이 책은 국제무역과 기업 전략, 노동협상, 정부 정책을 하나의 통합된 분석틀로 엮어 냄으로써, 글로벌 경제에서 벌어지는 실질적 현상을 깊이 있게 이해하고자 하였다. 결론부에서 강조했듯, 기업의 해외이전과 본국귀환을 둘러싼 위협과 협상은 더 이상 부차적 요소가 아니라 무역 체제의 핵심적 특징으로 떠올랐다. 우리는 이 책 전체를 통해 소개된 문제의식과 분석 결과를 통하여 독자들에게 이러한 새로운 학문적 관점을 자세히 소개하고자 하였다. 국제무역이 단순히 비교우위 재배분의 과정이 아니라, 협상력과 전략의 교환으로 이해될 수 있는 분야임을 인식하는 것은, 세계화 시대 경제현상을 이해하는 데 필수적이다. 이 책의 논의가 그러한 인식 전환에 일조하고, 앞으로 이 분야에 대한 더 풍부한 학문적·정책적 논의를 촉발시키길 기대한다.

참고문헌

권철우·황욱(2018), 「오프쇼어링 위협 효과가 숙련 프리미엄에 미치는 영향: 비숙련 및 숙련노동의 대체적 투입관계를 중심으로」, 『국제통상연구』, 제23권 제3호, 1-27. DOI: 10.23030/katis.2018.23.3.001.

권철우·황욱(2019), 「기업의 해외생산 가능성이 세무조사 정책에 미치는 영향」, 『국제통상연구』, 제24권 제4호, 81-109. DOI: 10.23030/katis.2019.24.4.004.

권철우·황욱(2022), 「다국적기업의 자국철수 위협이 유치국의 외국기업 조세 및 보조금 정책에 미치는 영향」, 『국제통상연구』, 제27권 제4호, 81-104. DOI: 10.23030/katis.2022.27.4.004.

Acemoglu, D.(2003a), "Cross-country Inequality Trends," *Economic Journal*, Vol.113, No. 485, 121-149.

Acemoglu, D.(2003b), "Patterns of Skill Premia," *Review of Economic Studies*, 70(2), 199-230.

Aitken, B., Harrison, A. and Lipsey R. E.(1996), "Wages and foreign ownership A comparative study of Mexico, Venezuela, and the United States," *Journal of International Economics*, 40(3-4), 345-371.

Antràs, P. and Helpman, E.(2005), "Global sourcing," *Journal of Political Economy*, 112(3), 552-580.

Asen, E.(2020), *Corporate Tax Rates around the World, 2020*, Tax Foundation (Fiscal Fact No. 735).

Autor, D. H., Dorn, D. and Hanson, G. H.(2013), "The China Syndrome: Local Labor Market Effects of Import Competition in the United States," *American Economic Review*, 103(6), 2121-2168.

Bagwell, K., Staiger, R. W. and Yurukoglu, A.(2020), "Nash-in-Nash tariff bargaining," *Journal of International Economics*, 122(1), Article 103263.

Bernard, A. B., S. Redding and P. K. Schott(2007), "Comparative Advantage and Heterogeneous Firms," *Review of Economic Studies*, 74(1), 31-66.

Berman, E., Bound, J. and Grilliches, Z.(1994), "Changes in the Demand for Skilled Labor within U.S. Manufacturing: Evidence from the Annual Survey of Manufacturers," *Quarterly Journal of Economics*, 109(2), 367-398.

Binmore, K., A. Rubinstein and Wolinsky, A.(1986), "The Nash Bargaining Solution in Economic Modelling," *RAND Journal of Economics*, 17(2), 176–188.

Brainard, S. L.(1993), "A Simple Theory of Multinational Corporations and Trade with a Trade-off between Proximity and Concentration," NBER Working Paper No. 4269, NBER.

Brainard, S. L.(1997), "An Empirical Assessment of the Proximity-concentration Trade-off between Multinational Sales and Trade," *American Economic Review*, 87(4), 520-544.

Bronfenbrenner, K.(2000), "Uneasy terrain: the impact of capital mobility on workers, wages, and union organizing," U.S. Trade Deficit Review Commission. https://govinfo.library.unt.edu/tdrc/research/bronfenbrenner.pdf

Bronfenbrenner, K.(2001), "Uneasy terrain: the impact of capital mobility on workers, wages, and union organizing. Part II: first contract supplement," U.S. Trade Deficit Review Commission.

Brown, D. K., Deardorff, A. V. and Stern, R. M.(2004), "The effects of multinational production on wages and working conditions in developing countries," In R. E. Baldwin & L. A. Winters (ed.), *Challenges to globalization: Analyzing the economics* (pp. 279-330), University of Chicago Press.

Card, D. and DiNardo, J. E.(2002), "Skill-Biased Technological Change and Rising Wage Inequality: Some Problems and Puzzles," *Journal of Labor Economics*, 20(4), 733-783.

Chamberlain, E. H.(1933), *Theory of Monopolistic Competition*, Harvard University Press, Cambridge.

Choi, M.(2001), "Threat effect of foreign direct investment on labor union wage premium," *PERI Working Paper Series* 27, University of Massachusetts.

Collard-Wexler, A., Gowrisankaran, G. and Lee, R. S.(2019), "Nash-in-Nash Bargaining: A Microfoundation for Applied Work," *Journal of Political Economy*, 127(1), 163-195.

Crinò, R.(2009), "Offshoring, multinationals and labour market: a review of the empirical literature," *Journal of Economic Survey*, 23(2), 197-249.

Dixit, A. K. and Stiglitz, J. E.(1977), "Monopolistic Competition and Optimum Product Diversity," *American Economic Review*, 67(3), 297-308.

Egger, P. H., N. Strecker and Zoller-Rydzek, B.(2020), "Estimating bargaining-related tax advantages of multinational firms," *Journal of International Economics*, 112, Jan., 103258.

Ethier, W. J.(1982), "Decreasing Costs in International Trade and Frank Graham's Argument for Protection,"*Econometrica*, 50(5), 1243-1268.

Feenstra, R. C. and Hanson, G. H.(1996a), "Foreign investment, outsourcing and relative wages," In R. C. Feenstra, G. M. Grossman and D. A. Irwin (ed.), *Political Economy of Trade Policy: Essays in Honor of Jagdish Bhagwati*, MIT Press, Cambridge, MA.

Feenstra, R. C. and Hanson, G. H.(1996b), "Globalization, outsourcing, and wage inequality," *American Economic Review*, 86(2), 240-245.

Feenstra, R. C. and Hanson, G. H.(1999), "The impact of outsourcing and high-technology capital on wages: estimates for the United States, 1979-1990," *Quarterly Journal of Economics*, 114(3), 907-940.

Freeman, R. B.(1995), "Are your wages set in Beijing?" *Journal of Economic Perspectives*, 9(3), 15-32.

Grossman, G. and Rossi-Hansberg, E.(2008), "Trading Tasks: a Simple Theory of Offshoring," *American Economic Review*, 98(5), 1978-1997.

Grossman, G. and Rossi-Hansberg, E.(2012), "Trading Tasks between Similar Countries," *Econometrica*, 80(2), 593-629.

Haaland, J. I. and Wooton, I.(1999), "International Competition for Multinational Investment," *The Scandinavian Journal of Economics*,

101(4), 631-649.

He, J.(2006), “Pollution Haven Hypothesis and Envirionmental Impacts of Foreign Direct Investment: The Case of Industrial Emission of Sulfur Dioxide (SO2) in Chinese Provinces,” *Ecological Economics*, 60(1), 228-245.

Heckscher, E.(1919), “The Effect of Foreign Trade on the Distribution of Income,” *Ekonomisk Tidskrift*, 21, 497-512.

Helpman, E.(1981), “International trade in the presence of product differentiation, economies of scale and monopolistic competition: A Chamberlin-Heckscher-Ohlin approach,” *Journal of International Economics*, 11(3), 305-340.

Helpman, E.(1984), “A Simple Theory of International Trade with Multinational Corporation,” *Journal of Political Economy*, 92(3), 451-471.

Helpman, E. and Krugman, P.(1985), *Market Structure and Foreign Trade: Increasing Returns, Imperfect Competition, and the International Economy*, MIT Press, Cambridge.

Helpman, E., M. J. Melitz and Yeaple, S. R.(2004), “Export versus FDI with Heterogeneous Firms,” *American Economic Revie*, 94(1), 300-316.

Horn, H. and Wolinsky, A.(1988), “Bilateral Monopolies and Incentives for Merger,” *RAND Journal of Economics*, 19(3), 408-419.

Jeon, Y. and Kwon, C-W(2018), “The offshoring threat and wage negotiations: theory and evidence,” *Japan and the World Economy*, 45, 19-29. https://doi.org/10.1016/j.japwor.2017.12.001.

Jeon, Y. and Kwon, C-W(2021), “Offshoring, threat effect, and wage inequality,” *International Journal of Economic Theory*, 17(2), 135-150. https://doi.org/10.1111/ijet.12221.

Katz, L. F. and Autor, D. H.(1999), “Changes in the Wage Structure and Earnings Inequality,” *Handbook of Labor Economics*, Vol. 3, Part A, Chapter 26, 1463-1555.

Keller, W. and Levinson, A.(2002), “Pollution Abatement Costs and Foreign Direct Unvestment Inflows to U.S. States,” *Review of Economics and*

Statistics, 84(4), 691-703.

Krugman, P.(1979), "Increasing Returns, Monopolistic Competition, and International Trade," *Journal of International Economics*, 9(4), 79-100.

Krugman, P.(1980), "Scale Economics, Product Differentiation, and the Pattern of Trade," *American Economic Review*, 70(5), 950-959.

Krugman, P.(1981), "Intraindustry Specialization and the Gains from Trade," *Journal of Political Economy*, 89(5), 959-973.

Kumar, M. S.(2012), *Globalization and Corporate Taxation* (IMF Working Paper 12/252), International Monetary Fund.

Kwon, C-W(2018), "The Plant-moving Threat as a Motivation for Offshoring," *Korea and the World Economy*, 19(1), 51-84. DOI: 10.46665/kwe.2018.04.19.1.51.

Kwon, C-W and Hwang, U.(2021), "The Threat of Offshoring on the Environmental Regulation," *International Economic Journal*, 35(2), 155-170. DOI: 10.1080/10168737.2021.1910722.

Kwon, C-W and Hwang, U.(2023), "The effect of reshoring policy on the host and home countries," *International Economic Journal*, 37(4), 555-579. https://doi.org/10.1080/10168737.2023.2261005.

Kwon, C-W and Hwang, U.(2024), "The Impact of multinational firms' the home-returning threats on the fiscal policies of host countries," *Journal of Institutional and Theoretical Economics*, 180(4), 709-733. DOI: 10.1628/jite-2024-0034.

Lancaster, K.(1980), "Intra-industry trade under perfect monopolistic competition," *Journal of Internatioanl Economics*, 10(2), 151-175.

Li, Z. and Shi, S.(2011), "Emission Tax or Standard? The Role of Productivity Dispersion,"(September 15, 2011). SSRN: ttp://dx.doi.org/10.2139/ssrn.1694693.

Lipsey, R. E. and Sjoholm, F.(2004), "Foreign direct investment, education, and wages in Indonesian Manufacturing," *Journal of Development Economics*, 73(1), 415-422.

List, J. A. and Co, C. Y.(2000), "The Effects of Environmental Regulations on Foreign Direct Investment," *Journal of Environmental Economics and Management*, 40(1), 1-20.

McDonald, I. M. and Solow, R. M.(1981), "Wage Bargaining and Employment," *American Economic Review*, 71(5), 896-908.

Markusen, J. R.(1984), "Multinationals, multi-plant economies, and the gains from trade," *Journal of International Economics*, 16(3-4), 205-226.

Markusen, J. R., Morey, E. R. and Olewiler, N.(1993), "Environmental Policy when Market Structure and Plant Locations are Endogenous," *Journal of Environmental Economics and Management*, 24(1), 69-86.

McDonald, I. M. and Solow, R. M.(1981), "Wage bargaining and employment," *American Economic Review*, 71(5), 896-908.

Mcmillian, M. S.(2010), "Production offshoring and labor markets: recentevidence and a research agenda," In G. Porto and B. M. Hoekman (Ed.), *Trade Adjustment Costs in Developing Countries: Impacts, Determinants and Policy Responses*, Centre for Economic Policy Research and World Bank, 155-169.

Melitz, M. J.(2003), "The Impact of Trade on Intra-Industry Reallocations and Aggregate Industry Productivity," *Econometrica*, 71(6), 1695-1725.

Mezzetti, C. and Dinopoulos, E.(1991), "Domestic unionization and import competition," *Journal of International Economics*, 31(1-2), 79-100.

Nash, J.(1950), "The bargaining problem," *Econometrica*, 18(2), 155-162.

Naylor, R. and Santoni, M.(2003), "Foreign direct investment and wage bargaining," *The Journal of International Trade & Economic Development: An International and Comparative Review*, 12(1), 1-18.

OECD(2020), *Tax Challenges Arising from Digitalisation – Economic Impact Assessment*, Paris: OECD.

Ohlin, B.(1924), *Handelns teori*, Ph.D. dissertation, University of Stockholm, Stockholm.

Ohlin, B.(1933), *Interregional and International Trade*, Cambridge, MA: Harvard University Press.

Ossa, R.(2015), "A quantitative analysis of subsidy competition in the U.S." NBER working paper No.20975.

Pflüger, M.(2001), "Ecological dumping under monopolistic competition,"

Scandinavian Journal of Economics, 103(4), 689-706
Reshoring Initiative(2021), "2020 Data Report: Two Milestones," https://reshorenow.org/content/pdf/RI_2020_Data_Report.pdf.
Ricardo, D.(1817), *On the Principles of Political Economy and Taxation,* London: John Murray.
Rodrik, D.(1997), "Has Globalization Gone Too Far?" *Challenge* 41(2), 81-94.
Rodrik, D.(1999), "Globalisation and labour, or: if globalisation is a bowl of cherries, why are there so many glum faces around the table?" In R. Baldwin et al. (Ed.), *Market Integration, Regionalism and the Global Economy,* Cambridge: Cambridge University Press and the Centre for Economic Policy Research.
Rubinstein, A.(1982), "Perfect Equilibrium in a Bargaining Model," *Econometrica,* 50(1), 97-109.
Slaughter, M.(1999), "Globalisation and Wages: A Tale of Two Perspectives," *World Economy,* 22(5), 609-629.
Topel, R. H.(1997), "Factor Proportions and Relative Wages: the Supply Side Determinants of Wage Inequality," *Journal of Economic Perspectives,* 11(2), 55-74.
Xing, Y. and Kolstad, C. D.(2002), "Do Lax Environmental Regulations Attract Foreign Investment?" *Environmental and Resource Economics,* 21(1), 1-22.
Zhao, L.(1995), "Cross-hauling direct foreign investment and unionized oligopoly," *European Economic Review,* 39(4), 1237-1253.